Albert Freiherr von Schrenck-Notzing
Grundfragen der Parapsychologie

Schrenck-Notzing, Albert Freiherr von: Grundfragen der Parapsychologie
Hamburg, SEVERUS Verlag 2013

ISBN: 978-3-86347-446-1
Druck: SEVERUS Verlag, Hamburg, 2013
Umschlaggestaltung: Marta Czerwinski

Der SEVERUS Verlag ist ein Imprint der Diplomica Verlag GmbH.

Bibliografische Information der Deutschen Nationalbibliothek:
Die Deutsche Nationalbibliothek verzeichnet diese Publikation in der
Deutschen Nationalbibliografie; detaillierte bibliografische Daten sind im
Internet über http://dnb.d-nb.de abrufbar.

ZUM GELEIT

Von diesem Buche kann man mit Recht die oft gehörte Wendung gebrauchen, daß es einem lebhaften Bedürfnis entgegenkomme. Es zeigt uns das Lebenswerk Schrenck-Notzings in seiner Entwicklung, zeigt uns, wie dieser nie rastende Mann bis zu seinen letzten Lebenstagen an sich und an der Methodik seines Werkes gearbeitet hat, bis diese Methodik eine Vollendung erreichte, die jeden wahrhaft kritisch Denkenden von der Sicherheit des mit ihr Erreichten überzeugen muß.

Die Parapsychologie ist einem Kontinent vergleichbar, der sich langsam aus dem Wasser hebt; nur einige Berggipfel erst ragen als Inseln aus dem Meere hervor. Eine dieser Inseln hat Schrenck-Notzing bebaut und sie gesichert gegen die anströmenden Wogen.

Leipzig, Herbst 1929   *Hans Driesch*

Dr. Joh. Alexander Freud

INHALT

7

Dritter Teil

SPUK-PHÄNOMENE

9

Vierter Teil

NEKROLOGE

Fünfter Teil

DR. MED. ALBERT FREIHERR VON SCHRENCK-NOTZING
LEBEN UND WERK

Albert Freiherr von Schrenck-Notzing entstammte einem bis ins 11. Jahrhundert zurück nachweisbaren bayerisch-österreichischen Adelsgeschlecht, dessen einer – protestantischer – Zweig in Norddeutschland ansässig geworden war. Er wurde am 18. Mai 1862 als Sohn eines Offiziers in Oldenburg geboren. Seine Vorfahren hatten dort seit langem als Beamte oder Militärs in der einen oder anderen Weise den Großherzögen gedient. Nach Absolvierung des Gymnasiums bezog der junge Schrenck 1883 die Universität München, um bei Ziemssen, Bayer und Pettenkofer Medizin zu studieren. Im Jahre 1888 promovierte er mit einer Abhandlung „Die therapeutische Verwertung des Hypnotismus" und ließ sich nach Ablegung des Staatsexamens 1889 als Arzt in München nieder. Schon zuvor hatte er als erster in dem Münchener „Krankenhaus links der Isar" (der alten Ziemssen'schen Klinik) Suggestion und Hypnose erprobt und demonstriert.

Es war kein Zufall, daß Schrenck-Notzing sich gerade diesen „ausgefallenen" Gebieten zuwandte. Bereits als Gymnasiast hatte er sich für Philosophie und Psychologie interessiert und über die letzten Fragen des Daseins nachgedacht. Im Scherz verabfolgte er einmal bei einer Einladung als Student einigen der Anwesenden „mesmerische Striche", ohne daß er sich besonders eingehend mit ihrer Theorie und Praxis befaßt hatte. Zu seiner größten Verblüffung fielen daraufhin drei der also Behandelten in Trance bzw. in „somnambulen Schlaf", wie man es damals nannte. So äußerte sich schon früh seine große hypnotische und suggestive Begabung.

Glücklicherweise stieß er in München auf eine Persönlichkeit, die ihm diesen sonderbaren Vorfall näher erklären konnte. Es war der fast ein Vierteljahrhundert ältere Nestor der deutschen okkultistischen Forschung, *Carl Freiherr von du Prel* (1839–1899), als dessen Schüler sich Schrenck-Notzing später innerhalb gewisser Grenzen bekannte. Obwohl bis 1872 aktiver bayerischer Offizier, hatte du Prel schon 1868 mit einer Arbeit „Oneirokritikon, der Traum vom Standpunkt des transzendentalen Idealismus" (also der Lehren Kants) in Philosophie promoviert. Kurz bevor Schrenck-Notzing ihn kennenlernte, war sein Hauptwerk, die „Philosophie der Mystik" erschienen (1885). So war er in besonderer Weise berufen, den jungen Mediziner in die Geheimnisse der Träume, des normalen und des „somnambulen" Schlafes und der darin auftauchenden Phänomene einzuweihen. Es wurden Experimente mit Hypnose, Tischrücken usw. veranstaltet, teils in der Wohnung du Prels, teils bei anderen Mitgliedern dieses an okkulten Dingen interessierten Kreises, zu dem auch die Maler *Gabriel von Max, W. Trübner* und *Albert v. Keller* gehörten. Ein nur mit dem Namen „Lina M." bekannt gewordenes junges Mädchen aus bürgerlichen Kreisen erwies sich dabei als hervorragend geeignete Versuchsperson. Mit A. v. Keller war Schrenck-Notzing eng befreundet; der Künstler stellte häufig sein Atelier für die Experimente zur Verfügung, bis Schrenck-Notzing später ein eigenes Laboratorium einrichten konnte. Andere psychologisch Interessierte traten dem Kreise bei: Dr. *Ad. Bayersdorfer* (Konservator der Alten Pinakothek), Dr. *Hübbe-Schleiden* (Kolonialpolitiker, sowie Begründer, 1884, und Herausgeber der theosophisch-okkultistischen „Sphinx"), Prof. *L. Graetz* (Elektrophysiker), der Zoologe Prof. *Pauly*, Oberstudiendirektor *M. Offner* (Günzburg), die Schriftsteller *L. Deinhardt* und *Martin Greif.* Mit ihnen gründete Schrenck-Notzing noch vor der Promotion am 23. Oktober 1886 die „Münchener psychologische Gesellschaft", deren Schriftführer er jahrzehntelang war. Später zählte sie zu ihren Mitgliedern so bekannte Gelehrte wie *H. Brunsvicg, O. Külpe, Th. Lipps* und seine Schüler – von denen sich dann einige der Phänomenologie *Edmund Husserls* zuwandten – *A. v. Aster, A. Fischer, A. Gallinger, M. Geiger, L. Klages* und *A. Schuler, A. Pfänder, M. Scheler.*

Die in den Jahren 1885 bis 1889 so engen Beziehungen zwischen Schrenck-Notzing und du Prel kühlten sich allmählich etwas ab, weil Schrenck die spiritistische Deutung der meisten Phänomene durch du Prel für verfrüht hielt. Dieser trat aus der „Psychologischen Gesellschaft" aus und gründete eine „Gesellschaft für Experimentalpsychologie", später „für wissenschaftliche Psychologie" genannt; sie hatte freilich mit dem, was man heute unter diesen beiden Begriffen versteht, recht wenig zu tun: sie wurde mehr und mehr zu einer rein spiritistischen Vereinigung. (Der Volksmund nannte sie in einem Wortspiel mit dem Namen des Gründers die „Geprellten", die andere die „Beschränkten" – sie bestand bis 1941, als sie dem Verbot durch die Gestapo zum Opfer fiel.)

Manche Anregungen schöpfte Schrenck-Notzing aus der „Philosophie des Unbewußten" und anderen Veröffentlichungen des Philosophen *Eduard von Hartmann* (1842–1906), mit dem er auch persönlichen Umgang pflegte. Sowohl du Prel als auch v. Hartmann (der nicht über eigene praktische Erfahrungen verfügte, sondern aus den von anderen geschilderten, überlieferten Phänomenen eine einleuchtende Erklärung erschließen wollte) schienen Schrenck-

Notzing zu voreilig in ihren Schlüssen; er zog für sich die Konsequenz, daß man vor allem Theoretisieren zunächst einmal gründlich die Tatsachen studieren müsse, soweit möglich in eigenen, gut kontrollierten Experimenten. Diesem Grundsatz ist er bis an sein Lebensende treu geblieben.

Man muß sich aber vergegenwärtigen, welch heftiger Kampf damals zwischen den Spiritisten und den Vertretern der Theorie des Unbewußten tobte. Die Spiritisten – neben du Prel in erster Linie der emigrierte russische Staatsrat *A. v. Aksakow* (Verfasser des 1890 erschienenen, gegen v. Hartmann gerichteten Standardwerkes „Animismus und Spiritismus", 1874 Begründer der Zeitschrift „Psychische Studien") – nahmen als Erklärung der Phänomene vor allem eine Einwirkung Verstorbener an; ihre Gegenspieler, von Aksakow „Animisten" genannt, sahen die letzte Ursache der Manifestationen im Unbewußten, sei es im persönlichen Unbewußten des Mediums, seiner „anima", sei es in einem „kosmischen" (oder „kollektiven" wie *C. G. Jung* es später nannte) Unbewußten. Schrenck-Notzing war mit Anhängern der beiden sich oft in unversöhnlicher Erbitterung gegenüberstehenden Richtungen befreundet. (Heute wird man wohl zunächst die animistische, nur wenn diese versagt, die spiritistische – oder, wie der Philosoph *Hans Driesch* sie nannte: monadistische – Erklärung heranziehen.) Er hatte ja selbst beobachtet, was alles durch Hypnose und Suggestion ausgelöst werden kann. Um seine Kenntnis dieser Dinge noch weiter zu vertiefen, vor allem um noch mehr praktische Erfahrungen zu sammeln, begab er sich schon als Student auch in die damalige Hochburg dieser medizinisch-psychologischen Methoden nach Frankreich.

Es war ein in seiner Tragweite für die Entwicklung der Medizin, der Psychologie, überhaupt der Geisteswissenschaften, kaum zu unterschätzendes, wenn auch zunächst recht unwichtig erscheinendes Ereignis, als zwei junge Mediziner aus dem deutschen Sprachgebiet in den 80er Jahren des vorigen Jahrhunderts in Nancy auftauchten, um dort bei *Bernheim, Liébault, Beaunis, Liégeois* und ihren Mitarbeitern die neue Suggestions- und Hypnosetherapie kennenzulernen. Der eine kam aus Österreich: es war *Sigmund Freud,* der spätere Begründer der Psychoanalyse; der zweite, etwas jüngere, kam aus München: es war *Albert Freiherr von Schrenck-Notzing,* der spätere Vorkämpfer zunächst des Hypnotismus und der Suggestionstherapie, dann aber vor allem der Parapsychologie in Deutschland. Beide empfingen die nachhaltigsten Eindrücke für ihr ganzes späteres Leben und Wirken, zumal in jener Zeit ein heftiger Streit zwischen der Nancyer Schule und *Charcot* usw. in Paris (das Schrenck ebenfalls schon als Student besucht hatte) entbrannt war.

Das erregende Problem, vor das sich der junge Schrenck-Notzing stets von neuem gestellt sah, war der Einfluß von Seelisch-Geistigem auf körperliches

Geschehen, der Hypnose und Suggestion auf physische und psychische Störungen und Krankheiten. Und dies zu einer Zeit, in der das mechanistische Denken noch immer die größten Triumphe feierte! Freilich handelte es sich in Nancy nicht um einen bewußten, willensmäßigen Einfluß des Patienten auf sein körperliches Geschehen; durch die Hypnose war dergleichen ja gerade ausgeschaltet. Vielmehr zeigte sich, daß hier eine tiefere Schicht, das eigentlich erst in Entdeckung begriffene *Unterbewußtsein,* eine grundlegende Rolle spielte. Seiner mußte der Arzt sich bedienen, wenn er in der Hypnose mit seelischen Mitteln auf körperliches Geschehen einwirken wollte; dies war nur über das Un- oder Unterbewußte möglich. Schrenck-Notzing erkannte ebenso wie Freud die ungeheure Bedeutung der Welt des Unbewußten und die Wichtigkeit seiner Erforschung. Es ergaben sich ihm in der Folgezeit drei Hauptprobleme:

1. der Ausdruck des Psychischen im Körperlichen,
2. eine etwaige Unabhängigkeit des Psychischen vom Körperlichen,
3. die Art der Beeinflussung des Körperlichen durch dieses Psychische (wie etwa in der Hypnose).

Auch in Nancy dürfte er dabei auf parapsychologische Fragen gestoßen sein, die den großen Meistern dieser Schule nicht verborgen geblieben waren, wenn sie auch angesichts der herrschenden materialistischen Anschauungen ihrer Zeit nicht viel Aufhebens davon machten[1].

In die internationale Problematik auf psychologischem Gebiet gewann Schrenck-Notzing später noch einen weiteren Einblick durch die Teilnahme an den internationalen Kongressen für Psychophysiologie und für therapeutischen Hypnotismus, die beide 1889 in Paris stattfanden. Schon 1882 war in England die „Society for Psychical Research" gegründet worden; auch mit dieser trat Schrenck-Notzing in Gedankenaustausch.

Er wurde bald international bekannt als einer der bedeutendsten praktischen und theoretischen Vorkämpfer des Hypnotismus. Noch einmal geriet er in die Nähe Freuds, als er sich auch der Sexualpathologie, vor allem der Heilung von krankhaften Abirrungen des Trieblebens durch Hypnose, zuwandte. Er wurde auf diesem Gebiet von München bis Berlin ein gesuchter Gutachter. Freud ließ sich – vor allem unter dem Einfluß seines Schülers und späteren Biographen *Dr. E. Jones* – trotz gegenteiliger Anregungen (etwa durch den Ungarn *Sandor Ferenczi)* dazu bestimmen, seine ohnedies umkämpfte werdende Psychoanalyse nicht noch durch die Parapsychologie zu „belasten"; er hat sich erst am Ende seines Lebens wieder zögernd zur Echtheit einiger Phänomene bekannt[2]. Im Gegensatz dazu hat sich Schrenck-Not-

1 Vgl. Fanny Moser „Okkultismus", 1. Aufl. 1935, Bd. 1, S. 67.
2 Vgl. Prof. Dr. E. Servadio „Freud's Occult Fascinations", „Tomorrow"-Magazine,

zing immer mehr diesem so umstrittenen Gebiet zugewandt und sich im Laufe der Jahre immer weniger für Sexual- und Kriminalpsychologie interessiert, was ihm einige frühere Mitstreiter, wie etwa Sanitätsrat *A. Moll*, schwer verübelten. Leichter hat er es sich damit gewiß nicht gemacht.

Durch die Heirat mit Gabriele Siegle, der Tochter des Industriellen und nationalliberalen Reichstagsabgeordneten *Gustav Siegle* (Stuttgart) im Jahre 1892 war der Baron wirtschaftlich unabhängig geworden. Nachdem schon seit 1886 in der „Münchener Psychologischen Gesellschaft" unter seiner Leitung erste parapsychologische Versuche stattgefunden hatten, konnte er schließlich in einem eigenen Laboratorium in seinem schönen, von dem Architekten *Gabriel v. Seidl* erbauten Palais in der Max-Josef-Straße 3 in München die berühmtesten Medien seiner Zeit studieren.

Von großem Wert war hierbei für ihn die enge freundschaftliche Beziehung zu *Charles Richet* (1850–1935; Nobelpreis für Medizin 1913), dem hervorragenden französischen Physiologen der Pariser Universität. Richet schildert nicht ohne Humor [3], wie er als Ergebnis sechsjähriger eigener Untersuchungen 1888 in den Proceedings der englischen „Society for Psychical Research" (vol. V, part 12) eine Untersuchung über Gedankenübertragung und Hellsehen veröffentlichte, die allerseits vollständig totgeschwiegen wurde, – als er zu seiner größten Freude aus München den Brief eines ihm unbekannten Gelehrten erhielt, der ihm volle Anerkennung für seine Experimente aussprach und um die Erlaubnis bat, die Abhandlung ins Deutsche übersetzen zu dürfen. Der Brief kam von Schrenck-Notzing! Die Genehmigung zur Übersetzung wurde bereitwillig erteilt, und Schrenck-Notzing ergänzte diese Untersuchung über „Experimentelle Studien auf dem Gebiete der Gedankenübertragung und des sogen. Hellsehens" durch einen Überblick über den Stand dieser Forschung in Frankreich, England, Italien und USA. Dabei zeigte sich, wie weit Deutschland hier im Rückstand war – es gab dort im streng wissenschaftlichen Sinn damals (1891) nur einige vereinzelte Hinweise, außer von Schrenck selbst noch von *Dessoir, Bleuler* und *Moll*. Später veranlaßte Schrenck-Notzing auch die Übersetzung von Richets „Traité de métapsychique" und versah sie mit einem Geleitwort („Grundriß der Parapsychologie und Parapsychophysik", Stuttgart 1923), wie er denn überhaupt wesentlich dazu beigetragen hat, daß grundlegende ausländische Veröffentlichungen auf parapsychologischem Gebiet übersetzt oder doch wenigstens durch von ihm selbst verfaßte oder zumindest kommentierte Aufsätze und Monographien bekannt wurden.

New York, vol. 6, no. 1, Winter 1958 und Dr. Nandor Fodor „The Haunted Mind", New York 1959 und „Neue Wissenschaft" 6. Jhrg., H. 13, Januar 1957.
3 Revue Métapsychique, März/April 1929, Ztschr. f. Parapsychologie Mai 1959.

In jener Zeit lernte Schrenck-Notzing bei einem Besuch in Wien den stark „okkult" interessierten Philosophen *Lazar Frhr. v. Hellenbach* (1827–1887) kennen, der mit verschiedenen bekannten Medien experimentiert hatte (darunter auch Slade) und den Münchener Gelehrten in seinem Interesse für diese Phänomene bestärkte.

Endlich kam es im April 1894 zu der so fruchtbaren und folgenschweren persönlichen Begegnung mit Charles Richet in Rom im Haus des berühmten polnischen Malers *H. Simieradsky,* gleich Richet ein Freund des polnischen Psychologen der Universität Lemberg, Prof. Jul. *Ochorowicz* (1850–1918). Man war im Heim des Künstlers zusammengekommen, um die Phänomene des berühmten neapolitanischen Mediums *Eusapia Palladino* (1854–1918) kennenzulernen. Auch der Petersburger Physiologieprofessor *Danilewski,* der Turiner Psychiater Prof. *Cesare Lombroso,* der russische Arzt Dr. *Boris Chapiroff,* der polnische Arzt Dr. *Dobrzyki* nahmen an der Sitzung teil[4]. Die Phänomene waren so eindrucksvoll, da sie unter guten Kontrollbedingungen stattfanden, daß Richet noch im August des selben Jahres Eusapia auf die ihm gehörende Mittelmeerinsel Ribaud einlud, deren einziger Bewohner er war; dort studierte er mit Ochorowicz zwei Monate lang ihre Phänomene. Hierauf ließ er auch noch Schrenck-Notzing, den englischen Physiker Sir *Oliver Lodge* und das als besonders kritisch bekannte Forscherpaar, Henry *Sidgwick* (Prof. für Ethik in Cambridge) und seine Frau, die Schwester des Premierministers *Earl of Balfour,* nachkommen. Auch hier wurden unter guten Versuchsbedingungen überzeugende Phänomene beobachtet. (Kleinere, vielleicht unbewußte Nachhilfen Eusapias waren leicht zu erkennen und durch verbesserte Kontrollen auszuschalten.)

Ein großer Erfolg wurde der 1896 von Schrenck-Notzing als Generalsekretär in Verbindung mit der „Psychologischen Gesellschaft" und verschiedenen anderen Gelehrten organisierte III. „Internationale Kongreß für Psychologie" in der Münchener Universität, an dem 600 Personen teilnahmen und in vier Tagen 105 Vorträge in deutscher, französischer, englischer und italienischer Sprache gehalten wurden.

Schon zwei Jahre darauf ließ er Eusapia Palladino in sein Münchener Laboratorium kommen (Mai/Juni 1898), einige Jahre später (Februar/März 1903) abermals, wobei er Gelehrten wie Prof. *Flournoy* (Genf), Prof. Th. *Lipps* (München), Prof. M. *Dessoir* (Berlin) dieses berühmte Medium vorführte, nachdem er auch in Rom (1896) und Neapel (1898) ihre Phänomene abermals überprüft hatte. Er experimentierte später noch mehrmals mit ihr

---

4 Vgl. Schrenck-Notzing „Physikalische Phänomene des Mediumismus", München 1920, S. 54 ff.

in Italien (1902 in Rom und Neapel, 1903 in Rom und 1909 in Genua und Nizza). Auch sonst ließ er sich keine Gelegenheit entgehen, alle erreichbaren Medien zu studieren, so *Eglinton, „Femme Masquée"* (Frau Arch. *Winkler,* Berlin) *Politi, Carancini, Lucia Sordi, Linda Gazerra, Stanislawa Tomczyk* und andere, weniger bekannte, darunter auch reine Privatmedien. Unter diesen hatte „Lina", die von der „Münchener Psychologischen Gesellschaft" studiert wurde, durch die Darstellung seelischer Empfindungen, die ihr suggeriert worden waren, dem mit Schrenck-Notzing befreundeten Maler *A. v. Keller* für sein Schaffen starke Impulse gegeben. Noch nachhaltiger wurde der Künstler angeregt durch die Französin *Magdeleine G.,* deren Schöpfungen als hypnotisierte „Traumtänzerin" so eindrucksvoll waren, daß auf vielfaches Bitten hin Schrenck-Notzing die „Psychologische Gesellschaft" veranlaßte, die Pariserin von Mitte Februar bis Mitte April 1904 im Münchener Schauspielhaus öffentlich auftreten zu lassen. (S. unten S. 346.)

Für die parapsychologische bzw. die paraphysische Forschung als solche, wie auch für Schrenck-Notzings Werk, war es ein epochemachendes Ereignis, daß Prof. Richet den Baron im Mai 1909 anläßlich eines Besuches in Paris mit einer jungen Französin, *Marthe Béraud* (geb. 1887) bekannt machte, mit der er in Algier schon verschiedene – freilich ziemlich umstrittene – Versuche angestellt hatte. Jetzt lebte sie in Paris, wo sie durch Vermittlung des Okkultisten *G. Delanne* bei der parapsychologisch interessierten Arzttochter und Bildhauerin *Juilette Bisson* (geb. Lelièvre, 1861–1956, Gattin des Ministerialbeamten und Dramatikers Alexandre Bisson) ein Heim gefunden hatte. Nach dem Tod ihres Gatten und der Verheiratung ihrer Kinder widmete sich Mme. Bisson vornehmlich dem Studium von Marthe's Phänomenen, woran sich Schrenck-Notzing beteiligte, so daß dieses Medium bald im Münchener Laboratorium, bald in Paris (wo sie bis zu ihrer Verheiratung $13^1/_2$ Jahre lang bei Mme. Bisson lebte) eingehend studiert wurde. Unter dem Namen *Eva C.* wurde sie weltbekannt durch Schrenck-Notzings 1914 erschienenes Buch „Materialisationsphänomene" und die gleichzeitige Veröffentlichung von Mme. Bissons „Les phénomènes dites de materialisation".

Es ist kaum zu glauben, welch einen Sturm der Entrüstung neben mancher Anerkennung diese Bücher auslösten; der Ausbruch des ersten Weltkriegs unterbrach jedoch die Diskussion zunächst. Schrenck-Notzing stellte die beobachteten Phänomene als Gestaltungen und Emanationen des Unterbewußtseins dar, was allein schon für die psychosomatische Medizin von großer Bedeutung ist; aber diese selbst gab es damals ja noch kaum in keimhaften Anfängen.

Diese so heftig angefeindeten Phänomene bestanden teils aus einer amorphen (ungeformten), mitunter als teigartig geschilderten, aber auch an Schleierstoffe oder Gaze erinnernden „Substanz", die aus den Körperöffnungen (z. B. Mund, Nase), aber auch aus anderen Teilen des Leibes des Mediums (Hals, Schultern, Unterleib usw., hervortrat, oder doch sich hier zur Sichtbarkeit zu verdichten schien. Mitunter nahmen diese Massen auch Gestalt an, sie glichen flachen Gesichtern, sogar Phantomen (eines davon ähnelte angeblich dem verstorbenen Mr. A. Bisson). Diese Substanz nannte Richet „Ektoplasma" (aus dem Griechischen ektos und plasma, d. h. herausgestaltete Form), während Schrenck von „Teleplasma" (von telos = fern und plasma) sprach. Eva C. war wohl meist in Trance, wenn diese Gebilde auftraten. In einer typischen Sitzung wurde sie vor deren Beginn genau untersucht, mitunter gynäkologisch, weil die Gegner behaupteten, sie hätte Stoffe, mit denen sie das Teleplasma vortäuschen könnte, irgendwo an oder in ihrem Körper verborgen. Da auch vermutet wurde, sie habe sie verschluckt und würge sie aus dem Magen oder einer Ausbuchtung der Speiseröhre, deren Vorhandensein aber gar nicht erwiesen war (Rumination), herauf, mußte sie in einigen Fällen vor und nach der Sitzung starke Brechmittel einnehmen, ohne daß dadurch etwas Verdächtiges zutage gefördert worden wäre. Oder man gab ihr Heidelbeerkompott vor der Sitzung zu essen – verschluckte Stoffe wären davon ja blau gefärbt worden – auch das beeinflußte das Aussehen der Phänomene jedoch nicht. Eva C. mußte sich entkleiden und einen eng anliegenden Sitzungstrikot anziehen (in einigen Fällen blieb sie unbekleidet), um nichts in ihrer Kleidung verbergen zu können. Dann nahm sie in dem Kabinett Platz, das durch einen zweiteiligen, über eine Ecke des Sitzungszimmers gespannten Vorhang entstand. Hier blieb sie zunächst, damit die nach Ansicht der Forscher stark lichtempfindliche Substanz sich in Ruhe bilden konnte. Die Hände streckte sie aus dem Vorhangspalt hervor, so daß die Versuchsleiter sie zur Kontrolle halten konnten. Später wurde es möglich, die Materialisationen oder die Teleplasmagebilde auf ein vom Medium gegebenes Zeichen hin mit Magnesiumblitzlicht zu photographieren, wozu Schrenck-Notzing in seinem Laboratorium in einiger Entfernung vom Kabinett in der Zimmermitte eine sinnreiche Vorrichtung mit Abzugsröhre für den Rauch eingebaut hatte. (Später, seit etwa 1928, wurden stattdessen zwei verspiegelte, elektrische Leuchten von je 1 500 Watt zu Momentaufnahmen verwendet.)

Auf diese Weise gelang es unter Verwendung gewöhnlicher und stereoskopischer Photoapparate etwa 225 Aufnahmen von Materialisationen bei Eva C. zu machen. Allerdings wirkten sie nach Aussage der Forscher bei der Entwicklung viel starrer und unlebendiger als die ja oft in Bewegung befindlichen Originalphänomene. Gerade das seltsame Aussehen der Phänomene rief nun aber die Entrüstung vieler Leser hervor. Einige erklärten voller Empörung, es sei „geradezu unappetitlich, sich vorzustellen, daß die Toten so aussähen". Jedoch hatten weder Schrenck-Notzing noch Mme. Bisson etwas derartiges behauptet. Schrenck-Notzing nahm vielmehr – auf Ansichten Richets fußend – an, daß die den Materialisationen zugrundeliegende „Primordialsubstanz", das Teleplasma, vom Medium im Trancezustand ausgeschieden oder gleichsam ausgeschwitzt wird und dann möglicherweise unter dem Einfluß seiner Erinnerungen, Phantasievorstellungen usw. (oder solcher von Sitzungsteilnehmern) Gestalt gewinnt, also auf Grund eines *„ideoplastischen"* (durch Vorstellungen, Ideen formenden) Vorganges im Unterbewußtsein des Mediums. Dabei knüpfte Schrenck-Notzing an Theorien des Moskauer Arztes *Naum Kotik* an, dessen Buch über „Die Emanation der psychophysischen Energie" er schon 1908 ins Deutsche übersetzen ließ. N. Kotik versuchte die Telepathie durch eine psychophysische Emanation, eine Art von Gehirnstrahlen zu erklären. Verwandte Ansichten hatte schon früher der Franzose *Col. A. de Rochas d'Aiglun* (1837–1914) in seiner Lehre von der *„Ausscheidung des Empfindungsvermögens"* (französisch 2. Aufl. 1895, deutsch 1909) entwickelt. Selbst die Spiritisten behaupten ja höchstens, daß solche Gebilde durch die „Geister" aus der teleplastischen Substanz des Mediums, zumindest mit deren Hilfe (etwa als eine Art „Überzug" über einen „feinstofflichen Leib"), „aufgebaut" werden, keineswegs aber, daß sie im „Jenseits" (was immer man sich darunter vorstellen mag) dergestalt „herumlaufen".

Andersgeartete Angriffe richteten sich gegen den flachen, papierartigen oder auch an Gazestoffe erinnernden Charakter der Materialisationen sowie deren gelegentliche Ähnlichkeit – soweit es sich nicht um amorphe Gebilde handelte – mit Bildern aus illustrierten Zeitschriften, vor allem dem „Miroir". Nach einer einzigen Sitzung, zu der Schrenck-Notzing sie eingeladen hatte, ereiferte sich in dieser Hinsicht besonders „im Namen der Wissenschaft" eine jüngere Ärztin, *Mathilde v. Kemnitz* (geb. Spiess, * 1877) in der Broschüre „Moderne Medienforschung" (1914). Man kann allerdings nicht behaupten, daß sie später, nachdem sie 1925 General *Erich Ludendorff* geheiratet hatte, in ihren weltanschaulich-politischen Veröffentlichungen sich durch besondere Wissenschaftlichkeit und kritische Unvoreingenommenheit ausgezeichnet hätte.

Um diesen Einwänden zu begegnen, ließ Schrenck-Notzing ähnliche Gebilde aus Papier, aus Gaze, sowie Titelbilder von Zeitschriften ebenfalls photographieren und verglich diese Bilder mit den Aufnahmen der „Materialisationsphänomene". Er wies auf verschiedene Unterschiede hin: bei Vergrößerungen kam die Gewebestruktur der Stoffe, der Raster der Abbildungen, zutage; bei den Materialisationen fand er nichts Ähnliches. In einer umfassenden Abhandlung „Der Kampf um die Materialisationsphänomene" (1914) nahm er Stellung zu allen vorgebrachten Einwänden, die vielfach auch von seiten des früher mit ihm befreundeten Dr. med. W. v. *Gulat-Wellenburg* kamen. Diese Schrift wurde allen Käufern der „Materialisationsphänomene" kostenlos zugestellt und der später 1923 erschienenen, zweiten, erweiterten Auflage des Werkes einverleibt.

Die Versuche mit Eva C. sollten unter besonderer Berücksichtigung aller Einwände mit erneuter Intensität fortgesetzt werden, doch vereitelte der Ausbruch des ersten Weltkrieges alle weiteren gemeinsamen Experimente Schrenck-Notzings und der Mme. Bisson. Die Bildhauerin freilich konnte in Paris und in ihrem Landhaus La Boule bei Bordeaux das Studium der Phänomene Eva C.s fortsetzen. Aus dem „Collège de France" veröffentlichte das Institut Physiologique in seinem Bulletin vom Januar–Juni 1918 einen Vortrag von Dr. med. G. *Geley:* „La physiologie dite supranormale", in dem er über die gemeinsam mit Mme. Bisson in den Jahren 1917–18 in seinem Laboratorium unter Teilnahme von etwa 150 Gelehrten angestellten Versuche mit Eva C. berichtete. Auch hier wurde das Medium streng durchsucht und mußte einen eigenen, eng verschnürten Sitzungsanzug tragen. 1920 begab sich Mme. Bisson mit ihrem Schützling zu weiteren Versuchen nach London, wo in den Räumen der „Society for Psychical Research" innerhalb von zwei Monaten 40 Sitzungen stattfanden, in denen sich jedoch keine oder nur verhältnismäßig schwache Phänomene zeigten. Irgendwelche Tricks konnten nicht entdeckt werden und schienen unter den obwaltenden Kontrollmaßnahmen auch ausgeschlossen. 1922 wurden in der Pariser Sorbonne 15 Sitzungen abgehalten, von denen 13 negativ verliefen, so daß die Veranstalter sich nicht zu einer Anerkennung der Phänomene veranlaßt sahen. Da man Eva C. nie eines Betruges überführen konnte, ging man auf gegnerischer Seite je länger desto mehr, vor allem nach dem Tode von Prof. Charles Richet (1935), dazu über, ihre mütterliche Beschützerin Mme. Bisson als Helfershelferin zu verdächtigen, als hätte sie während der Durchsuchung und Kontrolle Evas später zur Vortäuschung von Materialisationen verwendete Gegenstände versteckt. Mme. Bisson, Geley, Schrenck-Notzing u. a. m. wiesen solche Unterstellungen natürlich mit Entrüstung zurück, worauf ähnliche Vorwürfe gegen sie selbst erhoben wurden, das veranlaßte z. B. Geley, sich auch noch selbst strengsten Kontrollen zu unterwerfen[5].

Schrenck-Notzing war es inzwischen gelungen, sich andere Medien mit teilweise ähnlichen Phänomenen wie Eva C. zu verschaffen; mit diesen setzte er seinerseits die unterbrochenen Experimente fort. Schon 1913 hatte er mit der Frau

5 Vgl. unten S. 357 f. Nandor Fodor „Encyclopaedia of Psychic Science", S. 152 und unten S. 337 Anm.

eines polnischen Offiziers, *Stanislawa Popielska,* Versuche angestellt; der polnische Forscher Ing. *P. Liebiedzinski* hat in den Jahren 1911–1916 dieses Medium ebenfalls studiert[6]. Schrenck-Notzing konnte diese Versuche 1916 wieder aufnehmen, wobei die Phänomene gefilmt wurden. Abbildungen davon erschienen in der 2. Auflage der „Materialisationsphänomene" (1923) und wurden von Schrenck-Notzing mehrfach in Vorträgen vorgeführt. 1930 wurde Stanislawa P. zwar im Pariser Institut Métapsychique mit Hilfe der Apparatur, die bei Rudi Schneider zu so grundlegend wichtigen positiven Ergebnissen führte (vgl. unten S. 229 ff.), dabei ertappt, wie sie durch eine aus der Fesselung befreite Hand Telekinesen vorzutäuschen suchte[7], jedoch hat der dortige Versuchsleiter, Dr. E. Osty, bemerkt, daß man daraus keine Schlüsse auf die viel früher unter ganz anderen Bedingungen bei ihr beobachteten, andersgearteten Materialisationsphänomene ziehen könne.

Die 2. Auflage des Schrenck'schen Werkes schildert ferner die von *Ing. F. Grunewald* (1885–1925) in seinem Berliner Laboratorium unter teilweise guten Kontrollbedingungen angestellten Versuche mit dem neuerdings wieder bekannt gewordenen dänischen Medium *Einer Nielsen,* weiter Geley's Pariser Experimente mit dem Polen *F. Kluski* (Pseudonym) und Versuche mit dem Grazer Medium *Maria Silbert* durch Schrenck-Notzing und andere, und schließlich die Anfänge der Erforschung des durch Kapitän *J. Kogelnik* in Braunau am Inn entdeckten *Willy Schneider* in München.

Schon vorher, 1920, veröffentlichte Schrenck-Notzing ein Buch über „Physikalische Phänomene des Mediumismus. Studien zur Erforschung der telekinetischen Vorgänge". Es enthält in einem Anhang eine Schilderung der Versuche Geleys mit Eva C. Der Hauptinhalt gilt den Telekinesen der Polin *Stanislawa Tomczyk,* die insbesondere der Lemberger Psychologieprofessor *J. Ochorowicz* (1850–1918) in den Jahren 1908/09, sowie 1913/14 eine Gruppe von Gelehrten in Warschau und Januar–März 1914 Schrenck-Notzing in München studiert hatten; ferner der Erforschung von *Eusapia Palladinos* Phänomenen durch Schrenck-Notzing und andere; schließlich den Untersuchungen des Dozenten für Maschinenbau an der Technischen Hochschule und Queen's University in Belfast *W. J. Crawford.* Auch einige Versuche mit *Willy Schneider* werden bereits geschildert.

Obwohl eigentlich bei allen diesen Medien sich im Trancezustand irgendeine Wesenheit meldete und behauptete, für die Phänomene verantwortlich zu sein – „Berthe" bei Eva C., die „kleine Stasia" bei der Tomczyk, „John King" bei Eusapia Palladino, „Sophie" und „Adalbert" bei Stanislawa P., verschiedene

6 Vgl. Revue Métapsychique 1921, H. 4.
7 Revue Métapsychique Nov./Dez. 1930.

„Operatoren" bei Crawfords Medien, bei Willy Schneider „Olga" (die später zu seinem Bruder Rudi Schneider „überging"), „Mina" und „Otto" usw., usw. – glaubte Schrenck-Notzing doch, diese als „Trancefigurationen", als „Abspaltungen" oder „Personifikationen des Unterbewußtseins" ignorieren zu können. Worum es ihm ging, war der Nachweis der Existenz in den psychophysischen Tiefen des Menschen verborgener, unbekannter und unerforschter Kräfte und/ oder Substanzen (er sprach geradezu von einer „Primordialmaterie"), welche je nach dem Grad der Verdichtung unsichtbar die Telekinesen hervorrufen, oder aber als unförmiges (amorphes) Teleplasma, bzw. als durch unbewußte Vorstellungen des Mediums oder der Sitzungsteilnehmer „ideoplastisch" gestaltete, sichtbare Materialisation auftreten. Daß den Telekinesen und Materialisationen dasselbe „Etwas" zugrunde liegt, schien ihm je länger desto mehr sich zu erweisen, und er fand mit Befriedigung, daß alle in- und ausländischen Forscher, die sich mit diesem Problem befaßten, zu ungefähr dem selben Ergebnis kamen. Bei den Telekinesen, Levitationen u. dgl. etwa von einer Aufhebung der Schwerkraft oder anderer Naturgesetze zu sprechen, wie man ihm vorhielt, zeigt also nur, daß die Gegner nicht verstanden, um was es ging. Ob die durch Stanislawa Tomczyk emporgehobenen Gegenstände durch feinste teleplastische Fasergebilde oder durch Drähte u. dgl. bewegt wurden, ist im Hinblick auf die Schwerkraft unwesentlich, wohl aber die genaue Kontrolle der Hände und der Bewegungen des Mediums, der Vergleich der hierbei photographierten, stark vergrößerten Strukturen mit bekannten Fäden, Haaren usw. unerläßlich für den Nachweis einer neuen „Substanz".

Trotz aller Anfeindungen, vor allem im deutschen Sprachgebiet, fanden die Veröffentlichungen Schrenck-Notzings im Ausland starke Beachtung; so wurden z. B. seine „Materialisationsphänomene" unter Zugrundelegung der zweiten, umfangreichen Auflage von Fournier d'Albe ins Englische (1920), „Die physikalischen Phänomene des Mediumismus" ins Französische und Spanische übersetzt.

Mit unermüdlichem Eifer widmete sich Schrenck-Notzing nun der Untersuchung des ihm zunächst von Dezember 1921 bis Anfang 1922, dann wieder Herbst 1922 bis Frühjahr 1923 zur Verfügung stehenden Willy Schneider aus Braunau am Inn. Die Versuche wurden in dem Buch „Experimente der Fernbewegung" (1924) geschildert. Schrenck-Notzing kam es hierbei vor allem auch darauf an, unter ständig verbesserten Kontrollbedingungen bekannte Gelehrte und andere Persönlichkeiten des öffentlichen Lebens von der Echtheit der Phänomene zu überzeugen. So enthält das Buch denn auch zahlreiche schriftliche Stellungnahmen von Sitzungsteilnehmern im Anschluß an die während der Versuche diktierten Protokolle. Man findet darunter Namen wie Prof. *E. Be-*

cher, den Elektrophysiker Prof. *L. Graetz,* den Berliner Zoologen Prof. *K. Zimmer,* die Professoren für Philosophie *H. Driesch, A. Messer, T. K. Österreich,* den Charakterologen *L. Klages* usw. Unter den eingeladenen Schriftstellern ragt vor allem *Thomas Mann* durch sein wiederholtes Eintreten für die Phänomene hervor. Er nahm an drei Sitzungen am 20. Dezember 1922, 6. und 24. Januar 1923 teil und kontrollierte das Medium selbst in dieser letzteren Sitzung, was ihn besonders beeindruckte[8].

Willy Schneider war als Dentist in München tätig; so konnten 104 Sitzungen mit ihm abgehalten werden, darunter im September/Oktober 1922, also während der Ferien, 15 im Psychologischen Institut der Universität München unter Leitung seines Direktors Prof. *E. Becher* und Schrenck-Notzings, dessen Anwesenheit als erfahrener Forscher der besorgte Vater Schneider verlangt hatte. Die Versuchsgegenstände stellte Schrenck-Notzing großenteils aus seinem Laboratorium zur Verfügung: den Sitzungsanzug, mit Leuchtfarbe bestrichene Gegenstände (wie Glocke, Fächer, Nadeln, Stoffstreifen usw.), einen vierteiligen Gazeschirm (jeder Abschnitt war 70 cm breit und 1,50 m hoch) und den später so berühmten „Gazekäfig". Dieser bestand – wie der Schirm – aus viereckigen Holzrahmen, deren Zwischenräume mit fester, schwarzer, transparenter Gaze bespannt waren. Seine Höhe betrug gleichfalls überall 1,50 m, alle Seitenwände hatten eine Breite von 70 cm, auch das Dach maß auf allen Seiten 70 cm. Die Vorderseite bestand aus einer Türe, die oben und unten durch Haken, in der Mitte durch ein Vorhängeschloß verschließbar war; sie schloß ohne Spalt an das Lattengestell der Seitenwände an. Eine zweite, verschließbare Öffnung war in der Türe 80 cm über dem Fußboden angebracht, sie war nur 20 cm hoch, von einer Seite zur anderen maß sie 60 cm, füllte also nicht die ganze Breite der Türe aus. Das Medium mußte nun, im Käfig sitzend, durch die enge Öffnung Kopf und Arme strecken, die draußen in der sonst üblichen Weise von 1–2 Kontrolleuren gehalten wurden[9]. Es trug dazu, wie stets, den eng anschließenden, mit Leuchtstreifen und Leuchtnadeln versehenen Sitzungsanzug. Die zu bewegenden Gegenstände befanden sich vor dem Vorhang – *vor* dem bekanntlich stets auch das Medium mit oder ohne Käfig saß, – auf einem 1,10 m von der Versuchsperson entfernten Hocker oder Tischchen. Mitunter wurde der vierteilige Gazeschirm an den Käfig anschließend vor die Sitzungsteilnehmer gestellt. Bei einer anderen Versuchsanordnung befanden sich die zu bewegenden Gegenstände in dem Käfig (bei geschlossener Tür und Klappe), vor dem das Medium nun saß, – wie immer an Händen und Füßen kontrol-

---

8 Vgl. „Experimente der Fernbewegung", S. 253 sowie die Schilderungen im „Zauberberg" und anderswo.
9 Vgl. die aufschlußreiche Abbildung in „Experimente der Fernbewegung", Tafel III.

liert. Unter diesen Umständen wurden besonders schöne Phänomene erzielt mit einem Fächer, einem Rohrpapierkorb, einer Handglocke – alle mit Mesothorium-Leuchtfarbe bestrichen – und einer Spieldose, die durch Hin- und Herschieben eines Hebels in Gang gesetzt wurde: eine besonders interessante Darbietung. Ferner wurden einem Armstumpf oder einer dreifingerigen Hand oder einer Nebelsäule usw. vergleichbare Gebilde beobachtet. Ein von dem Dichter geschildertes und nach ihm benanntes „Thomas Mann'sches Phänomen" bestand im Auf- und Abschweben eines gleichsam über eine unsichtbare Hand gelegten Taschentuches bei gutem Rotlicht. Es beteiligten sich 27 akademische Berufsgelehrte und 29 andere Interessenten (Ärzte, Schriftsteller, Privatgelehrte usw.) an diesen Sitzungen im Psychologischen Institut der Münchner Universität.

Willy begab sich hierauf nach Wien, später nach England (vgl. unten S. 163 ff.), um dann eine Stellung als Dentist in Ebersberg bei München anzunehmen. Inzwischen hatte Schrenck-Notzing die Versuche mit seinem jüngeren Bruder *Rudi Schneider* fortgesetzt, der zur Ausbildung als Automechaniker nach München übergesiedelt war und sich ebenfalls für Sitzungen zur Verfügung stellte. Willy kam dann nur noch ab und zu herüber, vor allem, wenn auswärtige Gäste seine – nun schwächeren, aber doch immer noch sehr exakten – Phänomene zu sehen wünschten, oder wenn Rudi eine negative Periode durchmachte.

Die Phänomene Rudis glichen im wesentlichen denen Willys. Das Emporschweben des eigenen Körpers (Levitation), das bei Willy nur kurz in Wien aufgetreten zu sein scheint, wurde bei Rudi in seinen Anfängen häufiger beobachtet. Bekanntlich wurden von dem Okkultisten *v. Czernin-Dirkenau* 1924 diese Phänomene in Wien gezeigt, was zu ihrer *Nachahmung* durch einen Trick führte. Schrenck-Notzing und seine Mitarbeiter haben diese Phänomene aber für echt befunden (s. unten S. 160 ff.). Mit zunehmendem Alter trat die Levitation, wie bei Willy, auch bei Rudi nicht mehr auf. Die Telekinesen, das Auftauchen materialisierter Glieder (Schrenck sprach von „Pseudopodien") usw. konnte der Forscher unter immer strenger werdenden Kontrollbedingungen bis zu seinem Tode den verschiedensten Gelehrten und Interessenten bei Rudi Schneider vorführen. Zuletzt beschäftigte ihn noch die Frage der Verwendung infra-roter Strahlen zu Kontroll- und Registrierzwecken. Schrenck-Notzing bat den ihm sehr befreundeten Elektrophysiker der Universität München, Geheimrat Prof. *L. Graetz*, sich mit diesem Problem einmal zu befassen. Doch setzte der völlig unerwartete Tod des Parapsychologen am 12. Februar 1929 (im Anschluß an eine Blinddarmoperation) seiner Arbeit ein jähes Ende. Die Anwendung infra-roter Strahlen wurde dann im „Institut Métaphysique International" in Paris durch Dr. med. *E. Osty* und Ing. *M. Osty* später in genialer Weise verwirklicht und führte mit dem durch Schrenck-Notzing zu einer wissenschaftlichen Versuchsperson ersten Ranges herangebildeten Rudi Schneider zu Phänomenen, die nicht nur unter den bisher besten Versuchsbedingungen stattfanden, sondern auch die Annahmen Schrencks und seiner Freunde und Mitarbeiter über die Art der diese Phänomene bedingenden Kräfte bestätigten (vgl. unten S. 229 ff.).

Aus dem Nachlaß Schrenck-Notzings wurden drei Bücher herausgegeben:

1. *„Gesammelte Aufsätze zur Parapsychologie"* (1929), die hier nun in etwas veränderter und verkürzter Form neu erscheinen.

2. *„Die Entwicklung des Okkultismus zur Parapsychologie in Deutschland"*, Leipzig 1932, zuerst in Fortsetzungen erschienen in der „Zeitschrift für Parapsychologie". Dieses kleine, historische Werk enthält auch sehr viel persönlich Interessantes über den Werdegang Schrenck-Notzings und seiner Forschungen, denn er war ja einer der Hauptexponenten dieser Entwicklung.

3. *„Die Phänomene des Mediums Rudi Schneider"*, Berlin 1933. Ich habe dieses Werk aus mehreren Mappen mit druckfertigen Protokollen und Stellungnahmen von Sitzungsteilnehmern, Berichten, Briefen usw. zusammengestellt. Leider machte der Umfang des Materials Kürzungen notwendig. Ich hatte nach dem Vorbild des Buches über Willy Schneider („Experimente der Fernbewegung") die Protokolle der wichtigsten Sitzungen mit Schrenck-Notzings Kommentar und den Stellungnahmen maßgeblicher Teilnehmer ausgewählt – was sollte man da weglassen? Ich entschloß mich, die Sitzungen vor allem im Hinblick auf die Versuchsbedingungen auszuwählen; wenn etwa dieselben Phänomene einmal vor, einmal nach Einführung der elektrischen Kontrolle auftraten, brachte ich sie nur im letzteren Fall. Es verblieben aus den ersten Jahren dadurch nur Sitzungen mit später abklingenden Phänomenen oder solche, an die sich besondere Auseinandersetzungen geknüpft hatten. Das führte zu heftigen Angriffen gegen den doch völlig unschuldigen Schrenck-Notzing von seiten der Schweizer Parapsychologin Dr. *Fanny Hoppe-Moser*, die gänzlich aus der Luft gegriffene Gründe für das Fehlen jener Sitzung, an der sie teilgenommen hatte, vorbrachte.

Diese drei nachgelassenen Werke fielen im zweiten Weltkrieg den Fliegerangriffen zum Opfer; die Verlagsräume, in denen die Bücher lagerten, brannten völlig aus.

Ein viertes nachgelassenes Werk *„Gefälschte Wunder*, eine Studie zur Psychologie und Phänomenik des betrügerischen Mediumismus"* kam leider nicht mehr zur Veröffentlichung. Als erster Abschnitt sollte die bereits 1924 erschienene Broschüre „Der Betrug des Mediums *Ladislaus Laszlo*" (Sonderdruck aus den Psychischen Studien", Mai, 1924) neu herauskommen; der zweite, illustrierte Teil sollte sich mit einem ungenannten, im Herbst 1928 von Schrenck-Notzing selbst entlarvten Medium befassen [10]. Den Schluß schließlich sollte der sogenannte „Fall *Kraus*" bilden [11].

Laszlo, ein 21jähriger Elektrotechniker, war nicht etwa ein von Schrenck-Notzing erzogenes und untersuchtes Medium, wie oft behauptet wurde; vielmehr studierte eine ungarische Forschergruppe in Budapest jahrelang seine Phänomene. Nach einem kurzen Besuch dort kritisierte Schrenck-Notzing die Kontrollbedingungen (z. B. Fehlen von Leuchtstreifen und Leuchtnadeln sowie eines unter ständigem Verschluß gehaltenen Versuchszimmers usw.), verteidigte aber nach der Entlarvung zunächst die Budapester in der Annahme, seine Ratschläge seien befolgt worden, was jedoch nicht der Fall war. Vor allem befand sich unter den Sitzungsteilnehmern selbst ein Helfershelfer, dem Laszlo seine Phänomenattrappen zustecken und wieder entnehmen konnte, außerdem bediente er sich noch anderer Tricks, die man in der Broschüre nachlesen kann. Offenbar handelte es sich um einen kriminell veranlagten jungen Mann, denn er wurde dann bereits im August 1924 wegen Desertion im Kriege, zehnfachen Diebstahls, siebenmaligen Betrugs und einmaligen Raubes zu 6 Jahren schweren Kerkers verurteilt.

Im gleichen Jahr – 1924 – kam zu Schrenck-Notzing ein junger Mann namens *Karl Kraus*, der behauptete, ohne Trance auf Grund einer Art Yogakonzentration Telekinesen, Materialisationen und vor allem Auto-Levitationen (das Emporschweben des eigenen Körpers) bewerkstelligen zu können. Bei letzterem Phänomen bedeckte er sich im Dunkeln mit einem schwarzen Tuch und schnellte dann plötzlich empor. Schrenck-Notzing, außerdem mitunter auch Prof. *Gruber* in seiner eigenen Wohnung, ließen sich dies alles zunächst einmal vorführen, um Kraus dann unter allmählicher Verstärkung der Kontrollen an streng wissenschaftliche Versuchsbedingungen zu gewöhnen. Wie aus Briefen hervorgeht, entdeckte Gruber hierbei, während Schrenck verreist war, allerhand Schwindeleien. Die Frage war, ob er nicht außerdem auch echte Phänomene besaß, wie so viele andere, auch die berühmte Eusapia Palladino. Schrenck vertrat diese Ansicht, doch kam es nicht mehr zu einer gründlichen Versuchsreihe. Kraus hatte sich erboten, einen selbst erfundenen Apparat zur „Messung der medialen Energie" zu bauen (später tat er, als habe es sich um einen Kontrollapparat gehandelt), war dazu aber außerstande. Als Schrenck ihm ein Ultimatum stellte und den Tag angab, an dem er den fertigen Apparat zu besichtigen

10 Vgl. mein Buch „Zum anderen Ufer", Remagen 1960, S. 439 ff.
11 S. unten S. 161, 166 f. und mein Buch „Zum anderen Ufer", S. 429 ff.

käme, nachdem er schon beträchtliche Summen für die Anschaffung der Bestandteile gezahlt hatte, entfloh Kraus nach Wien zu den dortigen Forschern und stellte sich als Schrenck'sches Medium vor. Kraus erzählte in Wien, unter welchen Bedingungen er angeblich in München gearbeitet hatte, er erwähnte z. B. den mit so viel Erfolg bei Willy Schneider verwendeten Käfig, gab aber die Lage der Öffnung in der Türe über dem Fußboden tiefer, ihre Höhe dagegen größer an, so daß er leicht den Fuß herausstrecken und mit diesem die vor dem Käfig (statt wie bei Schrenck-Notzing mit Willy seitlich hinter dem 1,50 m hohen Schirm) liegenden Gegenstände bewegen konnte, was die Parapsychologin *Zoë Gräfin Wassilko-Serecki* alsbald durchschaute und nachmachte. Die Wiener – außer der Gräfin *Prof. Thirring*, Frhr. Dr. A. v. *Winterstein, Dumba* u. a. – benachrichtigten Schrenck-Notzing, der schon nach dem Verbleib von Kraus geforscht hatte. Er war nicht sonderlich überrascht, hielt aber Kraus doch teilweise für echt. Auf dem 3. internationalen Parapsychologenkongreß im September 1927 in der Pariser Sorbonne hielt er über Kraus unter dem Pseudonym „Weber" einen Vortrag. Schrenck-Notzing hatte eben eine schwere Operation hinter sich und war noch leidend, fast hatte man das Schlimmste befürchtet. Möglicherweise war dadurch sein Urteil getrübt. Jedenfalls verübelten es ihm viele angesichts der Wiener Entlarvung, daß er diesen Vortrag doch hielt und dabei die Entlarvung nicht erwähnte. Kraus aber schrieb nun seine „Bekenntnisse" nieder, in denen er u. a. behauptete, die Levitationen „Rudi Schneiders Trick" abgeguckt zu haben, nämlich auf einem Bein zu balancieren und das andere waagrecht vor sich auszustrecken. Er sei dabei sogar auf einen Stuhl gestiegen! Dieser Trick sei im Kreise Schrenck-Notzings unbekannt gewesen. Wie unverfroren eine solche Behauptung ist, geht wohl daraus hervor, daß ja schon 1924 in der Wiener Presse die Nachahmung der Schneider'schen Levitation durch die Herren *Przibram* und *Meyer* breitgetreten wurde und Schrenck-Notzing und seine Mitarbeiter veranlaßte, gerade im Hinblick auf diesen Trick die Levitationen Rudi Schneiders nachzuprüfen [12]. Kraus bot seine „Bekenntnisse" für eine ziemlich hohe Summe Schrenck-Notzing zum Kauf an, wollte sie ihm aber vorher nicht zeigen, weshalb dieser nicht darauf einging. Wohl aber ließ Kraus einen Durchschlag Schrenck-Notzings Gegner, dem Grafen *Carl v. Klinckowstroem,* zur Ansicht zugehen, während die Verhandlungen noch schwebten. Auch führte er seine Tricks – natürlich unter seinen eigenen Bedingungen – dem englischen Forscher *Harry Price* vor und erzählte ihm von seinem Manuskript. Da Price nicht Deutsch konnte, berichtete er als Europakorrespondent der „American Society for Psychical Re-

12 Vgl. unten S. 160, 214, ferner „Die Phänomene des Mediums R. Schneider", S. 2 ff., 63 ff.

search" deren Untersuchungsbeamten (research-officer) *Malcolm Bird* davon; dieser verstand gut Deutsch und erwarb schließlich das Manuskript mit allen Rechten für seine Gesellschaft. Bird machte das Anerbieten, die „Bekenntnisse" mit einer Stellungnahme aus Schrenck-Notzings Feder zu veröffentlichen. Schrenck hatte sich eine Abschrift des Manuskriptes beschafft und arbeitete bis unmittelbar vor seinem Tode an dem Kommentar zu den „Bekenntnissen", den er auch im dritten Teil der „Gefälschten Wunder" verwerten wollte.

Wie der „Fall Laszlo" wurde auch der „Fall Kraus" zu einer wüsten Hetze gegen den Forscher verwendet. Jedesmal, wenn irgendwo ein Medium entlarvt wurde oder seine angeblichen Tricks „bekannte", stürzte sich die Presse wie eine entfesselte Meute auf Schrenck-Notzing, um ihn in jeder Hinsicht herabzusetzen. Mitunter wurden sogar einige seiner Mitforscher an ihm irre. Dabei geschieht es doch auch in anderen Wissenschaften (Medizin, Chemie, Physik usw.), daß man erst nach langem, mühsamem Forschen, nach enttäuschenden Fehlschlägen und Umwegen, zu letztlich gültigen Ergebnissen gelangt: die Geschichte der Wissenschaften ist voll von solchen Tatsachen. Warum sollte es in der Parapsychologie anders sein? [13]

Bei aller Empörung und Enttäuschung über den Vertrauensmißbrauch von seiten eines betrügerischen Mediums zollte Schrenck-Notzing dem aufgewendeten Scharfsinn, der Geschicklichkeit, deren es bedurfte, um die Kontrollen zu umgehen, doch eine gewisse Anerkennung. Als Sportsmann und Jäger, der er war, lag für ihn fast ein gewisser Reiz darin, etwaige Tricks durch stets scharfsinniger ausgedachte Vorkehrungen zu unterbinden. Wie in allen Dingen, ging es ihm in der Einschätzung seiner Person nicht um kleinliche Tüfteleien, sondern um die großen Endergebnisse. Mehr als einmal sagte er zu mir, es komme ihm gar nicht darauf an, eigensinnig daran festzuhalten, daß immer und überall jedes kleinste Einzelphänomen echt gewesen sei. Auch auf ein betrügerisches Medium mehr oder weniger komme es letzten Endes nicht an. Jedoch hoffe er, man werde, wenn er einmal die Augen schließe, sagen können, daß die Parapsychologie immerhin mit durch seine Arbeit zur Anerkennung gelangt sei, und daß er die Wirklichkeit bestimmter Phänomengruppen (vor allem Telekinesen und Materialisationen) aufgewiesen und ihre eingehende Erforschung auch nach seinem Tode ermöglicht habe. Er wolle es durchsetzen, daß man bestimmte unbekannte, im Menschen wirksame Kräfte anerkenne und ihre große Bedeutung für die künftige Biologie, Physiologie und Psychologie einsehe. Gebe man das zu, und lasse es sich die Wissenschaft angelegen sein, auch weiterhin

---

13 Vgl. hierzu die beachtenswerte Stellungnahme des bekannten Psychiaters Prof. *E. Bleuler* in seinem Aufsatz „Vom Okkultismus und seinen Kritikern" zur ersten Auflage des vorliegenden Buches, „Zeitschrift für Parapsychologie" 1930, S. 654 ff.

diese Dinge zu erforschen, so – pflegte er zu sagen – habe er nicht umsonst gelebt. Alles andere sei dem gegenüber unwesentlich: ob Eva C. in diesem oder jenem Fall geschwindelt habe, ob Kraus zuerst von ihm und seinen Mitarbeitern, oder zuerst von den Wienern durchschaut wurde, ob er gemischte oder nur betrügerische Phänomene hatte usw. (Was natürlich nicht heißen soll, daß er darüber nicht seine ganz bestimmten Ansichten hatte.)

Tatsächlich hat sich u. a. die von seinem einstigen Jugendkollegen in Nancy und Paris, nämlich von Sigmund Freud, begründete psychoanalytische Schule in den letzten Jahren gerade auch der Parapsychologie zugewandt, vor allem in Amerika und Italien; so einen Ring schließend, der sich in den 80er Jahren zunächst nach entgegengesetzten Richtungen zu wölben schien[14].

Obgleich das Wort Para- (Neben-) Psychologie von dem Berliner Philosophen *Max Dessoir* geprägt wurde, der damit teils sachlich begründet, teils herabsetzend, diesen neuen Forschungszweig charakterisieren wollte, schrieb doch nach dem Ableben Schrenck-Notzings sein einstiger Mitstreiter als Vorkämpfer des Hypnotismus und später erbitterter Gegner auf dem Gebiet des Mediumismus, Geh.-Rat *A. Moll:* „Die Schrenck'sche Parapsychologie ist keine Wissenschaft, sie ist so gut wie tot, in 10 Jahren wird sie nur noch ein Kuriosum sein." Das zeigt wohl, in welchem Umfang in Deutschland diese neue Forschung mit der Person Schrenck-Notzings identifiziert wurde.

Nun, es sind seither über 30 Jahre vergangen, wir feiern am 18. Mai 1962 den 100. Geburtstag Schrenck-Notzings – und die Parapsychologie steht stärker und gefestigter da als zu seinen Lebzeiten, wenn auch nicht in erster Linie in Deutschland, wo sie durch das Verbot während des Dritten Reiches (Juni 1941) und die schwierigen Nachkriegszeiten einen schweren Rückschlag erlitt. Immerhin gibt es in Freiburg i. Br. ein auf dem Schrenck'schen wissenschaftlichen Nachlaß, vor allem seiner Bibliothek, aufgebautes „Institut für Grenzgebiete der Psychologie und Psychohygiene" unter Leitung von Prof. *H. Bender,* das in Verbindung mit dem von Prof. *W. H. C. Tenhaeff* geleiteten „Parapsychologisch Instituut" der holländischen Reichsuniversität Utrecht vor allem parapsychologische Untersuchungen anstellt. Beide Institute geben je eine Zeitschrift heraus: „Zeitschrift für Parapsychologie" bzw. „Tijdschrift voor Parapsychologie" – so den Namen der hervorragenden „Zeitschrift für Parapsychologie" weitertragend, in die Schrenck-Notzing 1926 die von dem russischen Staatsrat A. Aksakow 1874 begründeten „Psychischen Studien" umgewandelt hatte, und die bis 1934 erschienen war. Das hohe wissenschaftliche Niveau dieser auch im Ausland bestens bekannten Zeitschrift, sowie die Übernahme des Wortes

---

14 Über weitere Fortsetzungen dieser Forschungen vgl. unten S. 336, Anm. 5.

„Parapsychologie" durch den international bekannten Leipziger Philosophen *Hans Driesch* in seinem Buch „Parapsychologie, die Wissenschaft von den ‚okkulten' Erscheinugen" (München 1932, Neuauflage mit Ergänzungen von Prof. Dr. Hans Bender, 1952) dürfte nicht wenig zur Einbürgerung des Begriffs „Parapsychologie" beigetragen haben, zumal dieses Buch 1934 auch englisch erschienen ist, so daß in den angelsächsischen Ländern mehr und mehr das alte „psychic research" durch „parapsychology" verdrängt wurde. So nennt sich das jetzt auf dem Gebiet der quantitativ-statistischen Forschung (die es zu Schrenck-Notzings Zeiten noch kaum gab) führende Rhine'sche Institut der Duke University (Durham N. C.) in Amerika „Parapsychology Laboratory". Es veröffentlicht u. a. ein „Journal of Parapsychology"; die äußerst aktive „Parapsychology Foundation" (New York) bringt u. a. ein „International Journal of Parapsychology" heraus. Neben den in ihrem Namen noch an die alt-ehrwürdige englische „Society for Psychical Research" oder an das von Charles Richet geprägte „métapsychique" anknüpfenden Veröffentlichungen und Forschungsinstituten, gibt es jetzt außerdem bereits u. a. in Argentinien, Finnland, Indien, Italien, Norwegen, Schweden, der Schweiz Publikationen und Gesellschaften, die sich wörtlich als „parapsychologisch" bezeichnen, und es kommen ständig neue hinzu. So war also die Parapsychologie zu früh totgesagt worden!

Unter diesen Umständen entspricht es einem vielseitigen Bedürfnis, wenn hier zu seinem 100. Geburtstag durch die Neuausgabe der „Gesammelten Aufsätze" ein Querschnitt durch die Forschungen Schrenck-Notzings vorgelegt wird, zumal seine Hauptwerke teils durch Vernichtung im Luftkrieg, teils durch das Verbot und die Beschlagnahme der gesamten parapsychologischen Literatur im Dritten Reich völlig vergriffen sind. Gegenüber der ersten, von mir zusammengestellten, von Prof. L. Graetz gebilligten, Auflage (1929) wurden vor allem einige polemische Auseinandersetzungen mit Gegnern gestrichen, da sie höchstens noch historisches Interesse beanspruchen dürften, z. B. mit Landgerichtsdirektor Hellwig in den „Psychischen Studien" Juni 1925; mit dem sogenannten „Dreimännerbuch" in den „Psychischen Studien" Oktober 1925; mit W. J. Vinton in der „Zeitschrift für Parapsychologie", Dezember 1927. Ebenso entfiel ein Aufsatz über „Lesen durch undurchsichtbare Körper hindurch" („Zeitschrift für Parapsychologie", Januar 1929), da es sich hier nicht um eigene Untersuchungen Schrenck-Notzings handelt, sondern um ein Referat über Experimente an der Universität Valladolid, desgleichen eine Besprechung von Ed. Reichs „Physiologie des Magischen" (aus der „Sphinx", Dezember 1890). Leider mußten auch zahlreiche Abbildungen ausscheiden, weil die Originalvorlagen fehlten, und eine Reproduktion nach Reproduktionen nicht gut ausgefallen wäre. Dafür wurden den Schrenck-Notzing'schen Anmerkungen sachliche und literarische Ergänzungen hinzugefügt, die als solche kenntlich gemacht sind, ferner je ein Überblick über die parapsychische und vor allem die paraphysische Forschung seit dem Tod dieses bahnbrechenden deutschen Gelehrten. Von den Berichten über Spukphänomene wurden einige, von Schrenck-Notzing nur veranlaßte, ausgelassen (aus der „Zeitschrift f. Parapsychologie", Januar August, Oktober 1928 und Januar 1929). Schrenck-Notzing plante vor seinem Tode, hierüber ein Buch zu veröffentlichen, da er die Spukphänomene als „Naturvorkommen" des physikalischen Mediumismus betrachtete, die zur Entdeckung vieler bedeutender Medien führten. Die Ergänzungen konnten gerade hier leider fast nur Literaturhinweise bringen (zu denen noch eine kaum übersehbare Kasuistik in den führenden okkulten und parapsychologischen Zeitschriften aller Länder käme), weil genaue Schilderungen der Einzelfälle den Umfang dieses Buches allzusehr hätten anschwellen lassen. Die frühere Einteilung wurde beibehalten, das Werk umfaßt somit:

I. Abhandlungen über „parapsychische" Phänomene,

II. Abhandlungen über „physikalischen" Mediumismus (Telekinesen und Materialisationsphänomene),

III. Abhandlungen über Spukphänomene,

IV. Nekrologe (auf Forscher mit gleicher Interessenrichtung),

V. Eine Zusammenstellung der Veröffentlichungen Dr. v. Schrenck-Notzings, sowohl derjenigen, welche in Buch- oder Broschürenform, als auch derjenigen, welche in Zeitschriften usw. erschienen sind.

München, Herbst 1961   *Gerda Walther*

Erster Teil

PSYCHISCHE PHÄNOMENE

Übersinnliche Eingebungen in der Hypnose [1]

Bereits im vorigen Jahre berichtete das (Schorersche) Familienblatt über die von der Londoner psychologischen Gesellschaft [2] unter strengen wissenschaftlichen Kautelen angestellten Experimente übersinnlicher Gedankenübertragung. Neuerdings nun beschäftigt sich die jüngst (1886) gegründete „Psychologische Gesellschaft in München", dem Vorgehen der Engländer folgend, eingehender mit dieser Frage. Die in den bis jetzt veröffentlichten [3] Komiteeberichten mitgeteilten Versuche liefern schon den schlagenden Beweis, daß 1. eine Übertragung von Gedanken auf eine andere Person ohne Vermittlung eines der bekannten Sinne überhaupt möglich und daß 2. diese Aufnahmefähigkeit in gewissen Stadien der Hypnose besonders gesteigert ist. Einen kleinen Beitrag nun zu dieser interessanten Tatsache möge der nachfolgende Bericht geben, in welchem Experimente mitgeteilt werden, die der Verfasser dieser Zeilen am 19. April 1887 in der Wohnung des in München wohlbekannten Dr. Sch. in seiner und seiner Gemahlin Gegenwart mit einem jungen Mädchen – nennen wir sie hier Lina – vornahm.

Das bei den Versuchen eingeschlagene Verfahren war folgendes: Lina fixierte, in einem bequemen Lehnstuhl sitzend, 4 Minuten lang einen ihr von mir vorgehaltenen goldnen Ring mit den Augen, worauf sich der Eintritt der Hypnose durch eine tiefe Inspiration kundgab. Die Pulsfrequenz zeigte nach unserer Untersuchung im wachen Zustand 80 Schläge und stieg in diesen 4 Minuten auf 100. – Dementsprechend steigerte sich die Respiration in derselben Zeit von 20 auf 40 Atemzüge in der Minute. Diese Symptome, verbunden mit den nach aufwärts gekehrten Pupillen, der völligen Unempfindlichkeit gegen Nadelstiche und dem schweren Herabfallen der aufgehobenen Arme lieferten uns den Beweis, daß das lethargische Stadium der Hypnose eingetreten war, ohne die

---

1 Aus den „Schriften der Münchener Psychologischen Gesellschaft", 1887.
2 Die 1882 gegründete S.P.R. = Society for Psychical Research. (Das englische „psychic" hat ungefähr dieselbe Bedeutung wie das von M. Dessoir geprägte „parapsychologisch.) G. W.
3 Vgl. 2. Beilage der „Allgem. Zeitg." Nr. 108 und 109 und „Gegenwart" Nr. 17 vom 23. April.

Möglichkeit einer Simulation überhaupt nur noch zuzulassen. Um aber bei der Übertragung der Gedankenbefehle selbst so vorsichtig wie möglich jeden Anhaltepunkt durch die leiblichen Sinne auszuschließen, begab sich einer der Zeugen (entweder Herr oder Frau Dr. Sch.) vor jedem Versuch in ein Nebenzimmer und schrieb hier den jedesmal auszuführenden Befehl auf eine Tafel nieder. Das Mädchen saß mit ihrem Rücken der außerdem noch durch einen großen Vorhang bedeckten Ausganstür zugewendet. Vor jedem Experiment in das Nebenzimmer tretend, las ich stillschweigend den Befehl ab, setzte mich der Empfängerin gegenüber, jedoch so, daß körperliche Berührung nicht stattfand, und suchte lediglich durch Konzentration meiner Gedanken auf den abgelesenen Befehl 1. diesen auf die Empfängerin zu übertragen und 2. sie zur Ausführung desselben zu zwingen.

Dr. Sch. schrieb in die Tafel: Erster Befehl. Soll die rechte Hand auf ihre Stirn legen. Lina hebt ankämpfend gegen die Schwere des schlafenden Gliedes wiederholt den rechten Arm, der aber immer wieder herunterfällt. Sie berührt zunächst ihr Haar und legt dann die Hand auf die Stirn, in welcher Stellung sie verharrt. Dabei macht sie schwerfällige Sprachversuche: Sti – Sti – Sti – r – r – r – n.

Zweiter Befehl. Soll das am Türpfosten hängende korsikanische Trinkgefäß herabnehmen und Dr. Sch. umhängen. Lina erhebt sich, wobei sie unterstützt wird, da ihr die Kraft fehlt, den schlafenden Körper ganz aufzurichten. Dann geht sie mit kurzen Schritten, wie eine Blinde vor sich her tappend auf die Tür zu, wendet sich zunächst nach der rechten unrichtigen Seite, um dann mit einer zweiten Wendung auf den bezeichneten Türpfosten hinzutreten. Ohne Fehlgriff nimmt sie das Gefäß herab, begibt sich auf einem Umweg zu Dr. Sch., der an der entgegengesetzten Zimmerwand sitzt, im Vorbeigehen seine Gemahlin streifend, und hängt ihm das Horn um.

Dritter Befehl. Soll den in Gestalt einer Eidechse auf dem Schreibtisch liegenden Briefbeschwerer ergreifen und auf einen andern Tisch neben den Lampenfuß niederlegen.

Wie beim vorigen Versuch steht Lina auf, tritt mit zwei Wendungen auf den großen, mit Photographien, Papieren, Mappen, mehreren Briefbeschwerern und Schreibzeugen verschiedener Art ganz und gar bedeckten Schreibtisch hin und macht greifende Bewegungen nach der Eidechse, die sie anfangs nicht erreichen kann, weil sie zu entfernt liegt. Nachdem sie das ihr im Wege liegende Papier und ein Papiermesser zur Seite gelegt, schiebt sie den Briefbeschwerer heran, erhebt ihn, begibt sich langsam zu dem bezeichneten Tisch, legt hier den Gegenstand nieder und läßt ihn nicht eher los, als bis sie ihn so weit vorgeschoben hat, daß er den Lampenfuß berührt. Um die bei den meisten Versuchen vorkommende automatische Wiederholung des ausgeführten Befehles zu vermeiden, führe ich sie an ihren Platz zurück. Sie will sich wieder erheben, zeigt auf die Lampe, stammelt das Wort „Eidechse" und macht greifende Bewegungen. Erst auf den ausgesprochenen Befehl, sich zu beruhigen und das Wort „Eidechse" zu vergessen, gibt sie ihre Bemühungen auf.

Vierter Befehl. Soll Visitenkarten aus der Schale in den daneben stehenden Kasten legen.

Lina tritt, sobald sie aufgestanden ist, ohne irgend einer Willensanregung zu bedürfen, auf den Tisch zu, nimmt Visitenkarten, öffnet aber erst auf die ausgesprochene Aufforderung hin, den zweiten Teil des Befehls auszuführen, den großen, messingbeschlagenen Kasten und legt zuerst eine, dann eine Handvoll Visitenkarten hinein und schließt denselben. Wie ich nachträglich erfuhr, hatte bei der vorhergehenden, in ihrer Abwesenheit stattgefundenen Besprechung Dr. Sch. vorgeschlagen, sie solle eine Handvoll Karten hineinlegen, bis man sich einigte, ihr das Nähere zu überlassen.

Durch die Ausführung dieser Versuche befriedigt, wünschten die Zeugen nunmehr zu den in der Hypnose übersinnlich zu übertragenden, aber erst nach dem Erwachen auszuführenden Gedankenbefehlen überzugehen.

Als *posthypnotisch* auszuführende Befehle wurden auf die Tafel geschrieben:
1. Soll aus einem bestimmten Schubfach des altdeutschen Schrankes eine darin liegende Photographie nehmen und der Frau Dr. Sch. vorzeigen mit der Frage: „Wer ist das?"
2. Soll das korsikanische Trinkgefäß wieder an seinen Platz hängen.
3. Soll von dem auf einem niedrigen Tisch stehenden türkischen Service eine Tasse nehmen, das Porzellan bewundern und die Tasse wie zum Trinken an den Mund führen.

Um mich zu vergewissern, ob der erste Befehl aufgenommen sei, stellte ich die in Worten ausgesprochene Frage: „Was sollen Sie nach dem Erwachen zuerst tun?" Lina deutet auf den Schrank und macht greifende Bewegungen. – „Was dann?" Lina weist auf das Trinkgefäß. – Schon während ich im Nebenzimmer den dritten Befehl ablas, machte die Schlafende nach Angabe der Zeugen schmeckende und kauende Mundbewegungen. Auf die weitere Frage: „Was sollen Sie noch ausführen?" deutet sie in der Richtung der Tassen und führt ihre Hand in der Weise an den Mund, wie wenn man ein Glas zum Trinken ansetzt. Nachdem ich ihr noch laut eingeschärft hatte, sofort einzuschlafen, sobald ich das Wort Omega ausspräche, weckte ich sie durch Anblasen. Lina kommt allmählich zu sich, kann anfangs nicht sprechen, begibt sich aber sofort zu dem altdeutschen mit 24 Schubfächern versehenen Schrank. Sie öffnet vorsichtig die von mir gedachte Schublade, in welcher aber keine Photographie lag. – Da ich nicht durch die nähere Besichtigung des mir unbekannten Schrankes die Schlafende auf denselben aufmerksam machen wollte und das betreffende Fach auf der Tafel nicht genau genug bezeichnet war, so hatte ich an eine andere Schublade gedacht wie die Zeugen. Sobald ich den Irrtum erkannt, trat ich in das Nebenzimmer und ließ mir noch jetzt nachträglich das richtige Fach beschreiben, jedoch so leise und vorsichtig, daß es für die Empfängerin unmöglich war, von der mir gemachten Angabe etwas zu hören. Zurückgekehrt, versuchte ich ihr noch den neuen Gedanken durch Konzentration zu übertragen. Um Linas Befangenheit zu mildern, sprechen wir von der Echtheit und Schönheit des altdeutschen Schreins. Lina spricht: „Nicht wahr, es ist recht unbescheiden von mir, alles anzufassen und neugierig Fächer herauszuziehen!" Frau Dr. Sch. erwidert: „Altertumsfreunde besehen sich stets diesen Schrank, indes liegen nur gleichgültige Papiere darin." Jetzt zieht Lina langsam das gewünschte, aber keinen Augenblick von uns fixierte Fach heraus und bittet, sobald sie eine Photographie darin entdeckt, um die Erlaubnis, dieselbe herausnehmen zu dürfen. Auf die Aufforderung der Frau Dr. Sch. nimmt sie das Bild in die Hand und reicht es verwundert der Dame des Hauses mit den Worten: „Wer ist denn das?" – Später stellt sie das Bild auf den Schreibtisch. – Um ihre Reflexion zu unterdrücken und die übertragenen Impulse anzuregen, sprechen wir von der schönen Schnitzerei der altdeutschen Bank. Lina, in unser Lob einstimmend, setzt sich darauf und erblickt bei der Gelegenheit das auf der Bank liegende Gefäß. Sie ergreift es, läßt sich den Zweck desselben auseinandersetzen und fragt: „Ist dieses Band zum Aufhängen?" – „Ja." – „Darf ich es aufhängen?" – „Bitte, Fräulein." Sie begibt sich an die richtige der drei Ausgangstüren und hängt das Gefäß an seinen alten Platz.

„Was Sie für schönes Porzellan haben!" spricht sie, sich dem Service zuwendend. Nachdem ihre Frage, ob dasselbe für Rauchzwecke diene, verneint war, ergriff sie eine Tasse und setzte sie wie zum Trinken an den Mund. Sie erkundigt sich noch, ob diese Kaffeetassen mit oder ohne Einsatz gehalten werden, und bewundert die Porzellanmalerei. Als sie dann wieder zum Tisch zurückgekehrt war, nahm sie die noch am Lampenfuß liegende Eidechse und legte sie genau an ihren Platz auf dem Schreibtisch zurück. Da bei dem Fräulein bis jetzt die sämtlichen Hypnosen erinnerunglos gewesen sind und mit ihr absichtlich niemals über Versuche gesprochen wird, um ihre Unbefangenheit zu bewahren, so war es für uns interessant, zu beobachten, wie sie instinktiv genau die Gegenstände auf den richtigen Platz zurücklegte. Nachträglich erfuhr ich von Frau Dr. Sch., daß sie sich als posthypnotisch auszuführenden Befehl das Zurücklegen des Briefbeschwerers gedacht habe.

Nach einer kleinen Pause richtete ich an das auf dem Sofa sitzende Fräulein die Frage: „Kennen Sie das Wort Omega?" worauf sie sich sofort zurücklehnte und einschlief. Nunmehr machte ich im Nebenzimmer, auf die Tafel schreibend, folgenden Vorschlag als letzten IV. posthypnotischen Befehl: Dr. Sch. soll nach dem Erwachen für sie unsichtbar sein.

Um mich zu überzeugen, ob dieser Gedanke aufgenommen sei, spreche ich zu der Schlafenden: „Was ich jetzt wünsche, ist keine Handlung, sondern ein Zustand. Auf wen bezieht sich dieser Zustand?" Sie zeigt auf Dr. Sch. und stammelt: „D – o – Do – k – k – to – o – rrr Sch." – Seine Frage: „Auf welche Organe bezieht sich der Zustand?" beantwortete sie durch Berührung ihrer Augen und Ohren. Ich befehle ihr noch: „Auf das von mir ausgesprochene Wort ‚Palme' soll dieser Zustand schwinden" und erwecke sie. Lina reibt sich lange Zeit ihre Augen und macht anfangs den Eindruck, wie wenn sie nicht deutlich sehen könne. Sie geht dann, ganz wach geworden, im Zimmer umher und nimmt an unserer Unterhaltung teil. Mehrmals bleibt sie horchend an der angelehnten Tür des Nebenzimmers stehen und versucht auch, durch die Türspalte in das erleuchtete Zimmer zu blicken. Nach einiger Zeit fragt sie, während Dr. Sch. mitten im Zimmer stand: „Wo ist denn Herr Dr. Sch., ist er schon zu Bett gegangen?" Unsere Versicherung, er komme gleich wieder, beruhigt sie nur auf kurze Zeit, und sie spricht wiederum ihre Verwunderung über das lange Ausbleiben des Dr. Sch. aus. Auf meine Bitte stellt Dr. Sch. sich ihr wiederholt in den Weg. Sie stößt sich an ihm, sie streift ihn, nur einmal fährt sie nach einer starken Berührung, ohne ein Wort zu sagen, verwundert mit ihrer linken Hand über den rechten Arm, eine Bewegung, die mich belehrt, daß ich die Übertragung der negativen Gefühlshalluzination vergessen hatte, so daß nur für Augen und Ohren diese Täuschung bestand. Ich nahm dann eine Schale vom Tisch und bot ihr Konfekt an, durch einen Augenwink den Dr. Sch. verständigend, er möge das Gefäß festhalten. Dann ließ ich das Gefäß plötzlich los. Ganz erschrocken ergriff sie, wie um dasselbe am Herabfallen zu verhindern, die Schale mit beiden Händen und betrachtete dieselbe erstaunt von allen Seiten, ohne aber ihrer Erregung in Worten Ausdruck zu geben. Auf ähnliche Weise hatte vor einiger Zeit Freiherr Dr. Carl du Prel, der bekannte Philosoph, bei seinen Versuchen ihr die Halluzination eingegeben[4], daß sie Gegenstände frei in der Luft schweben sehe, worüber sie damals in eine solche Aufregung geriet, daß sie mich bat, sie nicht wieder durch derartige Zauberkunststücke zu erschrecken. Deswegen ließen wir es bei diesem einen Versuch bewenden. Dagegen ersuchte ich Dr. Sch., er möge so laut wie möglich sie anrufen. Dr. Sch. fuhr sie mit Stentorstimme an: „Mein Fräulein, wünschen Sie

4 Vgl. Beilage zur „Allgem. Zeitg." Nr. 109.

ein Glas Wein?" Sie reagierte nicht im geringsten darauf, sondern gab noch mehrmals ihrem Bedauern Ausdruck über das lange Ausbleiben des Dr. Sch. Um der Täuschung ein Ende zu machen, wandte ich gesprächsweise die Phrase an: „Unter Palmen darf man nicht ungestraft wandeln." In demselben Augenblick bemerkte sie den neben ihr stehenden Dr. Sch. – und redete ihn an: „Da sind Sie ja wieder, Herr Doktor, ich habe Sie gar nicht gesehen", womit wohl gesagt sein soll, sie habe ihn nicht ins Zimmer treten sehen.

Auf besondern Wunsch der Zeugen füge ich diesem Bericht noch die Bemerkung hinzu, daß das Fräulein den ganzen Abend in dem mit Raritäten und Altertümern verschiedenster Art, die schon unwillkürlich das Interesse jedes Gastes herausfordern, reich ausgestatteten Zimmer nicht einen einzigen Gegenstand berührte oder bewunderte, den die Zeugen nicht bei ihrer vorhergehenden Beratung für die Experimente mit vorgeschlagen, aber zum Teil wieder aufgegeben hatten.

Diese Versuche nun liefern wiederum den Beweis, daß die Übertragung von Gedanken nicht, wie Professor Preyer in seiner Schrift über das Gedankenlesen behauptet, an die körperliche Berührung gebunden ist" oder aber im andern Fall nur auf Betrug beruhen könne.

Schon das eingehende Studium, welches bereits eine stattliche Reihe [5] hervorragender französischer Gelehrter dem Hypnotismus mit seinen so vielgestaltigen und im Anfang so wunderbar erscheinenden Symptomen widmet, sollte für die deutsche Wissenschaft Mahnung genug sein, sich in dieser für Medizin, Pädagogik und Jurisprudenz so eminent wichtigen Frage von den Franzosen nicht überflügeln zu lassen. – Wenn es nun auch verhältnismäßig wenig Menschen gibt, die überhaupt für übersinnliche Suggestionen in der Hypnose empfänglich sind, so darf doch die Seltenheit dieser merkwürdigen Erscheinung nicht die völlige aprioristische Negation derselben zur Folge haben. Es erscheint aber zweifellos, daß, sobald alle möglichen Gelegenheiten zu hypnotischen und auch übersinnlichen Versuchen von den hierzu in erster Linie berufenen Ärzten gründlich ausgenutzt werden, diese in Deutschland bis jetzt negierte Tatsache eine wissenschaftliche Wahrheit werden wird. Und wenn die vorstehenden Mitteilungen dazu beitragen, in weiteren Kreisen eine Anregung zu ähnlichen Versuchen zu liefern, so haben sie ihren Zweck erfüllt.

5 Hierzu vergleiche man das im Märzheft 1887 der Monatsschrift „Sphinx" veröffentlichte Verzeichnis der hypnotischen Literatur der letzten Jahre.

Telepathische Experimente des Sonderausschusses der Psychologischen Gesellschaft in München[1]

Der am 5. Mai 1887 mit der Untersuchung transzendental-psychologischer Vorgänge in der Hypnose beauftragte Sonderausschuß ist nunmehr in der Lage, über eine Serie von 40 hypnotischen Sitzungen, an denen im ganzen 75 Zeugen[2] teilnahmen, einen vorläufig abschließenden summarischen Bericht zu erstatten, dem später eine ausführliche Abhandlung über die „Gedankenübertragung" folgen wird[3]. Als Hauptaufgabe dieser Untersuchung wurde die experimentelle Bestätigung einiger im Programm der psychologischen Gesellschaft aufgestellten Sätze angesehen. Es heißt daselbst[4]:

„Durch die hypnotischen Versuche ist nun ein weiteres ergiebiges Gebiet zur Begründung einer Experimentalpsychologie erschlossen, und so läßt sich nun mit größerer Sicherheit erwarten, daß auch die Psychologie energischer als bisher jenen Aufschwung nehmen wird, den noch jeder Wissenszweig nahm, sobald er experimentell betrieben wurde ...

Werden einmal diese Fähigkeiten der menschlichen Seele – wir können sie transzendental-psychologische Fähigkeiten nennen, weil sie in normalem Zustande latent bleiben – nach experimenteller Methode erforscht werden, dann wird auch der Gewinn davon ein bleibender sein, und man wird erkennen, daß diese Fähigkeiten unabhängig sind von den Sinnen und dem Organismus. Die Psychologie wird alsdann von der physiologischen Ankettung wieder befreit und der Seele wird die Würde einer selbständigen Substanz zugesprochen werden.

Aus dem Vorstehenden geht schon hervor, daß das Studium der Psychologie für uns alle von höchstem Interesse ist. In erster Linie und abgesehen von unseren verschiedenen Berufen sind wir Menschen, und um Erforschung des Menschenrätsels handelt es sich. Insbesondere gibt es keinen wissenschaftlichen oder künstlerischen Beruf, der nicht Vorteil aus der Erforschung dieses Gegenstandes ziehen könnte ...

Der Künstler wird vielleicht leer auszugehen glauben, aber Gebärden und Mimik sind in hypnotischen und somnambulen Zuständen nicht nur dem Einfluß fremder Ideen zugänglich, sondern alsdann auch im höchsten, im Wachen

---

1 Erstmals erschienen in der „Sphinx", Dezember 1887.
2 Unter diesen Zeugen befanden sich Professoren verschiedener Fakultäten, 15 Mediziner und Ärzte, Gelehrte und Künstler in großer Anzahl.
3 Vermutlich handelt es sich um den in den „Proceedings" der Londoner S.P.R., vol. VII, part. 18 im Jahre 1891 veröffentlichten Bericht. G. W.
4 Seite 4–6; vgl. auch das Januarheft der „Sphinx" 1887, III, 13.

kaum erreichbaren Grade ausdrucksvoll, weil sie eben von innen herausgearbeitet werden, während das heutige Modell des Künstlers nur äußerem Befehle gehorcht oder nur mechanisch in Position gesetzt wird."

Eine wirklich experimentelle Erforschung nun in wissenschaftlichem Geiste ist bei einer Privatperson, welche in geselligem Zirkel sich wohl allen Proben so weit unterwirft, daß Betrug als ausgeschlossen betrachtet werden kann, nur im beschränkten Sinne möglich, einmal, weil man auf den medizinischen Teil der Untersuchung fast ganz verzichten muß, dann aber auch, weil das für genauere Erforschung unbedingt erforderliche Instrumentarium im Privatkreise nicht vorhanden und auch so leicht nicht zu beschaffen ist. Deswegen konnte die Tätigkeit des Ausschusses eigentlich nur in einer möglichst exakten Feststellung transzendental-psychologischer Tatsachen – soweit dieselben noch nicht allgemein anerkannt werden – bestehen. Somit unterließ man es, jene durch zahlreiche französische Forscher in neuerer Zeit gründlich untersuchten, für Medizin, Jurisprudenz und Pädagogik höchst wichtigen Eigentümlichkeiten der Hypnose hier zu berücksichtigen; nur für die künstlerische Verwertung derselben suchte man, weil der oben erwähnte Passus vielen Angriffen ausgesetzt war, bleibende Beweise beizubringen. Demnach lassen sich die Versuche, deren Zahl über 200 beträgt, wenn die etwa 15 % betragenden Fehlversuche nicht mitgerechnet werden, in drei Grupepn zusammenstellen:

1. Übersinnliche Eingebungen (in der Hypnose);
2. Versuche der Sinnesverlegung;
3. Photographische Experimente.

1. Übersinnliche Eingebungen

Der überwiegend größere Teil derjenigen Personen, welche als Zeugen an den Versuchen teilnahmen, Gedanken und Willensimpulse ohne körperliche und ohne sinnliche Vermittlung auf die Hypnotisierte – die in allen Fällen das in den Berichten „Lina" genannte Mädchen war – zu überttagen, mußte sich als überzeugt bekennen. Welcher Art diese Versuche waren und wie sie angestellt wurden, um beweisend zu sein, darüber ist in verschiedenen weit verbreiteten Zeitschriften[5] berichtet, weswegen wir hier nicht weiter darauf eingehen. Wohl aber muß erwähnt werden, daß die in der letzten Hälfte jener Sitzungen angestellten Experimente, deren Zweck war, skeptische Teilnehmer zu überzeugen,

---

5 „Gegenwart" 1887, Nr. 17; „Allgem. Zeitg." 1887, Nr. 108 und 109; „Über Land und Meer" 1887, Nr. 35; „Universum" 1887, H. 3; „Schorers Familienblatt", August-heft 1887; „Sphinx", Juniheft 1887; „Psychische Studien", Dezemberheft 1887; „Wiener Montagsrevue" 1887, Nr. 40 u. 41.

sich wesentlich von den in jenen Berichten mitgeteilten dadurch unterscheiden, daß 1. im allgemeinen einfachere Befehle gegeben wurden, 2. dafür aber jede Andeutung und Nachhilfe peinlichst vermieden wurde. Falls eine solche dennoch nötig war, betrachtete man den Versuch als nicht beweisend und ersetzte ihn durch einen anderen. Eine eingehende Besprechung ist für den angekündigten Aufsatz vorbehalten.

2. Versuche der Sinnesverlegung

In der 33. Sitzung trat zu unserem Erstaunen spontan, wahrscheinlich hervorgerufen durch die systematische hypnotische Schulung, eine Art des Hellsehens oder abnormer Sinnesverlegung ein. Darunter ist die ohne den entsprechenden Sinn vermittelte Wahrnehmung von Eindrücken der Außenwelt zu verstehen, welche im Normalzustande dem Zentralorgan des Menschen nur durch die leiblichen Sinne zugeführt werden. In unserem Fall, also bei Fräulein Lina, wird, sobald sie in die tieferen Stadien der Hypnose übergegangen ist, das Auge ersetzt durch jenen Teil der Kopfhaut, welcher der kindlichen großen Fontanelle, also dem Schnittpunkte der Sagittal- und Koronarnaht entsprechen würde[6].

Vielleicht gelingt es einmal mit Hilfe analoger Beobachtungen aus dem Tierreich, die Lösung dieses rätselhaften Vorganges zu finden, wofür die vielfach genauer studierte Reaktion der Haut gewisser Tiere auf Lichteffekte bei ver-

6 *Zusatz:* An dieser Stelle befindet sich eines der „Chakras" (übersinnlichen Hellsehorgane) der Yogaphilosophie, das sogenannte „Sahasrara-Chakra", die „tausendblättrige Lotosblume". Man könnte fragen, ob dieses bei den Versuchen mitspielte, – wenn nicht nur die Art der Suggestion dafür verantwortlich war, daß scheinbar gerade diese Stelle „Sitz" des Hellsehens war. Vielleicht dachten die Versuchsleiter dabei an die angeblich der Zirbeldrüse innewohnenden Fähigkeiten eines „Dritten Auges" oder „Stirn-Auges", das freilich mehr dem etwas tiefer, zwischen den Augenbrauen gelegenen „Ajna-Chakra" (zweiblättrige Lotosblume) entsprechen würde. So legt denn auch etwa der Hellseher Ossowiecki das zu Erfassende mitunter an die Stirn (s. u. S. 52), ebenso Prof. Reese (u. S. 47). Andere wieder bevorzugen das „Sonnengeflecht", wo ebenfalls verschiedene „Chakras" sich befinden. Je nachdem Manipura (zehnblättrig) oder – mehr nach dem Herzen zu – Anahata (zwölfblättrig). Vgl. etwa A. Avalon (Sir John Woodroffe) „Die Schlangenkraft" (Barthverlag München-Weilheim 1960), W. Bohm „Chakras" (ebenda 1953), G. Walther „Parapsychologische Probleme des Kundalini-Yoga" in d. Schweizer „Neue Wissenschaft", 6. Jhrg., H. 2/3, Feb./März 1956. – Upton Sinclair (Mental Radio, 1934) schildert, wie seine Frau verdeckte Gegenstände, die sie „hellsehen" wollte, auf den Bauch legte, andere wieder bedienen sich bei räumlichem und zeitlichem Hellsehen keines erkennbar in Erscheinung tretenden Körperteiles, vor allem bei Hellsehen in die Ferne. Bei der sog. „Psychometrie" scheint ein Berühren des Kontaktgegenstandes (in Verbindung mit dem etwas „hellgesehen" werden soll) mit den Händen zu genügen. (Vgl. etwa die Versuche von G. Pagenstecher, R. Tischner usw.). G. W.

dunkeltem Auge spricht, wie sie z. B. beim Frosch und Regenwurm vorkommen[7]. Ferner rechtfertigen vergleichende anatomische und embryologische Forschungen die Behauptung, daß die Haut der Mutterboden aller Sehwerkzeuge ist. Die Tatsache, um welche es sich hier handelt, erwies sich bei jedem zu ihrer Bestätigung vorgenommenen Versuche als unzweifelhaft. Die Versuche wurden folgendermaßen angestellt: Nachdem Fräulein Lina in der Hypnose gewöhnlich ins lethargische Stadium übergegangen ist, wird ihr durch Worte befohlen, sich die Augen verbinden oder zuhalten zu lassen und dann mit der Kopfhaut zu lesen. Zwei derjenigen Personen, welche es zu überzeugen gilt, verbinden oder verdecken mit einem dicken Tuche (das sie selbst liefern) beide Augen der Schlafenden und tragen, neben ihr kniend oder stehend, während des ganzen Experimentes Sorge, daß keine Verschiebung des Tuches stattfindet und ein Herausschielen aus demselben unmöglich ist. Erst nachdem solche für den Ausschluß des bekannten Lichtsinnes absolut zwingenden Bedingungen getroffen sind, wird der Hypnotisierten ein von den Zeugen geliefertes und bis zu diesem Moment verborgenes Buch, dessen Inhalt übrigens allen Anwesenden unbekannt sein muß, um die Gedankenübertragung auszuschließen, in die Hände gegeben. Der Suggestion folgend legt sie es, irgend eine Seite aufschlagend, die man oft noch, während das Buch schon über dem Kopfe sich befindet, umblättern kann, auf die oben bezeichnete Stelle und beginnt, das Buch langsam vorbeiziehend, die Worte zu lesen, welche zufällig sich gerade über jenem empfindlichen Stücke der Kopfhaut befinden. Der ganze Körper gerät hierbei in Zuckungen von verschiedener Stärke (klonische Krämpfe); sie beginnt schwer, zuweilen schmerzlich, zu stöhnen und spricht langsam skandierend die gelesenen Silben aus, welche dann ein Anwesender aufzeichnet. Gewöhnlich ermattet sie schon, sobald eine Zeile gelesen, das Buch entfällt ihren Händen, und schwer atmend sinkt sie in den Stuhl zurück. In der Regel veranlaßt man sie dann, noch einige Zeit zu schlafen – die man benutzt, um durch Suggestion eine etwaige ungünstige Nachwirkung zu verhindern, was meistens gelingt. Allerdings gibt sie nach dem Erwachen an, jene Stelle des Kopfes als offen zu empfinden, und klagt über einen dort gefühlten mäßigen Druck. Übrigens bedient sie sich dieser ihrer Eigenschaft in der Hypnose, besonders im lethargischen Stadium, solange die Augen geschlossen sind, direkt wie eines Auges. Sie mustert damit die Anwesenden, besieht damit bei Ausführung von Gedankenbefehlen die aufzufindenden Gegenstände, ja sie kniete schon nieder und legte den Kopf auf den Boden, um hier ein Kissen zu besehen.

Der Umstand, daß von ihr auf diese Weise großer Druck lieber und leichter gelesen wird als kleiner, spricht für die Mitwirkung materieller hindernder Fak-

7 Vitus *Gruber*, Über Sinneswahrnehmungen.

42

toren bei diesem merkwürdigen Akt. Dagegen ist es unmöglich, diese Fähigkeit auf bloße Verfeinerung der Tastnerven, die ja bei Blinden zu außerordentlichen Leistungen fähig sind, zurückzuführen, weil glatte Flächen, z. B. Photographien und der Zeigerstand von Taschenuhren, durch das Glas hindurch erkannt werden. Als entscheidend für diese Frage muß das letzthin von uns angestellte Experiment des Lesens photographierter Schrift angesehen werden, welches trotz der absolut glatten Fläche ebensogut gelang wie die übrigen. Da die Schrift eigens zu diesem Zwecke von einem Mitgliede der Gesellschaft photographiert und von einem der Zeugen bis zum entscheidenden Momente in versiegeltem Briefumschlage verwahrt wurde – ohne daß irgend einem Teilnehmer der Inhalt derselben bekannt war –, so ist auch das Mitspielen irgend eines Zufalles oder ein Beobachtungsfehler bei dem Gelingen des Versuches auszuschließen. Dies Experiment fand statt in Gegenwart der Herren Hofrat *Dr. Pfeiffer, Franz Lambert,* cand. med. *Behm,* Architekt *Ritter v. Schmädel, Dr. Freiherr v. Bibra* und *Ferdinand Freiherr v. Hornstein.* Die Annahme, daß Lichtstrahlen bei dieser ungewöhnlichen Art der Wahrnehmung durchaus erforderlich seien, erwies sich als nicht zutreffend, denn einerseits sind in den meisten Fällen die gesehenen Stellen mit der Haut in Berührung, anderseits konnten wir einmal das Lesen in absolutem Dunkel beobachten. Wenn auch vorderhand irgend eine annehmbare Erklärung dieses Vorganges noch nicht möglich ist, so haben wir es hier doch mit einem zwar heute noch ins Gebiet der Mystik gerechneten Faktum zu tun, welches aber – ganz im Gegensatz zu den meisten transzendental-psychologischen Versuchen – wegen der Einfachheit in den Bedingungen seiner experimentellen Demonstration und seiner absoluten Zuverlässigkeit in bezug auf das Resultat den berechtigten Anspruch auf die baldige Anerkennung und Untersuchung durch die offizielle Wissenschaft erheben darf.

3. Photographische Experimente

In den tieferen Stadien der Hypnose, besonders im somnambulen, findet, wie bekannt, eine allgemeine Steigerung der ganzen Persönlichkeit, psychisch wie physisch, statt; Selbstbewußtsein und Wille dagegen sind ganz ausgeschaltet; jeder Reiz, der feinste übersinnliche, durch bloße geistige Konzentration ausgeübte, in der lethargischen und kataleptischen, der geringste sinnliche in der somnambulen Phase, ruft in der Hypnotisierten starke Reaktion hervor. Das Ballen der Faust erzeugt den heftigsten Zornausbruch – die bloße Betrachtung eines Bildes veranlaßt die Schlafende, die auf demselben dargestellten Stellungen und Gebärden mit einer auffallenden Treue und Schärfe nachzuahmen (imitation automatique) – Glockenläuten und Orgelklang ziehen die Somnambule unwiderstehlich auf die Knie nieder – inbrünstig versenkt sie sich ins Gebet – der unvermittelte Übergang von ernster Kirchenmusik zum fröhlichen Walzertakt ruft in ihr sofort die entsprechende Stimmung und deren lebendigsten Ausdruck hervor – sich erhebend aus der Gebetstellung wirbelt sie nun im rasenden Tanze umher, ihr Gesichtsausdruck würde jetzt der ausgelassensten Tänzerin würdig sein[8]. Nicht der gewiegteste Schauspieler, geschweige denn irgend ein bezahltes Modell – wir können es frei behaupten – ist imstande, die eingegebenen oder spontan erzeugten Stimmungen in Mienenspiel und Gebärde mit so packender Naturwahrheit darzustellen oder gar einige Zeit festzuhalten, wie es eben nur wegen des abnormen (medizinisch als neuromuskuläre Hyperexzitabilität bezeichneten) Erregungszustandes der ganzen Körpermuskulatur in der Hypnose und hier vielleicht auch nur bei besonders erregbaren Individuen möglich ist[9]. – Es war bei unserer Versuchsperson nicht einmal nötig, durch Berührung irgend eine Stellung oder Haltung der Glieder zu erzwingen, sobald wir es versuchten, verdarb das „Gemachte" an der Stellung die Naturwahrheit der Darstellung. Schon die Suggestion durch Worte oder nachzuahmende Bilder – namentlich wenn sie mehrmals wiederholt wurde – genügte, um den gewünschten Ausdruck zu erzeugen, und der bloße Befehl reichte hin, ihn im geeigneten Moment für die photographische Aufnahme auf ihrem Gesicht festzubannen; dagegen blieb es allein dem Gefühl der Hypnotisierten überlassen, die eingegebene Idee von innen herauszuarbeiten und durch das Gebärdenspiel darzustellen.

Als gelungene Resultate in drei hypnotischen Sitzungen, welche vor einer Reihe von Zeugen in dem Atelier des Herrn *Albert Keller* (Ehrenmitgliedes der Kunstakademie zu München) unter dessen künstlerischer Beihilfe mit Fräu-

8 Dieser Versuch wurde auf Veranlassung des Freiherrn Dr. *Carl du Prel* in einem der Ateliers des Herrn Professor *Gabriel Max* in dessen und einiger anderer Herren Gegenwart angestellt.

9 *Zusatz:* Extreme Verwandlungen dieser Art führen bei geeigneten Personen zu dem Phänomen der sog. Transfiguration, wo ein Medium in Trance sich bis zur Unkenntlichkeit ohne äußere Hilfsmittel in eine völlig andere Persönlichkeit, etwa einen Neger, einen Chinesen usw. zu wandeln scheint, deren Aussehen angenommen wird. (Vgl. etwa die Aufnahmen Dr. Nandor Fodors von Mrs. Bullock im Bericht über den Osloer Parapsychologen-Kongreß 1935). In anderer Richtung gehen die telepathischen (also unausgesprochenen) Suggestionen von Dr. E. Osty an die hypnotisierte Mme. Olga Kahl-Toukholka, bei der als Dermographie (Hautrötung) auf dem Halsausschnitt oder dem Oberarm wie in einer Zeichnung das erschien, woran Dr. Osty bei den Versuchen dachte. Ein Phänomen, das vielleicht zur Aufklärung des Problems der Stigmatisationen beitragen kann, zumal es auf telepathischen Fremdsuggestionen beruht. (Vgl. Dr. E. Osty „Ce que la médecine doit attendre de l'étude expérimentale des propriétés psychiques paranormales de l'homme", Revue Métapsychique [Paris, Alcan] 1929 H. 2, Mars-Avril.) G. W.

lein Lina gehalten wurden, liegen bis jetzt 20 Aufnahmen vor [10]. – Leutnant *Maximillian Höhn* (Mitglied der Psychologischen Gesellschaft) übernahm mit großem Geschick in dankenswerter Weise den photographischen Teil dieser Experimente. – Wir geben nachstehend eine Übersicht über die Darstellungen dieser Bilder.

Nr. 1 und 2 zeigen das charakteristische Bild des lethargischen Stadiums, welches dem natürlichen Schlafe am nächsten kommt und in unserem Falle stets die Hypnose einleitet.

Nr. 3 und 4 stellen das Stadium der durch Suggestion hervorgerufenen Katalepsie dar, das eine mit geöffneten, das andere mit halb geschlossenen Augen. Die wächserne Muskelstarre, welche jedes Glied in der gegebenen Stellung erhält, auf den Bildern in der gebeugten Haltung des linken Armes wiedergegeben, ermöglichte eine so scharfe photographische Wiedergabe, wie sie unter gleichen Verhältnissen im wachen Zustande nicht möglich wäre. Auf diesem wie auf einigen der folgenden Bilder ist das moderne Kleid durch ein über die Brust gelegtes weißes Tuch verdeckt.

Alle übrigen Aufnahmen geben Momente aus dem somnambulen Stadium wieder.

In Nr. 5 und 6 ahmt die Hypnotisierte, einen Mantel an den Agraffen über den Kopf haltend, ein ihr gezeigtes Bild nach.

In Nr. 7 ist die Gebetstellung der Griechen dargestellt; hier sind die nach oben gekehrten Pupillen bei geöffneten Lidern bemerkenswert.

Nr. 8. Eine ähnliche Stellung mit echt somnambulem Gesichtsausdruck.

Nr. 9. Die Hypnotisierte im Gewande der griechischen Priesterin.

Auf den folgenden Bildern (ausgenommen Nr. 14) ist sie im gleichen Gewande aufgenommen.

Nr. 10 und 11. Inbrünstiges (durch Suggestion hervorgerufenes) Gebet mit verklärtem Gesichtsausdruck.

Nr. 12 und 13. Betrachtung eines antiken Kruges in verschiedenen Stellungen.

Nr. 14. Bei Vorzeigung des Kellerschen Bildes: „Auferweckung der Tochter des Jairus" ahmt sie die Stellung und Gebärde der Auferweckten nach.

Nr. 15. Gruppenbild des Komitees.

Nr. 16. Großer somnambuler Kopf. Die Augen blicken in die Ferne.

Nr. 17. Gebärde einer Wahnsinnigen (Suggestion).

Nr. 18. Lesen eines auf den Kopf gehaltenen Buches bei halb geöffneten Augen.

Nr. 19. Dasselbe mit einer auf den Kopf gehaltenen Rolle.

Nr. 20. Wütende Drohung – Suggestion.

Nr. 21. Verhaltener Groll – Suggestion.

10 Vgl. unten S. 346 ff.

Räumliches Hellsehen[1]

Paris, den 4. März 1913

Nach einem vergeblichen Versuch, einen der merkwürdigsten Männer der Gegenwart nachmittags in seinem Hotel anzutreffen, fand ich mich heute gegen 7 Uhr abends wieder dort ein. Professor *Reese* hatte inzwischen das Einführungsschreiben meines Freundes erhalten und erwartete mich bereits. Wir gingen sofort in sein Hotelzimmer hinauf, woselbst er durch eine kurze Konversation mit mir in Fühlung kam, indem er mich fragte, wer ich sei, womit ich mich beschäftige usw. Wir begegneten uns zum erstenmal im Leben, da ich seit heute mittag seine Anwesenheit in Paris wußte.

Professor *Reese*, ein geborener Breslauer, ist 72 Jahre alt, von gedrungenem Körperbau, kleiner Statur, auf seinen Schultern sitzt ein mächtiger Schädel mit auffallend starker Entwicklung der Stirnpartien. Seine blitzenden Augen, der lebendige Geist, welcher seine Worte beseelt, sowie die körperliche Elastizität in Gang und Bewegung lassen ihn bedeutend jünger erscheinen. Die hellseherische Gabe dieses interessanten Amerikaners trat bereits im sechsten Lebensjahre hervor und hat ihn, wie er angibt, in seinem langen Leben nie betrogen. Sein intuitives Erkennungsvermögen unterstützte seinerzeit Rockefeller in der Auffindung der für die Begründung seines Vermögens so wichtigen Petroleumquellen. Seit zwölf Jahren bedient sich Edison desselben, und die ersten wissenschaftlichen Kapazitäten jenseits des Ozeans haben dem Hellseher anerkennende Artikel in der Presse gewidmet.

Professor *Reese* – selbst ein wohlhabender Mann – machte mich darauf aufmerksam, daß er niemals seine Gabe gegen Entgelt oder professionsmäßig ausgeübt habe. Auf meine Frage, warum er nicht den Vertretern der offiziellen Wissenschaft in Europa sich zur Verfügung gestellt hätte, gab er eine für dieselben wenig schmeichelhafte Antwort: Amt und Titel seien nicht gleichbedeutend mit wirklicher Intelligenz. Er habe im Leben andere Aufgaben zu erfüllen, als törichte Einwendungen zu widerlegen und sich über den Mangel an Mut und Charakterstärke zu ärgern, der leider bei Gelehrten in Europa zu oft angetroffen werde.

Da die mir zur Verfügung stehende Zeit nur kurz bemessen war, ging der interessante Amerikaner sofort in medias res: „Haben Sie zufällig einen an Ihre Adresse gerichteten Brief bei sich?" fragte er mich. Ich bejahte und gab

---

1 Erstmals erschienen in den „Psychischen Studien", April 1913.

ihm auf seinen Wunsch ein beschriebenes Kuvert, aus dem er mit einem Messer fünf Zettel zuschnitt. „In welchem Monat sind Sie geboren?" Antwort: „Im Monat Mai." Er: „Jetzt schreiben Sie auf den ersten Zettel den Vornamen Ihrer Mutter und auf die übrigen Zettel vier Fragen. Ich verlasse inzwischen das Zimmer und komme erst zurück, wenn Sie fertig sind und die Papierstücke ganz zusammengefaltet haben." Professor *Reese* begab sich dann durch einen Vorraum, der das Zimmer vom Gang trennte, auf den Korridor. Zwei geschlossene Türen lagen zwischen uns. Niemand außer mir befand sich im Zimmer. Ich schrieb auf den ersten Zettel den Vornamen meiner Mutter, „Meta", auf den zweiten: „Wann kommen Sie nach Deutschland?" auf den dritten: „Wird mein Buch (an dem ich gegenwärtig arbeite) Erfolg haben[2]?" Der vierte Zettel enthielt eine ganz persönliche Frage, die ich hier übergehe. Die fünfte Frage lautete: „Wie heißt mein ältester Sohn?" Sämtliche Zettel wurden in Briefform zusammengefaltet und lagen vor mir auf dem Tisch, als Professor *Reese* das Zimmer wieder betrat. Auf seine Aufforderung schüttelte ich die Zettel durcheinander.

Er griff dann aufs Geratewohl eines dieser Briefchen und verbrannte dasselbe vor meinen Augen mit einem Streichholz, ohne es zu öffnen, während ich drei der übrigen nicht von ihm berührten Zettel auf seine Aufforderung in drei verschiedene Westentaschen steckte und das letzte Briefchen in meine zur Faust geballte rechte Hand nahm. Nachdem er sodann auf einer zufällig auf dem Tisch liegende Postkarte zwei Reihen Hieroglyphen (hebräische?) mit einem Bleistift aufgezeichnet hatte, mußte ich einen Buchstaben in jeder Reihe durchstreichen und denselben Vorgang vor der zweiten Antwort wiederholen. Erst nach Beendigung dieser kabbalistischen Zeremonie legte er meine rechte Faust mit dem darin befindlichen zusammengefalteten Zettel auf seine Stirn und schrieb gleichzeitig nieder: „Ich werde in Deutschland am 16. dieses Monats sein." Diese Antwort auf Frage II zeigte, daß ihr Inhalt richtig aufgefaßt war, wie die nunmehr erfolgende Eröffnung des Briefchens ergab.

Er schrieb hierauf, ohne weitere körperliche Berührung mit mir und ohne daß ich einen der Zettel aus der Westentasche zu ziehen brauchte, folgendes nieder: „Das Buch wird in der Zukunft einen besseren Erfolg haben, als Sie sich vorstellen." Mein Erstaunen wuchs aber noch mehr, als er auch die „persönliche Frage" (auf dem vierten in meiner Tasche steckenden Zettel), welche aus zehn Worten bestand, so mühelos und einfach ablas wie jemand, der einen Satz aus einem Buche vorträgt. Er ging jetzt auf die in diesem Brief berührte Angelegenheit näher ein, gab Ratschläge und kam auf diese Weise nicht mehr zur Be-

2 Es handelte sich um die „Materialisationsphänomene". G. W.

antwortung der fünften Frage, da wir durch Besuch gestört wurden. Beim Aufstehen warf er noch die Bemerkung hin: „Ihre Mutter hieß ‚Meta‘, das zu sehen war für mich sehr leicht." Wie der nachträgliche Vergleich der Zettel ergab, hatte Professor *Reese* das Papierstück, auf dem dieses Wort stand, verbrannt. Indem er noch erwähnte, diese Arbeit sei für sein Gehirn sehr ermüdend und erzeuge Kongestionen, verabschiedete er sich. Das hier geschilderte Erlebnis spielte sich so leicht, so selbstverständlich und mühelos und, abgesehen von der kabbalistischen Zutat, die vielleicht eine ganz unnötige, auf amerikanischen Geschmack berechnete Dekoration sein sollte, so einfach und schnell im Konversationston ab, daß mir die Bedeutung der Experimente während meines Besuches gar nicht recht zum Bewußtsein kam. Bereits um $^1/_28$ Uhr war ich in meinem Hotel zurück. Die Versuche selbst hatten also höchstens 15 Minuten gedauert.

Daß Professor *Reese* von dem Inhalt der Fragen durch irgendwelche Tricks, taschenspielerische Manipulationen oder auch durch die bekannten Sinnesorgane Kenntnis bekommen haben sollte, ist nach der vorstehenden, genau geschilderten Versuchsanordnung vollständig auszuschließen. Es kann sich auch nicht um alleiniges Gedankenlesen handeln, denn ich wußte selbst nicht, welche Frage auf dem jeweiligen Zettel stand, außerdem sprach *Reese* beim Lesen der Frage IV ein Fremdwort falsch aus; entweder verlas er sich oder seine deutschen Sprachkenntnisse reichten nicht hin. Ich mußte das Wort korrigieren, damit der Satz einen Sinn bekam. Übrigens war diese Korrektur die einzige von mir ausgeübte Nachhilfe.

Die hier genannten Umstände sprechen dafür, daß Reese den geschriebenen Inhalt der geschlossenen Briefe direkt erkennt bzw. abliest, daß also der Vorgang nicht identisch ist mit bloßem Auffassen fremder Vorstellungsverbindungen. *Offenbar handelt es sich um ein direktes intuitives Erkennen von Worten (und Gegenständen), also um räumliches Hellsehen – ohne Zuhilfenahme eines der uns bekannten Sinnesorgane.* Wenn man berücksichtigt, daß der hier gegebene Bericht ein winziges, aber charakteristisches Beispiel für die von allen Personen, welche mit ihm in Berührung kamen, ausnahmslos bestätigten Leistungen dieses hellseherischen Genies bietet, daß aber schließlich auch hundert gelungene Versuche nichts anderes beweisen können als vier sorgfältig angestellte Experimente, so ist man wohl berechtigt, den Bericht einer solchen Sitzung als wertvolles Beweisstück zu betrachten für die Existenz in uns schlummernder, unbekannter (okkulter) seelischer Kräfte.

Angesichts der umstürzenden Bedeutung dieser Phänomene für eine rein mechanische Auffassung der psychischen Vorgänge wird die erkenntnistheoretische Grundlage unserer Lehre von den Sinnesorganen einer Revision unterzogen werden müssen.

Nachschrift. – Nach Absendung des vorstehenden Berichts konnte Verfasser noch folgende für die Charakteristik der Divinationsgabe des Professors *Reese* vielleicht bemerkenswerten Momente in Erfahrung bringen.

Fünf demselben bekannte Herren aus den Kreisen der Gelehrten, Beamten und Industriellen experimentierten jeder von dem andern unabhängig, also zu verschiedenen Zeiten und an verschiedenen Orten mit dem Hellseher, ohne daß *ein einziger* Fehlversuch zu verzeichnen war. Immer handelte es sich um das Lesen und Beantworten von aufgeschriebenen Sätzen genau in der oben geschilderten Weise, sowie um das Erfassen von Eigennamen, die in Beziehung standen zu dem jeweiligen Experimentator. Bei dem Erraten bzw. Aufzeichnen der Namen kamen mehrfach Buchstabenfehler vor, die, ohne den Sinn zu stören, wahrscheinlich auf die Unkenntnis der französischen Sprache bei Reese zurückzuführen sind, etwa in dem Sinne, wie ein Engländer solche Wörter mit der ihm eigentümlichen Aussprache lesen würde. In einem Falle hatte man, um *Reese* irrezuführen, eine Frage französisch aufgeschrieben und mit neun anderen englisch beschriebenen Zetteln vermischt. In diesem Falle zeichnete *Reese* die französischen Buchstaben richtig nacheinander so auf, wie er sie geistig konzipierte, d. h. entsprechend der visuellen Vorstellung der Schriftzeichen. In anderen Fällen gab er den Inhalt von Geldbörsen in genauen Ziffern richtig an, die sich in den Taschen bestimmter Personen befanden, ohne daß irgend einer der Anwesenden die Antwort voraussagen konnte.

In Amerika wurde er mehrfach mit außerordentlichem Erfolg beigezogen zur Aufdeckung von Verbrechen (namentlich von Diebstählen). Hauptsächlich scheint er aber seine Divinationsgabe Großindustriellen zur Aufschließung der Schätze des Erdbodens zur Verfügung zu stellen und sich hierbei auch selbst materiell zu beteiligen. Die obigen Bemerkungen sprechen wiederum gegen ein reines Erkennen von Gedanken anderer, dagegen für eine direkte Wahrnehmung der aufgeschriebenen Sätze, verborgener Gegenstände usw.

Im Normalzustand des alltäglichen Lebens scheint *Reese nicht* Clairvoyant zu sein, vielmehr bedarf es für ihn jedesmal einer besonderen psychischen Einstellung, die er allerdings durch besondere Willensanspannung jederzeit hervorzurufen imstande ist. Übelwollender Skeptizismus, unbewußter Widerstand von seiten des Beobachters ermüden ihn besonders. Er scheint immer zunächst einen persönlichen Rapport mit dem Experimentator herstellen zu müssen, wozu allerdings eine Zeit von fünf bis zehn Minuten genügt. Die Gegenwart anderer Personen beim Versuch wirkt offenbar störend ein, weswegen er es vorzieht, mit dem Beobachter allein zu bleiben. Sobald er beginnt, den luziden

Zustand hervorzurufen, rötet sich sein Gesicht und sein kahles Haupt, die Augen treten hervor, er beginnt zu zittern – und sein Körper steht allem Anscheine nach unter dem Einfluß einer für ihn außerordentlichen psychischen Anspannung. Er selbst beschreibt bildlich den Zustand so: „Es ist mir, als wenn sich in meiner Stirn eine Tür öffnen würde, die im normalen Wachzustande verschlossen ist." Beim Aufschreiben der Antworten erinnert sein Aussehen, sein ganzes Verhalten an dasjenige automatisch schreibender Medien. Die Niederschrift selbst ist hastig und mit Fehlern versehen. Alle vorhandenen Anzeichen sprechen dafür, daß die hellseherische Leistung mit einer starken Erregung des Nervensystems verknüpft ist.

Ein Hellsehexperiment mit Stephan Ossowiecki[1]

Der polnische Ingenieur und Industrielle *Stephan Ossowiecki* ist in den letzten Jahren durch Leistungen auf dem Gebiete des räumlichen und psychometrischen Hellsehens bekannt geworden, welche die in der Literatur bekannten Fälle an Präzision und Beweiskraft übertreffen. Derselbe gehört den besseren Ständen an, steht im mittleren Lebensalter und besitzt die Gabe des Hellsehens von Jugend auf. Die heftigen Gemütserschütterungen, denen O. während seiner Einkerkerung in russischer Kriegsgefangenschaft ausgesetzt war, scheinen auf seine sensitive Natur im Sinne einer stärkeren Entwicklung seiner merkwürdigen Gabe eingewirkt zu haben. Bei dem polnischen Seher handelt es sich keineswegs um eine berufsmäßige Ausübung dieser Fähigkeit, sondern er gestattete einzelnen in- und ausländischen Gelehrten lediglich im wissenschaftlichen Interesse die Anstellung von Experimenten, sobald er sich dazu disponiert fühlte. Dagegen wird den täglichen brieflichen und mündlichen, zum Teil recht zudringlichen Aufforderungen, seine Luzidität für bestimmte praktische und persönliche Zwecke zur Verfügung zu stellen, in der Regel nicht entsprochen. Wissenschaftlich wertvolle Versuche wurden hauptsächlich von polnischen und französischen Gelehrten angestellt[2].

Während des Warschauer 2. internationalen Kongresses für psychische Forschungen bot sich mir gelegentlich einer Abendeinladung bei Ossowiecki am 30. August 1923 die gewünschte Gelegenheit zu einem Versuch.

Anwesend: Herr und Frau Ossowiecki, Dr. Gustave Geley (Paris), Herr Sudre (Paris); der Scheich Abdul Vehab (Konstantinopel), später, nach Beginn des Versuches, eintretend.

Vorbereitet für dieses Experiment waren von mir zwei weiße, unadressierte Briefe, in denen je ein weißer in weißem Briefpapier eingehüllter Kartonbogen lag, auf welche zwei meiner Bekannten, Herr *Vett*, Sekretär des Kongresses, und der Arzt Dr. *Neumann* aus Baden, auf meinen Wunsch, aber in meiner Abwesenheit während des Frühstücks im Hotel de l'Europe, je einen Satz aufgeschrieben hatten. Die Umschläge waren zugeklebt und wurden in Gegenwart

1 Erstmals erschienen in den „Psychischen Studien", August 1924.
2 Vgl. „Revue Metapsychique" 1921, Nr. 5, Nr. 8 und 1922, Nr. 4 sowie 1923, Nr. 5; ferner in deutschem Referat: „Psychische Studien", Februarheft u. Oktoberheft 1922. *Zusatz:* Über Schicksal und Entwicklung dieses berühmten Hellsehers bis zu seinem Tode im 2. Weltkrieg vgl. Dr. Karel Kuchynka (Prag) in der Schweizer „Neuen Wissenschaft", 5. Jhrg. H. 5/6 u. 7 (Mai/Juni u. Juli 1955). G. W.

der Herren *Geley* und *Sudre* im Hotel versiegelt. Außerdem stellte mir Herr *Dingwall*, Vertreter der Society for Psychical Research, einen von ihm in England für einen solchen hellseherischen Versuch bereits vorbereiteten und versiegelten Brief zur Verfügung. Er selbst wohnte dem Versuch nicht bei. Somit war der Inhalt der sämtlichen Briefe, die ich bis abends in meiner Brieftasche aufbewahrte, niemandem der an dem Versuch teilnehmenden Personen bekannt.

Der Salon des Ehepaars Ossowiecki, in welchem wir uns abends um 9 Uhr einfanden, wurde durch einen Lüster hell erleuchtet. Auf dem Tisch, um den wir uns setzten, stand eine große elektrische Stehlampe. Die drei Briefe lagen vor mir auf der Tischplatte, so daß ich sie stets vor Augen hatte.

Ossowiecki ging während des Versuches im Zimmer auf und ab, trat von Zeit zu Zeit an den Tisch, berührte prüfend einen der Briefe, palpierte ihn, legte ihn wohl auch an die Stirn und dann wieder auf seinen Platz; er ergriff das graue Kuvert, hielt es bei seinen Wanderungen auf den Rücken.

Sein Gesicht rötete sich dabei, die Augen machten einen verschleierten Eindruck, wie im Zustand leichter Benommenheit. Die Hände zitterten vor Erregung, und die einzelnen Sätze brachte er stoßweise heraus mit größeren oder kleineren Unterbrechungen. Wir sollten uns während des Versuches unterhalten und möglichst wenig auf ihn achten. Hie und da warf er auch wohl eine Bemerkung in unsere Konversation ein. Während des ganzen Vorganges behielten wir den Hausherrn trotz scheinbar abgelenkter Aufmerksamkeit im Auge.

Dr. *Geley* schrieb die Äußerungen Ossowieckis im genauen Wortlaut nieder. Sein Protokoll lautet in deutscher Übersetzung wie folgt:

„Ich nehme das Restaurant wahr ... das Hotel de l'Europe ... (zu mir gewendet) Das haben Sie nicht geschrieben ... (nimmt die weißen Briefe, einen nach dem andern an ihren Ecken zwischen zwei Fingern, sie prüfend) ... sondern ein anderer Mann, den ich Ihnen beschreiben werde ... Dieser Brief, den ich jetzt halte (das Dokument der Society for Psychical Research) ist mit mehreren Umschlägen versehen ... das ist ein Brief und doch kein Brief ... Ich sehe etwas Dunkelgrünes ... Kartonpapier, diese beiden Briefe kommen aus dem Hotel de l'Europe (die weißen) ... Ich sehe einen Fremden im Alter von 34–35 Jahren mit einem Bart. Er ist untersetzt und spricht wenig ... (zu mir gewendet) Sie haben mit ihm gesprochen ... Dieser Brief, den ich jetzt halte (der Brief des Engländers) wurde für mich vorbereitet ... Ich kann nicht verstehen, warum ich immer Rot sehe und Farben ... (längere Pause) ...

Ich weiß nicht, warum ich eine kleine Flasche wahrnehme ... Jetzt sehe ich ein hübsches Zimmer, ziemlich groß, aber etwas dunkel, Stühle mit Lederüberzug, viel Holz, viele alte Bilder ... (Diese Beschreibung paßt genau auf mein

Münchener Arbeitszimmer, das während meiner Abwesenheit durch Schließen der Läden verdunkelt war, Stühle mit Lederüberzug, alte Bilder und Holzplafond und mehrere große hölzerne Bücherstellagen und auch sonst Holzmöbel besitzt.) ... Es handelt sich um eine Zeichnung, die von einem Manne angefertigt wurde, der kein Künstler ist ... Irgend etwas Rotes ist mit dieser Flasche verbunden ... Sicherlich ist ein zweites rotes Kuvert darin ... Außerdem sehe ich ein Viereck, das bis an den Rand[3] des Papiers (oder in der Ecke des Papiers) aufgezeichnet ist ... Die Flasche ist aber schlecht gezeichnet ... Ich sehe es, ich sehe es ...“

Abb. 1. Ossowieckis Zeichnung.

Ossowiecki nimmt das Papier und Bleistift und entwirft obenstehende Zeichnung (Abb. 1); dabei ruft er von neuem: „Ich sehe es, ich sehe es ... und zwar auf der anderen Seite an der Ecke.“

Ossowiecki zeichnet nun ein Rechteck, dessen Schmalseite durch den Rand des Papiers gebildet wird, auf die linke Seite desselben, darin eine Flasche, die in der linken Ecke steht, ohne Kork, darunter rechts auf dem Bogen einige

3 Angle = Ecke, Kante, Rand.

Striche und die Ziffer 1923, unterstrichen. Beim Aufschreiben der letzteren fügt er hinzu: „An dieser Stelle (vor 1923) sind noch einige Buchstaben, die ich nicht lesen kann. In der Mitte ist auch etwas geschrieben, und zwar auf der Rückseite." Ossowiecki nimmt den Brief und beschmutzt das Kuvert etwas beim Essen einer Sardine, nachdem er sich mit dem Brief und begleitet von uns in das Speisezimmer begeben hat.

Er fährt fort: „Ich sehe einen bartlosen Mann, der Herrn Vett ähnlich ist. Dieser hat für mich einen der weißen Briefe geschrieben. Einer der weißen Briefe ist von ihm; der andere stammt von einem Mann, den ich vorhin beschrieben habe ... (In diesem Augenblick gebe ich als Zeichen der Anerkennung die Erklärung ab, daß die Schreiber der beiden weißen Briefe richtig beschrieben und angegeben sind. Auf den grauen Brief zurückkommend.) Vor der Jahreszahl steht ein Datum oder eine Stadt ... Das ist eher die Schrift einer Frau als diejenige eines Mannes (Ich frage: In welcher Sprache?) ... Die Schrift ist in französischer Sprache ... Die Flasche hat keinen Korken und steht etwas schief (mündliche Korrektur der Zeichnung) ... Zuerst kommen a) ein graues, dann b) ein dunkelgrünes und c) ein rotes Kuvert ... Darin liegt ein weißes Papier in zwei Teile gefaltet mit der Zeichnung darauf. Die Schrift findet sich allein auf der Seite ..."

Um den Hellseher nicht weiter zu ermüden, brach ich den Versuch ab, weigerte mich aber, den geliehenen Brief schon heute zu öffnen, sondern stellte ihn am folgenden Morgen seinem Besitzer zurück.

Am 1. September, nach meinem Vortrage, benutzte ich die Gelegenheit, um die Richtigkeit der Angaben Ossowieckis in Gegenwart des versammelten Kongresses kontrollieren zu lassen, indem ich einleitend kurz meine Erlebnisse mit Ossowiecki berichtete. Dann verlas Dr. Geley das von ihm verfaßte Protokoll und entwarf eine Kopie der von Ossowiecki angefertigten Zeichnung auf der Wandtafel. Nunmehr trat Dingwall vor, den Brief in der Hand, und versicherte, daß derselbe völlig intakt sei. Er schilderte die von ihm getroffenen Sicherheitsmaßregeln gegen eine betrügerische Öffnung des Dokuments und gab an, daß ein weißes gefaltetes Papier sich in drei Umschlägen befinde. Der äußere war durch mehrere Siegel gesichert. Außerdem sei das Schriftstück an vier Stellen mit einer feinen Nadel durchbohrt worden, so daß die Löcher in den einzelnen Papierschichten bei einer Öffnung des Paketes nicht mehr aufeinander gepaßt hätten und für Licht undurchlässig geworden wären. Diese Vorsichtsmaßregeln geben nach Dingwall, der außerdem eine Autorität auf dem Gebiet der Taschenspielerkunst ist, eine absolute Sicherheit. Das Dokument sei intakt und nicht geöffnet worden.

Nach dieser Feststellung des Tatbestandes, aus der schon die Richtigkeit eines

Teiles der Angaben Ossowieckis hervorging, überreichte der Verfasser unter größter Spannung des Saales den Brief zur Öffnung dem anwesenden Vertreter der Warschauer Universität, dem Professor *Wietwicki,* Vorstand des Psychologischen Instituts.

Die vorsichtige Öffnung des Briefes mit einem Messer ergab folgendes Resultat: In dem grauen Kuvert steckte ein zweites, schwarzes, das als dunkelgrün aufgefaßt wurde, darin ein drittes von roter Farbe, und in diesem befand sich

Abb. 2. Herrn Dingwalls Zeichnung.

$$[Aug. 22. 1923]$$

ein einmal gefaltetes weißes Papier mit der hier reproduzierten *Originalzeichnung* (Abb. 2), welche ein *Rechteck mit einer Flasche ohne Stöpsel* darstellte. Die eine Seite des Rechteckes war der Rand des Papiers. Die Figur stand links auf dem Blatt, die Flasche in schiefer Stellung, genau der Beschreibung des Sehers entsprechend. Die Umrisse der schlecht entworfenen Flasche waren durch eine Reihe von Strichen angedeutet, was ebenfalls in dem seherischen Bilde angegeben wurde. Von dem auf dem Original in der rechten unteren Ecke angebrachten Datum sind der Standort desselben und die Jahresziffer ebenfalls richtig wahrgenommen worden, wobei Ossowiecki bemerkt hatte, es könne sich entweder um eine Stadt oder um ein Datum handeln. Auf der Rückseite des zweiten gefalteten Blattes standen in französischer Sprache die Worte: „Die Weinberge des Rheins, der Mosel und der Bourgogne geben einen ausgezeichneten Wein." Die Aufschrift in französischer Sprache auf der Rückseite wurde ebenfalls erkannt, ohne Entzifferung der Worte. Von unbedeutenden Einzelheiten abgesehen, wurde der Gesamtinhalt des Schriftstückes hellseherisch richtig erfaßt. Ein nicht endenwollender Applaus belohnte diese aufs genaueste kontrollierte, ausgezeichnete Leistung.

Das in London vorbereitete Schriftstück. Von Dingwall.

„Am 22. August 1923 nachmittags bereitete ich das Paket vor. Niemand assistierte mir, und keine einzige Person wurde über den Inhalt desselben informiert. Der Umfang des Papierbogens war 17,5 zu 11 cm. Ich schrieb die Worte: „Die Weinberge des Rheins, der Mosel und der Bourgogne geben einen ausgezeichneten Wein" auf den oberen Teil des Blattes, bevor ich dasselbe in den ersten Umschlag steckte. Auf den unteren Teil zeichnete ich eine primitive Skizze mit der Idee einer Flasche, absichtlich ohne genaue Umrisse. Diese Zeichnung faßte ich durch drei Linien ein, die vierte war durch den Rand des Papiers auf der linken Seite gebildet. Ich schrieb dann in die untere Ecke: August 22–1923. Darauf wurde das Blatt gefaltet, mit der Schrift nach außen, und ins rote Kuvert gesteckt, das ungefähr 11,5 zu 9 cm maß. Die Schrift befand sich auf der Adressenseite des Kuverts, die Zeichnung auf der Verschlußseite. Das rote, nicht versiegelte Kuvert kam dann in ein schwarzes undurchsichtbares mit dem Verschluß nach oben. Zwischen den Umschlägen befand sich kein Spielraum. Das zweite, ebenfalls nicht versiegelte Kuvert wurde wieder mit der Verschlußseite nach oben in den grauen Umschlag gegeben, in welchen es genau hineinpaßte, dieser zugeklebt und versiegelt (mit Siegellack), und zwar an seinem unteren Teil. Dann stieß ich mit einer Nadel an vier Ecken je drei Löcher durch. In diesem Zustand befand sich das Dokument bis zu meiner Abreise nach Warschau. Dort blieb es verschlossen in meinem Koffer oder wurde in meine Rocktasche gesteckt, zwischen den Blättern meines Passes, bis ich es dem Baron Schrenck-Notzing für das Experiment übergab."

Der vorstehend geschilderte Versuch ist nur ein charakteristisches Beispiel für die Gabe Ossowieckis, *Geschriebenes und Zeichnungen* in verschlossenen Umschlägen wahrzunehmen, und zwar in einer Weise, die eine Kenntnisnahme durch die bekannten Sinnesorgane ausschließt. Zahlreiche andere Experimente dieser Art wurden unter den verschiedensten Versuchsbedingungen angestellt. In einem Falle gelang es, Zeichnung und Schrift auf einem in ein Bleirohr eingeschmolzenen Papier richtig wiederzugeben[4]. In einer großen Zahl der Beobachtungen war sämtlichen bei den Experimenten Anwesenden der Inhalt der Schriftstücke unbekannt. Handelt es sich hier um ein Lesen durch undurchsichtige Körper hindurch, ohne Augen, also um eine *verborgene Sinnesfähigkeit?* Diese Annahme ist unwahrscheinlich, weil nicht selten auch ein Bild des Schreibers sowie der räumlichen Umgebung, in der die Schrift zustande kam, in psychometrischer Form gegeben wird. So ist beispielsweise die Beschreibung der äußeren Erscheinung des Dr. Neumann sowie die Angabe der Bartlosigkeit

---

4 „Psychische Studien", Oktoberheft 1922: Der Hellseher Stephan Ossowiecki. Von Dr. Gustave Geley.

des Herrn Vett richtig, obwohl diese beiden Momente in der vorgelegten Schrift nicht mitgegeben sind. Mitunter wird der gedankliche Inhalt besser geschildert als der graphische Ausdruck derselben. *Gedrucktes und Maschinenschrift kann nicht entziffert werden.* Offenbar spielen die lebendigen Zusammenhänge und die Tatsache einer mit dem Schreiben verknüpften psychischen Tätigkeit bei dieser geheimnisvollen Erkenntnisweise eine Rolle. Es handelt sich also wohl mehr um eine intuitive Erfassung des Inhalts der Schriften sowie der das Niederschreiben begleitenden Umstände, wie z. B. die Erwähnung des nebensächlichen Umstandes, daß die beiden weißen Briefe im Hotel de l'Europe geschrieben worden seien.

Ferner ist es ohne Bedeutung, ob die Schreiber der Briefe anwesend sind oder nicht. Ebenso ist eine einfache *Gedankenübertragung und Telepathie auszuschließen*[5], wogegen der psychometrische Charakter mancher Schilderungen spricht.

Ossowiecki ist durch Selbstbeobachtung seines psychischen Zustandes und durch Übung dahin gelangt, die durch Luzidität in ihm auftauchenden Bilder von seinem sonstigen verstandesmäßigen Denken zu unterscheiden. In den Momenten der Erleuchtung gibt er bestimmt an „Jetzt sehe ich“ und irrt sich eigentlich dann niemals. Um Hellsehen hervorzurufen, sucht er den *bewußten Denkprozeß auszuschalten*. Das Auftreten der intuitiven Wahrnehmung ist mit starker körperlicher Erregung verknüpft und wirkt erschöpfend. Er beschreibt selbst den Zustand der Hellsichtigkeit wie folgt:

„Ich sehe den Gegenstand im Moment, wo er verloren wird, mit allen Einzelheiten dieses Geschehnisses, oder ich nehme die Geschichte irgend eines Objektes wahr, das ich in der Hand halte. Diese Vision ist nebelhaft und erreicht große Ausdehnung. Ich muß mich immer sehr anstrengen, um gewisse Einzelheiten der Szenen zu erkennen.

Der Zustand der Hellsichtigkeit ist manchmal in wenigen Augenblicken erreicht; mitunter muß man Stunden darauf warten. Die Ungläubigkeit, der Skeptizismus oder sogar eine zu konzentrierte auf mich gerichtete Aufmerksamkeit machen den Erfolg des Lesens oder der Empfindung sofort zunichte.“

Das Hellsehen scheint also außerhalb der bewußten psychischen Tätigkeit und der physiologischen Gehirnprozesse zu stehen. Es handelt sich offenbar um eine supranormale, nicht an Raum und Zeit gebundene Fähigkeit, um einen Zustand innerer Erleuchtung, dessen Vorkommen bei religiösen Mystikern[6] vielfach beschrieben worden ist.

---

5 *Zusatz:* Dr. R. Tischner ist nicht dieser Meinung, vgl. seine „Geschichte der Parapsychologie“ (1960) S. 254. Später hat jedoch J. B. Rhine bei seinen Kartenversuchen Bedingungen hergestellt, die Telepathie ausschließen und reines Hellsehen erweisen.

6 Nach neueren Untersuchungen unterscheidet sich die mystisch-religiöse „Erleuchtung“ grundlegend vom Hellsehen. G. W.

Professor Dr. Oskar Fischers Experimente
mit Rafael Schermann[1]

Die zeitgenössische parapsychologische Literatur ist durch ein außerordentlich lehrreiches und wertvolles Buch bereichert worden. Dr. *Oskar Fischer,* außerordentlicher Professor der Neurologie und Psychiatrie an der Deutschen Universität in Prag, publiziert in demselben[2] seine experimentellen Untersuchungen mit *Rafael Schermann,* dem bekannten Wiener Hellseher und Graphologen.

Bekanntlich ist Schermann in erster Linie Graphologe, ohne der Zunft anzugehören. Er studiert die Einzelheiten und Züge der Schrift nicht, sondern gibt nach einem kurzen oberflächlichen Blick auf dieselbe ein vollständiges Bild vom Schreiber, wobei er nicht nur die persönlichen Eigenschaften erfaßt, sondern auch das Milieu des betreffenden Schreibers schildert. So ersieht er aus der Schrift, in welcher Stimmung und in welcher Situation sich ein Individuum befindet. Bei Vorlage mehrerer Schriften erkennt er, ob Personen darunter sind, die in irgendeinem Verhältnis zueinander stehen (Verlobte, Freunde usw.). Auch bei Ausschluß der optischen Wahrnehmung charakterisiert er den Schreiber, wenn er mit den Fingern über die Schrift gleitet. Selbst wenn die Schrift-

1 Erstmals erschienen in den „Psychischen Studien", Februar 1925.
2 Experimente mit Rafael Schermann. Ein Beitrag zu dem Problem der Graphologie, Telepathie und des Hellsehens, von Dr. *Oskar Fischer,* außerordentlicher Professor der Neurologie und Psychiatrie an der Deutschen Universität in Prag. (Mit 54 Abb., 200 Seiten. Berlin und Wien 1924. Verlag Urban & Schwarzenberg.) *Zusatz:* (Die jetzt natürlich nicht mehr unter diesem Namen bestehende „Deutsche Universität" in Prag erhielt ihn dadurch, daß sie 1348 von dem deutschen Kaiser Karl IV. gegründet wurde.) Später befaßte sich Prof. Fischer auch mit dem „Metagraphologen" Otto Reimann und seiner Verwendung für Polizeizwecke. (Worüber der Utrechter Prof. W. H. C. Tenhaeff vor allem im Hinblick auf den Hellseher G. Croiset 1957 ein umfassendes Buch veröffentlichte „Over het gebruik van paragnosten...", Utrecht 1957.) Prof. Fischer schrieb darüber in der „Ztschr. f. Parapsychologie", 1934, nachdem er schon auf dem 3. internationalen Parapsychologenkongreß in Paris 1927 gesprochen hatte über „Du problème de la métagraphologie". Er arbeitete eng zusammen mit dem Herausgeber der 1928–1941 erscheinenden Beilage über „Metapsychologie" der angesehenen Prager Wochenschrift „Pestrý tyden", Dr. Karel Kuchynka. Auch für „physikalischen" Mediumismus interessierte man sich damals in Prag, wie die Einladung Rudi Schneiders dorthin 1930 (März, April), 1935, 1936 (Oktober, November) zeigt (leider hatte er seine Kräfte schon verloren), sowie die Experimente mit dem Spukmedium „Wolf". (Vgl. S. 336 Anm. 5.) Nach dem Einrücken der Nationalsozialisten in Prag wurde Prof. Fischer als „Nichtarier" in das Konzentrationslager Terezín (Theresienstadt) gebracht (Herbst 1939), wo er am 28. Februar 1942 mit 69 Jahren starb. G. W.

58

probe in einen undurchsichtigen Briefumschlag eingeklebt ist, kann Schermann nach kurzer Betastung des Briefes den Schreiber so genau charakterisieren, wie wenn er ihn gesehen hätte.

Aber damit nicht genug. Dieser Hellseher ist imstande, Personen zu beschreiben, die der *Versuchsleiter* sich optisch vorstellt. Fischer nimmt zur Erklärung dieses Vorgangs eine Art telepathischer Übertragung an, die er als *psychischen Transfert* bezeichnet.

In allen diesen Fällen war er nicht nur imstande, die Personen zu beschreiben, sondern sogar ihre Schrift zu imitieren, ohne daß er dieselbe gesehen hätte.

Fischer hat nun (1916–18 G. W.) in 27 Sitzungen 280 Versuche angestellt, um die Fähigkeiten Schermanns zu prüfen. Er protokollierte jedes Wort aus den Antworten des Intuitiven und gibt im vorliegenden Werk die Berichte ungekürzt und mit allen Einzelheiten in gewissenhaftester Weise wieder.

54 Faksimiles von Proben, bei denen die Imitation Schermanns stets mit dem Original verglichen werden kann, illustrieren den Text und geben dem Leser sozusagen den objektiven Beweis für die Fähigkeiten Schermanns in die Hand.

Bewußter und unbewußter Schwindel und sonstige Fehlerquellen konnten infolge der sorgfältig durchgeführten Vorsichtsmaßregeln vollständig ausgeschlossen werden.

Fischer teilt die Versuche mit Schermann in sieben Gruppen:

1.

Die erste Gruppe betrifft Leistungen Schermanns bei Betrachtung der Schrift. Fischer bezeichnet die den Grundbewegungen aufgesetzten motorischen Modulationen, welche durch die Stimmung bedingt sind und welche die Gesamtbewegung speziell färben, nämlich die Ausdrucksbewegung im engeren Sinne, als thymische Ausdrucksbewegungen. So ist auch die Schriftbewegung ein Ausdrucksmittel für psychische Vorgänge. Sie bedeutet die graphische Fassung der Ausdrucksbewegung, also sozusagen die aufgemalte Ausdrucksbewegung. Auf dazu befähigte Personen wirkt die Schrift so wie sonst das Mienenspiel eines Menschen.

Aber die Angaben Schermanns gehen weit über die Charakterdeutung aus der Schrift hinaus. So gibt er z. B. an, der Schreiber sei ein homosexueller Trinker; und im Versuch 71: Gedächtnisschwäche und Furcht vor der Operation; in einem andern Falle: die Körperhaltung nach vorne, exzentrisches, tigerartiges Wesen, Weitsichtigkeit und Kurzsichtigkeit, wieder in andern Fällen: unglückliche Ehe, Augenkrankheit, ärmliche Umgebung, Beschreibung einer Lokalität, in der sich der Schreiber befand (Klosett). In 50 graphologischen Aufgaben gab Schermann 39mal dem Professor Fischer Personenbeschreibungen, die bis ins letzte Detail zutrafen; 4mal war die Schilderung falsch, 7mal waren richtige und unrichtige Angaben gemischt. Auch bei Ausfindung gewisser Situationen ergaben sich in 11 Versuchen 8 Treffer und 3 Fehlresultate. Die folgende Tabelle gibt eine Übersicht über diese Klasse von Fällen:

	Zahl d. Ver- suche	Treffer	Un- sicher	Fehler	in Prozenten		
					Treffer	Un- sicher	Fehler
Graphologische Analyse	50	39	7	4	78	14	8
Charakteristik aus Linien und Zeichnungen	15	3	—	12	20	—	80
Stimmungen aus der Schrift ..	18	11	—	7	61	—	39
Situationen aus der Schrift	11	8	—	3	73	—	27
Verhältnis von Personen aus der Schrift	12	12	—	—	100	—	—
Gesten aus der Schrift	3	3	—	—	100	—	—
	109	76	7	26	70	6	24

2.

Die *zweite Gruppe* betrifft die Leistungen Schermanns beim Betasten der Schrift mit den Fingern, während der Sehakt völlig ausgeschaltet ist. Hierbei berechnete Fischer 58 % Treffer, 17 % Fehler und bei 25 % ein unsicheres Resultat. Es handelt sich allerdings um eine verhältnismäßig kleine Zahl von Versuchen (12).

Bei den Experimenten dieser Gruppe erschien es sehr bemerkenswert, daß Schermann nach Betasten seiner eigenen Schrift nicht nur sich selber, sondern auch sein Verhältnis zu Professor Fischer schilderte, ohne daß er bis zum Schluß des Versuches wußte, von wem er eigentlich gesprochen hatte.

Beim Betasten der Schriftzüge ergab sich folgendes:

1. Schermann fand beinahe sofort die Stelle der Schrift.

2. Schermann konnte in mehreren Fällen genau unterscheiden, ob auf dem Papier nur die Schrift von einer Person oder die Schriften von zwei Personen vorhanden waren.

3. Schermann konnte nach dem Betasten der Schrift den Schreiber schildern.

4. Schermann konnte nach Betasten der Schrift auch die Schrift imitieren, ohne sie gesehen zu haben.

Es ist besonders festzustellen, daß die Schrift auf Schermann auch dann wirkte, wenn jede Perzeption durch die gewöhnlichen Sinnesorgane (Auge und

Tastorgan) ausgeschlossen war, und daß die Schrift in diesem Falle beinahe
genau so auf ihn wirkte, wie wenn er sie mit den Augen betrachtet hätte.

3.

Die *nächste Gruppe* betrifft die Leistung Schermanns beim Betasten unsichtbarer Schriftspuren. Unter 17 Versuchen dieser Art ergab sich 9mal eine richtige Lösung, 8mal war das Resultat falsch. Prozentual bedeutet das 53 % Treffer und 47 % Fehler. Die Schrift war durch Betasten des Papiers oder Herum-
fahren mit einem nichtfärbenden Stift auf demselben hergestellt worden, so daß
an der Oberfläche des Papiers absolut nichts zu sehen war.

4.

Eine *weitere Serie* von Leistungen betrifft das Betasten von verklebten Brief-
umschlägen, in denen die Schriftprobe eingeschlossen war. Bei 28 Versuchen
ergaben sich 39 % Treffer, 53 % Fehler, 8 % zweifelhafte Resultate. Auch dieser Prozentsatz von Treffern ist bemerkenswert und läßt sich wohl kaum als
Zufallsfolge erklären. In einem Fall wurde eine Banknote erkannt.

5.

Die *fünfte Gruppe* betrifft die Resultate Schermanns bei psychischem Transfert (telepathischer Übertragung). Unter 53 Versuchen dieser Art kamen 73 %
Treffer, 23 % Fehler, 4 % unsichere Resultate zustande. Bei so vielen Personen,
bei der Kompliziertheit des Charaktermaterials, der Reichhaltigkeit der einzelnen Charaktermerkmale nähert sich die Wahrscheinlichkeit, daß durch Zufall ein Treffer zustande kommen konnte, ziemlich der Null. Von Schwindel
kann hier auch nicht gesprochen werden. Ebensowenig sind die Leistungen durch
unbewußte Hilfe (Mienenspiel, unbewußtes Flüstern) zu erklären. Bei einem
der gelungenen Versuche befand sich Schermann in einem anderen Zimmer.
Unter diesen 55 Experimenten befanden sich 10, bei denen Fischer die psychische
Übertragung durch die Betrachtung der Schrift hervorzurufen suchte. Hierbei
ergaben sich 7 Treffer und 3 Fehler.

6.

Die *nächste Gruppe* betrifft den Vergleich der Resultate, die sich ergaben,
wenn Schermann dieselbe Persönlichkeit auf den verschiedenen Wegen, die wir
eben kennengelernt haben, zu beschreiben hatte. Zu 14 Versuchskomplexen
dieser Art gehören 44 Einzelversuche. Nur bei 3 Personen bzw. 3 Versuchskomplexen stimmten die durch die verschiedenen Methoden gewonnenen Resultate Schermanns nicht überein. In 3 anderen Versuchskomplexen sind die

Einzelleistungen des Sehers nicht falsch, sondern ergaben Fragmente, die, zusammengestellt, sich zum richtigen Charakterbild ergänzen. Bei 9 Komplexen stimmen die Einzelbeschreibungen Schermanns bis ins Detail so deutlich überein, daß nach der Auffassung Fischers den charakteriologischen Leistungen des Intuitiven doch ein gewisses objektives Moment zugrunde zu liegen scheint. Bei 22 Versuchen erfaßte der Seher stets auch außersinnlich (psychischer Transfert) die richtige Person.

7.

Es folgen nun *Imitationen der Schrift einzelner Versuchsobjekte*, ohne daß Schermann deren Schrift gesehen hätte. Diese Versuche wurden auf dreierlei Arten durchgeführt:

1. Durch Betasten der Schrift mit den Fingern bei vollständiger Ausschaltung des Sehens;

2. durch Übergabe eines verklebten Briefumschlages, in dem sich ein Schriftstück befand;

3. Erfassen und Erkennen einer von Fischer vorgestellten bestimmten Person durch psychischen Transfert.

Unter 32 Versuchen dieser Serie ergaben sich 55 % Treffer, 22,5 % unsichere und 22,5 % falsche Resultate, bei den 4 Experimenten mit Kuverttasten 1 richtiges, 1 falsches Resultat und 2 fragliche.

Bei *Schriftimitation durch psychischen Transfert* waren unter 21 Versuchen 14 Treffer, d. i. 67 %, 5 % waren unsicher, 28 % falsch.

Das Gesamtresultat der hier geschilderten verschiedenen Formen der Schriftimitation, in Summa 59 Experimente, ergibt 37 Treffer, d. i. 63 %, 17 % unsichere und 20 % falsche Leistungen.

Die Imitation von Schriften ist ein äußerst komplizierter Vorgang, für den eine Wahrscheinlichkeitsrechnung kaum möglich ist. Denn ein Erraten individueller Eigenarten der Schrift, die nichts anderes als individuelle und infolgedessen charakteristische Abweichungen von der uns bekannten Norm der Schriftzeichen sind und auf minimalen und doch so bedeutsamen Differenzen beruhen, kann überhaupt nicht in Betracht gezogen werden.

Es mag vielleicht ein Mangel dieser Versuche sein, daß ihre streng graphologische Seite (Besonderheiten des Duktus, die Schriftlage, die Buchstabenform usw.) nicht genügend berücksichtigt worden ist, wenn auch dadurch an dem Ergebnis nicht viel geändert worden wäre. Die Gesamtsumme der in den verschiedenen Klassen geschilderten Versuche ist 280, darunter die Zahl der Treffer 180, 24 unsichere Resultate und 76 fehlerhafte, d. h. 65 % gelungene, 8 % unsichere und 27 % fehlerhafte Leistungen.

Die *einfachste aller Leistungen* Schermanns ist das richtige Erfassen und Erkennen einer Person nach *Betrachtung der Schrift*, also *auf graphologischer Basis*. Bei dieser Gelegenheit vollzieht sich bei ihm ein psychischer Prozeß, wie z. B. die Übertragung einer optischen Vorstellung von einem Menschen auf den andern, wobei zunächst die sinnliche Wahrnehmung der Schrift mitwirkt und sozusagen den psychischen Akt vermittelt.

Ein ebenso großes Gebiet seiner Leistungen betrifft nun aber Erraten und Beschreibung von Personen ohne jeden Anhaltspunkt durch die Sinnesorgane (rein psychischer Transfert).

Fischer nimmt auf Grund seiner Versuche an, daß es eine außersinnliche Übertragung psychischer Vorgänge von Mensch zu Mensch gibt, die durch Vermittlung irgend einer uns unbekannten Energie von Gehirn zu Gehirn zustande komme[3]. Wie die Vermittlung vor sich geht, ist bis heute völlig in Dunkel gehüllt.

Es kommen nun aber auch gelungene Experimente vor, bei denen die Annahme eines psychischen Transferts irgend eines Anwesenden auf den Hellseher jeder Grundlage entbehrt. Fischer sieht sich gezwungen, für die Erklärung dieser Art von Fällen das sogenannte Hellsehen anzunehmen, d. h. eine Eigenschaft, kraft deren gewisse Personen imstande sind, den normalen Sinnen nicht zugängliche Dinge wahrzunehmen bzw. zu sehen. Fischer findet den von *Richet* eingeführten Ausdruck *Kryptaesthesie* zur Bezeichnung solcher Vorgänge besser als das Wort *Hellsehen*. Es wird Fischer schwer, irgend eine naturwissenschaftlich plausible Hypothese für die merkwürdigen Resultate bei Schermann zu geben. Merkwürdigerweise gelang es Schermann wohl den ganzen Vorstellungskomplex einer Persönlichkeit durch psychischen Transfert zu perzipieren, dagegen war ihm das nicht möglich für ganz einfache psychische Vorgänge, einzelne Worte, Farben u. dgl.

Dieselbe Erfahrung wird bestätigt durch die Tatsache, daß Schriften mit ziemlich wirren und unregelmäßigen Linienführungen eher erraten, wahrgenommen und imitiert werden, als einfache geometrische Figuren. Ebenso konnte Schermann beim Kuverttasten niemals ein einzelnes Wort aus dem Inhalt des vorgelegten Schriftstücks erraten, wohl aber schilderte er die Stimmung, in welcher der Brief geschrieben wurde, beschrieb die Person und imitierte deren Schrift. Die Worte dazu mußte man ihm diktieren, um einen einwandfreien Vergleich mit dem Original zu ermöglichen. Wenn hierbei ein Schwindel im Spiel gewesen wäre, so hätte Schermann doch auf Umwegen irgendwelche Bruchstücke erraten, was aber nicht der Fall war.

---

3 *Zusatz:* Von dieser Theorie ist man später wieder abgekommen. – Vgl. etwa R. Tischner „Ergebnisse okkulter Forschung" (Stuttgart 1950) S. 128 ff. G. W.

Die graphologischen Leistungen Schermanns gehen weit über den Rahmen der schul- und zunftgemäßen Schriftdeutung hinaus. Denn ein flüchtiger Blick auf die auch in einiger Entfernung oder umgekehrt gehaltene Schrift genügt ihm, um die Person des Schreibers zu schildern.

Es kommen demnach bei Betrachtung der Schrift zwei Komponenten in Frage: 1. die direkte optische Einwirkung der Schrift mit Hilfe der bekannten graphologischen Unterscheidungsmerkmale; 2. die Einwirkung auf Grund anderer außersinnlicher Perzeptionsqualitäten mit einer andern psychischen Verarbeitung als der bewußten Analyse.

Schermann befindet sich in einem anscheinend normalen Zustand während seiner Arbeit. Die Äußerungen kommen ruck- und brockenweise heraus, und das ganze Bild entwickelt sich erst allmählich aus unter Umständen recht unscheinbar aussehenden Details. Einmal zeigte Fischer Schermann eine fremde Person. Schermann imitierte darauf sofort deren Schrift, ohne sie jemals gesehen zu haben.

Aus alledem kann man schließen, daß bei Schermann die Persönlichkeit und die Schrift zwei fest aneinander gebundene Korrelate bilden, so daß er, wenn ihm einer dieser zwei Komplexe bekannt wird, sofort das dazu gehörige Korrelat wie mit einer Gleichung findet. Zeigt man ihm die Schrift, so erfaßt er sofort die dazu gehörige Persönlichkeit; zeigt man ihm die Person, so hat er sofort das Bild der Schrift vor sich und kann es imitieren.

Für Erscheinungen dieser Art, welche in das Gebiet der perzeptiven Gruppe der Metapsychologie gehören, also für alle Arten außersinnlicher Wahrnehmung, wie Kryptaesthesie und psychischen Transfert, schlägt Fischer den Ausdruck „Metaesthesie" vor. Demnach erfaßt auf metaesthetischem Weg Schermann das Bild der Person, die Fischer sich vorstellt, und konstruiert dann die Schrift dazu oder umgekehrt aus der Schrift die Persönlichkeit.

Fehlerlos waren jene Versuche von Beurteilung des Verhältnisses von Personen zueinander und Versuche, in denen Schermann ersucht wurde, Gesten von Personen nachzuahmen, deren Schrift ihm gezeigt wurde. Hier arbeitete er mit 100 % Treffern, während es sonst überall Fehler gab, auch bei der einfachen graphologischen Beurteilung.

Bei der ungewöhnlichen subtilen Art dieser psychischen Arbeit, die jedenfalls eine viel feinere sein dürfte als jede gewöhnliche Sinneswahrnehmung, spielt die momentane Disposition und Stimmung des Versuchsobjekts eine viel, viel größere Rolle als bei gewöhnlichen psychischen Versuchen. In diesem Punkt bestätigen die Erfahrungen bei Schermann diejenigen bei den Medien. Die beste Stimmung für den Wiener Hellseher war die nonchalante Gemütlichkeit eines geselligen Milieus, in dem er sich heimisch fühlte. Als er einmal einem Universitätsprofessor (ausgezeichnetem Tierexperimentator) vorgestellt wurde, um seine Leistungen zu demonstrieren, ließ dieser Versuchsleiter schon bei den ersten Worten im Tonfall merken, daß er von der Sache nichts halte, und sprach mit Schermann etwa so wie ein Prüfer, der von dem Kandidaten nichts hält und ihn durchfallen lassen will. Schon nach den ersten Worten geriet Schermann in eine große Aufregung, und das Resultat war ein völliges Versagen. Somit gilt, wie schon erwähnt, das Moment der Stimmung für den Hellseher ebenso wie für das paraphysische Versuchsobjekt.

Professor Fischer hat versucht, bei seinen Experimenten mit Schermann so systematisch vorzugehen wie möglich, und erreichte jedenfalls, daß von irgend einer Täuschung oder Fehlerquelle nicht mehr geredet werden kann. Auch der orthodoxe Negativgläubige wird über diese neue Serie experimenteller Untersuchungen auf dem Gebiet des Hellsehens nicht mit einer oberflächlichen Geste hinweggehen können. Denn mit den Forschungen Fischers, die endlich einmal mit dem längst bekannten Problem Schermann wissenschaftlich Ernst gemacht haben, wird ein neuer Grundstein den auf dem Gebiet der Parapsychologie bereits vorhandenen hinzugefügt. Wer unbefangen und objektiv die jeder wissenschaftlichen Methodik Genüge leistenden experimentellen Arbeiten *Chowrins, Wasielewskis, Tischners,* sowie die Versuche *Richets, Geleys* und des Verfassers mit dem polnischen Hellseher *Ossowiecki* studiert, wozu noch die hier besprochene Arbeit Fischers kommt, der muß mit zwingender Notwendigkeit zu dem Schluß gelangen, daß durch dieses umfassende, ungemein sorgfältig gewonnene experimentelle Material endgültig der Beweis für das Vorhandensein einer außersinnlichen Erkenntnisfähigkeit, eines Hellsehens geliefert ist. Eine genauere wissenschaftliche Demonstration für die Realität eines Vorgangs, als sie hier vorliegt, erscheint überhaupt nicht mehr möglich, und es ist ein nicht zu unterschätzendes Verdienst des Professors Dr. Oskar Fischer, durch seine tiefgründige Studie über Schermann zur Vollendung dieses Bauwerkes beigetragen zu haben.

Prophezeiungen der Madame des Thèbes über den Weltkrieg[1]

Die bekannteste Pariser Seherin, Madame de *Thèbes*, mit welcher unter andern auch Alexander Dumas Sohn, Victorien Sardou und Jules Clarétie (Mitglied der französischen Akademie) zu experimentieren nicht unter ihrer Würde hielten, ließ während des letzten Dezenniums jährlich einen Modealmanach[2]) für die Pariser Lebewelt erscheinen, in dem neben kabbalistischen und chiromantischen, oft recht unklaren Eröffnungen und Wetterprognosen, neben Ratschlägen über Behandlung schlechter Dienstboten und zur Kunst, einen Mann zu finden, auch einige Mitteilungen über den zukünftigen Weltkrieg sich vorfinden. Der Wert dieser Prophezeiungen wird durch die unrichtigen Zeitbestimmungen nicht beeinträchtigt, da ja das zeitliche Moment im eigentlichen Hellsehakt nicht mitgegeben ist. Die nachfolgenden, vom Verfasser ins Deutsche übertragenen Sätze sind dem Almanach für das Jahr 1905 entnommen und enthalten eine Wiederholung aus einem früheren Jahresbericht. Sie lauten: (S. 5). „Die allgemeine Aufmerksamkeit wendet sich auf Rußland. Wenn der Weltfriede 1903 noch nicht gestört wird, so geschieht es sicher 1904. (Man hätte hier statt der 0 eine 1 zu setzen. D. Verf.) *Und zwar ist es Rußland, welches Europa auf das Schlachtfeld führen wird. Frankreich wird zögernd nachfolgen.* In den Händen der russischen Offiziere sehe ich bestimmte Zeichen, die auf einen baldigen Krieg hindeuten. (Russisch-Japanischer Krieg? D. Verf.) *Im äußersten Orient wird Blut fließen.* Schwerwiegende Ereignisse spielen sich in Österreich und auf dem Balkan ab und werden die Aufmerksamkeit Europas in Anspruch nehmen." (Hier könnte die Annektierung von Bosnien und der Herzogowina und das gespannte Verhältnis Österreichs zu Serbien gemeint sein. D. Verf.)

In demselben Heft (1905, S. 13) heißt es: „*Die Zukunft Belgiens* ist äußerst

1 Erstmals erschienen in den „Psychischen Studien", November 1918.
2 Die berühmte Handleserin Madame de Thèbes hieß mit ihrem wirklichen Namen Anna Victorine Savary. Sie genoß eine vorzügliche Erziehung und verstand es, sich durch ihre außerordentliche Intelligenz und geschickte Anwendung ihrer hellseherischen Anlage eine angesehene soziale Position zu verschaffen. Obwohl ihre Fähigkeiten niemals von Gelehrten systematisch untersucht worden sind, stand sie doch während ihres ganzen Lebens in Verbindung mit den bedeutendsten Köpfen Frankreichs. Im Besitze eines beträchtlichen Vermögens starb sie 72 Jahre alt wenige Tage vor Weihnachten 1915. Jährlich im Dezember erschien der Almanach der Madame de Thèbes. Preis 75 ctm. Auf dem roten Titelblatt der Broschüre befindet sich das Bild eines weißen Elefanten. (Verlag: Paris, Librairie Felix Jouen.)

trübe. Dieses kleine Land macht zwar einen ruhigen und glücklichen Eindruck
... aber ich wiederhole meine früheren Worte: *Dieses Land wird ganz Europa
in Flammen setzen* – trotz der Gefahr auf dem Balkan, die uns wie ein Vulkan
bedroht, welcher alles verschlingen will. In nicht zu langer Zeit treten Veränderungen in Belgien ein, die das arme Land unerbittlich zum Tode verurteilen."
(Hier wurde die zukünftige Rolle Belgiens als Ausgangspunkt des Weltkrieges
vorausgefühlt. D. Verf.)

Ebenso merkwürdig sind die folgenden, dem Almanach für das Jahr 1913
entnommenen Stellen, in denen teilweise auch auf bereits 1912 und früher ausgesprochene Prophezeiungen Bezug genommen wird. Sie lauten (S. 36): „Ich
sehe in den Händen vornehmer *Italiener* Zeichen des Krieges und einer uner-
hörten Erschütterung." – (S. 37): *„Deutschland bedroht Europa* im allgemeinen
(Milliardensteuer für Kriegszwecke. D. Verf.) und Frankreich im besonderen.
Wenn es zum Kriege kommt, so hat *Deutschland ihn gewollt;* aber nach dem
Kriege wird weder Preußen noch werden die Hohenzollern ihre dominierende
Stellung behalten. – Wie ich das wiederholt betont habe, sind die Tage des
Kaisers gezählt, und nach ihm werden in Deutschland große Veränderungen
vor sich gehen (tout sera changé). Ich sage die Tage seiner Regierung[3], aber
nicht die Tage seines Lebens. Die Stärke Deutschlands nimmt einen bedroh-
lichen Charakter an. Schon seit 10 Jahren bemühe ich mich in meiner beschei-
denen Existenz, das hervorzuheben. *Das große deutsche Volk befindet sich auf
Abwegen.* (Ungeschickte Diplomatie und kommerzieller Größenwahn. D. Verf.)
Infolge der preußischen Unternehmungslust (aventure prussienne) wird Deutschland sich erst harmonisch entwickeln können, wenn Preußen in die natürlichen
Grenzen des kleinen Staates zurückgewiesen ist."

(S. 37): „In *Österreich* deutet alles darauf hin, daß unter einer neuen Regierung *tiefe Umwälzungen* erfolgen. *Wien* wird wieder seinen *alten Ruhm als
Hauptstadt aller Donauländer zurückgewinnen...* Wien wird sogar Berlin
schlagen; ja, es wird Berlin im Stich lassen. Aber das ist eine Frage der Zeit
und Umstände." (S. 38): „In *Belgien* wird der Frieden, den es heute genießt,
nicht mehr lange dauern. Die Politik und die Rivalität der Rassen führen eine
Spannung herbei, die gewaltsam gelöst wird." (La corde cassera.)

Über *England* findet sich folgende Äußerung in dem Jahrbuch: *„Die nächste
Zukunft Englands deutet nicht auf Frieden.* Möglicherweise wird die Krone
gestürzt – möglicherweise kommt eine Regentschaft. Ein Teil des Landes (Irland? D. Verf.) wird sich gegen den andern erheben. Die Agitation findet auch

---

3 Auch diese Voraussage, deren wörtliche Erfüllung damals (1913) noch undenkbar
schien, ist inzwischen eingetroffen. G. W.

durch äußere Einflüsse Unterstützung." Über *Rußland:* „Der Frieden ist zweifelhaft. Neue Erhebungen (Revolutionen. D. Verf.) sind wahrscheinlich. Wir werden in sechs Monaten weiter sehen."

Was Frankreich betrifft, findet sich folgende, schon 1912 gemachte Voraussage: „Ich sehe eine direkte Gefahr, welche die französischen Herzen zusammenschweißen und die Willensenergie jedes einzelnen auf ein einziges Ziel richten wird. *Zwischen dem 21. März 1913 und dem 20. März 1914 wird Frankreich in eine neue Ära eintreten,* Stunden des Heldentums, Stunden fieberhafter Angst und Stunden der Freuden durchkosten."

Sie spricht dann weiter von dem bevorstehenden *Zyklus des Mars,* sowie dem durch den *Kriegsgott* erregten Schicksal ihres Vaterlandes, und sagt: „Eine allgemeine Erschütterung der ganzen zivilisierten Welt fällt zusammen mit terrestrischen Störungen. Ich sehe die Stunde kommen, wo die ganze Welt in Arbeit versetzt wird; die alte Welt bricht zusammen: unerhörte Umstände werden es ermöglichen, daß die Menschen ihre höchste Willensenergie und Leistungsfähigkeit aufbieten. Eine mittelmäßige Zeit kann auch nur mittelmäßige Menschen hervorbringen – eine große Zeitepoche dagegen erzeugt große Männer. Die Stunde der Heldentaten, die Stunde der Helden naht heran. Die Existenz des einzelnen spielt dann keine Rolle mehr; er wird seinen Privatinteressen nicht mehr nachgehen können. *Wenn wir auch unserm Schicksal nicht entgehen können* (Hinweis auf den Weltkrieg), so ist es doch möglich, daß das Jahr 1913 uns noch keine Ströme von Blut kosten wird."

Über Italien: „Die italienische Jugend wird den Kriegspfad betreten. – Wird Italien mit Frankreich marschieren? – Jede andere Verbindung wäre sein Verderben. (Durch die englische Aushungerung. D. Verf.)

Ferner finden sich noch folgende Zeilen in dem Almanach über *Deutschland:* „Der Krieg wird ihm fatal sein, denn es fürchtet ihn. Es möchte ihn vermeiden ... ist zu hoch gestiegen, zu weit gegangen und hat sich zu rasch entwickelt ... Der Kaiser wird als Regierender nicht nach Paris kommen – vielleicht später als Exkönig. – Ich glaube sagen zu können, daß *Europa in die Periode großer Konflikte eintreten wird."* Die an den Grenzen gemachten Anstrengungen werden gelähmt werden durch innere Konflikte, welche sich gleichmäßig bei den verschiedenen Völkern abspielen. – *„Während dieser blutigen Zeit wird Deutschland in eine immer schwieriger werdende Lage kommen.* Tragische Schicksale königlicher und fürstlicher Familien werden die Lage komplizieren und eine Beschleunigung der Ereignisse herbeiführen."

Ferner heißt es noch in bezug auf *Österreich:* „Die Stunde naht, in der es zu offenen Feindschaften zwischen den Slawen (Rußland. D. Verf.) und Germanen kommen wird. *Der, welcher regieren sollte* (Erzherzog Ferdinand. D. Verf.), *wird nicht regieren, und ein junger Mann* (der spätere Kaiser Karl. D. Verf.), *welcher eigentlich nicht zu regieren bestimmt war, wird regieren.*"

Weiterhin heißt es nochmals über *Belgien:* „Belgien wird in die Leiden verwickelt, ja es ist dazu geschaffen, sie hervorzurufen; es hat länger existiert, als es in Zukunft existieren wird. Ich sehe Brüssel vom Feuer bedroht und Trauer im Königshause – doppelte Trauer. – Aber alle diese Ereignisse werden in dem europäischen Tumult bald vergessen sein."

Wieder auf *England* zurückkommend, verkündet die Seherin: *„Für England ist die Stunde der Seekämpfe gekommen*... Alles verschwindet gegenüber dem gewaltigen Drama, das schon 1913 seinen Anfang nehmen wird." – „Nach einiger Zeit der ‚*Ruhe*' wird in Rußland ein Gewitter (Donnerschlag) eintreten, aus dem neue Menschen, neue Verhältnisse, neue Freiheiten, große Leistungen sowie ein endliches Erwachen hervorgehen wird. – Aber vorher! *Welche gewaltigen inneren und äußeren Kämpfe.* Die Erlösung wird von einer Seite kommen, von der es die Russen nicht erwarten." – Über Bulgarien weiß Mme. de Thèbes, daß dieses zu einer großen Zukunft berufen ist, wenn das große Werk seines Souveräns nicht plötzlich durchbrochen wird.

„Polen, Polen. Du hast recht, nicht zu verzweifeln. *Dir lächelt die Zukunft.* In nicht zu langer Zeit wirst du nach blutigen Stunden glückliche erleben, wenn dein Schicksal sich in Warschau erfüllt. Unsere Kinder werden das Entstehen einer ganz neuen Welt erleben; aber schon im März 1914 ist das tragische Schicksal vorausbestimmt[4].

So zutreffend nun auch die allgemeine vorausschauende Schilderung der europäischen Zustände durch Mme. de Thèbes für die Lage während des Weltkrieges sein mag, so lassen sich doch manche ihrer Angaben auch ohne Zuhilfenahme seherischer Fähigkeiten durch geschickte Kombination und durch Kenntnis der schon von 1905–1913 wirksamen politischen Motive zwanglos erklären. Daß Belgien bei einem Zusammenstoß zwischen Frankreich und Deutschland zu allererst in Mitleidenschaft gezogen würde, war bereits durch Bernhardis Druckschriften allgemein bekannt und lag im Rahmen größter Wahrscheinlichkeit. Außerdem ließ sich bei dem damals herrschenden Rüstungsfieber ein Zusammenstoß der Entente mit dem Dreibund unschwer voraussehen, ebenso wie der Eintritt einer russischen Revolution. Überraschend dagegen wirkt die durch die nachträglichen Ereignisse bestätigte Angabe, daß Rußland es sein werde, das Europa auf das Schlachtfeld führe. Auch das zögernde Nachfolgen Frankreichs traf richtig zu, da Frankreich – so sehr es auch von den Gefühlen der Revanche beherrscht war – den Ausbruch des Krieges für den August 1914 nicht

---

4 Leider war es dem Verfasser nicht möglich, außer den Heften 1904, 1905 und 1913 noch die übrigen Jahrgänge des Almanachs sich zu verschaffen.

vorausgesehen und gewünscht hatte, da unter anderm weder die Uniformierung der französischen Truppen noch die artilleristische Ausstattung (Fehlen schwerer Geschütze) für den Krieg bereit waren.

Bemerkenswert ist auch der Hinweis der Mme. de Thèbes (im Jahre 1904) auf einen bevorstehenden Krieg Rußlands im äußersten Orient (Russisch-Japanischer Krieg). Die instinktive Einfühlung dieser Seherin in die zukünftige politische Gestaltung Europas wird nicht nur durch bestimmte Angaben ausgedrückt, sondern auch oft durch Andeutung von Möglichkeiten oder durch die Form der Frage. Offenbar braucht sie zur Anregung ihrer Intuition bestimmte Hilfsmittel. Erst aus der Gleichheit der von ihr erkannten Schicksale einzelner Personen schließt sie aufs Allgemeine. So sieht sie in den Händen mehrerer vornehmer Italiener Zeichen des Krieges und verwendet diese Notizen für Schlüsse allgemeiner Art. Und sie fragt, unter dem Einfluß einer Ahnung, die vielleicht noch nicht stark und deutlich genug ihr Vorstellungsleben beeinflußte: „Wird Italien mit Frankreich marschieren?"

Ganz besonders muß es auffallen, daß diese glühende Patriotin, die in ihrem Chauvinismus bereits den deutschen Kaiser abgesetzt und Preußen verkleinert hat, weder für Frankreich noch für Deutschland den *Sieg* verkündet, was doch sehr nahe liegen müßte. Für ihr Vaterland sieht sie Heldentum, Stunden der Angst und Stunden der Trauer voraus; und das trifft gerade für Frankreich ganz genau zu! Bewunderungswürdige Tapferkeit, glühende Vaterlandsliebe und leidenschaftliche Aufopferung für das Ideal der Zurückgewinnung verlorener Provinzen, ferner ein Wechseln des Kriegsglücks sind die charakteristischen Merkmale für Frankreich in diesem Kriege.

Mit dem Zusammenbrechen einer veralteten Welt (politisch und geistig), dem Erwachen eines neuen Geschlechts von Menschen und der Anspannung der höchsten Leistungsfähigkeit sowohl der Völker wie der Individuen, mit der absoluten Unterordnung der Einzelinteressen unter das Gemeinwohl, mit der völligen Ausnutzung aller in der Welt verfügbaren Arbeitskraft (Hilfsdienst) zum Wohle des Vaterlandes, so daß für Müßiggang und Vergnügen nur sehr beschränkte Gelegenheit vorhanden ist, mit diesen Aussprüchen hat Mme. de Thèbes wohl einige wichtige allgemeine Merkmale des heute am Kriege beteiligten Europas richtig vorausgefühlt und beschrieben.

Die im Juni 1914 erfolgte Ermordung des österreichischen Thronfolgers konnte 1913 niemand voraus wissen, auch Mme. de Thèbes nicht, ebensowenig wie das Schicksal Polens. Und wenn ihre hellseherische Begabung nicht schon durch die übrigen zutreffenden Ankündigungen über den Weltkrieg, die Beteiligung und Rolle der Völker dabei erwiesen wäre, so würde ihr seherischer Spruch über das Schicksal des österreichischen Kaiserhauses, der wie das übrige schon 1913 im Druck vorlag, als Beweis für ihre Fähigkeit vollständig genügen. Dieses Dokument verdient in eine Sammlung hervorragender historischer Prophezeiungen aufgenommen und der Nachwelt überliefert zu werden. In den politischen Prophezeiungen der Mme. de Thèbes, soweit solche in den Heften des Almanachs 1904, 1905 und 1913 vorhanden sind, finden sich nun anderseits keinerlei hier etwa übergangene Äußerungen, die einen direkten Widerspruch enthalten gegen die heutige Entwicklung der politischen Lage und die sich daraus ergebenden Folgen und Möglichkeiten. Im Gegenteil, ihre Voraussagen charakterisieren zutreffend den Geist der gegenwärtigen Verhältnisse. Aus bloßer willkürlicher Kombination hätte niemand schon 1912 ein ähnlich abgerundetes Bild der augenblicklichen Weltlage konstruieren können, wie es sich in den Schriften der Mme. de Thèbes vorfindet[5].

5 *Zusatz:* Seit dem Erscheinen des obenstehenden Aufsatzes über Mme. de Thèbes wurden zahlreiche mehr oder weniger umfassende, mehr oder weniger kritische Sammlungen alter und neuer Prophezeiungen herausgegeben. Schon früher erschien das dreibändige Werk C. B. A. Warnfried „Seherblicke in die Zukunft. Sammlung auserlesener Prophezeiungen", Regensburg (Manz) 1861. Von neueren Veröffentlichungen sei erwähnt:
E. Bozzano „Precognizioni, premonizioni, profezie", Rom 1929; C. Richet „L'avenir et la premonition", Paris 1931; Dame E. Lyttleton „Some cases of prediction", London 1937; H. F. Saltmarsh „Foreknowledge", London 1938; Widler „Buch der Weissagungen", 8. Aufl. München (Manz) 1950; Tischner „Ergebnisse okkulter Forschung" S. 95 ff. (Kapitel Vorschau), Stuttgart 1950; P. Ellenhorst O. S. B. „Prophezeiungen über das Schicksal Europas... aus 12 Jahrhunderten". Aus d. Nachlaß hrsg. von Dr. H. Armand, München 1951; A. Hübscher „Die großen Weissagungen ... vom Altertum bis zur Neuzeit", München 1952; Fr. Ritter v. Lama „Prophetien über die Zukunft des Abendlandes", Wiesbaden 1952; W. Moufang „Magier, Mächte und Mysterien" (Kapitel Vorahnungen S. 86 ff.), Heidelberg 1954; Erbstein „Der blinde Jüngling" 2. Aufl. Troisdorf (Bez. Köln) 1956; A. Neuhäusler „Telepathie, Hellsehen, Praekognition" (nach den Rhine'schen statistischen Experimenten), Dalp-Taschenbuch 1957. – Von dem Utrechter Professor für Parapsychologie Dr. W. H. C. Tenhaeff erschien soeben (Den Haag 1961) ein leider noch unübersetztes Standardwerk „De Voorschouw", das einen ausgezeichneten Überblick über die spontanen Voraussagen und ihre Erklärung (vgl. auch E. Osty „La connaissance supra-normale", 2. Aufl. Paris 1925), aber auch die verschiedenen Arten experimenteller Vorhersagen enthält –, etwa mit Hilfe der sogenannten „Stuhlversuche" von E. Osty mit Pascal Forthuny, die bis zur Meisterschaft weiterentwickelt wurden von Tenhaeff selbst und Prof. H. Bender (Freiburg) mit dem Hellseher G. Croiset, oder die vor allem in den angelsächsischen Ländern verbreiteten statistischen Versuche von Prof. J. B. Rhine (Duke Universität, Durham USA). Es ist wohl eines der gründlichsten und vielseitigsten Werke über alle mit der Vorschau zusammenhängenden Fragen, die es gibt. Schon 1948 (ebenfalls Den Haag) veröffentlichte Tenhaeff eine Reihe der mit am besten untersuchten Vorhersagen zum 2. Weltkrieg unter dem Titel „Oorlogsvoorspellingen" (vgl. das Referat in der Schweizer „Neuen Wissenschaft" H. 6, 1951).
G. W.

Die Weiterentwicklung der Erforschung der sogenannten „psychischen"
(mentalen) Phänomene seit Dr. v. Schrenck-Notzings Tod

Bis zum Ende des ersten Viertels des 20. Jahrhunderts sah es so aus, als sei nur in der „Paraphysik", der Untersuchung der „physikalischen" Phänomene des Mediumismus, angesichts ihrer Wäg- und Meßbarkeit, ihrer Registrierbarkeit durch Apparate usw., eine exakte, experimentelle Forschung im Sinne der Naturwissenschaften möglich. So hat z. B. *P. Alois Gatterer* S. J. (1886–1953), – seit 1927 a. o. Professor für naturwissenschaftliche Grenzgebiete und Naturphilosophie an der Universität Innsbruck, seit 1932 Begründer und dann bis zu seinem Tode Direktor eines astrophysikalischen Laboratoriums der Vatikanischen Sternwarte in Castel Gondolfo, international anerkannter Spezialist für Spektroskopie, – in seiner auch heute noch lesenswerten, längst vergriffenen Studie „Der wissenschaftliche Okkultismus und sein Verhältnis zur Philosophie" (Innsbruck 1927) vorwiegend die experimentelle Paraphysik im Auge, wo er selbst über reichhaltige Erfahrungen verfügte (mit Frau M. Silbert, Willy und Rudi Schneider vor allem).

Inzwischen hat sich das Verhältnis geradezu umgekehrt: die Parapsychologie im eigentlichen Sinne machte kaum geahnte Fortschritte, während die Paraphysik mehr und mehr in den Hintergrund trat. Dies war vor allem im Ausland in einem Umfang der Fall, von dem sich die deutsche Öffentlichkeit nicht die geringste Vorstellung macht (wohl teilweise in Verbindung mit dem Verbot dieser Wissenschaft durch die Nationalsozialisten im Juli 1941). Bei uns bemüht man sich noch immer, auf Grund ach so alter Tricks zu beweisen, daß es solche übersinnliche Fähigkeiten „gar nicht gibt", während dagegen etwa der Professor für Parapsychologie an der Universität Utrecht, Dr. *W. H. C. Tenhaeff*, für die Polizei Kurse darüber abhält, wie man sie für Polizeizwecke verwenden kann, welche Fehlerquellen dabei zu beachten sind (vgl. sein Werk „Beschouwingen over het gebruik van paragnosten voor politieele ... doeleinden", Utrecht 1957). Es ist ganz unmöglich, in einem kurzen Überblick hier den Fortschritt der letzten Jahre auch nur einigermaßen erschöpfend zu behandeln, ich muß deshalb darauf verzichten, was um so eher erlaubt ist, als Schrenck-Notzing selbst sich ja je länger desto mehr immer ausschließlicher den „physikalischen" Phänomenen (Telekinesen, Materialisationen usw.) zuwandte.

Ich begnüge mich mit der Aufzählung einiger wichtiger Gesamtdarstellungen und Monographien.

Zur allgemeinen Orientierung sei besonders hingewiesen auf die beiden Bücher des am 24. April 1961 mit 82 Jahren verstorbenen, neben Schrenck-Notzing wohl bedeutendsten Pioniers der deutschen parapsychologischen Forschung (vor allem auf dem Gebiet der „psychischen" Phänomene) Dr. med. *Rudolf Tischner:* „Ergebnisse okkulter Forschung" (Stuttgart 1950) und „Geschichte der Parapsychologie" (Tittmoning 1960); *G. N. M. Tyrell:* „Mensch und Welt in der Parapsychologie", mit einem Nachwort von Prof. *H. Bender* (Hamburg 1961); das vor allem theoretisch wichtige Buch von Prof. *Hans Driesch:* „Parapsychologie. Die Wissenschaft von den okkulten Erscheinungen" (2/1952 mit ergänzenden Beiträgen von Prof. *J. B. Rhine* und Prof. *H. Bender)* und „Alltagsrätsel des Seelenlebens" (Zürich 1954). Einen Überblick über die telepathischen Experimente der letzten Zeit enthält die „Revue Métapsychique", Dezember 1959.

Es hat sich in den letzten Jahrzehnten (etwa seit 1930) in Amerika in dem von Prof. *W. McDougall* gegründeten, aber eigentlich erst von dem jetzigen Direktor, *Prof J. B. Rhine,* zu voller Höhe erhobenen „Parapsychology Laboratory" der Duke Universität eine Forschungsweise entwickelt, die zu Schrenck-Notzings Lebzeiten noch kaum über erste, keimhafte Anfänge hinausgekommen war: die experimentell-quantitative Parapsychologie mit ihren Hunderttausenden von einfachsten Versuchsreihen, die dann zum Beweis dafür, daß die positiven Ergebnisse nicht dem Zufall zugeschrieben werden können, mit Hilfe der Wahrscheinlichkeitsrechnung ausgewertet werden. Man kann wohl sagen, daß sich ein völlig neuer Wissenschaftszweig in dem Parapsychology Laboratory (Durham N. C.) herausgebildet hat, der auch an anderen Universitäten, vor allem im angelsächsischen Sprachgebiet, aber auch in privaten Forschergruppen aufgenommen wurde, nicht nur in England, Kanada, sondern bis nach Südamerika, Australien, Indien. Leider fehlt es an Raum, hier näher darauf einzugehen, die obengenannten Werke enthalten Wissenswertes darüber, einen guten Überblick bringt *A. Neuhäusler:* „Telepathie, Hellsehen, Praekognition" (Dalp-Taschenbücher Bd. 327, Bern/München 1957). Vor allem sind die eigenen Werke von J. B. Rhine heranzuziehen, von denen in deutscher Sprache vorliegen: „Neuland der Seele" (Stuttgart 1938), „Die Reichweite des menschlichen Geistes" (Stuttgart 1950); nicht übersetzt sind: „Extra-sensory Perception" (Boston 1934), das Sammelwerk „Extrasensory Perception after Sixty Years" (New York 1940) und „Parapsychology, Frontier Science of the Mind" (Springfield, Ill., 1957). Laufend unterrichtet über diese Forschungen die Vierteljahresschrift „The Journal of Parapsychology", herausgegeben von Rhine und seinen Mitarbeitern.

Besonderes Interesse verdienen auch verschiedene unabhängig hiervon durchgeführte größere Versuchsreihen, wie etwa die telepathischen Fernversuche der

„Hellenischen psychophysiologischen Gesellschaft" in Athen unter Leitung ihres Präsidenten Adm. Dr. med. A. Tanagra mit geeigneten Personen aus der „Österreichischen Gesellschaft für psychische Forschung" in Wien, der Gesellschaft in Warschau und dem „Institut Métapsychique International" in Paris, wo schon seit etwa 1910 Ing. René Warcollier sich auf eigene Faust mit solchen Experimenten befaßt hatte (veröffentlicht in seinen Büchern „La Télépathie", 1921, „Mind to Mind" 1948, „Experimental Telepathy" 1958, sowie in zahlreichen Aufsätzen der „Révue Métapsychique", Organ des Institut Métapsychique, dessen Präsident er nach dem Tod Dr. E. Osty's 1938 wurde. Er sprach auch auf dem 3. Internationalen Parapsychologenkongreß in Paris 1927 über seine Versuche). Man konzentrierte sich hierbei vor allem zu festgesetzter Zeit auf Zeichnungen, die bald von der einen, bald von der anderen Stelle „gesendet" bzw. „empfangen" wurden. Eine strenge Unterscheidung von Telepathie (Sendung von nur Vorgestelltem) und Hellsehen (Sendung von z. B. in einem verschlossenen Raum mit Maschine gemischten, also keinem Menschen bekannten Abbildungen) wie bei Rhine, war hier also nicht möglich.

Auf dem 4. Internationalen Parapsychologenkongreß in Athen 1930 haben Dr. med. K. Konstantinides (Athen), Prosper de Szmurlo (Warschau) und Prof. Camillo Schneider (Wien) im Rahmen ihrer Vorträge von verschiedenen Gesichtspunkten aus über diese telepathischen Fernversuche berichtet. Im weiteren Verlauf konnten solche Experimente auf Einladung der Universität Athen auch in deren Psychologischem Institut (Direktor Prof. Voreas) ab Mai 1931 vor Studenten mit den besten Versuchspersonen (Constantia und Evangelia) vorgeführt werden (vgl. Ztschr. f. Parapsych., Juni 1931, S. 302 f.).

Das größte Aufsehen erregten seinerzeit Untersuchungen, die der sozialkritische Schriftsteller Upton Sinclair und seine Frau Mary Craig Sinclair (1883–1961) zusammen anstellten, um dem Geheimnis der Telepathie und des Hellsehens näher zu kommen. Auf Grund eigener, in die früheste Jugend zurückreichender Erlebnisse dieser Art drängte es Mary Craig geb. Kimbrough, Tochter eines Richters der Südstaaten, sie zu erforschen. Zunächst nahm sie sich zu diesem Zweck einen Varieté-Hellseher polnischen Ursprungs, „Jan", vor, der meinte, sie selbst sei da viel begabter als er. Um jeglichen Betrug und Trick auszuschalten, stellte sie dann Versuche nur mit ihrem Mann, gelegentlich mit ihrem (ca. 52 km bzw. 40 Wegmeilen entfernt wohnenden) Schwager Robert Irwin an. Sie selbst war das „Medium", der Empfänger, die anderen die „Sender". Diese mußten etwas zeichnen und sich darauf konzentrieren; Frau Craig versuchte nun in einem anderen Zimmer (bzw. von Pasadena nach Long Beach im Fall Irwins) das Bild aufzufassen und zu zeichnen; dann wurden die Resultate verglichen. Oder aber Upton Sinclair steckte mehrere seiner Zeichnungen in je einen Umschlag, verschloß die Umschläge und mischte sie, so daß er selbst nicht mehr wußte, was jeder Umschlag enthielt. Seine Frau legte sie nun an die Stirn oder auf ihr Sonnengeflecht, wobei sie ihrem Unterbewußtsein befahl, ihr den Inhalt des Umschlags zu zeigen, den sie nun schilderte oder auch nachzeichnete. Erst dann wurde das Original aus dem Kuvert genommen und beides verglichen. Die Erfolge waren verblüffend, wenn auch manchmal nur Teile der Linienführung, oder zwar das Bild, aber nicht dessen Bedeutung aufgenommen wurde. (Ein von Upton Sinclair gezeichneter „rauchender Vulkan" erschien etwa auf den Kopf gestellt als „Käfer mit langen Fühlern", vielleicht handelte es sich hier nur um ein hellsehendes Erfassen der Umrisse, oder aber der Sender hatte sich vor allem auf die Linien, nicht auf ihre Bedeutung konzentriert.) Upton Sinclair veröffentlichte hierüber ein Buch „Mental Radio, does it work and how?" (Seelenfunk – gibt es das, wie arbeitet er?, Pasadena 1930). Der mit ihm und seiner Frau befreundete *Albert Einstein* war davon immerhin so beeindruckt, daß er für eine geplante deutsche Übersetzung des Buches (zu der es nie kam, weil das Dritte Reich ausbrach) als Geleitwort an den Verlag Malik schrieb (23. Mai 1930): Es ist „bei einem so gewissenhaften Beobachter ... wie Upton Sinclair ausgeschlossen, daß er eine bewußte Täuschung der Leserwelt anstrebt; seine bona fides und Zuverlässigkeit darf nicht bezweifelt werden ... Keinesfalls also sollten die psychologisch interessierten Kreise an diesem Buche achtlos vorübergehen".

Für die englische Ausgabe schrieb der berühmte Psychologe Prof. *William McDougall* ein Vorwort, nachdem er das Material zur kritischen Durchsicht erhalten und für gut befunden hatte. Im Juli/August 1930 besuchte er die Sinclairs und stellte selbst einige Versuche mit Mrs. Craig an, wobei er „Zufall völlig ausgeschlossen" fand. Auch der als besonders kritisch bekannte Untersuchungsbeamte (research officer) der Bostoner Society for Psychical Research, Dr. *Walter Franklin Prince* (ein früherer Geistlicher) war davon so beeindruckt, daß er das ganze Material mit der Wahrscheinlichkeitsrechnung auswertete und in Bulletin XVI (1932) seiner Gesellschaft darüber berichtete, auch er fand Zufall unmöglich (vgl. Mary Craig Sinclair's Autobiographie„ Southern Belle", New York 1957, S. 319 ff.). McDougall kam, wie ja bekannt, 1927 von der Harvard an die Duke Universität in Durham (N. C.), wo ein junges Biologenehepaar, das schon in Chicago eine Dozentur bekleidet hatte, zu ihm stieß, um sich in seinem psychologischen Laboratorium vor allem auch parapsychologischen Fragen zu widmen. Von diesem wurde dann mit Hilfe von McDougalls tatkräftiger Unterstützung ein besonderes Parapsychology Laboratory abgezweigt, dessen Leitung der junge Biologe übernahm und zu größter Berühmtheit brachte, er hieß *J. B. Rhine!* Zweifellos haben die Sinclair'schen Versuche nicht wenig dazu beigetragen, diese Forschung universitätsreif zu machen.

Ganz besonderes Interesse verdienen auch die nicht zu wissenschaftlichen Forschungszwecken unternommenen telepathisch-hellseherischen Begegnungen zwischen dem amerikanischen Schriftsteller *Harold Sherman* und dem 1958 verstorbenen Sir *Hubert Wilkins.* Bekanntlich überflog Wilkins 1928 als erster den Nordpol, er nahm an insgesamt 6 arktischen und antarktischen Expeditionen teil und setzte sich auch für die Entwicklung des unter dem Eis hindurchfahrenden Unterseebootes „Nautilus" ein. Als nun nach mehreren geglückten Vorversuchen die Maschine des russischen Fliegers *Sigismund Lewanewsky* und seiner 5 Gefährten nach glücklicher Überquerung des Nordpols am 12. August 1937 mitten in einer Meldung über heftigen Sturm und abnehmende Flughöhe ihre Funknachrichten abbrach, fürchtete man eine Katastrophe, und Wilkins stellte sich der Sowjetregierung für eine Suchaktion zur Verfügung. Diese fand zwischen dem 22. Oktober 1937 und dem 25. März 1938 statt und spielte sich zwischen Aklavik in Nordkanada und Point Barrow in Alaska polwärts ab, leider ohne Ergebnis.

Harold Sherman, der sich auf Grund angeborener Fähigkeiten und eines systematischen yoga-artigen Trainings beliebig in telepathisch-hellseherische Verbindung mit anderen Menschen zu setzen vermag, machte sich Gedanken, was wohl geschehen würde, wenn auch bei Wilkins die Funkverbindung versagte. Ohne geradezu mit ihm befreundet zu sein, erbot er sich deshalb dreimal wöchentlich sich auf Wilkins zu einer vereinbarten Stunde zu konzentrieren. Dieser sollte ihm dann in vorher vereinbarten, einfachen Symbolen sein Befinden und seine Lage telepathisch übermitteln (z. B. „rot" bedeutete Verletzung Wilkins' oder seines Piloten, „schwarz" wies auf einen Todesfall usw.). Die „Sendung" der Symbole kam nie zustande, dennoch kam es zu geradezu phantastischen telepathischen Erlebnissen Shermans in bezug auf Wilkins. Es spricht für ihre praktische Bedeutung, daß sie in 68 Fällen in der erstaunlichsten Weise gelangen, während die tägliche Funkverbindung mit der „New York Times" auf Grund metereologischer Störungen nur 13mal funktionierte (vgl. Wilkins/Sherman „Thoughts through Space", New York 1942, 2. Aufl. 1951. Ein Auszug erschien im „Tomorrow"-Magazine der Parapsychologie Foundation [s. u.] vol. 2, no. 4, New York 1954).

Wilkins war fast immer verhindert, sich zu der vereinbarten Zeit auf Sherman zu konzentrieren, dieser dagegen stellte sich seinerseits getreulich auf Wilkins ein und schrieb sofort alles auf, was er dabei wie in einer Vision vor sich sah. Das Geschaute war mitunter höchst unwahrscheinlich, so etwa „sah" Sherman Wilkins kurz nach dem Abflug im Abendanzug in festlicher Gesellschaft und glaubte, es handle sich um Erinnerungen an eigene Tageserlebnisse, da man gerade Armistice-Day feierte. Tatsächlich mußte Wilkins wegen starken Nebels bis Regina (in Kanada) umkehren und konnte sich einer Einladung zur Teilnahme an einer Feier in geliehenem Anzug nicht entziehen! Ein andermal lag das Metallflugzeug wie ein schimmernder Walfisch im Vollmond auf dem Fjord, gegenüber brannten Eskimohütten und konnten nicht gelöscht werden, weil alles Wasser gefroren war. Oder Wilkins schlug ein Loch ins Eis, hängte eine Angel ins Wasser und zog Fische heraus. Die Frage, ob es sich um Hellsehen oder Telepathie handelte, oder ein Gemisch von beiden, ist schwer zu entscheiden. Einmal vermeinte Sherman, Wilkins habe einen Blumenstrauß (beim Überfliegen von Regina) auf einen Festplatz geworfen, dieser aber dachte nur daran, es zu tun, verwarf den Gedanken aber, um nicht jemand versehentlich von oben zu treffen. Da die Suchaktion in der Polarnacht nur bei Vollmond durchgeführt werden konnte, wurde sie schließlich abgebrochen, weil Lewanewsky nach so langer Zeit nicht mehr am Leben sein konnte. Unerwartet „sah" Sherman plötzlich das Flugzeug mit Rädern (statt Kufen zum Landen) in vegetationsreicher Gegend – er kündigte daraufhin die Rückkehr von Wilkins an –, der Funker der „New York Times" erhielt erst später die Radionachricht. Die Entfernung New York – Point Barrow (Luftlinie) beträgt etwa 5500 km. Diese so erregenden Versuche wurden ständig streng wissenschaftlich kontrolliert: Sherman sandte alsbald je eine Reinschrift seiner übersinnlichen Erfahrungen an den Psychologen Prof. *Gardner Murphy* von der Columbia Universität (jetzt Menninger Foundation) und an Wilkins ins Polargebiet, wo sie erst nach Wochen einzutreffen pflegte. Zuerst war Wilkins nicht wenig erstaunt über diesen „Film" seines Lebens und die unglaubliche Richtigkeit selbst geringfügiger Einzelheiten. Er kontrollierte alles an Hand seines Tagebuches, das er nun gründlicher führte und von dem Prof. Gardner Murphy dann ebenfalls eine Reinschrift zuging. Es gibt kaum eindrucksvollere telephatische Versuche als diese. Ihr sinnvoller, dramatischer, menschlicher Hintergrund dürfte nicht wenig zu ihrem Gelingen beigetragen haben. Besonders wertvoll sind in diesem Bericht die introspektiv-phänomenologischen Analysen Shermans von der Art der „Visionen" und sonstigen auf Wilkins bezüglichen Erlebnisse.

Einen besonders guten Überblick über die weitverzweigte jüngste parapsychologische Forschung vermittelt die Tätigkeit der *„Parapsychology Foundation"* in New York. Durch die aus England nach USA ausgewanderte mediale Schriftstellerin irisch-spanischer Abstammung Mrs. *Eileen Garrett* 1951 ins Leben gerufen und in Zusammenarbeit mit hervorragenden Gelehrten (wie J. B. Rhine und Gardner Murphy in USA und bekannten Forschern aus den verschiedensten Ländern und Erdteilen) ausgebaut, veröffentlicht sie ein populäres parapsychologisches Magazin „Tomorrow", eine wissenschaftliche, mehrsprachige Zeitschrift „International Journal of Parapsychology" neben einem kleineren Mitteilungsblatt „Newsletter", gelegentlich auch Bücher und Broschüren. Es werden auch Forschungsaufträge vergeben und finanziert, eine vielseitige, wenn auch nicht vollständige kleine „Bibliography of Parapsychology" wurde in ihrem Auftrag von G. Zorab (Holland) zusammengestellt. Besonders wichtig sind vor allem auch die von ihr einberufenen internationalen Tagungen, in denen weitere Forschungen und Richtlinien erörtert werden.

Nachdem die auf einzelnen Länderkomitees fußenden „Internationalen Parapsychologenkongresse" durch das hohe Alter ihres Generalsekretärs, des 1956 verstorbenen Dänen *Carl Vett,* und durch den Zusammenbruch mehrerer Länderorganisationen nach dem zweiten Weltkrieg in der früheren Form nicht mehr stattfinden konnten, veranstaltete die „Parapsychology Foundation" bereits im Sommer 1953 eine „First International Conference of Parapsychological Studies" in Utrecht. (Der Wortlaut der Referate wurde in französischer Übersetzung unter dem Titel „La science et le paranormal" von *R. Amadou* im „Institut Métapsychique International" in Paris herausgegeben, außerdem gekürzt auf Englisch von der Parapsychology Foundation.) Man unterschied hier vor allem die folgenden Problemstellungen: 1. die quantitativ-statistische Forschung, 2. psychotherapeutisch-psychoanalytische Gesichtspunkte, 3. Spontanphänomene und qualitative Forschung, 4. die Untersuchung der Persönlichkeitsstruktur der Sensitiven und für das Auftreten parapsychologischer Phänomene günstigen oder hinderlichen psychologischen Faktoren (vgl. auch den „Report on five years of activities" der Parapsychology Foundation, New York 1958).

Im Anschluß an Empfehlungen des Utrechter Kongresses veranstaltete die „Parapsychology Foundation" in den folgenden Jahren mehrere kleinere Tagungen, u. a. in St. Paul de Vence, dem europäischen Sommersitz von Mrs. Garrett, so 1954 über Parapsychologie und Philosophie und über außerschulgemäße Heilmethoden; 1955 in Cambridge über Spontanphänomene, 1956 in der Abtei Royaumont bei Paris über Psychologie und Parapsychologie (vgl. die ausführlichen Berichte in „Proceedings of four conferences of parapsychological studies", New York 1957).

Völlig neue Probleme wurden in Angriff genommen nach einer kleinen, vorbereitenden Besprechung in New York (1958) durch die Tagung in St. Paul de Vence im Sommer 1959 über Parapsychologie und Pharmakologie (vgl. „Proceedings of two conferences on parapsychology and pharmacology", New York 1961). Probleme, an die man zu Lebzeiten Schrenck-Notzings noch kaum denken konnte, die ihn aber höchlichst interessiert hätten, da sie sehr eng zusammenhängen mit der ihn so stark beschäftigenden Frage nach dem Einfluß des Seelisch-Geistigen auf das Körperliche, werden hier vom Körperlichen, von der Einwirkung chemischer Produkte auf den Leib und damit auf seelisches Geschehen ausgehend, verfolgt, also sozusagen in einer der Hypnose und Suggestionstherapie entgegengesetzten Richtung. Es handelt sich dabei darum, den Einfluß von Medikamenten, vor allem den sog. Neuroleptika – auf Englisch „psychodelics" genannt – dahingehend zu untersuchen, ob sie echte parapsychologische Erlebnisse auslösen, diesbezügliche Fähigkeiten wecken können, oder ob es sich bei den mitunter auftretenden „Halluzinationen" (etwa nach dem Genuß von Meskalin, LSD 25 usw.) nur um pathologische Erscheinungen handelt. Es wird versucht, so vielleicht der Natur, den psychophysischen Bedingungen und Voraussetzungen auch der echten parapsychologischen (und vielleicht paraphysichen) Phänomene auf den Grund zu kommen. Mit Recht mahnt hier der Oxforder Gelehrte *R. C. Zaehner* in „Mysticisme Sacred and Profane" (Oxford 1957, deutsch: „Mystik, religiös und profan", Klett, Stuttgart) vor einer Mißachtung der Grenzen und Wesensunterschiede. Immerhin kann man auf die künftigen Ergebnisse dieses neuen Forschungszweiges gespannt sein (vgl. „Proceedings of two conferences on parapsychology and pharmacology", hrsg. von der „Parapsychology Foundation", New York 1961).

Größtes Aufsehen erregte in allerletzter Zeit die Wiederaufnahme parapsychologischer Forschungen an der Universität *Leningrad* durch Prof. *L. L. Wassiljew* auf Grund eines besonderen *staatlichen* Auftrages. Bereits 1898 hatte der russische Psychiater Dr. *A. N. Chowrin* ausgezeichnete Versuche veröffentlicht, die auf Veranlassung Schrenck-Notzings unter dem Titel „Experimentelle Untersuchungen auf dem Gebiet des räumlichen Hellsehens" auch in deutscher Sprache erschienen (München 1919). Sie enthielten eine Widerlegung der Lehre von der spezifischen Sinnesenergie. Wie bereits erwähnt (vgl. oben S. 19) bemühte sich schon in seiner 1908 deutsch veröffentlichten Untersuchung über die „Emanation der psychophysischen Energie" der Moskauer Arzt Dr. *Naum Kotik* (1876–1920) die Telepathie auf vom Gehirn ausgehende Strahlen zurückzuführen, andere griffen diese Forschungen auf, so vor allem der italienische Psychiater Prof. *F. Cazzamalli* (1887–1958, Universität Modena, Leiter des psychiatrischen Kreiskrankenhauses in Como) in seinem Werk „Il cervello radiante" (Milano 1960), obwohl z. B. Dr. *R. Tischner* eine derartige physiologische Grundlage von Telepathie und Hellsehen der Natur der Phänomene nach für ausgeschlossen hielt (vgl. oben S. 63, Anm. 3).

Kurz vor dem ersten Weltkrieg stellte der Ordinarius für Hirnforschung in St. Petersburg (wie es damals noch hieß) Prof. *W. Bechterew* ausgezeichnete „Versuche über die aus der Entfernung erfolgende ‚unmittelbare Einwirkung' einer Person auf das Verhalten der Tiere" (deutsch in der „Zeitschrift f. Psychotherapie" Bd. 8, 1924) in Gestalt von telepathischen Experimenten mit Hunden an. Neben Prof. *P. P. Lazarew* gehörte auch Prof. L. L. Wassiljew schon damals zu seinen Mitarbeitern. Da die Suchaktion von Sir Hubert Wilkins sich auf den russischen Flieger S. Lewanewsky bezog, dürften die hiermit in Verbindung stehenden telepathischen Versuche in Rußland nicht unbekannt geblieben sein. Ferner soll in der U.S.A.Marine (was diese freilich bestreitet) ein Versuch mit „Zener"-Karten angestellt worden sein, bei dem sich der „Sender" an Land, der telepathische „Empfänger" weit entfernt auf einem fahrenden Unterseeboot befand. (Da auch die in meinem Buch „Zum anderen Ufer" S. 599 ff. geschilderten Pendelversuche der „Gruppe SP" in der deutschen Marine streng geheim waren, beweist es nichts, daß in Washington angeblich nichts von solchen Versuchen der US-Marine bekannt ist.) Dieses der Behauptung nach geglückte Experiment soll das Interesse in der UdSSR noch erhöht haben. Um dem Problem einer Gehirnstrahlung weiter auf die Spur zu kommen, setzte Prof. Wassiljew die Versuchsperson in eine Art „Faradayschen" Käfig dessen Wände bekanntlich allenthalben durch Blei und Quecksilber isoliert, also für Elektrizität undurchlässig sind. Dennoch wurden von außen erteilte telepathische Befehle von der Versuchsperson im Inneren ausgeführt, womit eine Übertragung durch Elektrizität ausgeschlossen war, was natürlich alle Erwartungen der Versuchsleitung über den Haufen war. Die weiteren Versuche dieses neuen parapsychologischen Institutes, über das erstmals im Dezember 1960 öffentlich berichtet wurde, könnten wichtige Aufschlüsse bringen. (Vgl. u. a. „Newsletter" No. 3, Mai/Juni 1961 und „Tomorrow" vol. 10, no. 1, 1962 der „Parapsychology Foundation", New York sowie „Neue Wissenschaft", 10. Jhrg., H. 1, 1961/62.)

Besonderes Interesse verdienen schließlich noch die Experimente des Wiener Psychotherapeuten Dr. *W. Daim*, schlafende Patienten in ihren Trauminhalten telepathisch zu beeinflussen, was in erstaunlichem Maße gelang. (Vgl. W. Daim „Experimente mit der Seele", U. Moser-Verlag, Wien/Graz 1949). G. W.

Zweiter Teil

PHYSIKALISCHER MEDIUMISMUS, MATERIALISATIONSPHÄNOMENE USW.

Zur Methodik bei mediumistischen Untersuchungen[1]

Die Erscheinungen des Mediumismus oder des sogenannten Spiritismus sind neuerdings durch das Auftreten des italienischen Mediums *Eusapia Palladino* Gegenstand der Aufmerksamkeit und ernsthaften Kontroverse bei einigen namhaften Gelehrten des Auslandes geworden. Nach fast 25jähriger Pause, seit den Veröffentlichungen des englischen Physikers und Chemikers Professor *Crookes,* nach vielfachen resultatlosen Bemühungen seitens der Anhängers des Okkultismus, nach zahllosen Enttäuschungen der Adepten dieser Richtung und mannigfachen lehrreichen Entlarvungen von Medien, ist es der spiritistischen Bewegung von neuem gelungen, eine kleine Anzahl ernster Männer der Wissenschaft für ihr angebliches Tatsachengebiet zu interessieren. Als Voraussetzung für die Beschäftigung mit diesem Gegenstande dient für die Genannten wie auch für den Schreiber dieser Zeilen die Annahme, daß unter der Hülle von Schwindel, Unfug, Aberglaube, von monströsen Verirrungen der menschlichen Phantasie, womit der heutige Geisterglaube eng verquickt ist, dennoch ein Körnchen Wahrheit sich verbirgt. Bei der Unzulänglichkeit unserer Naturerkenntnis spricht a priori nichts gegen die *Möglichkeit von anormalen Erscheinungen und Wirkungen,* die ihren Ursprung in der wunderbaren menschlichen Organisation haben könnten. Wenn aber bedingungsweise die Existenz solcher noch verschleierter Naturkräfte zugegeben würde – welche in Wirklichkeit selbst noch des Nachweises bedürfen –, so müßte sich jeder naturwissenschaftlich denkende Forscher doch ernstlich verwahren gegen die *spekulative Ausbeutung* seiner *Beobachtungen* zugunsten eines religiösen Glaubensbedürfnisses durch Schwarmgeister; denn schließlich läuft die Geisterhypothese des Spiritismus nur auf diesen tief im Menschen steckenden metaphysischen Hang hinaus (experimentelle Religion). Bevor man, wie *Richet*[2] sehr treffend bemerkt, auf große allgemeingültige Gesetze schließt, muß man die *Tatsachen feststellen.*

Es erscheint außerordentlich schwierig, ein Faktum auf eine so feste Basis zu

---

1 Erstmals erschienen in der Zeitschrift „Okkultismus", Okt. u. Nov. 1898.
2 *Richet,* Experimentelle Studien auf dem Gebiete der Gedankenübertragung. Deutsch mit Vorrede von Dr. A. v. Schrenck-Notzing. Stuttgart 1891, Enke.

stellen, daß es unangreifbar wird. Dazu gehört die absoluteste Genauigkeit. „Es ist ein großer Schaden für den wissenschaftlichen Fortschritt, daß die Spiritisten, Theosophen, Magnetiseure und Mystiker so viel tolles Zeug auf einer so unsicheren winzigen Basis errichtet haben. Man begnüge sich mit fehlerlosen Experimenten; die Theorie folgt von selbst nach." So lehnt auch Verfasser dieses von vornherein jede Theorie für seine eigenen Beobachtungen vorläufig in aller Form ab, mit Ausnahme der ja für so viele Fälle vollkommen hinreichenden mechanischen oder taschenspielerischen Inszenierungen der in Frage stehenden Vorgänge.

Bedauerlich genug, aber charakteristisch für die ganze spiritistische Bewegung ist der *tiefe Zug von Unehrlichkeit,* der ihre Anhänger immer wieder dazu führt, den offenbaren bewußten Schwindel vieler Medien nicht anzuerkennen oder beschönigen zu wollen. So teilte im Jahre 1895 der Landgerichtsarzt Dr. *Weingart* [3] in der forensisch-psychiatrischen Gesellschaft in Dresden ein hierfür merkwürdiges Beispiel mit. Zwei anerkannte Medien, Frau *Ulbricht* und Frau *Valeska Töpfer,* legten vor dem Landgericht (und zwar die letztere unter Eid) in Dresden ein umfassendes Geständnis ab über die Art und Weise, wie sie betrügerisch die Geistermanifestationen inszeniert hatten. Die Ulbricht wurde wegen Betrugs zu 2 Jahren Gefängnis verurteilt. Nach Verbüßung der Strafe ward sie von der von ihr gegründeten Gemeinde wieder aufgenommen und weiter als oberste Leiterin anerkannt. Dieser Fall ist typisch für zahlreiche andere und für die stumpfsinnige Leichtgläubigkeit der großen Masse. Man darf sich daher nicht wundern über den Widerwillen, den Abscheu, die Mißachtung, welche ernste Männer der Wissenschaft diesem mit Betrug, Dummheit und Aberglauben durch und durch verwachsenen Gebiet entgegenbringen. Übrigens ist es auch nicht jedermanns Geschmack, im Schlamm nach Goldkörnern zu suchen.

Somit gehört *großer Mut* dazu, nach der Kette von Enttäuschungen, welche die Geschichte des Spiritismus darbietet, eine *neue Zeitschrift* für den Okkultismus zu begründen. Mögen zu den leitenden Grundsätzen dieses jungen Unternehmens gehören: *Strengste Selbstkritik, rücksichtsloseste Bloßstellung schwindelnder Medien, absoluteste Ehrlichkeit, Genauigkeit und Objektivität bei Feststellung von neuen Tatsachen, weise Mäßigung und Zurückhaltung bei philosophischer Bearbeitung dieses Gebietes* und anderseits *schonungslose Bekämpfung des Aberglaubens und des üppig wuchernden Dilettantismus!*

Denn in der Tat ist die absolute Leichtgläubigkeit viel schlimmer als die absolute Ungläubigkeit. Und eine gesunde *geläuterte Skepsis* kann nur zur Er-

---

3 *Weingart,* Die Spiritisten vor dem Landgericht Dresden. „Allgem. Zeitschr. f. Psych." Bd. 52, H. 2.

forschung der Wahrheit beitragen. Allerdings werden die wenigsten imstande sein, sine ira et studio an die Behandlung der medialen Phänomene heranzutreten; denn es hält ebenso schwer, sich von *vorgefaßten Meinungen*, von *alten Denkgewohnheiten* freizumachen, wie von der Neigung zur Übertreibung, zur unbewußten Ausschmückung des Beobachteten.

Das *menschliche Beobachtungsvermögen* ist, wofür diesbezügliche sorgfältige Untersuchungen der englischen Forscher lehrreich sind, sehr unvollkommen. Der bekannte Psychologe *Lehmann*[4] (Kopenhagen) hat in einem größeren vortrefflichen Werk, „Aberglaube und Zauberei", die *Fehlerquellen der Beobachtung* speziell bei medialen Untersuchungen ausführlich gewürdigt; ein jeder, der an diese Experimente herantritt, sollte über die genaueste Kenntnis derselben verfügen, um Selbsttäuschungen nach Möglichkeit zu entgehen. Berichte von Personen, denen die nötige Übung im Beobachten mangelt, sind mit Zweifel aufzunehmen. In der Regel hat man bei medialen Untersuchungen gegenüber den oft überraschend eintretenden wechselvollen Vorgängen kaum Zeit genug, die Aufmerksamkeit auf die wesentlichsten Punkte zu richten. Aus diesem Grunde ist der bekannte Taschenspielerkniff, die Aufmerksamkeit ganz auf Nebendinge abzuleiten, zu berücksichtigen. Dazu kommt, daß die Anwendung der Sinnesorgane, z. B. in Dunkelsitzungen, nicht in dem nötigen Umfange möglich ist – wegen Ausschaltung des Gesichtssinnes. Bekannt sind die Irrtümer in der bloßen Schätzung von Entfernungen, vom Gewicht usw., weswegen genaue Maße in Ziffern usw. notwendig erscheinen. Auch über Richtung des Gehörten, die Schallquelle, täuscht man sich sehr leicht. Ähnliches gilt von der Schätzung der Zeit. Sinneseindrücke werden auch falsch gedeutet (Illusionen). So kann man bei mangelhafter Beleuchtung eine schwarze Masse für eine Hand ansehen. Die meisten Fehler jedoch werden durch die lückenhafte Erinnerung erzeugt. Wenn nicht während jeder einzelnen Beobachtung eine sorgfältige Protokollierung nach Diktat stattfindet, so kann die *retroaktive Erinnerungstäuschung* bei nachträglicher Aufzeichnung den Wert einer Beobachtung heruntersetzen. Man verwechselt unabsichtlich Tatsachen und Ereignisse, besinnt sich nicht mehr auf die genaue Reihenfolge, läßt scheinbar unwesentliche Punkte weg und ergänzt, ohne es zu bemerken, den Bericht je nach der subjektiven Auffassung. So wird der Spiritist infolge seiner religiösen Denkgewohnheit nur das für ihn Wesentliche im Gedächtnisse festhalten, und seine Phantasie geht in ihrer Ergänzung den alten Weg; aber ebenso können die eingewurzelten Assoziationen eines völlig Ungläubigen ein in seinem Sinne zweifelhaftes (also gegen seine Überzeugung sprechendes) Experiment wertlos

4 Alfred *Lehmann*, Aberglaube und Zauberei, Stuttgart 1898 (1925), Enke. Mit ziemlich vollständigem Literaturverzeichnis.

machen, sobald die Erinnerung ungenau wird. Mit Sicherheit wird er die Gedächtnislücken, ohne es selbst zu merken, in seinem Sinne ausfüllen. Er wird also auch dort Schwindel finden, wo keiner ist, ebenso wie der gläubige Spiritist Manifestationen von Geistern sehen wird, wo es sich nur um taschenspielerische Kunststücke handelt. Da nun die meisten Menschen gegenüber diesen Erscheinungen schon von vornherein irgendeinen ausgesprochenen Standpunkt pro oder contra einnehmen, so hält es *ungemein schwer, ganz unbefangene, rein objektive Feststellungen zu erhalten.*

Hierzu tritt der Umstand, daß es bei manchen Leistungen des Mediumismus für einen einzelnen kaum möglich ist, Kontrolle und Beobachtung des Mediums allein mit der erforderlichen Genauigkeit auszuführen; man ist also auf die Hilfe eines zweiten Beobachters angewiesen. Mag nun die Überwachung von beiden an sich beobachtungsfähigen und glaubwürdigen Forschern eine noch so sorgfältige gewesen sein, mögen beide schwören, sie hätten in dem maßgebenden Augenblick das Medium gehalten, bei Erscheinungen so außergewöhnlichen Charakters wie die in Frage stehenden werden die meisten Forscher lieber einen Aufmerksamkeits- oder Beobachtungsfehler der anderen Kontrollperson annehmen, als sich zur Echtheit des betreffenden Phänomens bekennen. Das ist wenigstens die Erfahrung des Verfassers. Und wenn alle Einwände dennoch widerlegt werden können, so wird die Phantasie schließlich irgend etwas willkürlich hinzuergänzen und erfinden; die Bequemlichkeit des Denkens, das zähe Festhalten an den alten liebgewordenen Vorstellungsverkettungen ist bei den meisten Menschen zu mächtig, als daß es durch *eine einzelne* Beobachtung aus dem Gleichgewicht gebracht werden könnte.

Demnach erscheint für die zuverlässige Feststellung die oft *wiederholte Beobachtung desselben Vorganges, desselben Experimentes* notwendig, damit die nach jedem einzelnen Versuch erst durch gründliches Nachdenken gefundenen Bedenken und Zweifel bei Wiederholung des Experimentes auf die Stichhaltigkeit geprüft werden können. Man soll deswegen mit demselben Medium stets eine große Anzahl von Sitzungen halten, wenigstens sechs, und die ganze Versuchsanordnung dahin gehen lassen, daß möglichst oft dasselbe Experiment hintereinander in den verschiedenen Sitzungen wiederholt wird. Die Bedingungen mögen bei jedem Versuche je nach dem persönlichen Ermessen wechseln, soweit die Entäußerung der medialen Kräfte dadurch nicht gehemmt wird. Wie sehr *Gemütsbewegungen, Spannungs-, Erwartungsaffekte, Furcht, Schrecken, Befangenheit* die Beobachtungsfähigkeit, die Aufmerksamkeit stören, die *Einbildungskraft* erhitzen und so *Fehler in der Sinneswahrnehmung* bis zur Stärke von Halluzinationen erzeugen können, das ist genugsam bekannt. Da nun in der Regel – wie Lehmann mit Recht bemerkt – zwei Menschen niemals dieselben

Beobachtungs- und Gedächtnisfehler machen, so stimmen in der Regel auch ihre Berichte über dasselbe Ereignis nicht überein, wenn sie unabhängig abgefaßt wurden.

Nach den von den Engländern *Davey* und *Hodgson*[5] gebotenen Aufschlüssen und Rezepten versuchte *Lehmann*, nach Erlernung einiger taschenspielerischer Kunstgriffe, die sogenannte Tafelschrift als Medium zu produzieren. Und es gelang ihm wirklich, eine Anzahl ruhig denkender Menschen zu täuschen und ihnen den Glauben an seine mediale Kraft beizubringen. Die ausführliche Mitteilung der von den Berichterstattern begangenen Beobachtungsfehler gibt der Darstellung einen psychologischen Wert. Diese und ähnliche Erfahrungen, so die auch von Lehmann bestätigte experimentelle Prüfung des Gedankenlesens unter dem Gesichtspunkte des unwillkürlichen Flüsterns, endlich die unbestreitbare Tatsache, daß allen professionellen Medien (und vielen privaten) mechanische Inszenierung wenigstens eines Teils ihrer Leistungen nachgewiesen werden konnte, mahnen zur *Vorsicht* und zur größten *Zurückhaltung* in dem Urteil über Vorgänge, welche ungewöhnlich erscheinen und unter so verdächtigen Begleitumständen auftreten wie die mediumistischen.

Aber auch die *Taschenspielerei* beruht auf bestimmten *psychologischen Erfahrungen, technischen Fertigkeiten* und *physikalischen Hilfsmitteln.* Sie hat also ihre ganz *bestimmten Grenzen.* Ihre Beziehungen zum Mediumismus sind außer von *Lehmann, Hodgson, Davey* bereits vor diesen von *du Prel*[6] und *Dessoir*[7] behandelt worden. Als Hauptregeln der Prestidigitation führt Dessoir folgende an:

1. Führe nie einen Trick zweimal an einem Abend aus,
2. sage nie vorher, was du tun wirst,
3. gib nie eine Erklärung,
4. suche dir ein möglichst großes Publikum; denn es ist leichter, zahlreiche Zuschauer zu täuschen als einen einzelnen.

Bei *mediumistischen Experimenten,* wie sie z. B. von *Eusapia Palladino* ausgeführt werden, trifft das *Gegenteil* dieser Regeln zu. Denn die Leistungen des genannten Mediums sind monoton, d. h. in jeder Sitzung fast von gleichem Charakter; die einzelnen Vorgänge werden vielfach oft hintereinander (4–10mal) auf Wunsch wiederholt; die Art des Experimentes wird häufig genau vorher angekündigt, kann also in den Versuchsbedingungen von den Anwesenden vorbereitet werden. Das Publikum soll möglichst wenig zahlreich sein, am besten

---

5 Vgl. *Lehmann* l. c.
6 *du Prel*, Experimentalpsychologie und Experimentalmetaphysik. Leipzig 1894. Kap. 9. Ein Problem für Taschenspieler.
7 *Dessoir*, Zur Psychologie der Taschenspielerkunst. „Nord und Süd" H. 55.

aus nur 2–8 Personen bestehen und in der gleichen Zusammensetzung eine möglichst große Zahl von Sitzungen halten. Allerdings läßt auch das Medium die Anwesenden über die Interpretation seiner Darstellungen im Zweifel, ohne Rücksicht darauf, ob die Vorgänge im Sinne des Spiritismus echte oder nur künstlich inszenierte sind. Übrigens gab eine Anzahl von Medien später öffentlich antispiritistische Vorstellungen. Und die nachträglichen Bekenntnisse mancher Medien [8] sind genugsam bekannt. Allerdings ist Dessoir trotz seiner großen Reserve kritisch und vorurteilslos genug, am Schlusse seiner Abhandlung zu gestehen, daß er sich außerstande fühlt, gewisse von *Crookes* berichtete Experimente – es handelte sich dabei um Bewegung unbelebter Objekte ohne Berührung – mit Hilfe der Taschenspielerpsychologie zu erklären. Damit soll die Möglichkeit betrügerischer Manipulationen nicht als ausgeschlossen gelten, sondern die Zurückführung jener Experimente auf dieses Prinzip wurde bis dato nach Dessoir vergeblich versucht [9].

Das gleiche gilt von manchen Experimenten, die mit *Eusapia Palladino* in der letzten Zeit und speziell auch (in 21 Sitzungen im Laufe von 4 Jahren) von dem Verfasser angestellt wurden. Aber auch dieses Medium ist vielfach des Schwindels bezichtigt worden, so von *Torelli* (Herausgeber des „Corriere della sera“, Mailand 1892), von Professor *Reichmann* (Warschau 1893), von Taschenspieler *Maskelyne*, von Professor *Sidgwick* und von *Hodgson* (London 1895, 1896). Die Einwände derselben kommen schließlich in der Hauptsache darauf hinaus, daß Eusapia durch ganz bestimmte, übrigens allen Forschern, welche mit ihr längere Zeit experimentierten, wohlbekannte Kunstgriffe eine *Hand* oder einen *Fuß zu befreien* wußte und mit Hilfe dieser Glieder die betreffenden Manifestationen ausführte. Derartige mechanische Inszenierungen der mediumistischen Vorgänge konnten auch vom Verfasser wiederholt bei diesem Medium konstatiert werden, während hingegen für die übrigens unbewiesene, aber dennoch in der Öffentlichkeit vertretene Behauptung der Engländer, Eusapia hantiere auch mit kleinen in die Sitzung mitgebrachten Apparaten, sich keine hinreichenden Anhaltspunkte fanden. Es versteht sich von selbst, daß die Kleider des Mediums vor jeder Sitzung genau durchsucht wurden. Diese von *Richet, Ochorowicz,* mir und anderen bereits mehrere Jahre *vor den englischen Versuchen* konstatierte Beobachtung wurde *von Maskelyne,* der nur *einer einzigen* Sitzung beiwohnte, *Hodgson* und anderen als *neue Entdeckung* der Welt mitgeteilt und genügte ihnen, die sämtlichen anderen, darunter auch die durch dieses Erklärungsprinzip nicht erklärbaren Vorgänge der Eusapia einfach als

8 Vgl. *Lehmann* l. c.
9 Auch die von *Lehmann* versuchte Kritik reicht bei weitem nicht aus, die Crookesschen Experimente anders zu erklären, als es von diesem selbst geschehen ist.

ein Produkt des Schwindels und sie selbst als geriebene Taschenspielerin hinzustellen. Wer hingegen sich die Mühe gibt, die englischen Berichte genau zu prüfen, muß zugestehen, daß an Stelle wirklicher Beweisführung sich zum Teil leere Behauptungen finden, daß in der Tat nur ein kleiner Teil von Eusapias Leistungen selbst in den Sitzungen der Engländer sich als ein nachgewiesenes Produkt manueller Nachhilfe darstellt. Damit soll natürlich nicht gesagt sein, ein bewußter oder unbewußter Schwindel sei für die übrigen Phänomene absolut ausgeschlossen – sondern nur auf den *Mangel einer objektiven Beweisführung in der negativen Richtung* nachdrücklichst hingewiesen werden. Und wenn einerseits für die Echtheit so außergewöhnlicher Naturerscheinungen mit vollem Recht die exaktesten und minutiösesten Experimente verlangt werden, so gilt dieselbe Aufforderung in noch *viel viel höherem Grade für den negativen Beweis des Schwindels.* Denn die letztere Aufgabe ist bei weitem die leichtere; daß es aber den Engländern trotz ihrer 20 Sitzungen, trotz Aufbietung der intelligentesten Köpfe auf diesem Gebiete, trotz Zuziehung eines Taschenspielers nicht gelungen ist, einer einfachen, ungebildeten, der englischen Sprache unkundigen Italienerin, welche ohne Begleitung, ohne Hilfsmittel sich in das fremde Land begab, ihre Tricks im einzelnen nachzuweisen, d. h. den *Schuldbeweis mit juristischer Genauigkeit zu führen,* so daß ein ganz namhafter unerklärter Rest trotz ihrer mechanischen Erklärung mancher Phänomene zurückbleibt, das spricht nicht für ihre wissenschaftliche Objektivität und Gründlichkeit; jedenfalls erscheint Zurückhaltung im Urteil gerade in Fragen von so großer Tragweite besonders geboten.

Mit ihrer öffentlichen Erklärung haben die Engländer auf die Berichte anderer, ganz vorurteilsfreier Männer, ich nenne nur *Lodge* und *Richet, Lombroso* und *Ochorowicz,* einen Zweifel geworfen und den Wert ihrer Beobachtungen in der öffentlichen Meinung herabgesetzt, ganz abgesehen von der schwerwiegenden Anschuldigung des Mediums. Die englischen Angriffe waren für mich mit eine Ursache, eine neue Serie von Sitzungen (Juni 1898) mit Eusapia vorzunehmen unter genauer Prüfung der englischen Einwürfe an der Hand der Experimente. Und wenn ich mir ein endgültiges Urteil in einer Frage von so schwerwiegender Bedeutung auch noch vorbehalten muß, so läßt sich doch heute schon das eine mit Bestimmtheit sagen, daß die englischen Erklärungsprinzipien für die von mir angestellten Beobachtungen durchaus nicht hinreichen.

Welchen Schaden solche übereilte Publikationen anrichten können, wie sie geradezu den ruhigen Gang einer wissenschaftlichen Untersuchung hemmen, zeigen die Folgerungen, die Lehmann aus diesen Pseudoergebnissen für sein

Werk zu ziehen für gut fand. Er sagt in seiner geschichtlichen Darlegung der spiritistischen Bewegung:

„Daß die physikalischen Medien ohne Ausnahme Taschenspieler sind, geht aus den zahlreichen Entlarvungen hervor ... Die Entlarvung in Cambridge im Oktober 1895 bezeichnet einen Wendepunkt in der Geschichte des Spiritismus. Bis dahin konnten die Spiritisten mit Recht darauf hinweisen, daß es ein physikalisches Medium gäbe, dessen Leistungen die Forscher trotz aller Sicherheitsmaßregeln durch Betrug nicht erklären konnten. Jetzt wissen wir, daß es trotz aller derartigen Maßregeln für einen gewandten Taschenspieler doch möglich ist, selbst tüchtige Beobachter eine Zeitlang zu täuschen. Dadurch haben alle physikalischen Leistungen jedes wissenschaftliche Interesse verloren, und der Spiritismus hat damit aufgehört, als wissenschaftliches Problem zu existieren."

Es ist gar nicht möglich, daß Lehmann sich die Mühe genommen hat, das pro und contra in dieser Frage in der über Eusapia vorliegenden umfassenden Literatur sorgfältig und mit juristischer Objektivität genau zu prüfen; *diese vorschnelle Verallgemeinerung, welche eine vernichtende Kritik der Vertreter des gegenteiligen Standpunktes in sich schließt, muß sowohl für den speziellen Fall als auch aus allgemeinen Erwägungen entschieden als ungerecht, als unlogisch und als Produkt ganz oberflächlicher Kenntnisnahme des wirklichen Sachverhalts energisch zurückgewiesen werden.* Denn von der Tatsache, daß ein Medium unter gewissen Umständen geschwindelt habe, kann man, wie auch Eduard v. Hartmann [10] richtig bemerkte, nicht schließen, daß dieses Medium in allen Fällen und unter den verschiedensten Bedingungen bloß geschwindelt habe. „Man hat die Bedingungen jedes Falles zu prüfen, und *eine zweifellose positive Instanz kann selbst durch hundert negative nicht entkräftet werden."* Oder sind etwa nach Lehmann, weil die Simulation eine vielfach von der Hysterie untrennbare Eigenschaft darstellt, sämtliche Symptome der Hysterie das Produkt von Simulation?

Auch Verfasser dieser Zeilen, der sich länger als 14 Jahre mit diesem Gegenstand beschäftigt hat, *ohne darüber etwas zu veröffentlichen,* hat schwindelnde Medien in allen Schattierungen, professionelle und private, zu beobachten Gelegenheit gehabt; er hat in Verbindung mit anderen Gelehrten einmal eine ganze spiritistische Epidemie auf ihre betrügerischen Ursachen, auf Aberglauben und Fanatismus durch sorgfältige, bis ins einzelne gehende Nachweise zurückführen können; er hat die Manipulationen des Mediums *Eglinton* kennengelernt und ist aus umfassender eigener Erfahrung davon vollkommen überzeugt, daß bewußter und unbewußter Schwindel eine ungeheure Rolle auf

10 Eduard v. *Hartmann,* Der Spiritismus. 2. Aufl. Leipzig 1898, Haacke.

diesem Gebiete spielt, und daß fast alle Medien bei ungünstigen Versuchsbedingungen oder bei Abnahme ihrer medialen Kräfte, oder aus Gewinnsucht und Ehrgeiz zur schwindelhaften bzw. mechanischen Produktion der Phänomene hinneigen. Nach meinen Erfahrungen kann ich *Richet* und *Ochorowicz* nur darin beistimmen, wenn sie die *psychischen* und *moralischen Bedingungen der Mediumschaft* bzw. des Trancezustandes als *noch unbekannt* und *das ganze Symptomenbild* desselben als ein *von den normalen Vorgängen des psychischen Geschehens abweichendes* ansehen. Ja es scheint fast, als sei der Trieb zur Täuschung oder zur mechanischen Inszenierung mediumistischer Vorgänge geradezu ein häufig vorkommendes Symptom der Mediumschaft, wie die Simulation sich als Symptom der Hysterie darstellt oder wie die Pseudologia phantastica untrennbar mit gewissen Schwächezuständen des Gehirns verbunden ist.

Sicherlich haben die *Kritiklosigkeit,* die *Leichtgläubigkeit* und der *Fanatismus* der Spiritisten das ihrige dazu getan, eine Erziehung der *Medien zu wissenschaftlich brauchbaren Objekten* in jeder Weise *zu hindern.* Das fanatische Streben, à tout prix etwas zu erleben, Wunder zu sehen, Zeichen aus dem Jenseits zu erhalten, hat die große Menge völlig blind gemacht zur Unterscheidung zwischen nach den jetzigen Kenntnissen der Psychopathologie erklärbaren Tatsachen und nach den derzeitigen Kenntnissen unerklärbaren. Die *ganze Methode der spiritistischen Erziehung* von Medien mit ihrem Ballast unnötiger Vorstellungen läuft ja direkt auf eine *Erleichterung des Schwindels hinaus!* Wenn dann die gläubige Gemeinde am Ende schon in jedem umgefallenen Regenschirm das Walten einer Geisterhand erblickt, so ist sie reif, jede, auch die plumpste taschenspielerische Produktion der Medien als Geistergruß aufzunehmen!

Sollten die medialen Kräfte wirklich existieren, so ist ihre echte Betätigung jedenfalls eine begrenzte; ihre Auslösung ist mit einem bestimmten Grade von Erschöpfung für den Organismus des Mediums verbunden; das ökonomische Prinzip im Kräftehaushalt der Natur kommt auch hier zur Geltung; es hat auch den Anschein, als ob diese Kräfte mit der Entfernung an Stärke abnehmen. Man muß also bei vorurteilsloser Prüfung des Gegenstandes mit der Möglichkeit rechnen, daß der Umsetzungsprozeß nicht immer regelmäßig vonstatten geht und von einer starken Reaktion des Mediums begleitet ist, daß er von der momentanen psychischen Konstellation, also vor allem von der Stimmung sowie von dem Körperbefinden der betreffenden Versuchsperson abhängt. Wenn nun die Entbindung dieser Kraft dem halb oder ganz im Dämmerzustand (larvierter oder völliger Somnambulismus) befindlichen Versuchsobjekt schwierig wird, so liegt es sehr nahe, durch Zuhilfenahme der Muskeln den gewünschten Vorgang zu produzieren; wenn die mediale Kraft existiert, so gibt es jedenfalls auch gemischte Phänomene, die durch motorische Beihilfe zum Teil entstanden sind! Der hartgesottene Skeptiker sieht hierin natürlich wieder den Beweis nackten Betruges. Immerhin dürfte es unter gegebenen Bedingungen für den medialen Organismus bequemer sein, sich der vorhandenen Glieder zu bedienen, als der schwierig zu leitenden, in ihrer Wirkung nicht so sichern Kraft. In dieser Auffassung erklärt es sich, warum Eusapia z. B. mit Vorliebe bei Fernwirkung auf Gegenstände irgendeinen Körperteil anzunähern sucht, um dadurch die Kraftübertragung zu erleichtern. Auch dieses Vorgehen erscheint dem Skeptiker als ganz plumper Trick. Sie rückt ihren Stuhl näher heran, um die Gegenstände in den Bereich ihrer Arme und Beine zu bringen. Diese Erklärung hat natürlich den Vorzug größerer Einfachheit und dürfte auch für manche Fälle richtig sein.

In demselben Doppelsinne lassen sich die bei Eusapia von allen Beobachtern gleichmäßig konstatierten *sympathetischen Muskelaktionen* beurteilen. Die meisten, fast alle Wirkungen, die bei ihr beobachtet werden, sind solche, wie sie sonst durch die Anwendung der Muskeln hervorgebracht werden: so Klopfen, Berührungsempfindungen, Bewegung lebloser Gegenstände.

In der Regel gehen dem Phänomen eine Anspannung der Muskulatur des Mediums und Konvulsionen voran; sie ist sehr unruhig, dabei flink und gewandt wie eine Katze, also äußerst schwierig zu kontrollieren. In dem Augenblick, wo der Vorgang (Transport z. B. eines Gegenstandes) vollendet wird, erfolgt die Entspannung. Diese motorische Aktion des Mediums hat Ähnlichkeit mit der Wehentätigkeit Gebärender. Man kann beim Beginn einer solchen Wehe, während welcher sie oft genug zusammenkauert, psychisch und körperlich sich stark anzuspannen scheint, voraussehen, daß im nächsten Augenblick etwas vorgehen wird und danach die Kontrollierung der Glieder einrichten. Diese Muskelkontraktionen sind für Eusapia *typisch,* sie lassen sich aber auch bei andern Medien beobachten. So korrespondiert eine dreifache Muskelzukkung (dreifaches Schlagen auf den Tisch, Pressen der Hand eines Nebensitzenden u. dgl.) zeitlich genau z. B. mit dem dreifachen Aufschlagen eines Tamburins auf den Fußboden oder mit der dreifachen kräftigen Berührung eines Zirkelteilnehmers.

Wenn man den Standpunkt der *möglichen Echtheit medialer Kräfte* vertritt und in dieser Voraussetzung an die Untersuchung herangeht, so muß die Vorsichtsanordnung, die Art der Kontrolle diese motorischen Begleiterscheinungen im Organismus des Mediums berücksichtigen. Bei Eusapia konnte ich irgendein stärkeres physikalisches Phänomen niemals bei völliger Ruhe beobachten. Ein weiterer Faktor, der die Kontrolle erschwert, ist die Hyperästhesie für Druck und Berührung. Man darf das Medium stets nur leicht berühren. Die hier genannten Punkte, die für viele Erscheinungen nach der Meinung des Mediums nötige Dunkelheit, ihre außerordentliche Behendigkeit, aber auch ihre große Geistesgegenwart (wenigstens solange sie nicht im somnambulen Zustande sich befindet), dann aber ganz besonders ihre von mannigfaltigen Umständen abhängige psychische Disposition sowie das mitunter unerwartete Auftreten der Erscheinungen erschweren die genaue Beobachtung und Wahrnehmung durch die Sinne ungemein. Ja, wenn man sich alle diese Schwierigkeiten ausmalt, sollte man glauben, eine wissenschaftliche Untersuchung sei gegenüber diesen komplizierten Prozessen ein Ding der Unmöglichkeit, denn die sonst in der Wissenschaft üblichen Methoden lassen uns hier ganz im Stich!

Indessen erscheint doch diese Aufgabe nicht ganz so aussichtslos! Allerdings müßte für diese Klasse von Beobachtungen erst unter sorgfältiger Prüfung glaubwürdiger Berichte ein besonderes Verfahren, *eine Methode ad hoc,* gefunden werden.

Man müßte, wie Professor *Lodge*[11] es vorschlägt, eine Art psychisches *Laboratorium,* welches für alle Arten experimenteller Psychologie und Psychophysik angepaßt ist, einrichten. Die Registrierungen sollten von den *zur Täuschung neigenden Sinnesorganen unabhängig* gemacht und auf physikalische Apparate möglichst übertragen werden. Selbstregistrierende Wagen, ausgiebige Benutzung der photographischen und elektrischen Hilfsmittel (so Photographien bei ultraviolettem Licht), Anwendung der verschiedenen Helligkeitsgrade des Lichtes und der Spektralfarben, Temperaturmesser sowie sonstige sinnreich konstruierte Instrumente könnten in einem solchen Institut ihren Platz finden.

Andere Apparate mehr physiologischer Art wären für Untersuchungen am Organismus des Mediums notwendig. (Für Gewicht, Temperatur, Puls, Atmung usw.)

Wichtiger aber als diese instrumentellen Hilfsmittel für die Feststellung einer als gegeben angenommenen neuen Kraftäußerung wäre eine richtige *Heranbildung von Medien* zu wissenschaftlichen Untersuchungen.

Es erscheint fraglich, ob hierzu der ganze Ballast der spiritistischen Glaubenslehre überhaupt notwendig ist, zumal wenigstens die Versuche bei Eusapia eine gewisse Abhängigkeit von der Vorstellungsrichtung des Mediums und der Anwesenden zeigen. Wenn Eusapia z. B. bei vollem Licht willkürlich eine Zither erklingen lassen kann, die auf dem Boden liegt, nicht präpariert und in diesem Falle von mir selbst gekauft und hingelegt war, ohne daß irgendeine Verbindung des Instrumentes mit dem Medium stattfand, trotz wiederholter

11 *Lodge,* Bericht über Eusapia Palladino. „Psychische Studien" 1895, H. 1—10.

sorgfältiger Prüfung, wenn ein solches Experiment wie in diesem Fall auf meinen Wunsch sechsmal hintereinander vor meinen Augen wiederholt werden konnte, so spricht das doch für die Möglichkeit einer experimentellen Untersuchung dieser Phänomene! Die Erziehung der Medien sollte also auf eine Beherrschung der Kräfte, auf eine Überwindung des offenbar nachteiligen Einflusses heller Beleuchtung mehr hinzielen als auf die Produktion von Wundern, eines unkontrollierbaren Hexensabbats im Dunkeln oder auf eine Befriedigung der unberechenbaren Launen sogenannter „Spirits".

Die *allereinfachsten Vorgänge* und Äußerungen der Fernwirkung sollten unter Verzichtleistung auf verblüffende Wunder zunächst vom Medium so lange geübt werden, bis sie mit einer gewissen Regelmäßigkeit eintreten und sich unter variierenden Versuchsbedingungen feststellen lassen.

Nach meinen Beobachtungen haben offenbar die Vorstellungsrichtung und der Vorstellungsinhalt der an den Versuchen beteiligten Personen einen Einfluß (in förderndem oder hemmendem Sinne) auf die Psyche des Mediums wie auf den Charakter der produzierten Vorgänge. Die mediale Organisation scheint ein äußerst feines Reagens darzustellen, welches suggestiven Einflüssen ungemein zugänglich ist. So merkwürdig es klingen mag, das lebhafte Denken an Entlarvung und Taschenspielertricks könnte, wie einige Forscher meinen, das Medium nach dieser Richtung hin suggestiv beeindrucken und zur Darstellung solcher manueller Kunstgriffe animieren.

Eine sorgfältige Untersuchung hätte auch diese Fehlerquelle zu berücksichtigen, müßte also *sogenannte Professionsentlarver,* die ohne jedes Verständnis für die psychologische Feinheit und Schwierigkeit der Aufgabe überall nur Unrat wittern und lieber ein Einverständnis der Beobachter mit dem Medium behufs Düpierung ihrer wichtigen Person als die Realität solcher Vorgänge annehmen, gänzlich von diesen Beobachtungen fernhalten.

Dagegen versäume man nichts, um die psychischen Bedingungen für das Medium möglichst günstig zu gestalten. Das ist nicht immer leicht, besonders wenn das Medium infolge seines Bildungsgrades gar kein Verständnis für die durch eine wissenschaftliche Untersuchung gebotenen Kautelen zeigt. Man vergesse aber trotzdem nie, daß das Gelingen der Versuche an die Stimmung, an die Zuversicht, an die ungestörte Behaglichkeit des Mediums gebunden ist. Durch Mißtrauen, auch wenn man es zu unterdrücken sucht, durch hochfahrende oder gleichgültige Behandlung kann das Instrument sehr leicht verstimmt werden.

Mit dem *größten Skeptizismus* gegenüber den *fraglichen Tatbeständen* läßt sich sehr gut eine *wohlwollende Fürsorge für die Person des Mediums* verbinden. So scheinen auch in Cambridge Fehler in der richtigen Behandlung der

Eusapia Palladino die Hauptursache für den ungünstigen Verlauf dieser Versuche gewesen zu sein.

Es wäre, worin ich wiederum Eduard von Hartmann vollkommen beistimme, ungerechtfertigt, wenn Naturforscher die Untersuchung dieser Erscheinungen deshalb ablehnen, weil dieselben an Bedingungen geknüpft sind, deren Herstellung nicht zu jeder Zeit in der Macht des Forschers liegt. Denn auch die Experimente im Laboratorium sind oft von ganz verwickelten Bedingungen abhängig. Auch der Arzt läßt sich durch die raffiniertesten Täuschungsversuche mancher Hysterischer und Geisteskranker nicht in seinem Forschungseifer hemmen.

Nehmen wir aber einmal an, das Medium würde als Somnambuler den Geist spielen oder darstellen, man könnte es auch dann nach dem Erwachen kaum veranwortlich machen für seine Traumhandlungen. So dürfte Ochorowicz[12] recht haben, wenn er den bewußten Schwindel, d. h. die rein taschenspielerische Inszenierung medialer Leistungen unterscheidet von den Betrügereien des Mediumismus. Insofern es sich um Zustände von larviertem oder sichtbarem Somnambulismus handelt, würden Betrügereien der Medien ohne Verantwortlichkeit derselben stattfinden, sogenannter *„unbewußter Betrug"*. (Das Bewußtsein zu täuschen fehlt.) Für den Laien kann dabei das Medium wach erscheinen; dem ärztlichen Scharfblick entgeht aber kaum die Veränderung im Auge und im ganzen psychischen Verhalten des Versuchsobjektes.

Neben diesen rein betrügerisch, meist aber (ohne instrumentelle Hilfsmittel) einfach durch die Glieder ausgeführten Handlungen stehen nach Ochorowicz die echten Phänomene des Mediumismus, die aber teilweise auch mit automatischen Bewegungen verknüpft sind. Abgesehen von grober Taschenspielerei hat man also zu berücksichtigen: *1. die unbewußt betrügerische Darstellung mediumistischer Vorgänge im wachen und somnambulen* Zustande, *2. die gemischten* (mit automatischen, reflektorischen Bewegungen verknüpften) *Phänomene* und *3. die reinen unverfälschten Leistungen der Mediumität.*

Grobe Taschenspielerei konnte nun der *Eusapia* weder in *Cambridge* noch von *Torelli* oder *Reichmann* nachgewiesen werden. Überhaupt ist der Taschenspieler nicht von denselben komplizierten Bedingungen abhängig wie das Medium, welches sich außerdem bereitwillig vor und nach der Sitzung vom Kopf bis zu den Zehen untersuchen läßt sowie seine eigene Kleidung gern mit einer durch die Beobachter gelieferten für die Dauer der Sitzungen vertauscht. So trug Eusapia während ihrer Sitzungen bei *Richet* (in dessen Landhause) eine

---

12 *Ochorowicz*, La question de la fraude dans les expériences avec Eusapia Palladino. „Annales des Sciences Psychiques." Paris 1896, H. 2.

extra für die Sitzungen angefertigte *Gewandung*. Außerdem kommt das Medium ohne Gehilfen in die Sitzung.

Ferner pflegt *Eusapia allein* zu reisen mit einem Koffer und ist auf Treu und Glauben ihrem Gastgeber überliefert. Während sie in meinem Hause wohnte, war ich oft in ihrem Zimmer, hatte Gelegenheit, ihre geringen Habseligkeiten, ihre Schuhe und Kleidung sorgfältigst zu prüfen, konnte aber nichts Verdächtiges entdecken. Außerdem ist der Taschenspieler nicht von den übelwollenden, feindseligen oder frivolen Gesinnungen seiner Zuschauer abhängig. Dagegen mehren sich mit der Zahl der Teilnehmer beim Medium die störenden Einflüsse. Der Taschenspieler pflegt die nötigen Apparate selbst zu liefern, das Programm zu wechseln und keine Eingriffe zu gestatten in seine Experimente. Beim Medium ist das Gegenteil der Fall.

Damit soll aber nicht gesagt sein, daß jeder Neuling nun ohne weiteres, ohne irgendwelche Erfahrung und Vorkenntnisse dem Medium *seine Bedingungen* vorschreiben könnte. Der sichere Erfolg solchen Vorgehens zeigt sich in einer störenden Wirkung auf das psychische Verhalten des Mediums und in einer Beeinträchtigung der Phänomene. Wenn die mediumistischen Leistungen wirklich eine neue Gattung von unbekannten Kräften darstellen, so muß jeder vorurteilsfreie, objektive Denker zunächst sich zum *passiven Zuschauer* einer gewissermaßen *neuen Klasse von Naturerscheinungen* machen. Mit der häufigeren Beobachtung der von so zarten Bedingungen abhängigen Vorgänge wird er lernen, sich sowohl an die eigenartige Form dieser Untersuchung wie an die Persönlichkeit des Mediums anzupassen. In dem Grade, in welchem das Vertrauen des Mediums zu der einzelnen Person steigt, wird derselben auch erlaubt werden, Einfluß auf die Experimente zu nehmen, die Klasse von Erscheinungen selbst auszuwählen, die er beobachten will, und schließlich wird ihm auch während des Experimentes jeder willkürliche Eingriff gestattet sein. Diesen Gang der Untersuchung hat auch Verfasser bei Eusapia eingeschlagen und allerdings erst nach einer größeren Zahl von Sitzungen, nachdem das Medium sich überzeugt hatte, daß alle die Maßnahmen nur im Interesse einer objektiven Feststellung der Vorgänge, nicht aber aus Mißtrauen gegen ihre Person oder um ihr zu schaden, stattfanden, die Erlaubnis erwirkt, außerhalb des Zirkels die Erscheinungen verfolgen zu können und jederzeit Eingriffe zu unternehmen, die ihm zweckdienlich erschienen. Hierbei muß besondere Rücksicht auf die während der Versuche hochgradig gesteigerte Erregbarkeit des medialen Organismus genommen werden.

Schließlich verfolgen neue Beobachter die ersten in einer Sitzung auftretenden Phänomene oft mit einer zu großen Aufmerksamkeit und hindern durch unrichtig angebrachte Kontrollen die Steigerung der Phänomene, die psychophysische Entladung des Mediums. Überhaupt soll man mit dem Medium möglichst wenig sprechen, damit dasselbe sich ganz passiv in den somnambulen Zustand versetzen kann. In der Regel sind also die ersten Phänomene einer Sitzung solche gemischten Charakters, die sich häufig durch unwillkürliche oder willkürliche Muskelaktion erklären lassen. Am besten dürfte es sein, 2–3 Sitzungen überhaupt ganz nach Wunsch und Angabe des Mediums verlaufen zu lassen und erst in der dritten oder vierten Sitzung, wenn die Phänomene die nötige Steigerung erfahren haben, mit experimentellen Feststellungen zu beginnen. Setzen wir den Fall, die Theorie von *Lodge*, wonach es sich bei Eusapia um eine *Art vitaler Hervorwüchse, körperlicher Effloreszenz* handelte, oder die von *Lombroso*, welche eine *Exteriorisation der motorischen Funktionen* annimmt, seien richtig, so könnte ungeübten Beobachtern das Verhalten des Mediums in mehrfacher Beziehung zu Verdacht Veranlassung bieten. Das von verschiedenen Forschern, auch vom Verfasser, vielfach beobachtete Aufbauschen des Kleides erweckt natürlich den Anschein eines langsam vorgestreckten Fußes oder Instrumentes. Der letztere Einwand läßt sich durch genaue Untersuchung von Körper und Kleidung des Mediums erledigen, der erstere durch sorgfältige Kontrolle der Füße, z. B. in der Weise, daß die Füße bis zu den Gelenken völlig sichtbar sind. Wenn der Skeptiker in solchem Falle es versuchen würde, durch Hingreifen an die Füße oder die Effloreszenz sich zu überzeugen (ohne Zustimmung des Mediums), so würde er das Medium erschrecken, aber auch den Gang, den Fortschritt des Phänomens selbst unliebsam unterbrechen; es wäre denkbar, daß ein solcher plumper Eingriff von Schäden für das körperliche Befinden des Mediums begleitet wäre. Das Ziel der Untersuchung muß natürlich eine objektive Feststellung anzustreben suchen durch Abtastung jenes Hervorwuchses, durch Sichtbarmachung desselben usw. Man wird aber hierbei am sichersten vorgehen, wenn man das Medium für diese Feststellungen zu gewinnen sucht. Überhaupt ist es für mediale Untersuchungen, sobald man über das Stadium der Unterscheidung dieser Vorgänge von der bloßen Taschenspielerei hinaus ist, eine Grundregel, *alle Bedingungen, Kontrollen, Eingriffe, Experimente möglichst in einer solchen Weise zu gestalten, daß dadurch die Entäußerung dieser Kräfte, die medialen Leistungen als solche in ihrer Entwicklung und Wirkungsweise nicht gehemmt und unterbrochen werden.*

Sollte die Annahme von *Lodge* sich als richtig erweisen, so müßte die Effloreszenz, mit deren Hilfe die telekinetischen Wirkungen zustande kommen, für das (im somnambulen Zustande veränderte) Bewußtsein die Bedeutung eines weiteren Gliedes besitzen. Er erscheint aber ferner nicht als unmöglich, daß in dem anormalen Zustand der medialen Kraftentäußerung die Unterscheidungsempfindung für die Lage und Tätigkeit der Glieder alteriert ist oder verloren geht, so daß das Medium selbst infolge der Anästhesie sich keine genügende Rechenschaft darüber geben könnte, ob die gewünschten Wirkungen durch die spezifische Kraft oder durch eines der Glieder oder durch Zusammenwirken beider Faktoren zustande kämen. Denn offenbar steht die normale Persönlichkeit des Mediums, wie schon die ganze somnambule Objektivation des Types zeigt, den psychischen Prozessen, die in ihr sich auf die medialen Leistungen beziehen, als etwas Fremdartigem, zwangsweise Wirkendem gegenüber. Die Vorstellungsinhalte für das mediale Gebiet und für die normale Persönlichkeit des Mediums sind gewöhnlich in sich abgeschlossen, ohne assoziative Verbindung miteinander, und gelangen abwechselnd zur Innervation des Körpers. So erklärt sich die Überraschung der Medien über ihre eigenen Leistungen, ihre Amnesie für dieselben, das Gefühl des Fremdartigen gegenüber ihrer eigenen Wirkungssphäre, ihre häufige Unfähigkeit, willkürlich den Erfolg oder die Art der Vorgänge vorauszubestimmen sowie ihr Gefühl der Unschuld bei Kritik ihrer manuellen Nachhilfe und endlich das mangelnde Verständnis für die Bedeutung reiner Experimente im Unterschied zu den gemischten antastbaren Vorgängen. Die *Theorie der vitalen Effloreszenz* – so ungeheuerlich die Aufstellung eines solchen Erklärungsprinzips auch dem nüchternen Denker erscheinen mag – würde auch erklärlich machen, warum das Kleid von Eusapia z. B. fast immer das Tischbein berührt, wenn Tischerhebungen stattfinden, warum ferner bei den Wägeexperimenten in Mailand das Kleid stets den Boden berühren mußte! Die Kontrolle sollte in diesem Falle sich mit sorgfältiger vorheriger Durchsicht der Garderobe und des Stiefelwerks begnügen und dann lediglich auf mechanische Ausschaltung einer Mitwirkung der Füße hinzielen. Der Neuling und Skeptiker werden natürlich nur dem Gedanken Raum geben, daß dieses Aufbauschen des Kleides ein ganz gewöhnlicher Trick sei, um das trotz aller sonstigen Vorsichtsmaßregeln dennoch befreite Bein in Aktion zu setzen zur Inszenierung des betreffenden Phänomens.

In weiterer Verfolgung des hier geäußerten Gedankenganges könnten *weiche Stoffe*, wie ein weites Kleid des Mediums, Vorhänge in der Nähe desselben die Entbindung erleichtern und gewissermaßen als Leiter und Kraftreservoire dienen, von denen aus die Wirkungen zustande kämen. Die Dunkelheit hinter diesen Stoffen scheint eine Notwendigkeit zu sein. Indessen sollen diese Gedanken, welche aus einer gleichmäßigen Beobachtung bei verschiedenen Medien hervorgegangen, nur eine Vermutung äußern. Die Frage, welche Rolle der *Tisch* bei den Versuchen spielt, ist noch nicht zu lösen. Vielleicht dient er nur dazu, eine gewisse Ordnung in die Kette zu bringen, vielleicht ist aber er selbst wie die *ganze Kettenbildung* nur ein traditionelles Überbleibsel aus der spiritistischen Erziehung der Medien. Beides erscheint mitunter ganz unnötig. Dagegen unterliegt es keinem Zweifel, daß die körperliche Berührung des Mediums mit einzelnen Personen die Kraft der Phänomene verstärkt und Bedürfnis für die mediale Organisation zu sein scheint. Fast könnte man versucht sein, diesen Vorgang mit der Ladung eines elektrischen Elementes zu vergleichen.

Ob die *Dunkelheit*, welche den meisten Medien für stärkere Phänomene notwendig ist, eine physikalische Bedeutung für die Vorgänge besitzt oder ob sie lediglich eine zu starke Hinlenkung der Aufmerksamkeit auf die Erscheinungen verhindern soll, ist zweifelhaft; auf die Ansicht der Skeptiker, daß im Dunkeln gut munkeln ist, daß die Finsternis die Kunstgriffe des Mediums verschleiern soll, brauchen wir wohl nicht näher einzugehen.

Da es äußerst schwierig ist, bei eventuell nötiger Dunkelheit das Fehlen des schließlich in der Kontrolle doch noch zuverlässigen Gesichtssinnes durch Sicherheitsmaßregeln anderer Art zu ersetzen, so sollte jede einsichtige experimentelle Methode die Medien dahin zu erziehen suchen, daß, wenn auch nach und nach, die Phänomene bei allmählich zunehmender Beleuchtung stattfinden. Jeder plötzliche Lichtwechsel schadet den Medien, und nach Ochorowicz vertragen Eusapias Leistungen am ehesten mattes blaues Licht. Nach anderen sind die langwelligen Strahlen des roten Lichtes am wenigsten störend. Verfasser hat aber eine große Anzahl von Versuchen bei voller und gedämpfter Beleuchtung mit Eusapia angestellt und gefunden, daß dieses Medium sich im Laufe der Jahre an eine allmählich stärker werdende Beleuchtung gewöhnt hat. Man verzichte lieber auf die sogenannten Paradestücke der Medien im Dunkeln und ziehe einfachere, klarere Experimente bei Licht vor. Aber jeder neue Beobachter wird auch hier den traditionellen Gewohnheiten der Medien eine Konzession machen müssen, indem er namentlich in den ersten Sitzungen und in der ersten Hälfte der Sitzungen die für die Steigerung der medialen Kraft offenbar nötige Dunkelheit zuläßt; man sieht dann oft bei allmählich wieder zunehmender Beleuchtung, daß die Manifestationen auf derselben Höhe bleiben und fortfahren in derselben Stärke wie in der Dunkelheit (was übrigens auch gegen Taschenspielerei spricht).

Die *Erschöpfung der Medien* steht in der Regel im Verhältnis zur Stärke der Phänomene[13]; indessen ist die Anstrengung für den medialen Organismus eine bedeutend stärkere bei *ungünstiger Zusammensetzung der Teilnehmer*. Mitunter lassen sich die Medien durch antipathische Persönlichkeiten oder durch geringschätzige Behandlung völlig aus der Stimmung bringen; sie sind einge-

---

13 *Zusatz:* Bei den Brüdern Schneider verhielt es sich sehr oft gerade umgekehrt: nach unergiebigen Sitzungen fühlten sie sich wie zerschlagen, nach phänomenreichen ganz frisch. G. W.

schüchtert, befangen und unfähig, etwas zu leisten. Denn dazu gehört unbedingt das Bewußtsein des eigenen Könnens und das Gefühl, nicht gehindert zu werden. Die verdächtige Ablehnung mancher scharfen Kontrollbedingung mag aus dem richtigen Instinkt hervorgehen, daß durch dieselbe eine psychische Lähmung miterfolgt, die das Resultat überhaupt in Frage stellt. Man kann die mediale Tätigkeit mit dem künstlerischen Schaffen vergleichen. Ein guter Künstler, sei er Musiker, Dichter oder Maler, braucht ebenfalls *Stimmung*, um seine *künstlerische Schöpfungskraft* entfalten zu können. Auch er ist von Kleinigkeiten der Umgebung, minimalen Störungen, körperlichem Wohlgefühl usw. abhängig. Hierin liegt auch der Grund, warum die Sitzungen in spiritistisch religiös gefärbten Zirkeln, die das Medium als Heilige verehren, von besserem Erfolge begleitet sind, als die sogenannten wissenschaftlichen Sitzungen. Denn außer beim Prozeß der Hypnotisierung, der auch eine bestimmte psychische Konstellation in der Versuchsperson voraussetzt, rechnet man in der Wissenschaft niemals mit Stimmungen. Auch selbst der klinische Beobachter ist imstande, ohne Rücksicht auf die momentane Gemütslage seines Patienten denselben wissenschaftlich zu untersuchen. Ein einsichtiger Experimentator wird also für die nötige Stimmung des Mediums Sorge tragen und einer *unnützen Kraftvergeudung durch neugierige Dilettanten* und *Spiritisten* vorbeugen. Er wird sich begnügen mit 1–3 Sitzungen pro Woche, damit das Medium sich erholen kann, und von Zeit zu Zeit *größere Ruhepausen* eintreten lassen. Eusapia pflegte nach jeder Sitzung, namentlich wenn sie im Trancezustand war, sehr erschöpft zu sein, schlief mitunter bis zum nächsten Mittag und war noch stundenlang am folgenden Tage apathisch, verdrossen, einsilbig. Ihre Haut ist gewöhnlich nach den Sitzungen kühl, der Puls gesteigert (110 Schläge in der Minute), starkes Müdigkeitsgefühl. Der darauf folgende Schlaf ist bisweilen unruhig, von lebhaften Träumen unterbrochen. Sie hat ein feines Gefühl dafür, ob ihre Leistungen die Teilnehmer befriedigt haben oder nicht, und setzt ihren Ehrgeiz in die Überzeugung der Teilnehmer, indem sie nach Möglichkeit allen Wünschen entgegenkommt. Bei ungünstigem Verlauf oder sehr starker Anspannung stellt sich wohl auch bei ihr ein *Gefühl tiefer Depression und gesteigerter Empfindlichkeit* ein. Sie gibt sich dann ihren Tränen hin und beklagt ihr trauriges Los. Vom *taschenspielerischen* Standpunkt aus wäre ja dieses ganze Verhalten eine *völlig überflüssige Komödie;* vom psychologischen bestätigt sie dagegen *Richets* Meinung, wonach das psychische Verhalten der Medien ein vom normalen abweichendes ist, das des Studiums noch bedarf. Einmal hielt Verfasser dieses an drei Tagen hintereinander Sitzungen mit Eusapia. In der ersten waren die Leistungen sehr stark, in der zweiten nicht mehr befriedigend, und als am dritten Tage trotz redlichen Bemühens auch *nicht* das geringste mehr erfolgte, hob sie, naiv genug, um eine Tischelevation zustande zu bringen, den Tisch mit dem ganzen Arm. Wenn es sich hier nur um Taschenspielerei handelte, warum ging es denn nicht in der dritten Sitzung ebensogut wie in der ersten, zumal die Bedingungen für die dritte Sitzung in jeder Weise leichter und günstiger waren? Die taschenspielerische Auffassung muß hier die Antwort schuldig bleiben, und ebenso kann sie den Umstand nicht erklären, warum das Medium jeden Monat 8–10 Tage ganz unfähig ist, irgend etwas zu produzieren (während der Menses). Alle diese Faktoren beeinträchtigen den Taschenspieler nicht; derselbe kann jeden Tag Vorstellungen geben, und je mehr Vorstellungen, um so größere Einnahmen.

Und wenn nun schließlich im Lauf der Jahre die *mediale Kraft verbraucht* ist, obwohl noch der Ruf und der Glaube der Spiritisten an das Können besteht, da liegt doch für das professionelle Medium die Gefahr ungeheuer nahe, sich auf Kosten der Dummheit Gläubiger die Einnahmen zu erhalten und zur schwindelhaften Imitation zu greifen oder eventuell nur psychisches Medium (Sprech- und Schreibmedium) zu werden. Kaum irgendeinem Medium bleibt, wie Hartmann mit Recht bemerkt, die *abnehmende Phase seiner Mediumschaft* erspart, und es gehört große Charakterstärke dazu, dem Vagabundenleben ganz zu entsagen. Deswegen kann – und das sei hier ausdrücklich betont – das *nachträgliche spätere Verhalten solcher Personen an sich noch nicht maßgebend sein für früher einmal mit aller Sorgfalt erzielte Versuchsergebnisse.* Die Realität der medialen Leistungen zur Zeit der Blüte wird nicht berührt durch das spätere moralische Verhalten der Medien. Denn die *Versuche* sollen so angestellt sein, daß sie *unabhängig vom moralischen Verhalten* der Versuchspersonen durch sich selbst unangreifbar sind.

Nun gibt es allerdings Personen, welche vor der *Taschenspielerei* den größten Respekt haben und diese Kunst für *allmächtig* ansehen. Diese *Überschätzung* beruht aber lediglich auf Unkenntnis derselben. Hält man es a priori für unmöglich, sich gegen Prestidigitation und auch sonstige Betrügerei der Medien zu sichern, dann erklärt man die menschlichen Sinne überhaupt für unfähig zu wissenschaftlichen Feststellungen aller Art; man müßte dann überhaupt auf jede Forschung und speziell auf die psychologische Analyse von Geisteskranken, Verbrechern und Simulanten ganz verzichten. Es ist ganz klar, daß ein solcher unhaltbarer Standpunkt ad absurdum führt.

Während nun mit den vorstehend gegebenen Anregungen einmal die Vertretung der berechtigten Interessen des Mediums versucht sowie die Aufgabe einer experimentellen Untersuchung – abgesehen von vorausgegangener Unterscheidung dieser Vorgänge von taschenspielerischen Leistungen – festgestellt werden sollte, so muß doch auf der anderen Seite betont werden, daß im ganzen heute noch die *berechtigten Ansprüche* eines *wissenschaftlichen Experimentes* durch die Berichte über mediumistische Sitzungen *nicht erfüllt* sind. Der *spiritistische Vorstellungskreis,* welcher heute noch in den Sitzungen maßgebend ist, *erschwert die unbefangene Prüfung* in hervorragender Weise. Die Art und Weise des Zustandekommens der Phänomene und die unbewußte mechanische Inszenierung mancher Vorgänge wecken immer von neuem den Zweifel und benehmen Anfängern den Mut und die Neigung, die Untersuchung fortzusetzen, da sie ihre Zeit mit besseren Dingen ausfüllen können als mit der Aufdeckung hysterischer und taschenspielerischer Schwindeleien.

Endlich sind *unerklärliche Sinneswahrnehmungen* so lange eine *Kuriosität,* als es nicht gelungen ist, sie in einen befriedigenden Zusammenhang mit den bekannten Gesetzen der Biologie und Psychophysiologie zu bringen. Erst derjenige, dem es gelingt, die heute als spiritistisch aufgefaßten Phänomene (in Voraussetzung ihrer Echtheit) ihres geheimnisvollen Schleiers zu entkleiden, die Ursachen und Bedingungen ihres Eintritts klar anzugeben und sie als eine neue, aber damit bekannte Klasse von Vorgängen der Naturwissenschaft anzugliedern, wird als der *wirkliche Entdecker dieses Forschungszweiges* angesehen werden, wie Liébeault und Braid für die bis zu ihrer Zeit mystisch aufgefaßten, hypnotischen Erscheinungen. Nur *unausgesetzte und wiederholte Beobachtung* und möglichst *genaue Feststellung der Existenz dieser Erscheinungen* sowie des dadurch aufgeworfenen wissenschaftlichen Problems können zu einer Lösung der Frage führen.

Gerade der *Spiritismus* hat dieser unbefangenen Prüfung entgegengearbeitet, er hat die Berichte tendenziös gefärbt und ist allein verantwortlich für das Omen des frivolen Schwindels, welches heute mit dem Wort „Medium" untrennbar verknüpft ist.

Man möge davon abstehen, der ohnehin auf Sensation spekulierenden Presse mit relativ unreifen und sicherlich unzulänglichen Berichten neuen Stoff zur Verwirrung des Leserkreises zu bieten, und bevorzuge zu einer zweckdienlichen Diskussion die Fachblätter!

Denn ohnehin wird niemand durch Lektüre von Wundergeschichten überzeugt, der nicht selbst über ähnliche Erfahrungen verfügt.

Im ganzen beschränke man sich in den Referaten selbst nur auf den *Bericht der Sinneswahrnehmungen,* ohne Rücksicht darauf, wie sich dieselben erklären mögen. Ein solches Referat z. B. über die Phänomene bei Eusapia würde auch dann seine Geltung behalten, wenn sie sämtlich künstlich inszeniert wären.

Obwohl es sich bei Eusapia im ganzen um überaus einfache Tatsachen handelt, die sich mit unwandelbarer Monotonie wiederholen, die schließlich ganz unabhängig von der sittlichen Zuverlässigkeit des wachen Mediums sind, *möchte Verfasser doch noch heute nicht ein endgültiges Urteil über die Ursachen seiner*

Wahrnehmungen hier abgeben. Eine solche Zurückhaltung scheint bei den zahlreichen Täuschungen der Medien, dem Fanatismus der Spiritisten sowie der Eigenartigkeit der Forschungsmethode auf diesem Gebiet angezeigt zu sein. In den vorstehenden Zeilen sollte nur der Versuch gemacht werden, bei *angegenommener erweislicher Tatsächlichkeit der Phänomene* die Fehlerquellen zu signalisieren, die verschiedenen Standpunkte zur Sache zu präzisieren und die Methode zu zeigen, mit deren Hilfe vielleicht ein Fortschritt auf diesem schwierigen Gebiet gewonnen werden kann. Nur weiteres vorurteilsloses Forschen, in welchem sich der *äußerste Grad wissenschaftlicher Skepsis* mit dem *persönlichen Wohlwollen für die krankhafte Persönlichkeit des Mediums* verbindet, kann befriedigende Aufklärung bieten. Aber selbst wenn man eine *unerklärliche Verirrung*, welche Millionen von Menschen ergriffen hätte, durch die wissenschaftliche Prüfung der einzelnen Medien auf *ihre natürlichen Ursachen zurückführen* würde, so wäre die *aufgewendete Arbeit nicht vergeblich*. Sollte aber *die Tatsächlichkeit neuer Naturprozesse*, so selten sie auch sein mögen, so eigenartig ihr Auftreten, ihre Begleiterscheinungen sind, als über jeden Zweifel sicher erwiesen werden können, so wäre damit *ein neues fruchtbares Feld dem wissenschaftlichen Streben und Denken eröffnet!*

Das Materialisationsproblem nach den Untersuchungen
W. J. Crawfords

Das projizierte Glied

W. J. Crawford[2], Lehrer an der Technischen Hochschule und Universität in Belfast, hat in zwei früheren Werken, über welche sich ein ausführliches Referat in des Verfassers Buch „Physikalische Phänomene des Mediumismus" (München 1920), Seite 116–188 findet, Forschungen über das Zustandekommen telekinetischer Vorgänge bei Medien durch Projektion unsichtbarer Kraftlinien und gliedartiger Effloreszenzen veröffentlicht. Diese grundlegenden experimentellen Untersuchungen werden in einem dritten, bei John Watkins (London) erschienenen Bande „The Psychic Structures at the Goligher Circle" fortgesetzt und sind nach dem Tode des Autors (August 1920) als Fragment herausgegeben und nachstehend auszugsweise referiert.

In seiner Einleitung berichtet Crawford über die uns bekannten Theorien der mechanischen Wirkung des Trägers (Cantilever). Was die von ihm sogenannten „psychischen Strukturen" betrifft, so können sie in verschiedene Klassen eingeteilt sein, nämlich 1. in solche, welche den Boden des Sitzungszimmers nicht berühren (während der Aktion mit dem Tisch), 2. in solche, welche den Boden berühren. Wenn irgend möglich, wird die zuerst genannte Klasse angewendet.

Ein wichtiger Punkt ist das Berühren eines festen Körpers durch diese Strukturen. Besondere Vorbereitungen erscheinen notwendig für den Teil einer Rute, welche den Boden oder Tisch berühren und sich daselbst befestigen soll. In der Regel wird nur derjenige Teil der psychischen Struktur einer besonderen Vorbereitung unterworfen, der einen festen Körper, wie Stuhl oder Tisch, ergreifen soll. Mit andern Worten, der greifende Teil der Struktur verlangt eine besondere Bearbeitung, bevor er seine Funktion ausüben kann, ist somit besonders geartet. Je geringer die Zahl dieser differenzierten Teile, desto besser. Darin liegt der Grund, warum im Goligher-Zirkel die psychische Struktur möglichst immer nur eine einzige greifende Fläche besitzt, mit andern Worten: warum ein Träger, welcher mit seinem freien Ende greift und nirgends den Boden berührt, stets gebraucht wird, sobald der betreffende Körper, auf den gewirkt werden soll, nicht zu schwer ist, d. h. wenn keine zu große psychische Kraft ausgeübt werden muß.

---

1 Erstmals erschienen in den „Psychischen Studien", Juli 1921.
2 Die Stellung Crawfords entsprach derjenigen eines außerordentlichen Universitätsprofessors in Deutschland.

Man kann eine Struktur, die nur eine differenzierte Greiffläche besitzt, eine einendige Struktur nennen (dies ist der Fall bei dem psychischen Träger „Cantilever") und eine Struktur, welche zwei differenzierte Greifflächen besitzt, eine doppelendige, und das ist der Fall, sobald der Tisch durch eine Stützmethode erhoben wird, insofern die eine Greiffläche zur Unterstützung dient. Je nach den Änderungen von Dimension und Form dauert es 1–5 Minuten, um eine einendige Struktur in eine doppelendige umzuwandeln und umgekehrt. Übrigens hat Crawford diesen Prozeß niemals experimentell beobachtet.

In diesen Strukturen sind nun bereits die Bildungstendenzen des Materialisationsphänomens potentiell vorhanden, so daß sie in Wirklichkeit nur ein weiter zurückliegendes Entwicklungsstadium desselben darstellen, sich aber in keinem wesentlichen Punkt davon unterscheiden. Alle physikalischen Phänomene des Sitzungsraums sind also durch eine innere Kontinuität enger miteinander verbunden, als es den Anschein hat.

Obwohl diese Strukturen als Ursachen der Phänomene im allgemeinen festgestellt, obwohl die Art ihres Druckes und die Methoden entdeckt sind, deren sich der Balken bei seinen Manipulationen bedient, so geben doch diese Experimente noch keinen definitiven Aufschluß über die genaue Form und Zusammensetzung der Gebilde.

Wenn wir eine der einfachsten dieser „psychischen Strukturen" betrachten, nämlich eine gewöhnliche zum Klopfen notwendige Rute oder einen Träger zum Heben eines leichten Tisches, so treten die folgenden Fragen auf:

1. Wie ist ihre genaue Form?
2. Auf welche Weise ergreifen sie den Tisch und klopfen sie auf den Boden?
3. Ist die Rute in ihrer ganzen Länge gleichmäßig zusammengesetzt?
4. Unterscheidet sich das greifende Ende von der übrigen Substanz?
5. Ist irgend ein Teil davon tastbar?
6. Ist irgend ein Teil davon sichtbar?
7. Erscheint die Zusammensetzung einfach oder kompliziert?
8. Wie dringt sie durch die Kleidung?
9. Von welchem Organ des Mediums geht sie aus?
10. Stammt diese Materie überhaupt aus dem Medium?

Die größte Schwierigkeit für die Forschung bot die Unsichtbarkeit der Struktur, da die Substanz gewöhnlich nicht wahrzunehmen ist, was als Regel erscheint, sobald Fremde nicht anwesend sind. Zunächst gelang es bei Rotlicht nicht (trotz aller Bemühungen), die Rute zu sehen. Sobald die Zahl der Zuschauer zunimmt, wird die Struktur mitunter sichtbar; offenbar mischt sich die von den Zuschauern genommene Materie mit derjenigen des Mediums. Die Struktur wird dadurch fleckig. (? D. Ref.) Das Weißlicht bedeutet ein ernsthaftes

Hindernis für die Entwicklung der Strukturen, selbst in abgeschwächter Form. Auch das Rotlicht ist schädlich und kürzt die Beobachtungszeit ab.

Im Anfang seiner Versuche machte Crawford eine Blitzlichtaufnahme der Struktur, die bestimmt war, den Tisch zu heben, und zwar derselben ohne Tisch, weil die „Operatoren" angaben, eine Blitzlichtaufnahme während der Tischerhebung sei für das Medium gefährlich. Dieses Gebilde sieht wie eine Säule aus. Das obere, zum Greifen bestimmte Ende ist dichter, undurchsichtiger und zeigt eine andere Form als der übrige Bau. Dieser Kopf kann Größe und Form ändern, sich wie ein Haken umbiegen, um z. B. damit einen Tischfuß zu ergreifen. Die Aufnahme entspricht im ganzen nicht dem wirklichen Tatbestand bei der Tischerhebung; aber die „Operatoren" wollten nur die allgemeine Form zeigen; denn sie ist dünner als diejenige am Tisch. Crawford verglich diese weißliche, wolkenartige Masse mit den Materialisationsphotographien, die mit den verschiedensten Medien der Welt zustande gekommen sind. Sie gleicht denselben vollkommen, um nicht zu sagen, daß sie identisch mit ihnen ist.

Die weißliche, durchscheinende, neblige Materie stellt – man kann das ohne Übertreibung behaupten – die Grundsubstanz für alle physikalischen Phänomene des Mediumismus dar. Ohne sie ist ein solches überhaupt nicht möglich. Durch diese Gebilde ist die mediumistische Kraft befähigt, in Kontakt mit der materiellen Außenwelt zu treten, und zwar entweder in Form von Strukturen oder Ruten, wie das Crawford feststellte, oder als Materialisation körperlicher Formen wie Hände, Gesichter usw.

Die weißliche Substanz in dem Glied ist offenbar jener Stoff, der bei den physikalischen Phänomenen gebraucht wird, um einen Kontakt mit den Gegenständen des Sitzungsraums, z. B. Tischen, Stühlen usw. herzustellen.

Diese Materie ist aber nicht der einzige Komponent, vielmehr existiert noch ein zweiter Faktor, der außerhalb unserer sinnlichen Wahrnehmbarkeit zu stehen scheint. Denn man kann ihn weder mit dem Gesicht noch mit dem Tastsinn wahrnehmen. Der Autor weist dann noch auf die außerordentlichen Schwierigkeiten hin, die sich ihm in den Weg stellten, als er das Mysterium der „psychischen Strukturen" zu lösen versuchte.

Das Endorgan der Struktur

Der Durchmesser der Rute schwankt von $1/2$–3 oder 4 engl. Zoll (1 engl. Zoll = 2,54 cm. D. Ref.). Nun scheint das freie Ende fähig zu sein, verschiedene Formen und Härtegrade anzunehmen. Bei einem Teil der Experimente war das Ende einer großen Rute rund, flach, wie abgesägt, der Rand erschien rauh, hart und fein gezackt. Die Endfläche fühlte sich weich, aber fest und elastisch an. Der ausgeübte Druck schien gleichförmig verteilt. Abdrücke in Tonerde haben dies später bestätigt.

Kleinere Ruten machen den Eindruck kräftiger Finger. Keine dieser Ruten war sichtbar, trotzdem empfand Crawford sie selbst, als sie auf die Sohle seines Schuhes klopften. Als wichtiges Ergebnis ist noch hervorzuheben, daß das Rutenende sehr rasch aus der weichen, plasmaartigen Beschaffenheit zu harter metallischer Stärke übergehen kann.

Die „Operatoren" haben die kleinen Ruten völlig in ihrer Gewalt; sie können damit in sehr rascher Aufeinanderfolge aufklopfen und schlagen.

Die Rute wechselt auf Verlangen ihre Größe und Härte. Die Endorgane der kleinen Ruten erscheinen relativ dicht und hart, die der größeren dagegen fühlen sich an, als besäßen sie ein bewegliches, quecksilberartiges Fluid. Der mehr oder weniger runde, solide Charakter der Endorgane läßt schon einige Zentimeter weiter in zentripetaler Richtung nach; im weiteren Verlauf des projizierten Gliedes nimmt dasselbe nach dem Medium zu an Konsistenz ab, ist nicht mehr tastbar, aber noch widerstandsfähig auf mechanisch geübten Druck, alles das im Stadium der Unsichtbarkeit, während die prüfende Hand und sonstige Umgebung optisch wahrnehmbar bleibt.

Crawford ließ einmal die Rute stillhalten und rieb mit der Sohle seines Schuhes an derselben. Die Rute blieb starr stehen und ragte wenige Zoll über den Boden in die Luft. Sie erzeugte die Empfindung der Weichheit und Dichtigkeit. Die Rute ist also in sich selbst starr und wird es nicht erst durch Berührung mit festen Körpern. Sie fühlt sich weich, dicht, plasmatisch, halb fest, halb flüssig an und erzeugt Empfindungen, die sich schwer in Worte kleiden lassen.

Sobald dieses Gebilde den Tisch ergreift, geschieht es durch einen Saugprozeß. Das Ansaugen wird deutlich gehört, besonders auch bei Tischerhebungen. Dagegen war von den Ruten selbst optisch nicht das geringste wahrzunehmen, trotz der starken Rotlichtbeleuchtung des ganzen Raumes. Crawford stellte eine Schüssel mit Tonerde unter den Tisch; alle Vorsichtsmaßregeln gegen bewußte und unbewußte Täuschung waren getroffen. Die Füße des Mediums wurden unter seinem Stuhl angebunden, alle Mitglieder des Zirkels durch einen Strick der Bewegung ihrer Füße in der Weise beraubt, daß sie dieselben nicht mehr zu bewegen imstande waren. Die erhaltenen Abdrücke sind somit als einwandfrei zu bezeichnen.

Die Tonschüssel konnte infolge einer Befestigung unter dem Tisch nicht von der Stelle bewegt werden. Später machte Crawford Abdrücke, während die Füße und ein Teil der Beine des Mediums in einem Kasten (Test-Box) fest eingeschlossen waren. Die Ergebnisse waren die gleichen.

Die erhaltenen Eindrücke in der Tonerde zeigen zweierlei Typen, nämlich flache und vertiefte.

Flache Abdrücke des Endorgans in Tonerde

Die flachen Abdrücke variieren sehr in Größe und Form, zum Unterschied von den vertieften, die fast immer gleich bleiben. Der Abdruck eines Fußendes hat folgende Form: er ist oval oder konisch, und zwar bei einer größten Länge von 17½ cm und größten Breite von 10 cm. Das Kopfende der Rute trug den Tisch; in andern Fällen betrug das Verhältnis von Länge zur Breite 10 : 8 oder 9.

Die maximale Länge eines andern Abdruckes war 13,2 cm bei einer Breite von 9,1 und einer Tiefe von 0,2 cm. Der Boden des Abdrucks war glatt und flach. Einmal[3] handelt es sich um einen ganz flachen, großen Abdruck während einer Tischelevation von 1 Minute Zeitdauer. Die ebenfalls auf demselben sichtbaren drei kleineren Marken sehen aus wie von Fingern oder Zehen herrührend; dieselben kamen nacheinander durch Ruteneindruck zustande, um die verschiedenen Größen des Rutenendes zu demonstrieren. Der größere Eindruck zeigt Saugköpfe in verschiedener Form und Größe. Mit dem bloßen Fuß lassen sich solche lochartigen regelmäßigen kleinen Vertiefungen nicht herstellen.

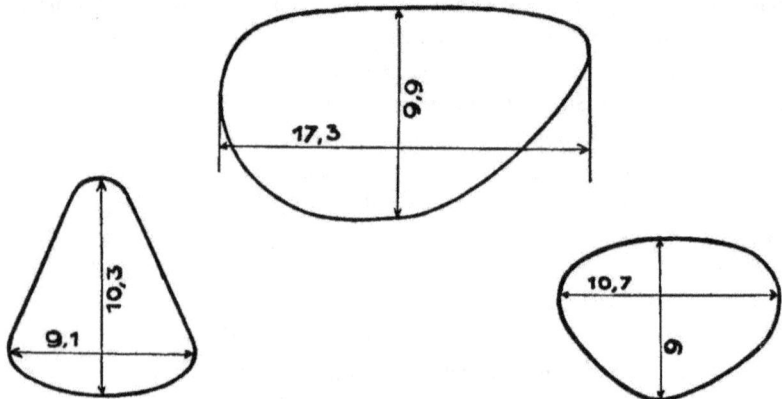

Crawford reproduziert in seinem Buch eine Anzahl Abdrücke, die bei oberflächlicher Betrachtung in Form und Größe Sohlen eines Damenstiefels gleichen können. Nun zeigt aber ein genauer Vergleich der Schuhsohlen des Mediums mit dem erhaltenen Abdruck, daß diese Form dadurch nicht zustande gekommen sein kann, was schon wegen der Ausschaltung einer Mitwirkung der Füße

3 Abb. 16 im Crawford'schen Werk.

während des Versuches nicht möglich war. Crawford nahm Abdrücke von den Fußsohlen sämtlicher Anwesenden sowie des Mediums und weist bis in die kleinste Einzelheit nach, daß der fragliche Abdruck nicht von der Sohle irgend eines der Anwesenden stammt. Die ovale Form desselben ist eine ganz andere. Eindrücke von Nägeln und Nähten, wie sie an den Sohlen sich befinden, fehlen vollständig. Die Kurvenform der Endorganfläche ist auch von ganz wechselnder Größe und ändert sich je nach der zu leistenden Arbeit (vgl. Abb. 1–3). Das ganze Endgebilde hat einen elastischen Charakter. Der auf die Tonerde geübte Druck ist oft ganz ungleichmäßig, ebenso sind die stärker verhärteten Ränder dieser Organe nicht so nachgiebig.

Einige Male fand Crawford auf den Abdrücken kleine schwarze Partikelchen, für die er einen Ursprung weder an der Sohle des Mediums noch auf dem Zimmerboden nachweisen konnte. Man gab dem Medium eigene Experimentierschuhe, deren Sohlen selbstredend rein und absolut glatt waren; dennoch zeigten die Abdrücke Spuren kleiner schwarzer Körper.

Endlich fand Crawford die Lösung des Rätsels. In dem Inneren der Filzschuhe war nahe an der Spitze ein Band mit schwarzem Lacküberzug befestigt. Dasselbe zeigte sich an einigen Stellen abgewetzt. Die Partikelchen entsprachen dieser Ursprungstelle, konnten aber bei der getroffenen Versuchsanordnung auf normalem Wege nicht auf die Tonerde gelangt sein.

Die Ruten oder vielmehr ihr häutiges Endorgan („Endfilm") gehen mitunter von den Füßen des Mediums aus. Crawford glaubt nun, daß diese zarte, feste, häutige, von den Füßen ausgehende Hülle bei ihrem Durchgang zwischen Strumpf und Schuhinnenseite kleine Stückchen schwarzen Lacks abgeschabt habe, welche dann an ihr haften blieben und in die Abdrücke mit hineingepreßt wurden.

Die Endorgane der psychischen Strukturen gleichen also mitunter mehr oder weniger der Schuhsohlenform, fühlen sich weich, also durchaus nicht wie Leder an und sind begrenzt von verhärteten elastischen Rändern. Weder der menschliche Fuß noch die Schuhsohle ist an der Innenseite weich und hat keinen harten Außenrand.

Die vertieften Eindrücke des Endorgans

Die Größe der vertieften Eindrücke variiert von der Markierung, die man mit einem kleinen Finger machen könnte, bis zur Größe von 14–18 qcm. Die größte Form ist halb so groß wie die eines flachen Eindrucks. Die Rutenenden, denen sie entsprechen, fühlen sich manchmal weich, manchmal hart an wie Metall. Fast alle diese Abdrücke sind merkwürdigerweise bedeckt mit der

Strumpfzeichnung; ihre allgemeine Form ist oval mit Abänderungen, je nach dem Druck der Ruten.

Wie der Versuchsleiter feststellte, handelte es sich wirklich um eine Strumpfzeichnung, die den Abdrücken der von dem Medium in der Sitzung getragenen Strümpfe entsprach. Crawford stand wiederum vor einem Rätsel. Alles war geschehen, um eine Berührung der Füße des Mediums mit der Schüssel zu verhindern; auch von den Anwesenden konnte niemand die Tonerde berührt haben; der Forscher beobachtete die Waage, während man hörte, wie die Rute den Ton berührte. Die Waage zeigte keine Bewegung des Mediums an. Crawford band das willige Medium Abend für Abend auf alle mögliche Art fest. Fräulein Goligher ertrug das alles mit gutem Humor und fügte sich jeder Anordnung. Wenn das Problem ungelöst geblieben wäre, so würde der Betrugsverdacht auf das Medium gefallen sein, wenigstens in den Augen solcher Personen, denen das Verständnis zwischen dem innigen Konnex des medialen Organismus und der physikalischen Phänomene fehlt.

Crawford stellte sich nun die Frage, ob die Strumpfzeichnung zustande gekommen sei durch den Druck eines Teils der Außenseite des Strumpfs oder aber seiner Innenseite. Nach seinen Feststellungen war ersteres der Fall; denn der Boden des Abdrucks war mit der Strumpfzeichnung versehen, genau so, wie wenn die gewöhnliche Außenseite des Strumpfes im Ton abgedrückt worden sei.

Die flachen Abdrücke dagegen zeigten mit bloßem Auge keine Strumpfzeichnung; aber bei einer großen Zahl derselben, die er sämtlich photographierte, trat die Zeichnung bei Untersuchungen mit Vergrößerungsgläsern hervor.

Die Lösung des Rätsels geht für den Autor dahin, daß nach seinen Beobachtungen das Endorgan der psychischen Struktur oder Rute mit einer hautartigen, konsistenten und klebrigen Masse bedeckt ist, die in halb flüssigem Zustand in die kleinen Strumpfhöhlungen sickert und dann die Zeichnung des Strumpfgewebes beim Austreten aus dem Fuß und beim Hartwerden außerhalb desselben beibehält. Nun legen sich die psychischen Strukturen mit Vorliebe um den Fuß oder um das Fußgelenk, bevor sie austreten. Je dicker und zäher die Masse ist, um so geringer erscheint die Strumpfzeichnung entwickelt. Hält man nun den wirklich mit dem Fuß des Mediums erzeugten Abdruck vergleichsweise daneben, so zeigt sich merkwürdigerweise, daß die Abdrücke der psychischen Struktur viel deutlicher und schärfer sind, als die Linien des mit dem Strumpf bekleideten Fußes, wahrscheinlich, weil dieser das Strumpfgewebe stärker zusammenpreßt, während die zähe Masse sich während eines lockeren Zustandes in das Strumpfgewebe hineinlegt.

Crawford machte nun eine Gegenprobe, indem er eine klebrige Masse auf den Strumpf drückte, diese erhärtete und dann in die Tonerde einpreßte. Die auf diese Weise gewonnene Zeichnung war identisch mit derjenigen der Rutenabdrücke.

Der Materialisationsprozeß und die Wege des Plasmas

Während des Stadiums der Unsichtbarkeit der Materie fühlte Crawford oft einen kalten Hauch an seiner, dem Fußgelenk des Mediums angenäherten Hand, und er nimmt an, daß diese Empfindung durch Partikelchen der Materie im gasartigen Zustand zustande käme. Sobald er überzeugt war, daß die Klopftöne durch vom Fuß des Mediums ausgehende Ruten veranlaßt seien, durchschnitt er mit der Hand die vermeintliche Kraftlinie; sofort hörten die Klopftöne auf.

Somit ist nach seiner Auffassung die Rute aus einem gasartigen Körper gebaut, der aber wie ein fester mit einem verdichteten soliden Endorgan operiert und einen gewissen mechanischen Widerstand gegen Druck und Stoß zeigt. So enthält also nach dieser Ansicht jede Struktur oder Rute eine mehr oder weniger mit den Sinnen wahrnehmbare Materie.

Es entsteht ferner die Frage: Wie und wo in und am Körper des Mediums wird die Materialisation und die Verdichtung des Rutenendes bewirkt? Außerdem die zweite Frage: Tritt die Rute zuerst aus und wird sie nachträglich am Ende verdichtet oder tritt das Ende schon in verdichtetem Zustande aus? Und endlich: Wie kommt die Resorption zustande?

Wie Crawford feststellte, fanden sich Tonspuren in großer Zahl auf dem Fußboden zwischen Medium und Schüssel, ferner unter der Tischplatte an den Tischfüßen, außerdem auf den Schuhen des Mediums, auf den Strümpfen und endlich auf den Bändern, mit denen die Füße des Mediums zusammengebunden waren. Außer den Lackpartikelchen wurden auch Wollfäden, Haare usw. gefunden, also lauter Dinge, die offenbar von den Fußbekleidungen des Mediums stammten. Die Tonflecken, die an den Strümpfen, Schuhen, Unterkleidern usw. konstatiert wurden, sind in dem Werke durch eine Reihe von Bildern veranschaulicht.

Bei einer Zusammenfassung seiner Resultate stellt Crawford nochmals fest, daß das Medium während seiner Versuche sich weder vom Platz bewegt hat noch die Stiefel auszog, um mit dem Fuß zu operieren.

Das von den Beinen (Genitalien?) und Füßen ausgehende Plasma bildet zunächst in vielen Fällen ein Konglomerat zwischen den Füßen; von hier aus quillt es hervor, um in Form von Ruten seine Wirkung zu vollziehen. Die

Masse liegt auch im Stiefel selbst, kann von den Zehen, von der Fersengegend, von den Knöcheln und von der Sohlengegend ausgehen. Die Substanz quillt dann zunächst durch die natürlichen Öffnungen, durch die Schnürlöcher und Bänder sowie über die oberen Schuhränder heraus. Dieser Weg scheint leichter zu sein als derjenige durch die Nähte von Sohle und Oberleder hindurch. Die Wege des Plasmas im Raum selbst sind entweder direkte oder indirekte.

Die Verdichtung der gasförmigen Materie erfolgt bei diesem Materialisationsprozeß immer in möglichst großer Körpernähe, unmittelbar bei dem Austritt. Hier findet auch das Festwerden des Endorgans der Rute statt. Ebenso geht die Dematerialisation erst auf der Haut bzw. der Kleidung beim Medium vor sich.

Reibungsgeräusche vor Eintritt der Phänomene in der Nähe des Mediums führt Crawford auf eine Reibung des Stoffes in den Strümpfen zurück.

Die Erfahrungen mit den Tonflecken führten dann zu folgender Versuchsreihe: Neben die Schüssel mit Tonerde legte der Experimentator ein flaches Holzstück, eine mit Ruß geschwärzte Glasplatte, ein photographisches Negativ sowie einige mit Wachstuch bekleidete Bretter und verlangte nun, daß zuerst das Rutenende auf die Tonerde und dann auf die flache Holzscheibe gelegt werde, um auf diese Weise die Zeichnung der Form des Endorgans zu erhalten, was auch gelang. Auf der Glasplatte mit Ruß kamen zwei kleine Rutenabdrücke zustande. Außerdem erfolgten ähnliche Markierungen auf dem übrigen Material. In diesem Falle waren die Füße des Mediums nicht gefesselt. Um aber dieselben ganz auszuschalten, hatte Crawford einen verschließbaren Kasten konstruiert, aus welchem die Füße nicht herausgezogen werden konnten. In andern Fällen wurden hohe, bis über die Mitte der Unterschenkel reichende Stiefel dem Medium angezogen. Mit Anwendung dieser Vorrichtungen ging die weiter fortgesetzte Färbemethode Hand in Hand.

Die Tonerde wurde halbflüssig mit Methylenblau gefärbt und in diesem Zustande bereitgestellt, während die Füße im „Test-Box" standen.

Man hörte nun das Geräusch des Eintauchens der Ruten in die Flüssigkeit, welches vergleichbar ist dem Milchtrinken einer Katze. Das Resultat war entscheidend. Tonflecken fanden sich im Innern des Fußkastens, an der Klappe, an den Schuhen, an den Strümpfen bis zu den Knöcheln, was durch eine Reihe von Photographien in dem Buche veranschaulicht wird. Das Eintauchen erfolgte 3–4mal.

Ohne irgend einen der Anwesenden darüber zu informieren, berußte der Forscher nunmehr die ganze untere Fläche des Tisches mit dem Rauch einer Terpentinflamme. Auch die auf diese Weise gewonnenen Markierungen zeigten wieder das Muster der Strumpfzeichnung – trotz der hohen Stiefel und trotz des Abschlusses der Füße in dem Kasten. Unter den auf dem Ruß zustande gekommenen Abdrücken fanden sich solche, die an Fingerspitzen erinnerten, ebenso auf der photographischen Platte. Aber es handelte sich nicht eigentlich um Finger, sondern um temporäre psychische Projektionen, die verschiedene Formen annehmen und Fingern gleichen können. Gewöhnlich waren es drei, niemals aber mehr als vier solcher Glieder. Die um die Tischfüße gewundene Substanz machte den Eindruck von Tentakeln.

Auf diese Weise entdeckte der Gelehrte eine experimentelle Methode, um den Weg der plasmatischen Struktur zum Körper des Mediums festzustellen.

Noch besser als die erwähnten Mittel eignete sich zu diesem Zweck das Karminpulver, weil es eine gefärbte Spur sowohl auf dem Zimmerboden wie in den Kleidern des Mediums zurückläßt. Dieselbe war zu verfolgen auf der Innenseite der Unterbeinkleider bis zum Unterleib, so daß die Substanz aus der Genitalgegend zu entstehen und dorthin zurückzukehren scheint. Bei der Entwicklung nimmt das Plasma seinen Weg auf den Beinen der Versuchsperson bis herunter zu den Fußgelenken, dringt in die Schuhe, geht durch die Strümpfe hindurch und legt sich um den Fuß, so daß Crawford auf Grund dieser Erfahrung daran zweifelt, ob das Plasma überhaupt an den Füßen entsteht. Große Karminflecken fanden sich in der Umgebung der Genitalien und hörten dort auf. Nach den Spuren in den Kleidern zu schließen, muß die Konsistenz des Plasmas ansehnlich gewesen sein.

Crawford weist auf die irrige Ansicht hin, daß die Entwicklung des Plasmas ein ruhiger Prozeß sei und das Medium nicht anstrenge. Ganz im Gegenteil. Die Fußmuskeln und die Gegend der Knöchel sind während der Phänomene außerordentlich in Anspruch genommen. Teilweise besteht ein Krampfzustand. Zwar scheint eine sichtbare Bewegung der Füße nicht vorhanden zu sein, wohl aber innerhalb der Weichteile von Unterschenkel und Fuß ein Umwandlungsprozeß energetischer Natur vor sich zu gehen, der bei Beginn jeder Sitzung besonderen Kraftaufwand verlangt.

Um über die Bewegungserscheinungen der Füße Aufklärung zu bekommen, wandte der Forscher auch ein elektrisches Läutwerk an, dessen Glocke bei der leisesten Bewegung der Füße ertönte. In zahlreichen Experimenten wurde trotz des Eintritts der Phänomene kein Ton der elektrischen Glocke gehört, selbst nicht bei starker Levitation.

Der Prozeß der Ejektion des Plasmas aus den unteren Extremitäten vollzieht sich ziemlich langsam, ist keine fortdauernde Aktion, sondern geht in Spasmen vor sich, die schwach beginnen und allmählich anwachsen. Gegen Beendigung des Prozesses zu ist der Krampfzustand sehr stark (erster Teil der Aktion). Sobald das Gebilde ausgesendet ist, kann die Tischerhebung erfolgen, ohne

Bewegungserscheinungen an den Füßen (zweiter Teil der Aktion). Wahrscheinlich wird das Plasma in dem Zeitraum zwischen dem ersten und zweiten Teil geformt.

Die elektrische Klingel ertönt leise, sobald das Plasma wieder von dem Körper resorbiert wird (dritter Teil der Aktion).

Die sichtbare Erscheinung der Gebilde

Zwar wurden hie und da im Rotlicht Spuren der Struktur optisch wahrgenommen, aber das genügte nicht, um sie mit Muße zu prüfen. Nach Crawfords jahrelanger Erfahrung sind diese gliedartigen Gebilde außerordentlich lichtempfindlich, eine Tatsache, die bei allen derartigen Sitzungen, wo sie auch stattgefunden haben, übereinstimmend bestätigt worden ist.

Das einfachste Mittel, die Strukturen sichtbar zu machen, bestand in der Anwendung der (insulierten) Leuchtplatte, die auf den Fußboden in der Mitte des Zirkels gelegt wurde. Das Resultat war überraschend gut. Anfangs zeigten sich nur die Spitzen einer schuhähnlichen Form über der leuchtenden Platte – offenbar wurde der Effekt des Lichtes ausprobiert. Dieser war ersichtlich sehr gering, wenn nicht überhaupt unwirksam. Darauf wurde das ganze Endorgan der Struktur über der Platte hin und her bewegt.

Das Ende der Rute krümmte sich manchmal zu einem Haken und konnte damit Dinge ergreifen, wie z. B. einen Tischfuß. Vor den Augen Crawfords legte es sich um denselben und löste sich wieder los. Außerdem zog das Gebilde sich zusammen und breitete sich aus wie ein Schwamm. Die plasmatische Substanz änderte auf Wunsch vor den Augen des Beobachters die Form. Sie drehte sich um die eigene Achse und löste sich wieder auf; sie bildete Flecken, blatt- und flächenartige Formen, zeigte gummiartige Flexibilität und konnte sich vollständig verhärten.

Oft sah Crawford verschiedene Formen über der Leuchtplatte, auch sogar in senkrechter Stellung zu derselben. Manchmal erschien die Substanz schwarz. Die Farbe der Strümpfe hatte keinen Einfluß auf die Färbung derselben. Mit der Dicke der Rute nahm ihre Biegsamkeit ab. Der Autor vergleicht diesen Körper mit der Wirkung verschieden dicker Handschuhe auf die Beweglichkeit der Hand. Als er verlangte, daß die Struktur die Leuchtplatte berühre, geschah dies zuerst langsam und vorsichtig, wahrscheinlich weil die zersetzende Kraft des Lichtes empfunden wurde.

Verschiedene Versuche, die auf der Leuchtplatte liegenden Effloreszenzen durch längere Exposition panchromatischer Platten zu photographieren, mißlangen, obwohl dieselben sich bis zu einer ganzen Minute nicht rührten. Hierbei handelt es sich um Formen mit breiter Spitze. Die Resorption derselben in den medialen Organismus war von leichten Konvulsionen begleitet.

Der körperliche Zustand des Mediums während der Versuche

Der Puls von Fräulein Goligher beträgt vor der Sitzung 72, die Temperatur 98° F (36,6° C), Respiration normal. Während der Tischerhebung steigt der Puls rapid bis auf 90 und 110 Schläge; nach der Beendigung derselben fällt er langsam in einigen Minuten auf 80 herunter, um bei der nächsten Levitation auf 126 hinaufzugehen. In einem andern Fall dauerte es 10 Minuten, bis der Puls von 120 auf 90 herunterging. Während des Leuchtplattenexperiments stieg die Herztätigkeit auf 100. Vor einer Blitzlichtaufnahme Puls 120 (vorbereitende Exteriorisation des Plasmas). Nach der Aufnahme fiel der Puls auf 72, Respiration unverändert während der ganzen Leistung. Temperatur zwischen 98 und 98,4° F (36,6–37° C). Die Herztätigkeit der übrigen Teilnehmer blieb während der Phänomene unverändert.

Als allgemein gültiges Resultat darf man annehmen, daß die Herztätigkeit sich während der Phänomene besonders auch schon im Stadium der Plasmaentwicklung bedeutend steigert, um nach Ablauf derselben langsam auf die Norm zurückzukehren. Hände kühl und feucht. Temperatur und Atem nicht beeinträchtigt. Außerdem sind die Leistungen von einer starken Muskelaktion begleitet, die sich in Form von krampfhaften Kontraktionen und in einer Volumabnahme zu erkennen gibt. Der Versuchsleiter prüfte wiederholt während der Plasmaentwicklung den Tonus der Oberschenkelweichteile und will gefunden haben, daß die Konsistenz derselben abnahm, und daß eine Schlaffheit eintrat wie durch einen Schwund von Materie.

Um die Volumabnahme in den Weichteilen der oberen Extremitäten objektiv festzustellen, setzte der englische Gelehrte das Medium auf seinen Stuhl und brachte beide Beine in eine gestreckte Stellung, so daß sie einander berührten. Nun schnürte er um beide Oberschenkel ein breites, fest angezogenes Band, wie wenn dieselben einen einheitlichen Körper darstellen würden. Derselbe wurde mit einer Federwaage verbunden, die im normalen Spannungszustand 4 engl. Pfund anzeigte. Das Medium kannte den Zweck dieses Experimentes nicht und wurde lediglich gebeten, sich ruhig und passiv zu verhalten. Dann forderte Crawford die unsichtbar wirksame intelligente Kraft (Operatoren) auf, eine Rute zu bilden und dieselbe auf den Boden zu legen, das geschah. Während der Entwicklung dieses Prozesses nahm die Spannung der Bandage allmählich ab, und zwar betrug die Verminderung 1 engl. Pfund, um dann bei der Resorption des Plasmas durch den Körper der Versuchsperson wieder auf

4 Pfund zu steigen. Dieses Experiment wurde 7–8mal wiederholt und ergab immer wieder dasselbe Resultat. Die Zu- und Abnahme erfolgte immer nur allmählich, niemals plötzlich. Jede willkürliche Bewegung des Fräulein Goligher bei diesem Versuch hätte die Spannung nur vermehren, nicht vermindern können. Außerdem kontrollierte der Gelehrte das Einsinken der Weichteile und das Schlaffwerden der Muskeln mit der Hand. Bei der Resorption will Crawford kleine runde Knoten in der Haut gefühlt haben, die unter den Händen verschwanden.

Während der Aktion scheinen die Brüste anzuschwellen und hart zu werden. Nach diesen Beobachtungen hat es den Anschein, daß die organischen Substanzen unter der Haut der unteren Extremitäten einen heute noch völlig unaufgeklärten Transformationsprozeß durchmachen und in diesem Falle die Materie liefern, welche für die Bildung des Teleplasmas notwendig ist.

Während der Phänomene verfällt der Körper manchmal in einen Zustand der Steifheit und Anspannung; mitunter erhebt sich der Rumpf um einige Zentimeter vom Sitz wie bei einer außergewöhnlichen Anstrengung. Füße und Unterschenkel werden dabei unter dem Stuhl zusammengepreßt. Beim Zustandekommen der Tischerhebung ist der Körper immer zurückgelehnt, während Ellbogen und Hände sich aufstützen; während der Levitation selbst ist der Körper oft nach vorwärts gegen den Zirkel zu geneigt.

Blitzlichtaufnahmen

Erst nach sechsmonatlichen vergeblichen Versuchen gelang es Crawford, 75 Blitzlichtaufnahmen vom Plasma zu machen. Zuerst fürchtete man einen ungünstigen Einfluß auf die Gesundheit des Mediums. Anfangs erschienen geringere, dann größere Mengen des Stoffes auf den Bildern. Trotz der erzielten sehr erheblichen Fortschritte gelang es bis jetzt nicht, die Photographie des schwebenden Tisches, während er von dem „Träger" gehalten wird, zu erzielen. Überhaupt sind die Aufnahmen im aktiven Zustand der Substanz viel schwieriger und dem Medium schädlicher als in dem passiven. Während des ersteren ist die Struktur verhärtet und deutlich geformt mit scharfen Rändern – in dem letzteren findet man eine weniger deutliche Zeichnung sowie den Charakter der Erschlaffung und Trägheit.

Der im August 1920 erfolgte Tod Crawfords ermöglichte keine genauere Beschreibung der dem Buche beigegebenen Plasmaaufnahmen, so daß der Schluß des unvollständig gebliebenen Werkes nur einen Bilderkatalog wiedergibt. Da die Reproduktion dem Referenten nur für einige wenige Bilder vom Verleger gestattet wurde, so ist der Leser auf das Studium des Originalwerkes zu verweisen.

Die teleplastische Masse erscheint auf den Bildern weiß und erzeugt den optischen Eindruck eines weißen Leinwand- oder Wollstoffes, der zwischen den Füßen des Mediums herausquillt, vor demselben und unter dem Tisch in einem Konglomerat seinen Stützpunkt findet, um dann in Säulenform (mit einem auf 15 cm zu schätzenden Querdurchmesser) bis zur unteren Tischplattenfläche emporzusteigen und sich dort zu fixieren.

Diese am Schlusse der mühevollen, mehrere Jahre hindurch fortgesetzten Forschungen entsprechen genau den früheren Beschreibungen des englischen Forschers, die zu einer Zeit gemacht wurden, als die Substanz optisch überhaupt noch nicht wahrgenommen werden konnte.

Auf einem Bilde liegt die Masse auf einer unter dem Tisch stehenden Küchenwaage und steigt von dort hinauf zur unteren Tischplatte. Auf einem weiteren Bilde geht ein etwa 10–20 cm breites weißes Band von den Knien des Mediums in einem Kreisbogen bis zur Mitte der unteren Tischfläche, ohne den Boden zu berühren. Dieses weiße Band macht auf den Beschauer keinen festen, sondern einen schlaffen Eindruck, was wohl seine Ursache darin hat, daß es im Ruhezustand photographiert wurde. Mehrere Bilder zeigen die teleplastische Substanz in Form von dicken Streifen, Bändern und Fetzen, die in der Regel von den Füßen ihren Ausgangspunkt nehmen, sich teilen, sich auf einem Bilde bandartig mit beiden Armen um zwei gegenüberstehende Tischfüße legen, und zwar an der oberen Hälfte desselben. Der unbefangene laienhafte Beobachter dieser Bilder könnte glauben, daß an die Tischplatte beiderseits ein Leinwandstreifen gebunden sei.

Eine Reihe von Photographien veranschaulichen das Plasma, wie es als Masse aus dem Schuhwerk herausdringt oder sich um einen Unterschenkel des Mediums legt.

Zwei weitere Abbildungen illustrieren Substanzmengen, die genau wie bei Eva C. auf dem Schoß der Versuchsperson liegen. Mitunter bedeckt auch die Materie den Stiefel gänzlich; nirgends aber ist es gelungen, auf diesen Bildern das Durchgehen der Masse durch die Kleidung und Stiefel zu veranschaulichen. Möglicherweise setzt dieser Prozeß einen schwächeren, dem Auge noch nicht wahrnehmbaren Grad von Materialisation voraus. Mit dem Aufflammen des Blitzlichtes verschwinden die Strukturen und Produkte augenblicklich im Bruchteil einer Sekunde. Dieser Prozeß ist regelmäßig mit einer Schockwirkung auf den Körper des Mediums verbunden (Zusammenfahren, Tremor, Muskelkrampf). In einem Fall dauerte die konvulsivische tremorartige Reaktion 5 Minuten lang. An diesem Abend trug das Medium zum ersten Male ein dickes, baumwollenes neues Kleid. Crawford nahm an, daß die an diesem Stoff noch nicht eingeübte Resorption des Plasmas größere Anstrengung und längere Zeit erforderte (briefliche Mitteilung des Herrn Warrick an den Referenten).

Bestätigung der Phänomene bei dem Medium Miß Goligher nach Crawfords Tod [4]

Die in nachfolgendem beschriebene Sitzung fand im Hause des verstorbenen Dr. Crawford, 1 Brookvale Penace, Park Avenue, Sydenham in Belfast am Montag, dem 6. September 1920, 7.30 abends statt. *F. Mel. Stevenson* berichtet darüber:

Am 5. September wurde eine Vorbereitungssitzung gehalten (abends 7 Uhr), um die Wünsche der „Operatoren" kennenzulernen (bezüglich der Sitzung am 6. September). Miß *Kathleen Goligher* war an diesem Morgen erst aus Schottland angekommen, wo sie 4 oder 5 Wochen sich aufgehalten hatte. Hierbei wurde nichts unternommen, ohne die „Operatoren" befragt und ihre Weisungen befolgt zu haben. Stevenson erinnert sich, daß Crawford betonte, der Erfolg seiner Experimente sei diesem Verfahren zu danken, oft gegen seine Überzeugung. Stevenson fand die Richtigkeit dieses Standpunktes bestätigt.

Er beabsichtigte, Blitzlichtphotographien mit fünf Kameras gleichzeitig aufzunehmen und befragte die „Operatoren" darüber; sie erlaubten vier Aufnahmen hintereinander.

Die Unterhaltung mit den „Operatoren" findet nicht typtologisch statt, sondern nur durch Fragestellung. Die „Operatoren" antworten durch Klopftöne, die verschieden stark sind, mitunter ganz leise, dann wieder durch Schläge wie mit dem Schmiedehammer. Auch die Stelle, an der sie erfolgen, wechselt. Die Photographien dürfen nur aufgenommen werden, sobald die „Operatoren" das Signal hierzu geben (drei Klopflaute auf dem Boden). Ohne ihre Mithilfe kommt kein Resultat zustande.

Das Plasma ist so empfindlich gegen Licht, daß gewöhnlich vor dem Entzünden des Blitzlichtes 2 oder 3 Minuten Dunkelheit hergestellt werden mußte. Stevenson war daher sehr erfreut, als die „Operatoren" eine der Aufnahmen (die vierte) in rotem Licht gestatteten. Sie versprachen ein Resultat auch unter dieser Bedingung.

Stevenson bat, daß die erste Aufnahme im roten Licht gemacht werde; Antwort: Es soll die vierte Aufnahme sein. Die „Operatoren" waren weiser; denn

4 Auszug aus „The Psychic. Research", Quarterly, Oktober 1920 (London, Kegan). A Test Seance with the Goligher Circle.

die erste Aufnahme schlug fehl, als einzige der vier Expositionen. Durch die Klopftöne (3 bedeutet ja, 2 nein, 1 zweifelhaft) wurde ferner bestimmt, bei welcher Aufnahme ein Tisch vor das Medium gestellt werden sollte. Stevenson erhielt auch die Erlaubnis, während der Aufnahmen neben dem Medium zu stehen, mit dem Erfolg, daß er mit eigenen Augen das „Plasma" sah, wie es in jedem Falle sich entwickelte. Die Photographien zeigen ihn dicht neben dem Medium.

Nun folgt die Beschreibung der Sitzung am Montag, 6. September. Der Zirkel bestand gewöhnlich aus sieben Mitgliedern: Mr. Morrison, Mrs. Morrison, Miß Kathleen Goligher und Miß Lily Goligher, Miß Anna Goligher, Mr. Goligher und Mr. Samuel Goligher, also einer Familie, Vater, vier Töchter, Sohn und Schwiegersohn, denn Mrs. Morrison ist die Schwester des Mediums. Alle sind mehr oder weniger medial veranlagt. Miß Kathleen, die jüngste der vier Töchter, ist ein nicht professionelles Medium, wird also nicht bezahlt. Bei dieser Sitzung waren Miß Lily Goligher und Mr. Goligher abwesend. Ihre Plätze wurden von Mrs. Crawford, der Witwe Crawfords, und Mr. Keir, einem Freund der Goligher-Familie, eingenommen.

Außerdem waren anwesend: Mr. James Pollock, ein sehr bekannter Professionsphotograph in Belfast, zwei Ärzte, ein gut bekannter Künstler von Belfast und ein Inspektor aus dem Norden von Irland. Die Namen sind im Besitz des Herausgebers der Quarterly. Alle Anwesenden sind bereit, die absolute Wahrheit dessen zu beschwören, was Stevenson in diesem Artikel niedergeschrieben hat.

Es kamen zwei Halbplattenkameras und drei Handkameras zur Verwendung. Die ersteren wurden von Mr. Pollock und Mr. S., dem Künstler, gehandhabt. Beide benützten ihre eigenen Apparate: Mr. Pollock eine Bergkristallinse, welche von Mr. S. W. Woolley in London zur Verfügung gestellt war. Die drei Handkameras waren unter Aufsicht des Inspektors Mr. Hunter. Alle Kameras waren vorher von Mr. Pollock in dessen Laboratorium genauestens untersucht worden. In seiner eigenen Dunkelkammer zeichnete Stevenson die Platten, und von diesem Augenblicke an kamen weder Platten noch Filme noch Kameras aus seiner Hand. Die Filme konnten nicht bezeichnet werden aus naheliegenden Gründen, aber dies ist gegenstandslos, denn die Photographien wurden gleichzeitig mit den fünf Kameras genommen.

Stevenson ist bereit zu beschwören, daß kein Mitglied des Zirkels die Platten oder die Filme berührte. Nachdem die Aufnahmen gemacht worden waren, schloß Stevenson die Filme und Platten ein. Am nächsten Morgen nahm er dieselben mit zu Mr. Pollock in dessen Laboratorium und entwickelte sie hier persönlich.

Ergebnisse:
1. Aufnahme: ohne Phänomen.
2. Aufnahme: eine Plasmamasse auf dem Boden, offenbar von dem Fußknöchel des Mediums ausgehend.
3. Aufnahme: eine Plasmamasse von dem Fußknöchel des Mediums zu der unteren Seite der Tischplatte verlaufend.
4. Aufnahme: eine kleine Plasmamasse, auf dem Schoß des Mediums liegend.

Die weiblichen Mitglieder des Zirkels waren vor dem Eintritt in das Sitzungszimmer untersucht worden von den Ärzten Dr. B und Dr. M., die männlichen Mitglieder von Stevenson selbst. Stevenson kann bezeugen, daß das Medium kein Fleckchen weißen Stoffes an sich, weder an der Kleidung noch sonstwo, hatte. Dies ist durch die Voruntersuchung von zwei Frauenärzten bestätigt worden. Bevor die Photographien gemacht wurden, verließ der Zirkel das Zimmer und ließ das auf seinem Stuhl sitzende Medium allein, so daß niemand außer Stevenson selbst in ihrer Nähe war.

Stevenson sah das Plasma dreimal mit eigenen Augen, wie es in jeder Photographie dargestellt ist. Es wurde auch von einigen anderen beobachtet. Dr. B. sah es einmal, Dr. M. zweimal.

Er schließt seine Ausführungen wie folgt:

„Für alle, welche aufmerksam das mühevolle Werk des verstorbenen Dr. Crawford verfolgt haben, wird jede Bestätigung der Echtheit seiner Resultate nicht mehr notwendig erscheinen; aber für jene Skeptiker, welche sich nicht überzeugen konnten, bin ich glücklich, den obigen Beweis erbringen zu können, der nach meiner Auffassung unwiderleglich sein dürfte.

Ich bin überzeugt, daß jeder, der einer Sitzung wie der oben beschriebenen beigewohnt hat, die Gegenwart einer unsichtbaren Intelligenz fühlen wird, einer Intelligenz, deren Kräfte über das menschliche Verständnis hinaus reichen.

Eine der Kameras ganz in der Nähe der Füße des Mediums auf dem Boden war mit einer Weitwinkellinse versehen, um das Plasma möglichst aus der Nähe aufzunehmen. Auf dieser Photographie sind die Maschen der Strümpfe vollständig sichtbar, aber das Plasma zeigt keine Strumpfzeichnung, und eine solche konnte auch nicht auf dem Negativ mit Vergrößerungsglas entdeckt werden."

gez. F. Mel. Stevenson.

Der Schriftsteller der „Psych. Res." Quarterly bemerkt hierzu folgendes:

„Der letzte erwähnte Punkt ist wichtig: er bildet einen weiteren Beweis gegen die Möglichkeit, daß die photographierte Substanz irgendein weißes Stoffabrikat ist, das in das Sitzungszimmer gebracht und von dem Medium arrangiert worden sein könnte."

In unserem Besitz befindet sich eine Erklärung, unterzeichnet von Dr. Stevenson, Mr. S., Mr. Pollock, Mrs. Hunter, Dr. E. G. B. und Dr. S. M. Diese Erklärung bestätigt, daß „die Mitglieder des Goligher-Zirkels von Dr. E. B. und Dr. S. M. und Stevenson untersucht wurden, daß die beschriebenen Sicherheitsmaßnahmen getroffen waren gegen jedwede Manipulation mit den Platten und Kameras, ferner daß eine Aufnahme gemacht wurde in einer Beleuchtung, die stark genug war, um allen im Zimmer befindlichen Personen die Überwachung jeglicher Bewegung der Miß Goligher oder sonstiger Teilnehmer, die alle in einiger Entfernung vom Medium saßen, zu ermöglichen."

Diese Erklärung schließt mit folgenden Worten: „Diese Sitzung wurde unter strengsten Versuchsbedingungen gehalten. Die von uns gesehenen Phänomene sowie die Photographien des Plasmas sind Ergebnisse, welche unter diesen Umständen von einem menschlichen Wesen auf künstliche Weise nicht hervorgerufen werden können[5]."

Über die Gleichmäßigkeit der teleplastischen Gebilde bei verschiedenen Medien

(Miss Goligher, Eva C., Stanislawa P.)

Das große Verdienst des leider zu früh verstorbenen englischen Forschers Crawford besteht hauptsächlich in seinem systematischen und methodischen experimentellen Vorgehen einem Erscheinungsgebiet gegenüber, das im ersten Stadium seiner Untersuchungen weder direkt durch die Sinnesorgane noch auf physikalischem Wege zur Wahrnehmung gebracht werden konnte. Gegeben war ihm nur der mediale Organismus (zur Entfaltung gebracht durch traditionelle Zirkelsitzung sympathischer Personen) und die telekinetische Wirkung (Tischerhebung ohne körperliche Berührung). Der biologisch-physikalische Zusammenhang dieser beiden Faktoren war zunächst für ihn ein X, eine unbekannte Größe. Er setzte dann sein Medium auf die Waage und fand allmählich durch

---

5 *Zusatz:* Über weitere Bestätigungen der Versuche Crawfords berichtet die englische Vierteljahresschrift „Psychic Science", Juli 1933 und Januar 1937. (Es sind dies die „Quarterly Transactions" des seinerzeit [1920] von J. Hewat McKenzie und seiner Frau Barbara gegründeten „British College of Psychic Science", s. u. S. 290 Anm. 3. (Das Institut ging im 2. Weltkrieg ein, das jetzt diesen Namen tragende Unternehmen ist eine Neugründung anderer Forscher nach dem Kriege.) Hier wird geschildert, daß die frühere Kathleen Goligher, jetzt Lady Donaldson, in ihrem Heim Sitzungen veranstaltete, in denen mit infra-roten Strahlen photographiert wurde. Die Bilder zeigten schleierartige Gebilde zwischen den Füßen und Beinen, ähnlich denen auf den Aufnahmen von Crawford. Gleichzeitig daneben photographierte Attrappen aus Papier, Stoff usw. wirkten anders. Die teleplastischen Strukturen waren oft nicht sichtbar, konnten aber trotzdem mit dem Infrarot aufgenommen werden. G. W.

immer von neuem sorgsam nachgeprüfte Beobachtungen als Fundamentalsatz und Ausgangspunkt seiner Untersuchungen das *telekinetische Gesetz*, welches lautet: *„Bei völligen Tischerhebungen ohne körperliche Berührung (weder durch das Medium noch durch die Anwesenden) nimmt das auf der Waage sitzende Medium regelmäßig annähernd um das Gewicht des Tisches zu*[6]*.“*

Allerdings sind schon durch die französische Untersuchungskommission in den Jahren 1905 und 1906 ähnliche Resultate mit Eusapia Palladino erzielt worden, die aber in ihrer weittragenden Bedeutung damals nicht anerkannt wurden und unbeachtet blieben.

Aus diesem regelmäßig eintretenden Tatbestand ergab sich notwendigerweise der Schluß auf das Vorhandensein unbekannter und unwahrnehmbarer Kraftlinien zwischen Medium und Objekt. Die protoplasmaartige Effloreszenz war aus den Versuchen mit Eusapia Palladino und Stanislawa Tomczyk bekannt, so daß die Theorie eines medianimen Gliedes unabweisbar erscheint, weil sich die Resultate der drei Medien zu einem einheitlichen Gesamtbild ergänzen.

Wieder ausgehend von der richtigen Voraussetzung, daß die Übertragung des mechanischen Druckes von dem Medium auf den Tisch durch eine Art widerstandsfähiges starres Band stattfinden müsse, konstruierte der englische Forscher einen äußerst empfindlichen Apparat, der bei dem geringsten mechanischen Druck eine elektrische Glocke ertönen ließ. Mit Hilfe dieser Vorrichtung gelang es ihm, die Verbindungslinie zwischen Medium und Objekt aufzufinden und sie durchzuschneiden, was regelmäßig das Herabfallen des Tisches und ein elektrisches Signal auslöste. Mit dieser Feststellung war der zweite große Schritt zur Lösung dieses Problems geschehen.

So entstand allmählich die Theorie von den starren *Ruten* und *balkenartigen*[7] Strukturen, die auch das im vorstehenden referierte Buch Crawfords behandelt. Allerdings darf nicht verschwiegen werden, daß Crawford in seinen Forschungen unterstützt und sogar oft in zweckmäßiger Weise korrigiert wurde durch unsichtbare, sich durch Klopftöne äußernde Intelligenzen, denen der englische Physiker die Rolle von „Operatoren" zuschreibt.

Er ging dann wieder einen Schritt vorwärts durch Feststellung des Gewichtes dieser unsichtbaren Strukturen, um dessen Betrag das Medium regelmäßig an Körperschwere abnahm, und zwar bis zur Höchstgrenze von 25 kg. Außer dem Gewicht muß dieses materielle Band – so schloß er weiter – eine ausge-

---

6 Dieses Gesetz wurde durch den Verfasser mit einem Medium Frau Sch. in dem Berliner Laboratorium nachgeprüft und bestätigt. (Vgl. sein Buch „Physikalische Phänomene des Mediumismus" S. 110 ff.)

7 Diese Bezeichnung Crawfords ist nicht glücklich gewählt wegen ihrer zu starken Anlehnung an die physikalischen Begriffe.

prägte Form sowie eine bestimmte Dichtigkeit besitzen und an seinem Ende von besonders solider Beschaffenheit sein, um die untere Tischfläche (oder auch Menschen) zu berühren, den ganzen Tisch aufzuheben oder damit klopfende Töne hervorzubringen, bis zu einer Stärke, wie sie sonst nur durch Aufschlagen harter Metallgegenstände erzeugt wird.

Systematisch vorgehend folgerte unser Forscher nun weiter: Ein Tragebalken von so großer Leistungsfähigkeit müsse doch zunächst an seinem widerstandsfähigen verdichteten Ende zur sinnlichen Wahrnehmbarkeit gebracht werden können. Er griff also während der Levitation des Tisches unmittelbar unter die Fläche hin, wo die Berührung zwischen dem Balken und der unteren Tischfläche vermutet wurde, und erhielt zum erstenmal mit dem Tastsinn den Eindruck einer kalten, klebrigen, reptilienartigen Materie, die ihn sofort an Beschreibungen analoger Erfahrungen des Verfassers mit dem Medium Eva C. (geschildert in den „Materialisationsphänomenen") erinnerte.

Crawford vermutete mit Recht, daß dieser Grundstoff der Materialisation bei beiden Medien (Eva C. und Goligher) essentiell der gleiche sei, nur mit dem Unterschied der Sichtbarkeit des Teleplasmas bei Eva C. und der Unsichtbarkeit desselben bei Fräulein Goligher, wenigstens soweit der damalige Stand der Untersuchungen in Betracht kam.

Dieselbe Materie konnte der Forscher auch in der Nähe des Mediums berühren, wenn z. B. bei Beginn der Sitzung geklopft wurde. Sobald er seine Hand an jene Stelle des Körpers legte, von welcher die Rute auszugehen schien, hörte das Klopfen sofort auf. Das heißt, er unterbrach den Fluß der Materie zuerst aus Unkenntnis und dann willkürlich. In Übereinstimmung mit den Untersuchungen des Verfassers nimmt der englische Forscher an, daß diese Materie, sobald sie sich aus dem gasartigen Zustand zu einer plasmatischen amorphen und dann faserartigen Substanz verdichtet, sich bewegen, zusammenziehen, krümmen und eine große Festigkeit und Rigidität erlangen kann. Aus solchen präliminaren kontraktilen Fäden entstehen Knäuel, Bündel und netzartige Strukturen, die nach den Beobachtungen des Verfassers mit den Zeichnungen von Blattwerk verglichen werden können.

So besteht also nach Crawford das zu bildende Glied aus einem Bündel sehr feiner, aus dem Organismus des Mediums stammender Fäden, zumeist transparent und unsichtbar, aber eng miteinander verbunden, sich gegenseitig berührend und zusammenhängend, mit der Fähigkeit, ineinander zu verschmelzen. Innerhalb der präliminaren fadenartigen Struktur, durch welche die Kraft bei entsprechender Willensintention auf die zu bewegenden Gegenstände geleitet wird, bestehen verschiedene Dichtigkeitsgrade, die sich, wie erwähnt, besonders in einer gewissen, bereits palpablen Verhärtung des Endorgans der Ruten und Strukturen zeigen.

Dieser Ideengang wird nun in dem vorstehend referierten Buch fortgesetzt und seine Richtigkeit experimentell nachgeprüft durch Untersuchung der zum Greifen und zur Berührung bestimmten Endorgane, die sich weich, fest und elastisch anfühlen und flächenartig wie eine Schuhsohle oder bei den einfacheren Ruten wie Fingerglieder entwickelt erscheinen. Sie sind widerstandsfähig auf mechanischen Druck, aber schon trotz ihrer Unsichtbarkeit palpabel.

Einen Fortschritt im Sinne dieser Untersuchung bieten die zahlreichen von Crawford mit Hilfe dieser Endorgane hergestellten Abdrücke in Tonerde. Die plasmatische Substanz scheint an ihrem Ende eine zarte Haut zu bilden sowie Saugnäpfe, insofern solche bei Tischelevationen zum Ansaugen an der unteren Fläche benötigt werden.

Bei der Ausbildung von Ruten erhält man fingerartige, kleine, tiefe Eindrücke, die in der Größe wechseln. Schon die Möglichkeit einer solchen Anpassung der Materialisationsprozesse an die jeweilige gewollte Leistung ist ein deutlicher Beweis für die ideoplastische Fähigkeit des Mediums, d. h. die Entwicklung der medianimen Glieder hängt von der Psyche der Versuchsperson ab; Wünsche, Gedanken, Bilder, die auch vom Experimentator unbewußt dem Medium suggeriert sein können, sind maßgebend für die Form und Art des Schöpfungsvorgangs. Denn sonst wäre es unverständlich, warum in dem einen Fall fingerartige Endorgane, in dem andern Saugapparate, in dem dritten Fall einfache Flächen entwickelt werden, sowie *ein-* oder *mehr*armige Ruten. Ja, man muß sich sogar die Frage vorlegen, ob nicht der ganze spezielle Entwicklungsvorgang, den der Materialisationsprozeß bei diesem Medium genommen hat, das Produkt bestimmter theoretischer Überzeugungen des Versuchsleiters sein könnte, die während der Beobachtungen entstanden und sich immer weiter festigten, um schließlich durch die Psyche der Versuchsperson realisiert zu werden.

Ferner stellte der englische Forscher zunächst wiederum nur mit Hilfe seines Tastsinnes fest, daß die Austrittstelle der Ruten und Strukturen sich in der Gegend der Fußgelenke des Mediums befand, daß um die Füße herum und zwischen denselben eine zähe, klebrige, halb flüssige Masse zu konstatieren sei, die er analog dem vom Verfasser gewählten Namen als „Plasma" bezeichnete (in den Materialisationsphänomenen: Teleplasma).

Einen wichtigen neuen Schritt nach vorwärts bedeutet die durch die aufgefundenen Tonspuren angeregte Färbemethode Crawfords mit Methylen oder Karmin. (Weiße Unterbeinkleider.) Jetzt war über den Rückweg der bisher nicht sichtbaren Gebilde in den Körper des Mediums kein Zweifel mehr übrig, weil die Spuren der gefärbten Tonmasse oder des Karminpulvers auf der Leibwäsche bis in die Gegend des Unterleibs führten und damit den Ursprung des Plasmas an dieser Stelle vermuten ließen, wo sie wahrscheinlich durch die Genitalschleimhaut oder durch die Schenkelweichteile resorbiert werden.

Dieses bedeutsame Forschungsergebnis wirft ein aufklärendes Licht auf jene in der Geschichte des Okkultismus wiederholt berichteten Fälle, in denen man glaubte, durch Anspritzen „des Phantoms" oder eines sonstigen materialisierten Gebildes mit Färbestoffen das Medium des Betrugs überführen zu können, sobald Farbspuren an dem Körper des Mediums nachgewiesen waren. Unzureichende Kenntnisse der teleplastischen Vorgänge veranlaßten hier unrichtige und ungerechte Urteile. Schließlich wurde die jahrelange mühevolle Forschungsarbeit Crawfords, sein Operieren mit dem unsichtbaren, aber doch vorhandenen, immer wieder physikalische Wirkungen hervorrufenden Faktor durch den Erfolg gekrönt, daß es gelang, die Erscheinungsformen des Plasmas sichtbar zu machen und zu photographieren. So konnte dieser geniale Forscher, nachdem er in dieser unendlich mühevollen Arbeit Baustein auf Baustein gefügt hatte, noch vor Abschluß seiner Lebenslaufbahn die Richtigkeit seiner physikalisch-biologischen Theorie durch das photographische Experiment wenigstens in den wichtigsten Grundzügen nachweisen.

Relativ am wenigsten schädlich erwies sich zunächst für die außerordentlich lichtempfindliche Substanz die insolierte Leuchtplatte mit ihren matten und weichen Strahlen. Dieses Verfahren bestätigte seine bisherigen Schlußfolgerungen und Vermutungen über den Mechanismus der Tischerhebung und über die Entwicklung des Plasmas aus dem medialen Organismus, indem er die Vorgänge mit der Leuchtscheibe verfolgen konnte. Wie sich aus diesen Beobachtungen ergab, handelte es sich in voller Bestätigung der fast ein Jahrzehnt früher gemachten Feststellungen des Verfassers und der Madame Bisson bei dem „Plasma" oder dem „Teleplasma" um eine weißliche, zuerst gas- und nebelartig am Körper des Mediums oder in dessen unmittelbarer Nähe auftretende Materie, welche die Grundsubstanz sämtlicher Materialisationserscheinungen bildet und überall beobachtet wurde, wo solche stattfanden. Ihre Farbe ist grau, weiß, schwarz oder auch gefleckt.

Sie durchläuft alle jene Stadien, die ich bereits ausführlich in meinem Werk „Materialisationsphänomene" geschildert habe. Um die volle Übereinstimmung der Crawfordschen Ergebnisse mit den früheren des Verfassers zu zeigen, möge aus meinem Werk nachfolgend der betreffende Passus hier wiederholt werden. Darin heißt es:

„Der elementare, zunächst der Beobachtung sich darbietende Vorgang ist das Auftreten eines zusammengesetzten und bewegten Stoffes am Körper des Mediums. *Stadium der teleplastischen Evolution.* Im Anfange erscheint derselbe optisch diffus, verschwommen nebelhaft, wolkenartig, wie ein feiner Rauch von weißer oder grauer Farbe. Ob sein Aggregatzustand wirklich gasförmig ist (was Crawford annimmt) oder nur so erscheint, ist nicht aufgeklärt, da die im Rotlicht durch Fixation zustande kommenden optischen Eindrücke abgeschwächte Bilder der realen Gegenstände hervorbringen. Die Farbe dieser eigentümlichen Bildung ist grau und wird mit zunehmender Verdichtung weiß, ihre Konsistenz entweder festflüssig, indem sie sich in amorphe, koagulierte Haufen und Pakete transformiert, oder sie nimmt die Struktur feinster, bindegewebartiger, häutiger Schleier an, ebenfalls von grauer oder weißer Farbe. Bei stärkerer Entwicklung hat man schließlich den Eindruck kompakter organischer Gewebe oder Konglomerate mit einer im ganzen sich durch die Beobachtung hindurch gleichbleibender Grundzeichnung. So finden wir regelmäßig stärkere parallele Fäden, Streifen und Schnüre, die durch kleine schwächere Querfasern verbunden sind, aber meist ein ziemlich unregelmäßiges Aussehen bieten. Die Ränder dieser schleierartigen Formen sind zum Teil eingeschlagen, umgebogen, so daß man im ersten Augenblick den Eindruck eines eingenähten Saumes bekommt. Die Schleier selbst haben nicht selten eine graue, aber auch schwarze Farbe, lassen aber niemals die charakteristische quadratische Fadenzeichnung der feinsten im Handel zu beziehenden Fabrikate erkennen. Der faserige Aufbau der teleplastischen Erzeugnisse bietet nicht selten auch ein blattartiges Muster, indem von einem stärker entwickelten Stämmchen Verästelungen und Ableger ausgehen, oder er hat den Charakter häutiger Membranen aus dem Tierkörper . . ."

„Von allen Beobachtern, welche, wie Verfasser, diese graue Materie in ihrer Hand gehalten haben, wird dieselbe als kühl, schleimig, klebrig und verhältnismäßig schwer, wie organische Gewebe, geschildert, ebenso als selbstbeweglich. Die Empfindung ist etwa vergleichbar derjenigen, die ein lebendiges Reptil auf der Hand hervorruft."

„Die bereits zur häutigen Schleierform transformierten teleplastischen (fibrösen) Bildungen zeigen eine kautschukartige Elastizität, ändern Volumen, Länge und Form in der Beobachtung, selbst bei ruhigstehendem Körper des Mediums. Die Stücke selbst sehen aus wie zerrissene Gewebefetzen oder wie Bänder, Kordeln, Fasern oder wie niedrige Organismen, die ihrerseits auch wieder ihre Form ändern."

„Als sichtbarer Ursprung diente vielfach der Mund, aber oftmals zeigten sich die teleplastischen Gebilde auch sofort bei ihrem ersten Erscheinen zwischen den Oberschenkeln. Die Masse scheint in ihrer elementaren Zusammensetzung durch den leichten Stoff der Kleidung hindurchzupassieren, indem sie in dunstartiger Form durch die Stoffe dringt und sich dann in Form grauer oder weißlicher Flecken niederschlägt und verdichtet."

Im Stadium der Entwicklung oder Ausbildung (Evolution) vergrößert sich die telepathische Substanz ... usw. ... „Bei Berührung hat man die Empfindung, Spinngewebe zu betasten."

Auch bei dem polnischen Medium Stanislawa P. verlief der Emanationsprozeß ganz ähnlich. Die aus dem Munde sich entwickelnde Substanz hatte entweder bei ihr den Charakter einer kompakten, weißen, flockigen Substanz (wie aus Wolle) oder denjenigen transparenter Schleier, denen auch die typische Struktur der gewebten Fabrikate fehlt. Das Muster macht den Eindruck auseinandergezogener Baumwollfäden und zeigt netzartiges Maschenwerk mit einzelnen dickeren Fäden. Charakteristisch ist auch die Leichtigkeit des Stoffes, der nur langsam niedersinkt.

Dieser Punkt ist dahin zu ergänzen, daß die aus dem Mund emanierten langen Streifen gewisse Rigidität und Steifheit gehabt haben müssen, um in dieser Stellung verharren zu können. Außerdem finden wir auf Tafel XXIII der „Materialisationsphänomene" (hier stets 1. Auflage) am Ende des teleplastischen Bandes die auch von Crawford beobachtete typische Hakenform dargestellt, wie zum Ergreifen von Gegenständen.

„Im Stadium der teleplastischen Morphogenese entstehen aus der weißen dickflüssigen Materie Stücke und Hervorwüchse von bizarrem elementarem Formcharakter ... Um ihre eigentümliche Beschaffenheit anzudeuten, wurden sie in den Berichten mit dem Wort „Pseudopodien" bezeichnet. An diesen Ausläufern finden sich schon besser differenzierte Formen, so skizzenhafte Umrisse von Fingern und Händen usw. ... Auch wirklich lebenswahre Organe, namentlich Hände, konnten durch Gesicht, Tastsinn und Gehör gleichzeitig wahrgenommen werden, ebenso stumpfartige Enden."

Aus den vorstehend wiedergegebenen Zitaten ersieht man die völlige Übereinstimmung der ganz unabhängig von den Arbeiten des Verfassers zustande gekommenen Forschungsergebnisse des englischen Gelehrten und des Autors.

Derselbe Aggregatzustand, dieselben Entwicklungsstufen, dieselbe Lichtempfindlichkeit, dieselbe Art des Fortschritts von der unsichtbaren gas- und kaum erkennbaren nebelartigen Beschaffenheit zur völligen halbflüssigen, amorphen Masse, dieselbe unwiderstehliche Neigung zur Organisation, zum Bilden von Fasern, Schnüren und häutigen Schleiernetzen, dieselben Farbstufen weiß, grau und schwarz, dieselbe Art der Beweglichkeit und Kontraktilität, dieselbe Ursprungsart am Körper des Mediums, dieselbe Ausbildung von Endorganen, die ihrem andersartigen physikalischen Zweck entsprechend in den Beobachtungen von Crawford naturgemäß eine größere Rolle spielen mußten als bei den rein auf die morphologische und ideoplastische Höherentwicklung gerichteten Versuchen des Verfassers.

Dieselbe Gleichförmigkeit zeigt der körperliche Zustand bei Eva C. und bei Fräulein Goligher. Regelmäßig findet bei letzterer während des Auftretens der Phänomene eine Steigerung der Herztätigkeit von 72 bis auf 120 Pulsschläge statt, verbunden mit krampfhaften Kontraktionen des Muskelsystems.

Bei Eva C. weist Verfasser auf die in seinem Werke Seite 256 geschilderte heftige Muskelkontraktur, auf die erhöhte Pulsfrequenz und die Schmerzäußerungen hin. In der dritten anfallsartigen Phase der Mediumität Evas bestehen: Übelkeit, verschleierter Blick, gesteigerte Pulsfrequenz (100–110 Schläge), Beklemmungsgefühl, motorische Unruhe, Appetitlosigkeit sowie sensorielle Symptome und Empfindung lokaler Anschwellung der Brust. Hände kühl. (Bei Fräulein Goligher ebenfalls: Brüste während der Phänomene hart und fest, Hände kühl und feucht.)

Bei der Rückbildung der Phänomene, d. h. der Resorption des Plasmas durch den medialen Organismus will Crawford bei seiner Versuchsperson runde kleine Knoten in der Haut gefühlt haben, die unter seinen Händen verschwanden.

Selbst diese anscheinend bedeutungslose Erfahrung findet ihr Analogon in den Beobachtungen bei Eva C. So heißt es in den „Materialisationsphänomenen" Seite 205: „Eva gab an, sie empfinde die Entwicklung der Materie am Unterleib; rasch ergriff sie meine Hand und berührte damit die Haut ihrer Nabelgegend. Zu meiner größten Überraschung konnte ich durch den dünnen Stoff hindurch eine kleine knotenartige Geschwulst von der Größe einer Kirsche links seitlich vom Nabel abtasten. Unter meiner Berührung fühlte ich den Knoten kleiner werden und völlig verschwinden, wie wenn dieser Auswuchs sich abgeflacht hätte oder von ihrem Körper resorbiert würde."

Sollten Crawford und Verfasser in dieser sich gegenseitig bestätigenden Wahrnehmung gleichmäßig sich getäuscht haben? Das ist wohl kaum anzunehmen.

Der englische Gelehrte versuchte nun auch die von ihm beobachtete Volumabnahme der Weichteile objektiv durch eine besondere Einschnürung der Oberschenkel, welche mit einer Federwaage verbunden war, festzustellen und fand 7–8mal eine Abnahme des Spannungszustandes um 1 engl. Pfund während der Tischerhebung. Wieweit dieses Verfahren zuverlässig ist, darüber läßt sich schwer urteilen, da offenbar schon durch Abschnürung der Gefäße allein eine erhebliche Volumveränderung herbeigeführt werden kann. Die ungenügende Berücksichtigung der physiologischen Momente findet ihre Erklärung in dem Mangel medizinischer Vorkenntnisse beim Physiker Crawford.

Für die Gleichmäßigkeit eines naturgesetzlichen Geschehens im mediumistischen Materialisationsprozeß spricht nun aber auch die geradezu überraschende Übereinstimmung der zu ganz verschiedenen Zeiten und an ganz verschiedenen

Orten (Paris, München, Belfast) erzielten photographischen Aufnahmen teleplastischer Erzeugnisse bei einem englischen, einem polnischen und einem französischen Medium.

Die vierte Aufnahme Stevensons in der Sitzung mit Fräulein Goligher am 6. Sept. 1920 fand in der Weise bei Rotlicht statt, daß der neben dem Medium stehende Versuchsleiter den Entstehungsprozeß des Plasmas auf dem Schoße des Mediums vom Anfang bis zum Ende beobachten und die Materie selbst mit Blitzlicht photographieren konnte. Die Aufnahme zeigt uns rechts die Beine des neben dem Medium stehenden Versuchsleiters und unten rechts in der Ecke einen photographischen Apparat für die Aufnahme plasmatischer Substanz an den Füßen.

Das Medium sitzt auf einem Stuhl. Beide Vorderarme stützen sich auf die Lehnen. Mitten auf ihrem Schoß befindet sich eine beträchtliche Menge weißlicher Substanz mit einem breiten Ausläufer nach der rechten Seite des Mediums. Die Masse selbst bildet ein unregelmäßiges Konglomerat, das an einzelnen Teilen streifen- und schnurartige Zeichnung erkennen läßt. Nirgends findet man trotz der ausgezeichneten Vergrößerung Zeichen des Webstuhls.

Zum Vergleich diene Abb. 7 in dem Werke des Verfassers „Materialisationsphänomene" mit genau dem gleichen Tatbestand bei Eva C. Die Bildung der auf diesem Bilde wiedergegebenen weißen Substanz wurde in der Sitzung vom 25. Oktober 1920 vom Verfasser beobachtet. Aus einem Fleck entstand die einem organischen Stoff gleichende Materie. Sie bewegte sich und sandte Pseudopodien aus.

Noch ähnlicher dem Konglomerat des Fräulein Goligher ist jenes Stoffpaket, das in Abb. 96 des Werkes „Materialisationsphänomene" auf dem Schoß von Eva C. liegt und einen mehr wolligen Charakter zeigt, wie ein Konglomerat äußerst zarter durcheinander verflochtener Schnüre.

Als außerordentlich charakteristisches Erzeugnis der Eva C. ist eine in der Sitzung vom 13. Mai 1911 auf ihrem Schoße photographierte äußerst voluminöse Teleplasmamasse (vgl. Tafel I des Werkes „Materialisationsphänomene") wiedergegeben, die in ihrer Komposition auffallende Analogien bildet zu den Produkten des Fräulein Goligher. Unter dem oberen Teil der Masse (wie aus Papier geschnitten) das Schema einer Handform mit zum Teil an der Spitze verbogenen Fingern und einem Pseudopodion an Stelle des Daumens. Erst auf der gelegentlich dieser Arbeit angefertigten Vergrößerung trat noch ein weiterer höchst interessanter Tatbestand zutage. Über dem papierartigen Handschema befanden sich zwei plastisch entwickelte Fingerfragmente, von denen das äußere drei wohlgeformte deutliche Fingerglieder in flektierter Stellung zeigt. Diese Teilgebilde sind durch vier äußerst feine Bänder an der Masse befestigt. Das zwischen dem außen gelagerten Fingerfragment und der Stoffmasse, also innen befindliche Teilglied, ist direkt aus dem Teleplasma entwickelt, als Stück desselben, wie eine genaue Prüfung der vergrößerten Abbildung deutlich ergibt.

In einer weiteren aus dem bisher nicht veröffentlichten Bildermaterial Crawfords stammenden Blitzlichtaufnahme sieht man ein einem weißen, wollenen Tuch ähnliches Stoffkonglomerat am vorderen Saume der Kleider zwischen den Unterschenkeln des auf dem Stuhle sitzenden Mediums heruntersinken. Über den Knöcheln scheint sich dieser Plasmafetzen derart um seine eigene Achse gedreht zu haben, daß ein schmaler Hals entstanden ist. Unmittelbar unter dem Kleidsaum legt sich ein kleineres über das größere sich nach unten fortsetzende Stück – eine Erscheinung, der man sehr häufig in ähnlicher Weise bei den mit Eva C. erzielten Bildern begegnet. Von dem Halsstiel abwärts sinkt diese Substanz, wie in fließender Bewegung, sich dreieckig verbreiternd herunter, bedeckt einen Teil der Füße, namentlich den halben rechten Schuh, und bleibt als voluminöser Ballen vor den Fußspitzen der Versuchsperson liegen. Dieser einem weißen, feinen Wollschleier gleichende Stoff liegt offenbar flächenhaft übereinander wie ein herabgesunkenes Leintuch. Auffallend ist das eigenartige Aussehen an einigen Stellen, das an parallel laufende, dicke, weiße Wollschnüre erinnert und mit breiten Spitzen an den äußeren Rändern endigt.

Zum Vergleich diene ein teleplastisches Stoffstück aus dem Bilde Nr. 81 des Werkes „Materialisationsphänomene" (Sitzung mit Eva C. am 5. Mai 1912), das ebenfalls an ein faltiges, weißes, wollschleierartiges Tuch erinnert.

Die zweite Aufnahme aus der Sitzung Stevensons am 6. September 1920 zeigt ein Substanzpaket zwischen den Schuhen des Mediums in der Seitenaufnahme. Wenn man die Versuchsanordnung und die Art der Entwicklung solcher teleplastischen Schöpfungen nicht kennen würde, man müßte annehmen, daß ein zusammengefaltetes Taschentuch zwischen den Schuhen gesteckt sei. Der schwarze Fleck ist durch die herausstehende Spitze eines Schuhbandes zu erklären. Bemerkenswert erscheinen die zahlreichen, zum Teil tiefen, in gleicher Richtung laufenden Faltungen.

Die dritte Blitzlichtphotographie aus der Sitzung vom 6. September 1920 dürfte die bei weitem interessanteste sein, weil sie die Crawfordsche Struktur darstellt, wie sie als breites, weißes Band von dem Berührungspunkt der Knöchel ausgehend in einem Bogen, ohne den Fußboden zu berühren, emporsteigt und an der unteren Tischfläche etwa in der Mitte fixiert erscheint. Eine gleichzeitige seitliche Aufnahme, (auf welcher der weiße in Streifen gemusterte Tapetenhintergrund der Wand störend wirkt), läßt deutlich erkennen, daß der Ausgangspunkt der Struktur unter dem Tisch sich etwa 35–40 cm von den Knien des Mediums entfernt befindet. Das andere Ende dieses sehr langen, etwa

15–20 cm breiten, einem aus feinster Kaschmirwolle hergestellten Schal gleichenden Bandes bedeckt in massiger Auflagerung das ganze rechte Fußgelenk und endigt nach zweimaliger Umdrehung um die eigene Achse als dicker, breiter, etwa 30 cm langer Streifen auf dem Fußboden, in der Mitte verdeckt durch die beiden rechten Tischfüße. Ob auch in diesem Falle die teleplastische Schöpfung aus dem Unterleib entstanden ist, läßt sich nach den Bildern allein nicht beurteilen. Außerdem müßte noch ein dritter Verbindungsarm mit dem sichtbaren Strang vorhanden sein. Nun zeigt allerdings dieses ganze Gebilde nichts Balkenartiges, vielmehr hat der Beschauer den Eindruck eines außerordentlich weichen lockeren Gewebes, das möglicherweise nach der Crawfordschen Theorie völlig erstarren müßte, um den Druck des Tischgewichtes bei einer Levitation auszuschalten.

Das Aussehen des senkrecht aufsteigenden Teiles ist dasjenige eines zusammengelegten, breiten, transparenten, weißen Mousselinschleiers mit zwei verdickten unregelmäßigen Rändern. In der Zeichnung des Gebildes erkennt man eine Reihe unregelmäßiger, teigiger, paralleler, von oben nach unten verlaufender, schnurartiger Streifen von ungleicher Dicke und Konsistenz, die zum Teil untereinander verschwimmen und an mehreren Stellen durch unregelmäßig geformte Querfasern verbunden sind wie bei einem organischen Gewebe. Die Regelmäßigkeit in der Zeichnung technisch hergestellter Webarbeiten fehlt vollständig. Das über dem rechten Fußgelenk liegende Stoffpaket läßt ganz deutlich eine Anzahl solcher parallel laufender Schnurformen erkennen. Zahlreiche kleine Knoten und Verdickungen finden sich in dem Gewebe eingelagert. Merkwürdigerweise hat das auf dem Fußboden liegende freie Ende eine graue, fleckige Farbe, während der säulenartige Teil weiß ist, von einem mehr wolligen Charakter, während an dieser Stelle die oben geschilderte Zeichnung des Gebildes optisch nicht mehr wahrgenommen werden kann.

Den gleichen bizarren Formcharakter, mit einer Teilung in fünf lange, unregelmäßig gestaltete, baumwollfetzenartige Ausläufer gibt Fig. X in dem letzten Werk von Crawford. Eine breite, weißliche Masse zieht von den Knien bis zu den Füßen an der Innenseite der Unterschenkel herunter und zerfällt in eine Anzahl Ausläufer von grauer Farbe. Eine direkte Verbindung ist nur bei dem geraden mittleren Teil zu erkennen, während die andern vier Stücke möglicherweise auch von dem Hauptstamm getrennt am Fußboden verteilt aufliegen. Die Kongruenz dieser elementaren Zufallsbildungen mit den immer wieder bei dem Medium Eva C. auftretenden Stoffetzen ist eine zu auffallende, als daß sie übersehen werden könnte.

Genau denselben Eindruck transparenter, häutiger, schleier- oder netzartig auseinandergezogener Baumwollfäden machen die teleplastischen Erzeugnisse des polnischen Mediums Stanislawa P., wie der Vergleich mit Tafel XV und XXIII aus dem Werke „Materialisationsphänomene" deutlich zeigt.

Das bei Stanislawa P. aus dem Munde emanierte weiße Gebilde dringt ohne Schwierigkeit durch den schwarzen Schleierkäfig, mit welchem ihr Kopf eingehüllt ist, und weist dieselben Qualitäten, dieselbe häutige, schleierartige Zeichnung auf, wie die von Crawford und Stevenson beobachteten Strukturen bei Fräulein Goligher, ebenso dieselbe unregelmäßig geformte Randung und Querfaserverästelung.

Die gleichen Merkmale bietet auch in den „Materialisationsphänomenen" (Bild Nr. 79 in vergrößertem Maßstab) das Schleierstück, vielleicht nur mit dem Unterschied, daß der Schleierstoff, welcher hier einen Teil der Kopfbekleidung eines teleplastischen, von Eva C. erzeugten Porträts bildet, an wolliges Gewebe erinnert.

Die absolute Unregelmäßigkeit solcher Stoffbildungen zeigt Bild Nr. 92 des Werkes „Materialisationsphänomene". Dieses elementare Zufallsgebilde zeigt ebenfalls in seiner Komposition und Zeichnung große Ähnlichkeiten mit den Produkten des englischen Mediums.

Die in der Sitzung am 25. Januar 1913 mit dem polnischen Medium Stanislawa P. erzielten Aufnahmen (Tafel XXIII des Werkes „Materialisationsphänomene") zeigen, daß auch bei diesem Medium die aus dem Munde emanierten teleplastischen Gebilde eine große Steifheit und Rigidität besaßen, da sie frei wie ein festes Gefüge in die Luft ragen, ohne irgendwie gestützt zu sein. Außerdem biegt sich die Spitze dieser medianimen Effloreszenz hakenartig um, genau wie das in den Versuchen mit Fräulein Goligher von Crawford geschildert wurde. Wie Abb. 148 des Werkes „Materialisationsphänomene" beweist, zeigten die Endorgane solcher bandartigen, offenbar festen Prolongationen bereits schematisch ausgeprägte Handformen, ganz analog den Crawfordschen Ergebnissen, während die fingerartige Ausbildung des Rutenendorgans allem Anschein nach eine ausgeprägte plastische Anatomie aufweist, wofür die Eindrücke in Tonerde sprechen.

Überhaupt sind bei dem Vergleich solcher teleplastischen Erzeugnisse durch verschiedene Versuchspersonen zu berücksichtigen: die individuelle Anlage der medialen Befähigung, die plastische Phantasie der Versuchsobjekte, die verschiedene Materialisationsstufe, in der diese Tatbestände photographiert werden konnten, und ganz besonders auch der mit solchen ideoplastischen Bildungen verbundene Zweck. Daß bei demselben Medium Fingerbildungen ganz verschieden ausfallen können, zeigen die beiden plastisch entwickelten Finger auf dem flachen Handschema bei Eva C. Das Bewußtsein, photographiert zu werden, könnte wohl zu einer stärkeren Herausarbeitung der bildmäßigen Momente in einem solchen Schöpfungsprozeß beitragen, wobei es mehr auf den optischen Eindruck als auf die wirklich differenzierte Ausbildung der betreffenden Glieder ankommt, während umgekehrt der Wunsch, einen guten Abdruck in Tonerde zu erhalten, eher einen Ansporn für eine stärkere plastische Ausgestaltung des betreffenden Gliedes abgeben dürfte.

Die vergleichende Prüfung der Materialisationsprodukte bei drei verschiedenen Medien, die sich übrigens leicht auf andere derartig begabte Personen erweitern ließe, ergibt unzweifelhaft eine so auffallende Übereinstimmung in den Versuchsergebnissen, in der gleichmäßigen Art ihres Zustandekommens und im Gesamteindruck wie in den Einzelheiten der photographierten Erscheinungen, daß man unbekannte Gesetzmäßigkeiten eines biopsychischen Systems anzunehmen sich veranlaßt sieht. Wie sehr zur Erzielung eines solchen Fortschrittes die bahnbrechenden Untersuchungen Crawfords beigetragen haben, ist aus vorstehenden Darlegungen deutlich zu ersehen. Möge nach seinem leider allzu früh erfolgten tragischen Ableben sich ein neuer, mit den nötigen Vorkenntnissen ausgestatteter Forscher finden, der im Geiste des verblichenen Gelehrten sich der seltenen Gaben des jetzt noch zur Verfügung stehenden Mediums Fräulein Goligher bedienen könnte, um die jäh unterbrochenen und vielversprechenden Untersuchungen fortzusetzen und zu einem günstigen Abschluß zu bringen.

Biologische Analogien zu den mediumistischen Gliedbildungen

Schon Professor Oliver Lodge stützte sich, wie in dem Werke „Physikalische Phänomene des Mediumismus" (S. 94) gezeigt wurde, bei der von ihm zuerst vertretenen Hypothese pseudopodienartiger Hervorwüchse zur Erklärung der telekinetischen Phänomene im Jahre 1895 auf gewisse biologische Vorgänge bei den Amöben, die solche Prolongationen erzeugen und wieder in den Körper zurückziehen. Bei den festsitzenden Formen der Amöben dienen die entweder allseitig oder an einer beschränkten Stelle entsendeten Pseudopodien lediglich zur Nahrungsaufnahme. „Sie sind häufig *fingerförmig, lappig* verästelt, selten spitz und unverästelt, in vielen Fällen feinfädig und mit ihren Verästelungen zu einem *Netzwerk* anastomisierend" (Claus Grobber, Lehrbuch der Zoologie, 9. Aufl., 1917, S. 250). Auch ihre Beschreibung in dem Werke: „Tierbau und Tierleben" von Hesse und Dorfler (I. Bd., 1910) schildert die Scheinfüßchen bei den einfachsten Tierformen *lappig,* bei andern *fadenförmig* und *netzartig.*

Bei den Heliozoen und Radiolarien dienen die nach verschiedenen Seiten ausgesendeten Pseudopodien nicht der Fortbewegung. „Es strömt an einer oder mehreren Stellen des Zellumfanges ein Protoplasmalappen auf der Unterlage

131

vorwärts, an andern Stellen werden solche eingezogen. Bei den Foraminiferen sind sie äußerst *feine Fädchen,* die oft mit andern streckenweise *verschmelzen* und *Netze* bilden" (S. 114).

Wie Ziegler (Zoologisches Wörterbuch 1912) ausführt, bestehen die einen Scheinfüßchen aus leichtflüssigem Protoplasma, zeigen große Veränderlichkeit, lebhafte Körnerströmung, neigen zur Verschmelzung untereinander und bilden Netze. „Andere sind *zähflüssig und starr* und werden oft von einem *festen, elastischen Achsenfaden* gestützt" (S. 548).

Nach Leunis (Synopsis der drei Naturreiche, 1883, S. 26) funktionieren die beweglichen, in ihren Formen veränderlichen Fortsätze des Körpers „Pseudopodien" als *Greifarme.*

Die vorstehenden Zitate aus zoologischen Werken der Gegenwart zeigen zahlreiche gemeinsame Merkmale der tierischen Pseudopodien mit den medianimen Effloreszenzen oder den „psychischen Strukturen" Crawfords. Neben der Tatsache des Hervorwachsens und Zurückgehens solcher ephemerer Fangarme ist auch die Ausbildung ihres Endorgans (fingerförmig, lappig), ihre netzförmige Entwicklung und Verschmelzung, ihre Fadenform, ihre zähflüssige und *starre* Beschaffenheit bemerkenswert und völlig übereinstimmend mit den Beobachtungen Crawfords und des Verfassers bei den teleplastischen, unsichtbaren und sichtbaren elementaren Gliedschöpfungen der Medien. Schließlich hat noch Dr. Beck (Pyramide, 6. März 1921) darauf hingewiesen, daß die vom Verfasser bei dem Medium Stanislawa Tomczyk photographisch nachgewiesene kegelförmige Erhebung beim Ansatz der medianimen Kraftlinie an der Spitze des kleinen Fingers die größte Ähnlichkeit hat mit den Spinnwarzen bei den Arachniden.

So scheinen also gewisse primitive Vorgänge aus dem Gebiet der Biologie zur Aufklärung des mediumistischen Materialisationsproblems wichtige Beiträge zu liefern [8].

---

8 *Zusatz:* Ganz besonderes Interesse beanspruchen in diesem Zusammenhang 2 Phänomengruppen, die nicht etwa bei Urtierchen u. dgl. auftreten, sondern beim Menschen selbst, wo sie in der Medizin, bzw. der Anatomie, durchaus bekannt sind, aber natürlich nie mit parapsychologischen Tatsachen in Verbindung gesetzt werden. Nämlich:
1. Die sogenannten „Phantomschmerzen", wobei nicht an Phantome im okkulten Sinn gedacht wird, sondern an die seltsame Erscheinung, daß man immer wieder starke *Schmerzen in amputierten Gliedern,* bzw. an der Stelle, wo sich diese befanden, beobachten kann, obwohl sie doch eigentlich „weg" sind. Man spricht hier in der Tat mitunter schon von einem psychosomatischen Doppelgänger!
2. Fast noch verblüffender sind gewisse Mißbildungen am oder im Körper eines Menschen, die bei genauem Zusehen an das Bruchstück etwa eines Armes, Fußes, einer Hand usw. – wenn auch oft in embryonalem Zustand, erinnern. Man hat ver-

Über die Versuche mit dem Medium Stanislawa Tomczyk [1]

(Eine Entgegnung)

Das vor einigen Monaten erschienene Werk des Verfassers „Physikalische Phänomene des Mediumismus" (München 1921, Reinhardt) hat im allgemeinen sowohl bei der Fach- als auch bei der Tagespresse, abgesehen von wenigen Ausnahmen, eine günstige und wohlwollende Aufnahme gefunden. Die gegnerische Kritik, welche im Gegensatz zu den unliebsamen Diskussionen im Anschluß an das Erscheinen der „Materialisationsphänomene" (1914) dieses Mal offenbar bemüht war, streng sachlich zu bleiben, richtete ihr Hauptaugenmerk auf die Untersuchungen des Verfassers mit dem Medium Stanislawa Tomczyk („Bewegung und Aufhebung unberührter Gegenstände", S. 16–41 des genannten Werkes), wohl hauptsächlich deswegen, weil diese Versuchsserie am reichsten illustriert ist und am ehesten Angriffsmöglichkeiten darbietet.

Ein Teil der Kritiker (wie z. B. Dr. *A. Bruhn* in den „Monistischen Monatsheften" 1921, Nr. 1) begnügt sich mit der Erörterung einiger angeblicher Mängel aus diesem Abschnitt. Sicherlich entspricht es keineswegs den billigen Ansprüchen objektiver Begutachtung, willkürlich ein Bruchstück von 27 Seiten ohne Rücksicht auf den Zusammenhang des Ganzen (201 Seiten) herauszureißen und mit Übergehung aller positiven einige vermeintlich negative Momente zusammenzustellen, um auf Grund derselben zu einer radikalen Verurteilung des Werkes und der ganzen Forscherarbeit des Verfassers zu gelangen.

Eine objektive Stellungnahme zu dem Inhalt des Werkes ist nur möglich nach Vergleichung der Versuchsreihen des Verfassers mit denen anderer For-

---

sucht, sie als einen Ansatz zu einer Zwillingsbildung, ein Rudiment eines solchen, zu erklären. Es wäre dann etwa von diesem Zwilling nur ein Ansatz zu einem Fuß, einem Arm mit Hand usw. wirklich gewachsen, sonst nicht. Wer Bilder solcher Mißbildungen gesehen hat, wird erstaunt sein über die Ähnlichkeit mit den paraphysischen „Greiforganen" usw. in medialen Sitzungen, etwa der dreifingerigen Hand bei den Schneiders (vgl. etwa unten Abb. 6, S. 194.) Nur daß diese „Organe" hier oft überhaupt nicht bis zur Sichtbarkeit in Erscheinung treten und sich sofort wieder auflösen, wenn sie nicht mehr benötigt werden, während jene Mißbildungen zeitlebens von der Person, an oder in der sie sich (analog zum Materialisationsmedium!) bilden, herumgetragen werden, wenn sie nicht durch einen besonderen ärztlichen Eingriff entfernt werden. Ein vergleichendes Studium dieser Erscheinungen müßte eigentlich zu wichtigen Aufschlüssen führen können. (Vgl. etwa Prof. Dr. M. Mikorey „Phantome und Doppelgänger", Lehmann, München 1952, der es freilich streng vermieden hat, die parapsychologischen Materialisationsphänomene heranzuziehen.) G. W.

1 Erstmals erschienen in den „Psychischen Studien", März 1921.

scher und ganz besonders mit den Experimenten des Professors Ochorowicz[2], für welche die 57 Beobachtungen des Verfassers an der Polin nur eine bestätigende Nachprüfung darstellen. Auf die Versuche mit Fräulein Tomczyk folgen Berichte über 42 Sitzungen des Verfassers mit Eusapia Palladino unter ganz andern Bedingungen, aber mit demselben positiven Resultat für die Existenz echter telekinetischer Vorgänge. Ein großer Teil dieser Experimente fand auch in München statt.

Die weiterhin im Werk referierten Versuchsreihen der französischen Untersuchungskommission und des Dr. Crawford folgen denselben methodischen Grundsätzen, wie sie vom Verfasser angewendet wurden. Um über die sogenannte „wissenschaftliche Sicherheit der Telekinese" ein einigermaßen zutreffendes Urteil zu fällen, muß der Gesamteindruck dieser zahlreichen, mit verschiedenen Versuchspersonen zu verschiedenen Zeiten und in verschiedenen Ländern, also ganz unabhängig voneinander zustande gekommenen Ergebnisse, ausschlaggebend sein.

Mit Recht bemerkt Dr. *Recknagel* (praktischer Arzt) in einem für die ärztliche Kommission (in München) zur Untersuchung sogenannter okkulter Vorgänge abgegebenen Gutachten: „Wenn zwei Forscher unabhängig voneinander zu denselben Resultaten gelangen, so liegt darin nach herkömmlicher wissenschaftlicher Auffassung eine große Beweiskraft; denn es ist *äußerst unwahrscheinlich*, daß zwei so gewiegte Experimentatoren (wie Professor Ochorowicz und Dr. Schrenck-Notzing), zumal sie unter verschiedenen Bedingungen und Anordnungen experimentierten, den gleichen Täuschungen zum Opfer fallen."

Ein Haupteinwand, der von verschiedenen Seiten erhoben wurde, ist die Behinderung der sinnlichen Wahrnehmung durch das bei den Versuchen angewendete elektrische Rotlicht. Allerdings liefert helles, weißes oder auch Tageslicht für die genaue Beobachtung günstigere Bedingungen. Wenn man aber auf dem Standpunkt steht, daß es sich bei diesen Vorgängen um „Lebenserscheinungen" handelt, so wird ohne weiteres die fundamentale Bedeutung der Lichtwirkung begreiflich. Allbekannt ist die Einwirkung des Lichtes im hemmenden und fördernden Sinn auf gewisse biologische Prozesse (Befruchtung, Keimplasma usw.). Neuere Versuche in der Kinematographie zeigen, daß Lebewesen, namentlich primitiver Art, direkt durch starke Lichteinwirkung getötet werden können. Wie die in München seinerzeit von Tappeiner und Jodlbauer angestellten Versuche zeigen, wirkt das Eosin als Sensibilisator auf Tiere, wodurch die Lichtwirkung auf den Organismus erhöht wird, bis der Tod eintritt.

2 *Zusatz:* Vgl. „Annales des Sciences Psychiques" (Paris), mehrere Aufsätze in den Jahrgängen 1909–1912, deutsche Auszüge von General Jos. Peter in „Übersinnliche Welt" 1909–1913. G. W.

Wie die gesamte Literatur über den Mediumismus zeigt, wirkt grelles Licht den Phänomenen schädlich. Man ist also, um überhaupt Resultate zu erhalten, auch hier wieder genötigt, sich den Bedingungen anzupassen, unter denen die Phänomene auftreten, d. h. das Licht abzublenden, was am besten durch Rotlicht in verschiedenen Stärken und Graden je nach Bedarf erzielt wird. Die Abdämpfung braucht aber nicht so erheblich zu sein, daß dadurch eine einigermaßen genaue Beobachtung unmöglich wird. Das war auch bei den Tomczyk-Versuchen nicht der Fall. In wiederholten Fällen konnte sogar die fluidale Fadenverbindung der Hände bei entsprechendem Materialisationsgrad optisch wahrgenommen werden.

Ein ärztlicher Zeuge, Dr. *Dürig,* der an 7 Sitzungen teilnahm, äußerte sich in seinem nachträglich für die obengenannte ärztliche Kommission angefertigten Protokoll wie folgt: „Die Lichtstärke der roten elektrischen Beleuchtung war stets ausreichend zur Beobachtung der Einzelheiten der Versuchsanordnung. Irgend eine ernstliche Behinderung der Beobachtungsmöglichkeit durch die Sinne bestand also nicht."

Dr. Recknagel bezeichnet in seinem Gutachten eine stärkere Beleuchtung des Mediums und seines Arbeitsfeldes als eine unerfüllbare Forderung. In diesem Fall müsse man sich dem Urteil der Sachverständigen fügen, solange man das Gegenteil nicht beweisen könne. Man müsse alles vermeiden, was bei derartigen, ohnehin komplizierten Versuchen hinderlich sei und die Übersichtlichkeit und Beurteilungsmöglichkeit des Versuchsverlaufs gefährde. Er fährt dann fort: „Ich habe mich jedoch auch persönlich davon überzeugt, daß die angegebene Beleuchtung zu schärfster Beobachtung auch aus größerer Entfernung genügt. Während der Verfasser eine 100 Kerzen starke Lampe benutzte, hängte ich eine nur 50 Kerzen starke Lampe hinter meinem Rücken so auf, daß auf den vor mir stehenden Tisch mein Körper einen großen Schatten warf. In diesem Schatten konnte ich sofort, auch ohne vorherige längere Angewöhnung des Auges, in etwa 30 cm Entfernung Zeitung lesen. Die Windungen einer in meiner Hand befindlichen Drahtspirale wurden von einer 1 m entfernt sitzenden Person rasch und richtig erkannt. Die Beobachtungsmöglichkeit war eine auch für subtile Gegenstände, zum mindesten aber für jede Bewegung der Finger, auch kleinster Exkursion, ausreichende."

Die bei den Versuchen angewendeten Kontrollmaßregeln sind in ihren wesentlichen Punkten aus dem Buch bekannt: Untersuchung der ganzen vorderen, oberen Kleidfläche durch Abtasten und Beleuchtung mit weißen elektrischen Taschenlaternen, Aufstreifen der Ärmel bis über die Ellbogen, sorgfältige Prüfung der Hände und Vorderarme mit Lupen, Elektroskop usw., Ausstreifen der Nagelspitzen mit einer Schere, Abwischen und Beleuchten der Tischplatte vor dem Medium. Die einmal nach Erledigung dieser regelmäßigen Vorkontrolle auf die Tischplatte gelegten Hände dürfen weder sich selbst (Kopf, Kleid, andere Hand) berühren noch die Tischplatte verlassen. Eigenberührungen des Mediums, wie sie bei betrügerischer Verwendung von Fäden notwendig gewesen wären, dürfen also wohl durch diese Art der Vorkontrolle als ausgeschaltet angesehen werden.

Außerdem war es den Zeugen gestattet, jede weitere beliebige Untersuchung vorzunehmen, wozu vom Verfasser vor den Sitzungen regelmäßig aufgefordert wurde. Verfasser hatte den Eindruck, daß auch die skeptischen Teilnehmer keine Verbesserung der Versuchsbedingungen anzugeben wußten und dieselben offenbar für zuverlässig erachteten. Wenn Fräulein Tomczyk im Verlauf der Sitzung Durst hatte, so mußte eine dritte Person ihr Wasser reichen, damit ihre Hände die Tischplatte nicht zu verlassen brauchten.

Die Kontrolle nach Beendigung der Versuche wurde mit derselben Genauigkeit vorgenommen; dafür spricht z. B. ein Vorfall in der Sitzung am 1. Februar 1914. Professor G. fand unter dem Nagel des linken Daumens einen kleinen Splitter, den Verfasser zur mikroskopischen Untersuchung an sich nahm. Es handelte sich, wie die Prüfung ergab, um ein Stückchen von der Schale einer als Vogelfutter dienenden Körnerfrucht. Stanislawa hatte vor der Sitzung am 1. Februar Kanarienvögel gefüttert. Irgendwelche Fäden oder Haarknäuel hätten wohl ebenso zum Vorschein kommen können wie dieser Splitter. Die Nachkontrollen waren aber im übrigen negativ. Im letzten Augenblick vor Beginn des eigentlichen Versuches nahm Verfasser in einer Reihe von Fällen die eine Hand des Mediums vom Tisch und erhob sie in die Luft, so daß die Entfernung der Hände nunmehr mehr als 1½ m betrug, um sie dann wieder in die alte Bereitschaftsstellung zurückzuversetzen. Unmittelbar darauf begann der Versuch. Somit blieb keine Zeit und Gelegenheit für das Spannen eines Haares von Hand zu Hand übrig.

Um ein Blasen mit dem Munde zu vermeiden, hielt der Verfasser bei einzelnen Versuchen eine Glasplatte vor den Mund des Mediums. Die Gegenstände wurden von mir selbst ausgesucht, vor der Polin auf den Tisch gelegt, keinen Augenblick von ihr körperlich berührt, darauf bewegt und in schwebende Stellung gebracht. Gewöhnlich dauerte es einige Minuten, bis eine Empfindung des Prickelns in den Fingerspitzen die Herstellung der fluidalen Kommunikation anzeigte. Eine Unterbrechung dieser Verbindung in der Entwicklung des Versuches durch Dazwischenfahren mit der Hand lag nicht im Interesse des zu erwartenden Resultats, kam aber doch in einzelnen Fällen, so in der Sitzung am 19. Februar 1914, vor. Faden oder Haar wurden nicht gefunden, aber der Versuch mußte von neuem begonnen werden. Derartige Eingriffe beantwortet das Medium mit lebhaften Schmerzäußerungen; sie braucht dann einige Zeit, um neue Kräfte zu sammeln. Im allgemeinen bedeutet das bei den Skeptischen beliebte Zufassen und Hineingreifen in das Phänomen selbst meist eine gesundheitliche Schädigung des Mediums, „womit der wissenschaftlichen Forschung", wie Dr. Recknagel mit Recht betont, „mehr geschadet als gedient ist". Eben die Tatsache dieser Beschädigung spricht nach Recknagel für die Echtheit des Phänomens. „Denn sonst wäre die Beschädigung nicht erfolgt."

Der gegnerische Skeptizismus macht sich die Sache dadurch sehr leicht, daß solche Entlarvungsversuche ohne Resultat von ihm totgeschwiegen werden, obwohl sie doch den von der Gegenseite verlangten Beweis für die Echtheit erbringen (vgl. Die mißlungene Entlarvung der Eva C. in „Materialisationsphänomene", S. 330).

Dr. Bruhn verlangt, man hätte die nach seiner Ansicht vorhandenen Fäden technischer oder organischer Herkunft dem Medium entreißen müssen, übersieht aber dabei, daß die fadenartigen Effloreszenzen erst nach der Abreise des Mediums auf den Negativen festgestellt wurden. Während der Sitzungen selbst handelte es sich um eine Nachprüfung der Forschungsresultate und theoretischen Aufstellungen des Professors Ochorowicz, der bekanntlich eine Art organischer Strahlung als Ursache der Phänomene annahm. Solche mitunter leuchtende Strahlen anzufassen, das hätte wenig Sinn gehabt.

Bei oberflächlicher Beurteilung der in meinem Werke photographierten fluidalen Fäden, ohne Berücksichtigung der in den Sitzungsberichten mitgeteilten Bedingungen ihres Zustandekommens, fällt eine gewisse Ähnlichkeit dieser Kraftlinien mit bekannteren Fadenarten ins Auge; man hat auch versucht, durch unscharfe Einstellung photographischer Apparate Fadenbilder zu erzeugen, die den im Buch reproduzierten Kraftlinien ähnlich sein sollen. Solche Nachahmungen sind natürlich so lange wertlos, als sie nicht unter genau den gleichen Versuchsbedingungen zustande gekommen sind, wie die vom Verfasser aufgenommenen.

Bei der Wiedergabe der „starren Strahlen" des Professors Ochorowicz wurde das Negativ durch die auf der geschlossenen Kassette aufliegende Kraftlinie radiographisch beeinflußt. Nur auf einer einzigen Platte des Verfassers (beim Waageversuch) wird schon auf der Glasplatte des Diapositivs ohne Vergrößerung die fadenartige Verbindung sichtbar. Aber auf derselben Platte bleibt zunächst eine zweite fluidale Kommunikation mit der links von Stanislawa befindlichen Waageschale unsichtbar. Dieselbe tritt erst bei 150facher Vergrößerung hervor und ist offenbar starr zu dem Zweck, diese Waageschale zu senken; es kann sich aber nicht gut um einen Faden handeln, da man mit demselben keinen Gegenstand herunterdrücken kann; ein Heraufziehen dieser Schale würde aber ein Heruntersteigen der rechten durch einen fluidalen Faden getragenen zur Folge haben müssen. Die beiden Effloreszenzen wirken also antagonistisch, und es ist vom Standpunkt der rationellen Schwindeltechnik absolut nicht zu verstehen, warum das Negativ zwei so verschiedenartig wirkende Gebilde zeigt. Die vorgelegten Nachahmungen solcher Kraftlinien sind überhaupt nicht radiographisch zustande gekommen, sondern durch einfache Photographie von Fäden, also unter absolut veränderten Versuchsbedingungen. Das Wesentliche an den Bildern von Ochorowicz und dem Verfasser ist der diskontinuierliche Charakter, der mosaikartige Untergrund der Fäden, der sich, wie Ochorowicz nachwies, aus lauter kleinen Trümmern, die er „Kometen" nennt, zusammensetzt. Die sich an einer Reihe von Stellen findenden Lücken, Brüche und Risse, sowie die leeren Zwischenräume sind auf den Nachahmungen nicht zu finden, ebensowenig wie das unregelmäßige, zerklüftete Aussehen der äußeren Begrenzungslinien. Auch die Art der Kommunikation der beiden Kraftlinien durch fadenartige Brücken ist auf den Imitationen, die eine einfache Berührung der Hauptlinien zeigen, nicht vorhanden [3].

Bei dem Kugelversuch sieht man auf den verschiedenen Aufnahmen und Diapositiven, obwohl die Negative scharf eingestellt waren, nicht das geringste. Erst die mikroskopische Untersuchung einiger Negative und die starke Vergrößerung (mindestens 30–50fach) läßt jene fluidalen Kraftlinien hervortreten, welche zum Erheben der Kugel dienen und dieselbe tragen. Bei jeder Situation wurden zum Zwecke gegenseitiger Kontrolle stets mehrere photographische Apparate (3–5) angewendet. Die Behauptung des Dr. Bruhn, die Apparate seien unscharf eingestellt, wird durch die Schärfe der Bilder selbst widerlegt. Die fluidalen Kraftlinien liegen in derselben optischen Ebene wie die Hände und emporgehobenen Objekte, müssen also ebenso klar auf den Negativen zu sehen sein wie diese.

Schließlich gibt es kein Produkt technischer oder organischer Herkunft in Fadenform, welches bei Besichtigung der Negative durch das Mikroskop oder bei entsprechender Lichtbildvergrößerung (100–200fach) nicht zum Vorschein kommen würde – auch selbst auf unscharf eingestellten Platten. Die Prüfung wurde bei sämtlichen Negativen vorgenommen, ohne daß es möglich gewesen wäre, irgend eine Fadenverbindung, z. B. bei der Levitation des in schräger (der Schwerkraft widersprechender) Schwebestellung stehenden Löffels, nachzuweisen. Dieselbe wäre mit einem einzelnen Faden überhaupt nicht ausführbar.

[3] *Zusatz:* Ähnliche Ergebnisse berichtet Prof. K. Blacher (1867–1939) von der Universität Riga über seine Versuche mit Frau Ideler, „Ztschr. f. Parapsychologie", Oktober 1931. Auch hier wurden gewöhnliche Fäden usw. in mikroskopischer Aufnahme als von anderer Struktur als die fluidalen befunden. G. W.

Von einer Präokkupation des Verfassers für irgend eine Theorie oder von einer auch bei den Tomczyk-Versuchen vermuteten, durch antispiritistische Denkgewohnheiten entstandenen psychischen Gegenwirkung der Anwesenden, von Wünschen und Vorstellungen des Verfassers mit suggestiver Wirkung auf das für derartige Versuche von Ochorowicz erzogene Medium kann – im Gegensatz zur Auffassung des Dr. Bruhn – keine Rede sein. Denn die fadenartigen Kraftlinien wurden auf den Negativen erst nach der Abreise des Mediums entdeckt, und zwar die untere Linie auf dem Waagebild, die beiden Fäden, welche die Kugel halten, sowie die Ansätze der Effloreszenzen an der Hand Stanislawas erst im Jahre 1919.

Übrigens war die Aufmerksamkeit sämtlicher Beobachter und Zeugen stets auf die Feststellung etwa betrügerisch verwendeter Fäden gerichtet. Nun ist bei den vierjährigen Untersuchungen des Professors Ochorowicz in Warschau und Paris, an denen auch wissenschaftliche Größen wie Professor Charles *Richet* und Madame *Curie* teilnahmen, ebenso wie bei den 54 Beobachtungen des Verfassers in Warschau und München in keinem einzigen Fall die betrügerische Verwendung eines Fadens nachgewiesen worden.

Es wäre doch einigermaßen naiv, diesen gesamten Teilnehmern und Gelehrten das Zeugnis einer solchen Beobachtungsunfähigkeit ausstellen zu wollen, daß dieselben nicht imstande gewesen sein sollten, diesen außerordentlich einfachen Trick zu durchschauen.

Man versuche einmal, die Versuche unter den Bedingungen, wie sie im Buch des Verfassers beschrieben sind, nachzumachen. Erst dann wird die Schwierigkeit, ein solches Experiment mit den bekannten mechanischen Hilfsmitteln auszuführen, um nicht zu sagen, die Unmöglichkeit dazu, völlig klar – und zwar das alles unter den Argusaugen einer Anzahl mißtrauischer, medizinisch und psychologisch gebildeter Beobachter.

Die Gegenstände müßten doch in irgend einer Weise vorher an den Faden fixiert sein, um sich frei in die Luft erheben zu können, ganz abgesehen von den wechselnden Gewichten und dem Umstande, daß die Wahl der Objekte *nicht* vom Medium, sondern vom Versuchsleiter vorgenommen wurde. So wurden in den Münchener Sitzungen erhoben: eine Zelluloidkugel, ein Löffel, eine Briefwaage, einzelne, kleine Metallgewichte sowie ein viereckiger, hölzerner Kasten im Gewicht von 100 g, außerdem bei den Ochorowicz-Versuchen, soweit sie mir im Diapositiv vorliegen: ein Magnet mit dem Anker nach oben in schiefer Stellung, eine Papierschere, eine große Glasglocke, ein Metallzeiger, ein halb gefülltes Reagenzglas, eine mittelgroße Stoffkugel, eine Streichholzschachtel usw. Diese Gegenstände sind in freischwebender Stellung photographiert worden, ohne daß irgendwo die betrügerische Verwendung von Fäden nachgewiesen werden konnte.

Die glatte Oberfläche bei Glas und Zelluloid erschwert außerdem die Fadenadhäsion erheblich.

Gewisse Phänomene sind durch die Fadentheorie überhaupt nicht erklärbar, wie z. B. das Rollen der Kugel in der Richtung auf das Medium zu, während die Kugel mehrere Zentimeter vor den Fingerspitzen sich bewegt; hier kann es sich nur um ein Geschoben- oder Gestoßenwerden handeln, und zwar durch rigide Prolongationen, die von den Fingerspitzen ausgehen. Ferner die Bewegung der Doppelwaage bei ruhig unter der Waage auf dem Tisch liegenden Händen; dasselbe Phänomen bei ruhigstehenden, über dem Waageapparat gehaltenen Händen; endlich die Bewegung einer durch die Zeugen bestimmten Kugel von acht andern unter einer Glasglocke, die Einwirkung auf den Balken der Alruzwaage u. a. m.

Auch die Experimente des Professors Ochorowicz lassen ebenfalls keinen Zweifel an der Echtheit der Phänomene. Man erinnere sich an das Experiment mit dem Methylfeuerzeug, aus dem die Unverbrennbarkeit der fluidalen Kraftlinien hervorgeht, ferner an den Versuch mit den drei farbigen Tropfen auf dem Papier, an den Galvanometerausschlag bei Herstellung einer elektrischen Leitung durch fluidale Fäden, ferner an das Läuten einer Glocke 95 cm hinter dem Rücken des Mediums, an die radiographischen Abdrücke der Effloreszenzen in verschlossenen Kassetten usw. Außerordentlich lehrreich ist auch der Versuch mit den halbflüssigen Membranen.

Weiterhin wurde von der Gegenseite die Anwesenheit der Freundin P. beanstandet. Der ärztliche Zeuge Dr. *Dürig* äußert sich über diesen Punkt in seiner Protokollergänzung wie folgt: „Mir ist niemals der Gedanke gekommen, daß Fräulein P. gewissermaßen als Komplice bei einem vermuteten Betrug hätte mitwirken können. Denn sie kam während ihrer Anwesenheit nur in seltenen Fällen in eine körperliche Berührung mit Fräulein Tomczyk, saß weit von ihr entfernt, so daß sie ihr nichts hätte zustecken können, auch wenn sie gewollt hätte. Allerdings gab sie ihr in einzelnen Fällen während der Versuchspausen einen Schluck Wasser zu trinken und kam so mit Fräulein P. in körperliche Berührung. Diese Handreichung geschah aber in der Weise, daß während derselben Fräulein Tomczyk mit ihren Händen die Tischplatte nicht verlassen durfte und das Glas mit denselben überhaupt nicht berührte. Außerdem fanden diese Pausen erst statt nach Ablauf einer Reihe meist gelungener Versuche, so daß es keinen Sinn mehr gehabt hätte, ihr noch nachträglich für die Ausführung des zweiten Teils der Experimente irgend etwas zuzustecken, nachdem dieser Einwand schon für den ersten Teil hinfällig ist. Der Charakter der Versuche schließt außerdem die Beihilfe einer dritten Person aus, denn wie hätte Fräulein P. dem Medium beim Bewegen und Aufheben der Gegenstände helfen sollen? Eine körperliche Untersuchung des Fräulein P. vor der Sitzung wäre vollkommen zwecklos gewesen, da es bei genauester Prüfung immerhin möglich ist, ein kaum sichtbares Haar oder einen Fadenknäuel in den Kleidern oder in den Haaren so zu verstecken, daß er nicht gefunden wird."

Dr. Recknagel äußert sich über diesen Punkt in seinem Gutachten wie folgt: „Nachdem Fräulein P. bei den Versuchen des Professors Ochorowicz und auch bei *einer* Sitzung des Verfassers in Warschau nicht zugegen war, erscheint mir ihre Anwesenheit bei den übrigen Schrenckschen Versuchen belanglos. Auch war bei den erwähnten Versuchen ohne Fräulein P. nicht etwa eine andere Vertrauensperson des Mediums an deren Stelle."

Ferner wurde das Fehlen von Zeugenprotokollen (vor Abfassung des Buches) als ein Mangel bezeichnet. Nun ist aber nach den Erfahrungen des Verfassers solchen Zeugenprotokollen nur ein relativer Wert beizumessen. Denn das Vorurteil gegen die Existenz okkulter Phänomene spielt noch eine Rolle bei solchen Zeugen, auch wenn sie unter dem frischen Eindruck des Geschehenen stehen. Wie bereits in der Einleitung zu dem Werk „Materialisationsphänomene" ausgeführt wurde, ist für die Feststellung gelehrter Zeugen der gewohnheitsmäßige Eindruck solcher lange Zeiträume hindurch beobachteten Phänomene zweckmäßig, um zu einer endgültigen Entscheidung pro oder contra zu gelangen. Dazu kommt, daß solche Teilnehmer, auch wenn sie mitunter in Privatkreisen die Existenz dieser Phänomene bestätigen, sich doch noch nicht veranlaßt sehen, öffentlich dafür einzutreten, was ja vom menschlichen Standpunkt begreiflich ist, besonders mit Rücksicht auf die Anfeindungen, denen wissenschaftliche Autoren dann ausgesetzt zu sein pflegen. Nicht selten ändern auch Zeugen nachträglich ihr erstes positives, eventuell auch schriftlich abgegebenes Urteil im negativen Sinn ab, ohne daß irgend ein Novum in dem Tatbestand zu verzeichnen wäre. Dem Versuchsleiter aber ist es dann nicht mehr möglich, hierauf einen Einfluß auszuüben.

Ein interessantes Beispiel für die Richtigkeit dieser Auffassung gibt eine kürzliche Erfahrung mit dem hiesigen Bildhauer O., der 1893 in Mailand Gelegenheit hatte, in Verbindung mit den Professoren *Charles Richet, Cesare Lombroso* und *William James* bei *Eusapia Palladino* ideoplastische Phänomene zu erleben, nämlich den Abdruck von Gliedmaßen in Plastilin auf 4 m Entfernung von der Versuchsperson bei gedämpftem Tageslicht, während das Medium an seinen Stuhl festgebunden war. Auf die Bitte des Verfassers sagte Herr O. zu, diesen höchst interessanten Bericht veröffentlichen zu wollen. Mehrere Tage später, nämlich am 8. November 1920, zog Herr O. seine Zusage zurück, es mit folgenden, aus seinem Brief zitierten Sätzen begründend: „Zufällig geriet ich gestern in einen rabiat antiokkultistischen Kreis. Im Laufe der Debatte, in der ich meine Erfahrungen von damals sowie andere aus den letzten zwanzig Jahren mitteilte, setzte man mich in Kenntnis, daß man entschlossen sei, derartigen Veröffentlichungen, die man als ausgemachten Schwindel bezeichnete, mit aller Münchner Energie entgegenzutreten und alle Namen solcher Zeugen öffentlich herumzuzerren. Am bösartigsten benahm sich eine Dame[4] dabei. Ich bin nun ebenso fest entschlossen, meinen Namen nicht herumzerren zu lassen. Wenn ich als Fachmann angefeindet werde, so ist das etwas anderes. Ce sont les désagréments du métier. Aber meine intellektuelle und moralische Rechtschaffenheit in Frage gezogen zu sehen ohne Zweck, dazu kann ich mich nicht entschließen, und es würde geschehen; dessen wurde ich versichert. Das arme München tut viel besser daran, zu bleiben was es immer war, die Stadt der Gaudi und Hetz. *Polemik wird hier so ordinär, daß sie ein Europäer lieber vermeidet.*"

Durch das Risiko, welches Zeugen solcher Versuche in der Öffentlichkeit laufen, sah sich wohl auch ein Teilnehmer der Münchener Versuche, der Nervenarzt Dr. *Aub*, veranlaßt, gelegentlich der *Aigner*schen Vorträge im Ärztlichen Verein in München am 20. Oktober 1920 dagegen zu protestieren, daß sein Name ohne Einholung spezieller Erlaubnis vom Verfasser genannt worden sei. Er selbst habe diese Veranstaltung für eine gesellschaftliche Unterhaltung angesehen und halte auch die dabei angewendete Versuchsmethode für unwissenschaftlich.

Eine gesellschaftliche Unterhaltung, an der vorzugsweise Gelehrte teilnehmen, die sonst nicht in dem Hause des Verfassers zu verkehren pflegen, eine Unterhaltung in den ärztlichen Räumen und im Laboratorium – anstatt in den Salons der Wohnräume? Eine Unterhaltung mit einem Medium im tiefen hysterischen Somnambulismus, mit äußerst anstrengenden Versuchen, durch welche mehrfach Ohnmachten herbeigeführt wurden! Eine Unterhaltung mit Waage und Blitzlichtapparaten, mit Abänderungen der Beleuchtung, mit elektrischen und sonstigen Instrumenten! – Eine solche Unterhaltung würde den Gipfelpunkt der Frivolität bedeuten und kann nur als eine durchsichtige, nachträgliche Ausrede gedeutet werden, ganz besonders nachdem Herr Dr. Aub selbst wiederholt den körperlichen Zustand der Versuchsperson, die gesteigerte Herzfrequenz, die Tiefe des Dämmerzustandes geprüft hat.

Es mag allerdings sein, daß Herr Dr. Aub von seinem subjektiven Stand-

---

4 Möglicherweise Mathilde v. Kemnitz (die spätere Frau Ludendorffs), die damals bei jeder sich bietenden Gelegenheit in Wort und Schrift die Schrenck'schen Versuche angriff. G. W.

punkt aus, aus dem bekannten Vorurteil gegen alles Okkultistische heraus, diesen Versuchen nicht den nötigen wissenschaftlichen Ernst entgegenbrachte und das Ganze als eine angenehme und interessante Zerstreuung (ähnlich einer Taschenspielervorstellung) betrachtete. Übrigens steht Herr Dr. Aub mit dieser Auffassung unter den damaligen Zeugen allein.

Sehr bezeichnend ist die Auslassung des Dr. Dürig über diesen Punkt. Derselbe sagt in seinem Protokoll darüber folgendes: „Der Nervenarzt Dr. Aub wurde durch mich in die Sitzungen des Dr. v. Schrenck eingeführt. Soviel ich mich erinnere, hat derselbe sich damals mir und dem Versuchsleiter gegenüber keineswegs ablehnend, sondern durchaus positiv im Sinne der Erscheinungen ausgesprochen. Seine sieben Jahre später erfolgte, also nachträgliche Beanstandung der Exaktheit der Versuchsbedingungen (ohne jede weitere Begründung) muß ich demnach für gegenstandslos erklären."

Überhaupt hat bis jetzt noch keiner von den sämtlichen Kritikern angegeben, *welche* Versuchsmaßregeln außer den angewendeten hätten noch in Betracht gezogen werden müssen!

Schon die Art, wie das Sitzungsprotokoll zustande kam, läßt wohl kaum einen Zweifel übrig, daß dasselbe für eine spätere Publikation verwendet werden sollte, womit der Protest des Dr. Aub, sein Name sei ohne spezielle Erlaubnis genannt worden, hinfällig wird. *Dasselbe wurde nämlich während der Sitzungen laut vom Verfasser in einen elektrisch betriebenen Parlographen diktiert.* Jeder Teilnehmer mußte jedes Wort hören und hatte Gelegenheit, Änderungen und Zusätze zu machen, was auch zum Teil geschehen ist. Die Zeugen konnten also darüber wachen, daß das Diktat den jeweilig beobachteten Tatbeständen entsprach. Wenn man die skeptische Haltung berücksichtigt, welche die meisten gelehrten Zeugen den Phänomenen gegenüber einnehmen, so kann wohl ohne weiteres angenommen werden, daß die Protokollierung in voller Übereinstimmung mit den Anwesenden zustande kam. Außerdem läßt sich jedes in den Apparat hineingesprochene Wort reproduzieren, eine weitere Gelegenheit, gegen den Inhalt Einspruch zu erheben.

Das parlographische Verfahren macht die Aufzeichnung nachträglicher unzuverlässiger Erinnerungen und die Abfassung eines gemeinsamen Protokolls gegenstandslos.

Unter diesen Umständen sind Einwände und Verbesserungsvorschläge in bezug auf die vom Verfasser nach bestem Wissen getroffenen Versuchsanordnungen in Form erst nach Ablauf mehrerer Jahre erhobener Proteste hinfällig. Ihre Anerkennung würde das Gegenteil jeder geregelten Experimentaluntersuchung bedeuten.

Im übrigen könnten auch selbst nachträglich abweichende Zeugenaussagen die Eindrücke des Autors und seine Erfahrungen, die sich auf ein jahrzehntelanges Studium solcher Vorgänge stützen und die der Autor in eigener Verantwortlichkeit öffentlich vertritt, nicht erschüttern. Sicherlich kann auch der Versuchsleiter, der im idealen Forschungsinteresse arbeitet, gelegentlich irren, ebenso wie es sicher ist, daß die meisten Medien bei mangelnder Produktionskraft durch primitive Manöver bestrebt sind, die echten Phänomene zu ersetzen. Man muß sich aber vor einer Verallgemeinerung und Übertreibung derartiger negativer Einzelerfahrungen hüten. Denn die wachsende Summe der positiven Ergebnisse, die zunehmende Exaktheit der Methode, lassen trotz mancher in der Psyche der Versuchsperson liegenden Schwierigkeiten für das Zustandekommen solcher Phänomene und trotz der abergläubischen Vorstellungen, mit welchen dieselben heute noch umgeben werden, erhoffen, daß das Gebiet der parapsychischen und paraphysischen Erscheinungen immer mehr ein Gegenstand ernster Forschung werden wird.

Der zweite internationale Kongreß für psychische Forschung
in Warschau [1]

(vom 29. August bis 5. September 1923)

Obwohl die äußeren Umstände, unter denen die zweite Zusammenkunft der Parapsychologen aller Länder Ende August dieses Jahres in Warschau stattfand, infolge der wirtschaftlichen Not Deutschlands und der verworrenen politischen Verhältnisse keine günstigen waren, trug dieselbe doch ein durchaus internationales Gepräge, da die meisten Länder durch einen oder mehrere Gelehrte vertreten waren. Leider sagte in letzter Stunde die Mehrzahl deutscher Teilnehmer, welche Vorträge angemeldet hatten, aus Veranlassung des katastrophalen Marksturzes ab, so die Professoren *Oesterreich, Zimmer, Gruber,* der Privatdozent Dr. *Schayer,* die Berliner Ärzte Dr. *Sünner, Bruck, Schwab, Kröner.* Schließlich war Deutschland nur vertreten durch Dr. *Frhrn. v. Schrenck-Notzing* (München), Ingenieur *Grunewald* (Berlin) und Dr. *Neumann* (Baden). Auch aus Frankreich erschienen nur zwei Herren, nämlich Dr. *Geley* und *René Sudre,* welche die viertägige Reise über die Ostsee und Danzig nach Polen nicht gescheut hatten. Als Repräsentanten Englands waren anwesend die Herren *Dingwall* und *Price* (Soc. f. Psych. Res.), als Vertreter der Vereinigten Staaten Dr. *Gardner Murphy,* aus Italien Dr. *Mackenzie,* aus Holland Dr. phil. J. T. W. *Brugmans;* außerdem hatten sich eingefunden Prof. *Alruz* (Schweden), Prof. *Wereide* (Norwegen), Prof. *Blacher* (Riga), Prof. *Nielsson* (Island), Dr. *Oberhummer* (Wien), Herr *Carl Vett* (Dänemark), Dr. *Tigerstedt* (Finnland). Auch Spanien, die Türkei und Tschechoslowakei sandten je einen Vertreter.

Das um das Zustandekommen dieser großzügigen Veranstaltung hochverdiente polnische Komitee war vollständig zur Stelle und bestand aus folgenden Personen: Prof. *Gravier* (Warschau), Prof. *Chojecki* (Lublin), Prof. *Kawacki* (Warschau), Ing. *Lebiedzinski* (Warschau), Prof. *Stolhyvo* (Warschau), Prof. *Witwicki* (Chef des Psych. Instituts der Warschauer Universität), Prinz *Lubomirski* (Warschau), Dr. *Sokolowski* – und endlich einer Dame, Dr. phil. *Jeanne Garczynska,* welche als unermüdliche, aufopfernde Organisatorin außerordentlich zum Gelingen des Ganzen beigetragen hat.

Am 29. August vormittags fand die feierliche Eröffnung des von mehreren hundert Personen besuchten Kongresses in der mit Pflanzen reich dekorierten großen Aula der Warschauer Universität statt. Der Rektor derselben, Vertreter des Staatspräsidenten, des Kultusministeriums, der Stadt und der Ärzteschaft

1 Erstmals erschienen in den „Psychischen Studien", November 1923.

145

richteten herzliche Begrüßungsansprachen an die Gäste. Das vom Kongreß gewählte Präsidium bestand aus Dr. *Mackenzie* (Italien), Prof. *Gravier*, Präsident der Gesellschaft für Psych. Forschung in Warschau, und Prof. *Witwicki* als Vertreter der Universität, in deren Räumen die Sitzungen abgehalten wurden. Der 30. August war für Vorträge in französischer, der 31. August für solche in englischer, der 1. September für solche in deutscher und der 2. September für Mitteilungen in polnischer Sprache bestimmt.

Die französischen Berichte wurden eröffnet durch Dr. Gustave *Geley*, welcher über eine längere Reihe von Sitzungen mit dem physikalischen Medium *Jean Guzik* (aus Warschau) im Pariser Institut für metapsychische Forschung referierte. Diese Versuche hatten im wesentlichen den Zweck, eine Reihe von hervorragenden Persönlichkeiten der Pariser Gelehrtenwelt von der Realität der Telekinese zu überzeugen. Der Erfolg war ein vollkommener, wie die im „Matin" von etwa 30 Personen unterzeichnete Erklärung für die Echtheit der Phänomene bezeugt. Dr. Geley machte ferner Mitteilungen über Lichtphänomene bei dem italienischen Medium *Erto*, welche ebenfalls in seinem Institut beobachtet wurden [2].

Es folgten dann Vorträge von *René Sudre:* „Spiritismus und Experiment"; von Dr. *W. Mackenzie* (Genua): „Eine biologische und relativistische Betrachtung der supranormalen Phänomene" [3]; von Dr. *Brugmans* (Holland): „Der passive Zustand eines Telepathen, kontrolliert durch das psychogalvanische Phänomen"; von *Tigerstedt* (Finnland): „Experimente des Hellsehens und der Telepathie". Außerdem gelangte ein Bericht von Madame *Juliette Bisson* zur Verlesung, betitelt: „Über die 1922 in der Sorbonne mit Eva C. veranstalteten Experimente". Derselbe kritisiert das Verhalten der Experimentatoren, die zum Teil das negative Resultat selbst verschuldet hatten.

Den englischen Tag eröffnete Herr *Dingwall* mit einer von Lichtbildern begleiteten Darlegung des „heutigen Standes der sogenannten psychischen Photographie" (Erscheinen von Bildnissen verstorbener Personen auf der photographischen Platte bei Aufnahme lebender Personen). Er wies auf das Chaos in diesen Untersuchungen hin und zeigte, wie leicht solche Bilder durch betrügerische Manöver erzeugt werden können. Ein wissenschaftlicher Beweis für die Echtheit ist noch nicht erbracht, wenn auch die Umstände einzelner Fälle diese Möglichkeit nicht ausschließen.

Darauf folgte eine Mitteilung von Prof. *Sidney Alruz* (Schweden) „Über die Psychologie und Physiologie des sogenannten Trancezustandes". Prof. *Haraldur Nielsson* (Island) trug über einen Fall von „Spuk" vor und W. Ba-

2 Nähere Berichte in der „Revue Métapsychique".
3 Erörtert in seinem Werk „Metapsychica".

rett: „Über Leuchterscheinungen des Magneten mit Rücksicht auf die von Baron Reichenbach bei den Sensitiven gemachten Beobachtungen." Schließlich kam ein Bericht von Mr. *Henry Sidgwick* zur Verlesung: „Experimentelle Telepathie und die Notwendigkeit neuer Experimente."

Die Reihe der deutschen Vorträge leitete Dr. *Frhr. v. Schrenck-Notzing* (München) ein mit einem durch Lichtbilder illustrierten Vortrag: „Zur Methodik der Versuche mit dem Medium Willy Sch.[4]". An denselben schloß sich der zweite Teil eines Hellsehexperiments, das Dr. v. Schrenck am Abend zuvor mit Stephan Ossowiecki begonnen hatte. Dieser berühmte Hellseher gab in der Sitzung am 31. August allen Anwesenden den unbekannten Inhalt eines versiegelten Briefes an, welcher in London von dem an diesem Versuch nicht teilnehmenden Herrn *Dingwall* vorbereitet, versiegelt und dem Dr. v. Schrenck für den Abend des 31. August leihweise zur Verfügung gestellt worden war. Das von Dr. *Geley* aufgenommene Protokoll über diesen Versuch wurde zunächst in der Versammlung verlesen mit den Angaben Ossowieckis über den Briefinhalt. Nach einer Erklärung Dingwalls, daß der ihm zurückgegebene Brief intakt geblieben sei, öffnete in Gegenwart des ganzen Kongresses der Warschauer Psychologe Prof. *Witwicki* denselben, um die Angaben Ossowieckis zu kontrollieren. Nun stimmte der wirkliche Inhalt des Briefes genau mit den von *Geley* protokollierten Angaben des Hellsehers überein – ein großer Erfolg, der mit lebhaftem Beifall begrüßt wurde[5].

Der hierauf von dem Berliner Ingenieur Fritz *Grunewald* gehaltene Vortrag lautete: „Die Materialisation der mediumistischen Energie unter dem Einflusse des bewußten Willens" betraf die Imprägnierung eines Zuckerstückes durch mediumistische Beeinflussung. Die Versuchsperson hält den Zucker einige Zeit in der geschlossenen Hand. Sobald derselbe nun, ins Wasser geworfen, sich auflöst, bleibt eine schwammige Form in der Größe des Zuckers zurück. – Die zweite am Nachmittag des 1. September von demselben Vortragenden gemachte Mitteilung betrifft „Telekinetische Einwirkungen auf eine in einem Glaskasten eingeschlossene Waage". Herr Carl *Vett* (Kopenhagen) vertrat in seinen hierauf folgenden Ausführungen über „Wege und Methoden der psychischen Forschung" den Standpunkt, daß der Mediumismus eine atavistische Erscheinung sei, da es sich hierbei höchstens um automatische, niemals um wirkliche Äußerungen aus dem Seelenleben Verstorbener, vielleicht sogar um den Einfluß diabolischer Mächte handle. Wolle man zu einem Verständnis der supranormalen Phäno-

---

4 Der wesentliche Inhalt dieses Vortrags ist seinem Buch über *Willy Schneider* „Experimente der Fernbewegung", Union, Stuttgart 1924, entnommen.

5 Vgl. den Aufsatz „Ein Hellsehexperiment mit Stephan Ossowiecki", in vorliegendem Buch S. 51 ff.

mene kommen, so müsse man nicht eine Verengung oder Verdunklung des Wachbewußtseins, sondern vielmehr nach urindischer Auffassung eine Steigerung desselben (also eine höhere Bewußtseinsebene) anstreben[6].

Den Schluß des deutschen Tages bildete die Verlesung eines eingesendeten Vortrages von Prof. Dr. Konstantin *Oesterreich* über „Die philosophische Bedeutung mediumistischer Phänomene". Der Kongreß beschloß, die mit großem Beifall aufgenommenen Ausführungen des Tübinger Gelehrten, welcher in streng objektiver Prüfung aller in Betracht kommender Theorien, selbst der spiritistischen Auffassung, Gerechtigkeit widerfahren läßt, sofort in 100 Exemplaren für den Kongreß vervielfältigen zu lassen.

Der polnische Tag (2. September) wurde durch Ingenieur *Lebiedzinski* (Warschau) eingeleitet mit Auslassungen über „Die Ideoplastie als wichtigste Hypothese für das Studium der metapsychischen Phänomene". Der in der praktischen Erfahrung mit Medien aller Art wohl am meisten bewanderte Redner hat bei seinen zahlreichen Versuchen niemals einen Beweis der Identität Verstorbener mit den Phantomen oder sogenannten medialen Personifikationen erhalten, sondern vertritt den Standpunkt, „daß die Variabilität und Art der von Medien erzeugten Bildungen lediglich ein Produkt derjenigen Anschauungen, Hypothesen und Theorien sind, welche in jedem einzelnen Falle das Medium oder den Zirkel beherrschen". Somit passen sich die medialen Leistungen den wahren oder falschen Auffassungen der Experimentatoren und Medien völlig an. Wahrscheinlich ist die Ideoplastie imstande, alles im Materialisationsprozeß zu reproduzieren, was durch die menschliche Einbildungskraft erschaffen werden kann. Niemals kann man durch die sogenannten „Geister" irgendeine Aufklärung in wissenschaftlichen Fragen bekommen.

„Das Studium der psychischen Phänomene des Mediumismus" lautete das Vortragsthema von *Prosper de Szmurlo* (Warschau). Er empfiehlt das hypnotische und psychoanalytische Verfahren zur Erziehung der Medien bis zur Stufe des Hellsehens.

Herr *Grudzinsky-Gralski* (Krakau) beschäftigte sich in seinem Bericht über „Metagraphologie" mit der automatischen Schrift, die nicht auf die Existenz von Geisterwesen zurückzuführen ist, er untersucht die verschiedenen Methoden der wissenschaftlichen Graphologie und kommt zu dem Schluß, daß z. B. die Experimente des Wiener Hellsehers *Schermann*[7] (Psychoskopie) sich nicht

---

6 Herr Vett vertrat als Anhänger der R. Steiner'schen Anthroposophie die dort üblichen Ansichten. Vgl. etwa O. J. Hartmann: „Geheimnisse von jenseits der Schwelle" (Graz 1956). G. W.

7 S. o. S. 58 ff. G. W.

durch die bekannten Methoden erklären lassen, sondern wie bei Ossowiecki auf besonderer divinatorischer Begabung beruhen.

Die vorstehende Zusammenstellung der hauptsächlichsten Kongreßvorträge, unter denen sich keine einzige Arbeit mit spiritistischer oder abergläubischer Tendenz mehr vorfindet, das Entgegenkommen offizieller Vertreter der polnischen Regierung und Wissenschaft, welche sogar Säle in der ersten Lehranstalt des Staates zur Verfügung stellten und es sich nicht nehmen ließen, die ausländischen Gäste persönlich zu begrüßen, zeigen deutlich, daß die Parapsychologie immer mehr ernste Beachtung findet und allmählich zu einem neuen anerkannten Wissenszweig heranwächst. Vielleicht noch wichtiger als Vorträge und Diskussionen sind die bei einer solchen Gelegenheit angeknüpften persönlichen Beziehungen sowie die praktische Arbeit hinter den Kulissen! Es standen nämlich den Teilnehmern nicht weniger als vier Materialisationsmedien und zwei Hellseher während der Kongreßwoche zur Verfügung, so daß reichliche Gelegenheit zur Sammlung persönlicher Erfahrung geboten war. Das bekannte professionelle Medium Guzik hielt täglich für Kongressisten Sitzungen ab, an denen regelmäßig 6–8 Personen teilnahmen.

Über jedes Lob erhaben und unvergeßlich ist die uns gebotene polnische Gastfreundschaft. Im krassen Unterschied zu der barschen, unfreundlichen und militaristischen Art, mit der die deutschen Zollbeamten an der Grenze ihres Amtes walteten, wurden die Reisenden auf der polnischen Seite beim Vorzeigen ihrer Kongreßeintrittskarten ohne Durchstöberung ihres geringen Handgepäcks auf das höflichste empfangen und ohne die geringste Belästigung sofort mit ihren Pässen abgefertigt. Auf dem Bahnhof in Warschau hatte man ein kleines Büro errichtet, in welchem jeder Ankommende sein Quartier angewiesen erhielt. 20 Freizimmer standen für Gelehrte aus valutaarmen Ländern zur Verfügung. Auch die Kongreßkarten wurden für diese zu einem wesentlich ermäßigten Preise abgegeben.

Für zwangloses Zusammentreffen war jeden Abend ein besonderer Klub in Warschau reserviert; am Sonntag, dem 1. September, fand eine größere Automobilfahrt (100 Kilometer) durch das Land statt, um das Schloß des Fürsten Radcziwill zu besuchen. Die Kraftfahrzeuge waren sämtlich von privaten Personen, zum Teil aus dem polnischen Adel, freiwillig zur Verfügung gestellt worden. Am Portal des Schlosses empfing der Fürst mit seiner ganzen Familie die Kongreßteilnehmer, bewirtete sie in dem herrlichen alten Park und zeigte ihnen das einem Museum gleichende, mit alten Kunstwerken reich ausgestattete Schloß. Abends folgte eine Festvorstellung im Warschauer Stadttheater.

Die Warschauer Tage werden in dankbarer Erinnerung an die liebenswürdigen Gastgeber in dem Gedächtnis der Teilnehmer noch lange fortleben.

Experimentelle Untersuchungen des Dr. med. F. Schwab

über Teleplasma und Telekinese [1]

Mit den in einer Monographie „Teleplasma und Telekinese" (Berlin 1923, Pyramidenverlag, mit 6 Textzeichnungen und 48 Abbildungen auf 12 Kunstdrucktafeln) veröffentlichten zweijährigen Untersuchungen des Arztes Dr. med. F. Schwab tritt eine Berliner Dame der gebildeten Gesellschaftsklassen, Frau *Maria Vollhart* [2], in den Kreis der jetzt lebenden großen Medien ein, von deren Opferfreudigkeit und uneigennütziger Hingabe an höhere ideale Ziele es abhängt, die Anerkennung der immer noch bezweifelten Echtheit paraphysischer Phänomene in der offiziellen Wissenschaft endgültig durchzusetzen. In diesem Sinn bedeutet das Schwab-Werk wieder einen Schritt vorwärts.

Die schon von Jugend auf bestehenden okkulten Fähigkeiten der heute 58jährigen Dame traten erst nach dem 50. Lebensjahr gelegentlich spiritistischer Veranstaltungen, und zwar nach der Menopause 1916, deutlicher in Erscheinung und wurden dann durch regelmäßige Sitzungen im Familienkreis während der letzten Jahre bis zu einer außerordentlichen Stärke entwickelt. Die seltsamen Phänomene dieser Frau umfassen so ziemlich das ganze Gebiet des physikalischen Mediumismus und äußerten sich teils im wachen Zustand, teils in der Trance durch spukartige Vorgänge (Steinewerfen), durch Verschwinden und Wiedererscheinen von Gegenständen aller Art, durch Apporte, Levitationen, durch Fernbewegung von Objekten, durch Leuchtvorgänge und Materialisationen sowie durch taktile, akustische, olfaktorische und thermische Eindrücke. Täuschungen scheinen nach den Bekundungen von 50 Zeugen, unter denen sich zahlreiche Gelehrte und bekannte Persönlichkeiten Berlins befanden, ausgeschlossen zu sein, ebenso auch nach Maßgabe des Charakters der Phänomene selbst. Frau Vollhart sitzt in der Regel im Zirkel am Tisch ohne Kabinett und wird von beiden Nachbarn an den Händen gehalten. Jedem, der eigene Erfahrung und Literaturkenntnis besitzt, fällt bei der Lektüre des Buches sofort die Gleichartigkeit der Vollhartschen Leistungen mit denen anderer physikalischer Medien ins Auge. Auch in der Art ihres Auftretens besteht kein Unterschied. Überall dieselbe Naturgesetzlichkeit. Daneben Spontanphäno-

---

1 Erstmals erschienen in den „Psychischen Studien", September 1923.
2 *Zusatz:* Pseudonym der Frau Maria Rudloff (1864–1945), mit der später vor allem ihr Schwiegersohn Prof. Chr. Schröder (1871–1952) experimentierte. (Vgl. „Neue Wissenschaft", 3. Jhrg. H. 7, April 1953, S. 212 ff.) G. W.

mene bei Licht, in andern Wohnungen, in Anwesenheit der verschiedensten Beobachter, auch in Abwesenheit des Dr. Schwab.

Die Leistungen kommen wie bei Eva C., Willy Sch. und andern Versuchspersonen zustande unter starken physiologischen Begleiterscheinungen (Tremor der Körpermuskeln, Schweißausbruch, Pulssteigerung, erhöhte Atemfrequenz, Parästhesien usw.) und ähneln dem Verhalten einer gebärenden Frau. Nach den Sitzungen starke Erschöpfung.

Auch die bei fast allen Medien bestehenden Persönlichkeitsspaltungen (Geistdarstellungen) sind bei Frau Vollhart in Form von „Operatoren" vorhanden, von deren notwendiger Mitwirkung das Zustandekommen der Phänomene abzuhängen scheint. Der gegnerische Standpunkt, welcher die Konformität des medialen Geschehens bei den verschiedensten, gänzlich voneinander unabhängigen Versuchspersonen mit einer gleichartigen Schwindeltechnik zu erklären sucht, verfällt nachgerade bei seiner Absurdität dem Fluche der Lächerlichkeit. Während die von Schwab beobachteten Telekinesen und Apporte zu den häufigsten Vorkommnissen der mediumistischen Phänomenologie gehören, wird die Levitation des Mediums, welche Schwab zehn- bis zwölfmal, allerdings immer in der Dunkelheit, konstatierte, viel seltener berichtet. Die 80 Kilo schwere, 1,60 Meter hohe Frau Vollhart erhebt sich in stehender Stellung bis zu 30 Zentimeter vom Fußboden; Schwab und andere Teilnehmer fuhren mit der Hand unter den Füßen durch. Allerdings verließen die Hände die Kontrolle nicht, und auf der Photographie ist der Abstand der Füße vom Boden nicht sichtbar. Besser kontrolliert während solcher Levitation ist nach den Berichten ärztlicher Zeugen das 15jährige Medium *Rudi Schneider*, Bruder des bekannten Mediums Willy Schneider. Derselbe führte dieses Phänomen kürzlich mehrfach in Wien vor, indem er sich vorher die Füße zusammenbinden und unter die Sohlen eine selbstleuchtende Pappscheibe befestigen ließ. Ebenso wurden Handgelenke und Arme mit Leuchtstoff versehen, so daß man im Dunkeln sich stets über die Lage der Glieder informieren konnte. Nach mehrfachen Ansätzen erhebt sich zuerst der Unterkörper. Dann wird der Körper aus der senkrechten in die horizontale Lage gebracht. Schließlich läßt Rudi die Hände seines Nachbarn los, steigt freischwebend empor und klatscht in die Hände. Die waagrechte Erhebung des ganzen Körpers erinnert an das analoge Phänomen bei Home, das sich allerdings in gedämpfter Beleuchtung vollzog, so daß der Körper während des Vorganges sichtbar blieb [3].

Das vom Referenten mit Erfolg durchgeführte Verfahren, in Dunkelsitzungen die Glieder des Mediums durch Leuchtstoffe sichtbar zu machen, sollte in

3 *Zusatz:* Vgl. unten S. 159 ff. G. W.

größerem Umfang bei der Medienkontrolle Anwendung finden. Zu empfehlen sind hierzu: Selbstleuchtende Armbänder, Streifen, Schnüre und Nadeln, die auf der Kleidung der Versuchspersonen befestigt werden.

Schwabs Versuche, schwebende Gegenstände mit Blitzlicht aufzunehmen, hatte das von den Teilnehmern nicht beabsichtigte, also überraschende Resultat des Auftretens teleplastischer Gebilde von faseriger Struktur an dem Körper des Mediums, Gebilde, die sich zum Teil in Form voluminöser Massen und bandartiger Streifen bis zu einer Länge von 1–2 Meter aus dem Munde entwickelt hatten. Die erste derartige Aufnahme kam am 21. Oktober 1921 zustande. Mehrere im Buch reproduzierte bekannte Stoffarten, wie Chiffon, Tüll, gestärkter Mull und Crêpe de Chine, zeigen eine ganz andere Komposition als die teleplastischen Produkte. Teilweise bemerkte man in derselben eine fluidartige Transparenz bei verhältnismäßig großem Tiefendurchmesser, ferner eine merkwürdige Knotenbildung an einzelnen Strängen sowie parallel zueinander stehende pfeilartige Bildungen von grauweißer Farbe und abstehende Fetzen. Auf Blitzlicht und bei starker Beleuchtung spurloses Verschwinden derselben. Bei Rotlicht konnten diese Schöpfungen auch nur einige Sekunden lang beobachtet werden.

Die sehr gelungenen, mit mehreren zum Teil stereoskopischen Apparaten gleichzeitig aufgenommenen Bilder zeigen das Vorhandensein der Handkontrolle während des Phänomens, den schmerzhaften Gesichtsausdruck der Versuchsperson sowie das teilweise Aufliegen der Stoffmassen auf linker Schulter und Oberarm. Außerdem werden teleplastische Pseudopodien und gegliederte Gebilde konstatiert, welche die zu bewegenden Objekte berührten.

Dieser Teil der Schwabschen Forschungen bietet eine außerordentlich interessante, heute noch in seiner Bedeutung nicht zu übersehende Bestätigung der gleichartigen Phänomene bei andern Medien, besonders bei Eva C., Stanislawa P. und Nielsen[4]. Er bildet wohl das wichtigste Resultat dieser Studien. Gegen den Ruminationseinwand lassen sich dieselben Gründe wiederholen, die vom Referenten im Werke „Materialisationsphänomene", zweite Auflage, ausgeführt worden sind.

Bei Frau Vollhart wurden gelegentlich Stigmatisationssymptome festgestellt, die nach Auffassung Schwabs teilweise durch psychogene, teilweise durch äußere mechanische Einwirkung zu erklären sind und in der Dunkelheit zustande kamen. So entdeckte man einmal auf dem Handrücken mehrere, wie durch einen Hohlmeißel erzeugte, einen halben Millimeter tiefe Eindrücke, in Halb-

---

4 *Zusatz:* Über neueste Versuche mit diesem vgl. H. Gerloff „Die Phantome von Kopenhagen". (Textband 2. Aufl. 1956, Bilderband 1958 bei Pustet, Tittmoning, Obb.) G. W.

kreis- und Winkelform, in der Ausdehnung von 1 Millimeter. Nach einer Stunde war die betreffende Region in einem Umfang von 4 Quadratzentimetern rot unterlaufen und dick geschwollen. In anderen Fällen werden diese Verletzungen der Haut wie durch Krallen oder einen Vogelschnabel erzeugt beschrieben. In einer auf einem Teller ausgebreiteten Mehlschicht erhielt man einen Eindruck in Form einer Hühnerkralle. Ferner wurde im gedämpften Licht ein Gebilde wahrgenommen, das einer dünnen, aber sehr langen Hand mit drei Fingern glich. Gelegentlich blutete die Eindruckstelle. Der Eingriff wird vom Medium als schmerzhaftes Stechen empfunden. Schwab konnte dieses Phänomen etwa fünfzigmal konstatieren, besonders nach physischen Anstrengungen, Abspannungen und psychischen Verstimmungen.

Da die autosuggestive Erklärungsweise nicht zu genügen schien, so ließ Schwab, als eines Tages die subjektiven Empfindungen von neuem auftraten und ein Teilnehmer etwas Weißes auf der Hand zu erblicken glaubte, das Blitzlicht aufflammen, um den Prozeß der Handverletzung zu photographieren. Das bei Entwicklung der Platte auftretende Ergebnis ist merkwürdig genug. Man sieht auf dem Rücken der vom Nachbar gehaltenen Hand eine Art Folterinstrument aus teleplastischer Masse liegen, das aus dem Ärmel zu kommen scheint und mit mehreren fußartigen Spitzen in die Haut des Handrückens eingepreßt ist. Leider erscheint die Aufnahme nicht scharf genug, und eine genaue Beschreibung der Einzelheiten des Phänomens fehlt. Jedenfalls hat man den Eindruck, daß die Verletzungen mit den Füßen des Instruments korrespondieren. Auf der Reproduktion ist kaum etwas von den Eindruckstellen im Handrücken zu erkennen.

Die vorstehend geschilderte Beobachtung Schwabs dürfte in Voraussetzung ihrer Zuverlässigkeit von grundlegender Bedeutung sein, weil durch sie die ganze Lehre vom *Vampyrismus* und von der *Stigmatisation* in ganz neuem Lichte erscheint. Denn durch die gestaltende Kraft der Phantasie, durch starke Anschaulichkeit der Vorstellungen wird ein Motiv der Belästigung in körperliche Zustände (hysterische Brandblasen) übersetzt, d. h. ideoplastische Schöpfungen werden materiell realisiert. Der von Schwab photographisch fixierte Vorgang steht einzigartig in der ganzen parapsychologischen Literatur da und dürfte geeignet sein zur Erklärung ähnlicher historisch beglaubigter Vorkommnisse in der Geschichte der Heiligen (vgl. Görres: „Christliche Mystik").

Die Lehre vom Teleplasma und die Hypothese der Ideoplastie erhalten durch das von Dr. Schwab beigebrachte, mit vorzüglichen Illustrationen erläuterte Beobachtungsmaterial eine weitere Stütze. Hoffentlich entschließt sich der verdienstvolle Autor bei Fortsetzung dieser wertvollen Versuche, noch systematischer vorzugehen. So würde es sich empfehlen, bei weiteren Aufnahmen Tisch und Zirkelteilnehmer durch entsprechende Änderung der Versuchsanordnung wegzulassen, ebenso die bei der Betrachtung störenden Einrichtungsgegenstände des Zimmers durch einen gleichförmigen Hintergrund zu ersetzen, damit die teleplastischen Formen und sonstigen für den Versuch in Betracht kommenden Objekte besser zur Geltung kommen.

Im ganzen ist das Buch Schwabs wegen der verhältnismäßig knappen Bearbeitung eines reichhaltigen Beobachtungsmaterials und ebenso wegen seiner gediegenen äußeren Ausstattung sowie der leichtfaßlichen Art der Darstellung geeignet, das Interesse weiterer Kreise zu fesseln und aufklärend zu wirken.

Über die Anwendung automatischer Registriermethoden
bei paraphysischen Untersuchungen[1]

Im Aprilheft dieser Zeitschrift hat der hochgeschätzte Physiker und Ingenieur F. *Grunewald* (Charlottenburg) die außerordentlich wertvollen Resultate des Professors Dr. *Winther* (Kopenhagen) über seine Untersuchungen der telekinetischen Phänomene bei dem dänischen Medium, Frau Anna Rasmussen, den deutschen Lesern mitgeteilt[2].

Im Anschluß an dieses Referat äußert sich Grunewald so, als ob zwischen mir und ihm in bezug auf die bei Medien anzuwendenden Versuchsmethoden eine weitgehende Differenz bestünde. Seine Auslassungen klingen, als ob ich ein Gegner der Anwendung physikalischer Meßinstrumente bei Medien Das ist ein vollkommener Irrtum. Ich selbst habe, soweit das möglich war, instrumentelle Hilfsmittel herangezogen, nicht nur, wie Herr Grunewald meint, den photographischen und kinematographischen Apparat, sondern auch die Waage und andere physikalische Hilfsmittel in meinen Sitzungen mit Stanislawa Tomczyk angewendet. In dem Vorwort meines Werkes „Physikalische Phänomene des Mediumismus", Seite VII, heißt es wörtlich: „Das hierbei anzuwendende Vorgehen muß auf Vereinfachung der beobachteten Tatbestände, Vermeidung vorgefaßter Theorien pro et contra sowie auf Anwendung der automatischen Registriermethoden bedacht sein."

In Erkenntnis der Wichtigkeit gerade dieser Methode gab ich auch in jenem Werk eine Übersicht über das physikalische Vorgehen des Professors Crawford.

Daß die Medien im allgemeinen nichts gegen die Anwendung der Apparate einzuwenden haben, ist unrichtig. So hat z. B. Eusapia Palladino bei ihrer Abneigung gegen solche Laboratoriumsversuche mit Hilfe ihrer telekinetischen Kräfte aufgestellte Meßapparate zertrümmert, das Medium Guzik warf durch Fernwirkung photographische Apparate um, die dazu bestimmt waren, die Phänomene aufzunehmen.

Auch der Gipsabdruck von materialisierten Gliedern sowie die Anwendung von selbstleuchtenden Farben zur Überwindung der Dunkelheit sind als physikalische Versuchsmethoden anzusehen.

Daß auch bei dem Medium Willy Schneider die Photographie ebenso wie

---

1 Erstmals erschienen in den „Psychischen Studien", Mai 1925.
2 *Zusatz:* Vgl. Chr. Winther: „Experimentelle Untersuchungen über Telekinese", Leipzig 1930 (Z. f. Parapsychol. H. 1–5, 1930) und seinen Bericht im Journal der American S. P. R. (New York) „Psychic Research" 1928. G. W.

das Abdruckverfahren in Tonerde zeitweise angewendet worden ist, geht aus meinem Kapitel über Willy Schneider in der zweiten Auflage der „Materialisationsphänomene" hervor. Leider aber zeigte Willy eine instinktive Abneigung gegen diese Methoden. Aus diesem Grunde mußten wir bei den Universitätssitzungen den mehrmals angewendeten Zeigerapparat, der in meinem Buch ausführlich beschrieben ist, wieder beiseite setzen, da wir bei Durchführung unseres Willens eine vollständige Sistierung der Phänomene erzeugt hätten. Dasselbe gilt gegenüber dem Medium Rudi Schneider. Wie oft waren alle photographischen Apparate vorbereitet und in Stellung gebracht. Niemals aber kamen Phänomene zustande, solange die Kassetten offen waren. In jedem Fall erkannte das Spalt-Ich des Mediums die Vorbereitungen und lehnte diese automatische Registrierung ab[3].

Es gibt also keine alleinseligmachende Methode – daher bleibt nichts anderes übrig, als auch gegenüber den Medien zu individualisieren. Gewiß hat Grunewald recht, wenn er bei einem Medium, wie Frau Rasmussen, das sogar bei Tageslicht Phänomene hervorzurufen imstande ist, physikalische Hilfsmittel heranzieht. Etwas ganz anderes aber ist es mit jenen Versuchspersonen, die in Dunkelheit arbeiten, nur unter großen Qualen ihre Phänomene zu erzeugen pflegen und mehr für Materialisation begabt sind als für solche Telekinesen, die nicht auf Teleplastie beruhen.

Die Meßmethode Grunewalds läßt sich zudem auch nur da mit Erfolg anwenden, wo der Forscher für längere Zeit ein Medium zur Verfügung hat, wo keine elterliche Autorität an jeder Sitzung teilnimmt und überall ein Veto einzulegen vermag. Es heißt also hier nicht aut – aut, sondern et – et, denn es führen verschiedene Wege nach Rom, und man soll Medien, die sich ihrer ganzen Anlage nach mehr für Demonstrationszwecke eignen, besonders wenn sie von Zeit zu Zeit bei dem Forscher Gastrollen geben und sich auch an andern Orten und vor andern Forschern produzieren, nicht gewaltsam komplizierte Registriereinrichtungen aufoktroyieren, mit denen man höchstens einen Nachlaß ihrer Leistungen erzielt und ihnen ihre Arbeit verleidet.

Ein Beispiel hierfür ist auch Frau Silbert[4], die überhaupt nur spontane

---

3 Man wird sich erinnern, daß es Dr. v. Schrenck-Notzing durch Einführung der elektrischen Medienkontrolle und des doppelten Bodens mit Signallampe im Kabinett später gelang, mit den Brüdern Schneider unter den schärfsten Kontrollbedingungen zu exprimentieren. Vgl. unten S. 201 ff.; 218 ff. G. W.

4 *Zusatz:* Diese arbeitete allerdings vielfach bei sehr gutem Licht (vgl. Tischner „Geschichte der Parapsychologie" S. 303 ff. und die dort angeführte Literatur) und folgte zweimal einer Einladung in das British College of Psychic Science, London. (Vgl. R. Sekanek „Mutter Silbert" [Reichl, Remagen 1959] und die dort angeführte Literatur.) G. W.

Phänomene hervorruft und sich kaum jemals einer wissenschaftlichen Untersuchung unterwerfen dürfte.

Schließlich erkennt auch die heutige Gelehrtenwelt die Realität der Phänomene immer noch nicht an. Und auch selbst wertvolle Forschungsergebnisse, wie jene von Winther, werden von der Wissenschaft angezweifelt werden, denn der Wunsch, die Phänomene selbst kennenzulernen und zu prüfen, wird durch die Bekanntgabe isolierter Forschungsresultate keineswegs beeinflußt. Jedenfalls läßt sich der Standpunkt, daß zunächst einmal übereinstimmende Klarheit über die Tatsächlichkeit physikalischer Phänomene bestehen muß, bevor man dieselben zu analysieren und in ihren Zusammenhängen wissenschaftlich zu untersuchen anfängt, wohl vertreten und, wie wir sehen, sind eine Reihe von tüchtigen Forschern erst zu wertvollen Mitarbeitern geworden, nachdem sie durch den Verfasser Gelegenheit bekommen hatten, sich selbst von der Realität der Paraphysik zu überzeugen. Ich erinnere nur an *Driesch, Zimmer, Oesterreich, Gruber, Messer* usw.

Dem Fortschritt der Paraphysik kann auf verschiedene Weise gedient werden, die anzuwendenden Methoden der einzelnen Forscher schließen sich nicht aus, sondern ergänzen sich gegenseitig.

Es bleibt deswegen nach wie vor die Tatsache bestehen, daß nicht alle Medien zum Experimentieren im Grunewaldschen Laboratorium sich eignen.

Der Mediumismus im Abbau? [1]

Die „Neue Züricher Zeitung" vom 24. Mai 1925 veröffentlicht unter der Überschrift: „Der Mediumismus im Abbau" folgendes: „Vor einiger Zeit bildete sich in Wien eine Gelehrtenkommission zum Studium der sogenannten ‚Levitationsphänomene', einer bekannten Kunstleistung gewisser Medien, die, dem Augenschein nach, im freien Schweben des Körpers, also einem Akte besteht, der die Schwerkraft aufhebt, indem er ihre Wirkung durch eine angeblich rein seelische Anstrengung des im Trancezustand befindlichen Mediums überwindet. Der Kommission gehörten unter anderen an der Psychologe Karl Bühler (o. Professor in Wien), der Physiker Thirring, der Physiologe Dürig, der Psychiater Wagner-Jauregg, der Ingenieur Ehrenfest-Egger. In eindringlichen, mühsamen und mit sorgfältigster beobachtungswissenschaftlicher Methodik durchgeführten Versuchen beschäftigte sich diese gewiß nicht „einseitig" zusammengesetzte Gesellschaft mit den Brüdern Schneider, *von denen der eine früher schon als Schwindler entlarvt worden war*, und einem Medium mit Namen Kraus. Die Kommission arbeitete in der Zeit vom November 1923 bis März 1925 und stellte ihre Tätigkeit mit der Veröffentlichung folgenden Schlußprotokolls ein: „Die im November 1923 zur Untersuchung okkulter Phänomene eingesetzte Kommission, bestehend aus den Professoren (folgen die zum Teil oben genannten Namen), ist am 30. März 1925 zu einer Besprechung zusammengetreten, nachdem auch der letzte von der Kommission gestellte Termin abgelaufen ist. Es wurde festgestellt, daß ein ausländisches Medium (Kraus), das ganz besonders überraschende Phänomene gezeigt hatte und dem auch der Ruf besonderer medialer Fähigkeiten voranging, im Physikalischen Institut der Universität unter entsprechenden Kontrollbedingungen untersucht wurde und dabei entlarvt worden ist. Keines der von ihm gezeigten Phänomene ließ irgendwelche nicht durch gewöhnliche Geschicklichkeit herbeiführbare Leistungen erkennen. Das Medium konnte im Gegenteil bei der Ausführung der gezeigten Tricks ertappt werden. Mit einem andern vielgenannten Medium wurden ebenfalls im Physikalischen Institut der Universität Sitzungen abgehalten. Bei einer Anzahl dieser Sitzungen traten zwar die als telekinetisch bezeichneten Phänomene ein, jedoch unter Kontrollmaßnahmen, die nicht geeignet erschienen, um einen positiven Beweis für die Reali-

1 Erstmals erschienen in den „Psychischen Studien", Juli 1925.

tät dieser Phänomene zuzulassen. Eine weitere Ausbildung der Kontrollmaßnahmen war nicht möglich, da immer mehr Mitglieder der Kommission von seiten des Mediums als störend abgelehnt wurden. Ein drittes Medium lehnte es überhaupt ab, sich der Kommission zu stellen. Die Kommission beschließt daher, ihre Tätigkeit einzustellen und eine Notiz obigen Inhalts der Öffentlichkeit zu übergeben."   R. H.

Die Mitteilungen des Herrn R. H. in der ersten Sonntagsausgabe der „Neuen Züricher Zeitung" vom 24. Mai 1925 über das negative Urteil der Wiener Gelehrtenkommission in Sachen des Mediumismus müssen wegen ihrer Unvollständigkeit und teilweisen Unrichtigkeit notwendigerweise zu Mißverständnissen führen.

Infolge der unverantwortlichen Pressereklame, die der Okkultist *Czernin* für den physikalischen Mediumismus in Wien gemacht hatte, bildete sich eine Gelehrtenkommission, deren zum Teil gegnerisch eingestellte Mitglieder sich selbst ernannten, obwohl ihnen die notwendige literarische und praktische Vorkenntnis zur sachgemäßen Behandlung des Gegenstandes fehlte. Die Mehrzahl derselben, wie die Professoren Bühler, Schlick, Ehrenhaft, Dürig, Liebesney, Wagner-Jauregg, hat kaum mehr als 1–2 Sitzungen mit den Medien Willy Schneider oder Kraus gesehen, von denen der größere Teil außerdem noch negativ verlief. Eine so flüchtige Berührung mit dem Gegenstand berechtigt keineswegs zu einem abschließenden Urteil für oder wider. Wirklich ernsthaft um die Sache bemüht blieben der Physiker Professor Thirring und der Mathematiker Professor Hahn, allenfalls noch der Ingenieur Ehrenfest-Egger.

In diesem Sinne hat auch der Leiter des Instituts für theoretische Physik an der Universität Wien, Professor Thirring, der damals in seinem eigenen Institut nicht weniger als 17 Sitzungen mit *Willy Schneider* veranstaltete (darunter 7 positive), bei denen er telekinetische Phänomene beobachtete, die eine Feststellung schwindelhafter Manipulationen nicht ermöglichten, sowie die ganzen Untersuchungen mit Kraus leitete, die Frage nach der Echtheit der Phänomene, soweit sie Willy Schneider betrifft, für durchaus nicht spruchreif erklärt und in der Kommission gegen eine Publikation des Gutachtens in der Tagespresse gestimmt (Neue Freie Presse vom 7. April 1925). Er weist auch ausdrücklich darauf hin, daß nicht nur die Feststellung Münchner Gelehrter, sondern auch die Nachprüfungen der Soc. for Psych. Res. in London (November/Dezember 1924) für die Echtheit der Phänomene sprechen[2]. Dieser ausgezeichnete und

---

2 *Zusatz:* Dasselbe gilt für Rudi Schneider – abgesehen von den Schrenckschen Versuchen – durch seine Nachprüfung im National Laboratory of Psychical Research von Harry Price in London (vgl. „Zeitschrift für Parapsychologie", August-September 1929), vor allem aber die epochemachenden Versuche von Dr. E. Osty mit Rudi

vorurteilsfreie Gelehrte erklärt auch im Hinblick auf den Kommentar des Kommissionsberichts in der Tagespresse, daß es nicht angehe, jemanden öffentlich als Betrüger zu stigmatisieren, ohne daß irgendwelche Beweise dafür vorlägen. Es trifft nicht nur für den älteren Bruder Willy Schneider, sondern auch für den jüngeren *Rudi Schneider* zu. Wenn also von Herrn R. H. in dem erwähnten Artikel behauptet wird, der eine der Brüder Schneider sei schon früher als Schwindler entlarvt, so entspricht das nicht der Wahrheit. Denn die Nachahmung der Phänomene durch die Professoren Meyer und Przibram mit Hilfe turnerischer Kunststücke und eines Komplicen fanden unter ganz anderen Bedingungen statt als die Leistungen Rudis[3]. Dazu kommt, daß die Phänomene Rudis in meinem Münchner Laboratorium unter Assistenz einer großen Zahl von Hochschullehrern nachgeprüft und als echt befunden worden sind. Zudem haben die Herren Meyer und Przibram selbst öffentlich erklärt, daß keinerlei Entlarvung, also Betrugsnachweis bei dem Medium Rudi Schneider stattgefunden habe. Nur blinde Negativgläubigkeit und einseitiger Apriorismus sind dafür verantwortlich zu machen, daß trotz dieser eindeutigen Feststellungen in der Tagespresse immer wieder der Versuch gemacht wird, die Brüder Schneider als Betrüger zu stempeln. Gegen ein derartiges, auf oberflächlicher Sachkenntnis beruhendes, ehrenrühriges Vorgehen in der Tagespresse kann nicht energisch genug protestiert werden.

Die Frage nach der Authentizität der parapsychischen Leistungen bei den Brüdern Schneider ist für jeden Forscher im positiven Sinne erledigt, der sich die Mühe gibt, sich eingehender, besonders durch Augenschein, mit der Sache zu beschäftigen. Aber auch die vorsichtigste Beurteilung könnte zu keinem anderen Resultat kommen, als daß die Frage nach der Echtheit der Phänomene in bezug auf die Brüder Schneider noch nicht spruchreif sei.

Es heißt in dem Kommissionsbericht: „Ein drittes Medium (das ist Rudi Schneider) lehnte es überhaupt ab, sich der Kommission zu stellen."

Zunächst dürfte eine derartig kategorische Forderung bei dem Charakter der Kommission doch wohl unberechtigt sein, da es sich nicht um ein gerichtliches Tribunal, sondern um ein aus eigener Initiative zusammengetretenes Kollegium handelt. Daß Rudi Schneider nach den üblen Erfahrungen mit den Professoren Przibram und Meyer, die dazu führten, ihm in der ganzen europäischen Presse

im Institut Métapsychique Internat. in Paris. (Vgl. Osty „Les pouvoirs inconnus de l'esprit sur la matière", Paris, Alcan 1932, deutsch „Ztschr. f. Parapsychologie" 1931.) G. W.

3 *Zusatz:* Vgl. v. Schrenck-Notzing: „Die Phänomene des Mediums Rudi Schneider" (De Gruyter, Berlin 1933), S. 2 ff., 63 ff., R. Tischner „Geschichte der Parapsychologie" (Pustet, Tittmoning Obb., 1960) S. 300 f.

das Stigma des Betruges aufzudrücken, jedes Vertrauen zu einer ersprießlichen Tätigkeit einer solchen großenteils aus eingefleischten Gegnern bestehenden Kommission verlieren mußte, ist wohl begreiflich.

Was nun den *Fall Kraus* betrifft, so handelt es sich hier um ein pathologisches Individuum ..., das neben zweifellos echten auch schwindelhafte Phänomene produziert, wo ihm dazu irgend Gelegenheit geboten wird. Nachdem er ungefähr ein halbes Jahr in meinem Laboratorium unter meiner Leitung gearbeitet hatte, begab er sich aus Furcht vor gerichtlicher Verfolgung heimlich nach Wien und stellte sich dort im Physikalischen Institut als Medium vor. Es fand eine Reihe von Sitzungen unter Leitung des Professors Thirring statt, deren Kontrollbedingungen im Vergleich zu denjenigen in meinem Laboratorium unzureichend waren, was z. B. hauptsächlich durch das gänzliche Fehlen der Leuchtkontrolle (Leuchtarmbänder an Händen und Füßen) in die Erscheinung trat. Man hatte den Fehler gemacht, sich die Versuchsbedingungen durch das Medium vorschreiben zu lassen, infolgedessen war die Möglichkeit schwindelhafter Inszenierung nicht ausgeschlossen, und Kraus machte davon in umfassender Weise Gebrauch. Die briefliche Aufklärung des Wiener Versuchsleiters durch mich erfolgte, sobald ich von der Sache Kenntnis erhielt. Ich kündigte bei dieser Gelegenheit an, daß ich gegen Kraus gerichtlich vorgehen würde. Herr Professor Thirring bat mich in einem Schreiben vom 10. Dezember 1924 im Interesse der Kommission von einem solchen Verfahren abzusehen, weil eine derartige Affäre die mediale Forschung an der Wiener Universität durch Jahre hinaus diskreditieren würde. Selbstverständlich nahm ich unter diesen Umständen von einem gerichtlichen Vorgehen gegen Kraus Abstand ...[4].

Dagegen konnte irgendein Betrug bei Rudi und Willy Schneider weder durch die Professoren Przibram und Meyer noch durch die Wiener Gelehrtenkommission nachgewiesen werden; im Gegenteil sind alle Nachprüfungsresultate sowohl in Wien (durch die Universitätsprofessoren Thirring, Hahn, Entz, Hoffmann, Ludwik) als auch in London (durch die Soc. for Psych. Res.) sowie in München (durch den Verfasser) positiv ausgefallen.

Die Schlußbemerkung des Herrn R. H., ein wissenschaftsgültiger Nachweis der Phänomene des physikalischen Mediumismus sei bisher restlos gescheitert, entspricht keineswegs der wirklichen Sachlage und erklärt sich wohl nur durch unzureichende Materialkenntnis. Selbst wenn man ganz von den Forschungsergebnissen bei den Brüdern Schneider absieht, so liegen doch bereits eine nicht geringe Zahl von Untersuchungen durch angesehene Gelehrte vor, bei welchen

---

4 *Zusatz:* Über den „Fall Kraus" vgl. oben S. 27 ff., unten S. 166 f. und auch Gerda Walther „Zum anderen Ufer" (Verlag O. Reichl, Remagen 1960) S. 429 ff. G. W.

die Einwände von Beobachtungsfehlern, Selbsttäuschungen, Suggerierung, Betrügereien usw. nicht stichhaltig sind, da es sich in diesen Fällen um automatische Registrierung der Telekinese mit Hilfe wissenschaftlicher Meßinstrumente (zum Teil in Laboratorien) handelt. Ich erinnere an die Untersuchungen durch die französische Kommission (Ehepaar Curie, d'Arsonval, Courtier, Richet usw.) sowie des italienischen Physiologen Botazzi mit Eusapia Palladino, an diejenigen des Professors Ochorowicz und des Verfassers mit Stanislawa Tomczyk, ferner an die jeder Kritik standhaltenden mustergültigen Untersuchungen des Berliner Ingenieurs Fritz Grunewald mit Johannsen, Nielsen, Frau Rasmussen usw. und endlich an die soeben publizierten bahnbrechenden Beobachtungen des dänischen Physikers Professor Winther, bei welchen die unter einer Glasglocke telekinetisch zustandekommenden Pendelausschläge heliographisch und im Laufbild bei vollem Tageslicht festgehalten wurden, während das Medium 1 m von dem zu beeinflussenden Pendel entfernt stand und sich gleichzeitig Puls und Atmung kontrollieren ließ [5].

Das Endergebnis gegnerischer Prüfungen, die fast durchweg rein theoretischer Natur sind und nicht auf Augenschein und Experiment beruhen, mag besonders bei einseitiger Voreingenommenheit negativ ausfallen; dagegen kann von einem restlosen Scheitern der Untersuchungen auf dem Gebiete des physikalischen Mediumismus gar keine Rede sein gegenüber der unbestreitbaren Tatsache eines unaufhaltsamen Fortschrittes sowohl in den Methoden wie in den Resultaten der paraphysischen Forschung [6].

---

5 Vgl. „Psychische Studien", Aprilheft 1925, und S. 155, Anm. 2.
6 Zusatz: Im Frühjahr 1928 wurde unter dem Vorsitz von Prof. Thirring und Prof. R. Hoffmann eine „Österreichische Gesellschaft für psychische Forschung" mit dem Sitz in Wien gegründet, der u. a. auch Prof. K. Wolf, Prof. Hahn, Dr. Heine-Geldern, Dr. v. Winterstein, Prof. Berze, Prof. Entz, Prof. v. Liszt, Prof. Ludwik, Gräfin Wassilko-Serecki u. a. mehr angehören. Dies zeigt wohl zur Genüge, daß die österreichischen Gelehrten das Studium der parapsychologischen Phänomene keineswegs als unfruchtbar aufgegeben haben. G. W.

Neuere Untersuchungen über telekinetische Phänomene
bei Willy Schneider [1]

1. Forschungsergebnisse des Dr. Hans Thirring, Professors für Physik an der Universität Wien

Im Jahre 1923 erschien in der Wiener Tagespresse eine Reihe positiv eingestellter Berichte über die aufsehenerregenden Beobachtungen, die der Primarius an der Wiener Landesirrenanstalt am Steinhof, Herr Dr. E. Holub, an dem bekannten Medium Willy Schneider aus Braunau machte. Das öffentliche Interesse der Donaustadt beschäftigte sich lebhaft mit den Phänomenen Willys und seines jüngeren Bruders Rudi, so daß schließlich ein Kreis von Universitätsprofessoren zusammentrat, um aus eigener Anschauung die Echtheit der telekinetischen Vorgänge zu prüfen.

Unstimmigkeiten zwischen diesem Komitee und Herrn Dr. Holub erschwerten anfangs die Untersuchung, bis schließlich Dr. Hans Thirring, Professor für theoretische Physik an der Wiener Universität, die Sache in die Hand nahm und eine längere Serie von Sitzungen, größtenteils im Institut für theoretische Physik im Beisein und mit Unterstützung befreundeter Gelehrter, abhielt. Ein vorläufiger Bericht über seine Eindrücke ist in dem Journal der amerikanischen Gesellschaft für Psychische Forschung (Dezember 1925, Nr. 12, Vol. XIX) erschienen.

Thirring begründet seinen Entschluß einer eingehenden Untersuchung mit folgenden Worten:

„Ich war als Physiker von vornherein der Überzeugung gewesen, daß es sich bei den angeblich okkulten Phänomenen durchweg um Schwindel und Aberglauben handle, wurde aber doch etwas stutzig, als ich einerseits selbst die Sitzungen und ihre Kontrollmaßnahmen kennenlernte und anderseits beobachten mußte, in welch leichtfertiger Weise die Tagespresse und mit ihr die öffentliche Meinung aus Verdachtsmomenten, die gegen Rudi bestanden, eine volle Entlarvung der Brüder Schneider konstruierte. Das vielgebrauchte Argument, daß alle Medien schließlich entlarvt worden wären, verlor dadurch für mich völlig seine Beweiskraft, und ich stellte den Herren vom Komitee vor, daß es nunmehr besonders angebracht sei, weiter zu experimentieren, und daß man Willy, der ganz unbeteiligt dabei war, deswegen nicht fallen lassen könne, weil man gegen seinen Bruder einen Verdacht hege. Schließlich wurden meine Argumente anerkannt, und wir begannen in meinem Laboratorium im physikali-

1 Erstmals erschienen in der „Zeitschrift für Parapsychologie", April/Mai 1926.

schen Institut der Wiener Universität im Frühjahr 1924 die Sitzungen mit Willy, welcher damals unter dem Schutz der Witwe des inzwischen verstorbenen Oberarztes Dr. Holub stand."

„Vom April bis Sommer 1924 fanden eine Reihe von Sitzungen in meinem Laboratorium statt. Außer mir waren vom Komitee immer noch zwei Herren anwesend, während sich die übrigen Teilnehmer aus den Freunden des verstorbenen Dr. Holub und einigen meiner Kollegen zusammensetzten. Wir hatten während der Monate April und Mai meist schwache Erfolge, wurden aber im Juni durch eine Anzahl sehr guter Sitzungen, die starke telekinetische Phänomene brachten, entschädigt."

Bei den Sitzungen wurde die von Dr. Holub eingeführte Kontrolle beibehalten. Das Medium arbeitete ohne Vorhang, war mit einem besonderen Sitzungskostüm (Schlafanzug) bekleidet, dessen Ärmel und Hosen an den Hand- und Fußgelenken durch fest angenähte Leuchtknöpfe sichtbar gemacht waren. Bei diesen Experimenten kontrollierte Thirring nicht nur Willy, sondern auch ganz eingehend die zweite Kontrollperson, Frau Dr. Holub. Er hielt also während der Phänomene nicht nur Willys Hände und Füße fest, sondern war auch mit dem rechten Arm der Frau Holub in Kontakt.

Die Fernbewegungen kamen auf der linken Seite des Mediums zustande und lagen durchweg außerhalb der Reichweite des linken Armes und Fußes der Dame.

Die bei diesen Sitzungen sich abspielenden telekinetischen Phänomene betrafen Gegenstände, die teils auf dem Tisch, teils am Ende einer Ruhebank, auf der Willy saß, sich befanden, und zwar von seinem linken Arm 0,80 bis 1,20 m entfernt. Hierzu bemerkt der Forscher:

„Da die Hände und Füße von mir selbst kontrolliert und ganz bestimmt nicht bewegt wurden, könnte man nur die Hypothese aufstellen, daß Willy imstande wäre, aus seinem Schlunde ein 130 cm langes, steifes Rohr oder einen dito Stock hervorzubringen, um damit die Gegenstände in betrügerischer Weise zu bewegen. Eine helfershelferische Handlung von seiten eines Sitzungsteilnehmers war durch die Art der Beleuchtung gänzlich ausgeschlossen, denn die wenn auch verschleierte Rotlampe warf gerade zwischen die Anwesenden und den Tisch einen so starken Schein, daß eine verdächtige Bewegung irgendeiner Person sicher wahrgenommen worden wäre, zumal meine ohnehin skeptischen Kollegen alle scharf beobachteten.

Ebenso unmöglich ist es, daß die bei den Sitzungen verwendeten Objekte durch Sprungfedern oder andere Mittel vorbereitet worden wären, um eine Täuschung zu erzielen. Denn sie wurden von mir nicht aus der Hand gegeben und während der Zeit, in welcher keine Sitzung stattfand, von mir selbst in meinem Laboratorium so verwahrt, daß sie für niemanden erreichbar waren."

Der Verdacht der Kollegen richtete sich besonders gegen die Nähe der Frau Holub, und sie wollten daher kein Phänomen anerkennen, solange dieselbe kontrollierte. Nun nimmt aber Thirring in Übereinstimmung mit den mehrjährigen Erfahrungen des Referenten einen Zusammenhang zwischen psychischem Phänomen und Sexualität an. Nach ihm liegt es klar auf der Hand, daß die Kraft des Mediums gesteigert wird, wenn es in engem Kontakt mit dem Körper einer ihm sympathischen, vertrauten weiblichen Person ist, daß es dagegen gehemmt wird, sobald neben ihm ein kritisch eingestellter Mann sitzt. Ja, der Wiener Physiker geht noch weiter. Er fand, daß die besten Phänomene sich immer dann zeigten, wenn der Hauptkontrolleur eine Dame war[2].

Wenn auch die bis Juni 1924 stattgefundenen Sitzungen nicht ganz den strengen Anforderungen des Komitees entsprachen, so hatten sie doch Thirring veranlaßt, mit der Möglichkeit echter metaphysischer Phänomene ernstlich zu rechnen.

Für seine Kollegen im Komitee war dies jedoch noch nicht der Fall. Begreiflicherweise – weil sie selbst das Medium niemals kontrolliert hatten.

Die Versuche Thirrings konnten im Herbst 1924 nicht fortgesetzt werden, weil das Medium einer Einladung der Gesellschaft für Psychische Forschung (S.P.R.) nach London folgte.

Im Oktober 1924 bot sich dem Wiener Forscher Gelegenheit, im Hause des evangelischen Theologen Professor R. *Hoffmann* einer Sitzung mit Rudi Schneider, dem Bruder Willys, beizuwohnen. Hoffmann saß dem Knaben unmittelbar vis-à-vis, umschloß dessen Knie mit seinen Beinen und hielt die beiden Hände des Mediums.

Die Entfernung Thirrings vom Medium betrug etwa 2 m. Im Zentrum des Zirkelhalbkreises brannte eine Rotlichtlampe auf einem niedrigen Stuhl. Unter diesen Bedingungen wurde eine mit Leuchtfarbe bestrichene kleine Handklingel von einem vor Thirring stehenden Schemel genommen und auf dessen Knie gestellt. Thirring fährt fort wie folgt:

„Ich nahm sie und legte sie auf die offene Innenfläche meiner rechten Hand. Ich fühlte mehrmals etwas wie einen leicht wechselnden Druck und merkte, daß verschiedene Versuche gemacht wurden, die Glocke von meiner Hand zu heben. Da die Kraft aber offenbar zu schwach war, um die Glocke wegzuheben,

---

2 *Zusatz:* Bei Rudi Schneider (mit der weiblichen Tranceperson „Olga") war dies nicht zu beobachten. Bei gut eingestellten männlichen Kontrolleuren wie etwa Dr. med. F. Probst, Major R. Kalifius usw. kamen ausgezeichnete Phänomene zustande.

G. W.

was scheinbar angestrebt wurde, stellte ich sie selbst wieder auf den Schemel zurück. Bald darauf wurde sie zu Boden geworfen. Der Leser wird mir ohne weiteres zugeben müssen, daß es für den größten Akrobaten ein Ding der Unmöglichkeit ist, Gegenstände, die sich hinter seinem Rücken in einer Entfernung von 1,80 m befinden, zu bewegen, zumal, wenn seine Hände und Füße dabei gehalten werden. Das hier von mir beschriebene Phänomen könnte, wollte man Betrug voraussetzen, nur durch einen Sitzungsteilnehmer als Helfer oder besser: Handelnder gemacht worden sein. Dazu aber müßte sich derselbe von seinem Sitz erhoben haben."

Die Helfershelfertheorie ist gegenüber der Tatsache, daß die Brüder Schneider an den verschiedensten Orten – München, Zürich, Braunau, Prag, Wien, London[3] – erfolgreiche Sitzungen hielten, nicht aufrechtzuerhalten, denn sie müßten überall gutwillige und gutgeschulte Helfershelfer besitzen, die so glänzend arbeiten, daß man ihrer niemals habhaft werden kann.

Professor Thirring war nunmehr vollkommen überzeugt von der Echtheit der bei den Brüdern Schneider gesehenen Phänomene, als ein Ereignis eintrat, das eher geeignet war, sein Zutrauen zum Mediumismus zu schwächen. Im November 1924 stellte sich ihm ein Mann als starkes physikalisches Medium zur Verfügung, der seine Münchner Versuche mit dem Referenten dieser Zeilen als Empfehlung angab. Der Wiener Physiker fügt hinzu:

„Auf meine Anfrage wurde mir von Baron Schrenck bestätigt, daß Kraus ein vorzügliches physikalisches Medium sei; er warnte mich aber gleichzeitig, mit Kraus sehr vorsichtig zu sein, da dieser Mann die Gelegenheit, betrügerische Phänomene zu erzeugen, gegebenenfalls ergreife, und daß er auch wegen Unterschlagung und Diebstahl verfolgt werde."

Die für diese Sitzungsserie vorgenommenen Bedingungen und Sicherheitsmaßnahmen waren zum Teil von Kraus selbst vorgeschlagen, aber, wie sich nach einer Reihe von Untersuchungen herausstellte, konnten sie die schwindelhafte Hervorbringung der Phänomene nicht hindern. Die anfängliche Überzeugung verwandelte sich in Mißtrauen, und nunmehr gelang es der verschärften Überwachung, den Betrugsmechanismus aufzudecken. In einem Falle hatte Kraus die Hand frei gemacht, in einem zweiten den Fuß durch die Käfigöffnung gesteckt, in einem dritten den Tisch mit dem Kopf gehoben.

Da diese Arbeit im wesentlichen dem Medium Willy Schneider gilt, muß es dem Leser überlassen bleiben, die Einzelheiten dieses für die Wiener Experimentatoren außerordentlich lehrreichen Erlebnisses im Original nachzulesen. Im übrigen behält sich der Referent für die Zukunft eine eingehende Darstel-

3 *Zusatz:* Später vor allem auch in Paris. (Rudi Schneider.)

lung des Falles Kraus vor[4]. Nach völliger Umgestaltung der Versuchsanordnung kam kein Phänomen mehr zustande, und Kraus mußte zugeben, in Wien geschwindelt zu haben, obwohl er zeitweise imstande sei, Echtes hervorzubringen.

Die Erfahrung im Falle Kraus zeigte Thirring, wie leicht es möglich sei, getäuscht zu werden und falsche Schlüsse zu ziehen. „So hatte ich bei meinen Erwägungen, auf welche Weise der Tisch betrügerisch gehoben werden könnte, dahin geirrt, daß ich die Möglichkeit, den Tisch mit dem Kopf zu heben, ganz außer acht ließ. Konnte ich mich nicht ebensogut bei Rudi Schneider getäuscht haben, konnte ich nicht hier ebenfalls durch Außerachtlassen von Möglichkeiten wichtige Vorkommnisse übersehen haben? Ist es nicht die natürlichste Erklärung für alle die seltsamen metapsychischen Phänomene, wenn man annimmt, alle Beobachter seien Täuschungen zum Opfer gefallen?

„Die Mehrzahl meiner Kollegen im Komitee sind dieser Ansicht, wenn auch Schrenck unseren Mißerfolg auf einen Mangel an Erfahrung zurückführt, wenn er auch sagt, daß ein geübter Beobachter es dem Kraus unmöglich gemacht hätte, schwindelhafte Manipulationen auszuführen. Schrenck hatte mich ja allerdings gewarnt, er hatte mir gesagt, daß man dem Kraus auf die Finger sehen müsse, weil er alle Betrugsmöglichkeiten ergreifen werde.

Als Verteidiger in der Sache Willy Schneider würde ich folgende Argumente hervorheben: Der Fall Kraus beweist, daß es möglich ist, einen Zirkel für kurze Zeit zu täuschen. Doch dauert das nicht lange. Nach einer Experimentalperiode von 4 Wochen kannte ich alle Tricks dieses Mannes.

Mit Willy hingegen werden nun seit vielen Jahren von verschiedenen, sehr erfahrenen Forschern Versuche gemacht, ohne auch nur ein einziges Mal das leiseste Verdachtsmoment zu wecken ... In jedem Fall wurde meine Stellung als Verteidiger der mediumistischen Sache durch unsere Erfahrungen mit Kraus sehr geschwächt, und die Kommission faßte von da ab Beschlüsse gegen meine bessere Überzeugung. Man beschloß, die Versuche im März 1923 zu beenden, wenn Willy bis zu diesem Zeitpunkt nicht in meinem Laboratorium ein einwandfreies telekinetisches Phänomen, das unter den gleichen Bedingungen wie bei Kraus stattfinden müsse, gezeigt hätte. Jeder, der die Schwierigkeit des Experimentierens mit Medien kennt, wird von vornherein wissen, daß ein solches Ultimatum ein Ding der Unmöglichkeit ist.

Da die Zeit verging, ohne das geforderte Resultat zu zeitigen, stellte das Komitee die Forschungen ein. Ich zögerte nicht, mich diesem Beschluß zu fügen,

---

4 *Zusatz:* Leider starb Schrenck-Notzing über dieser Arbeit. Vgl. G. Walther „Zum anderen Ufer" S. 431 ff. und oben S. 27 ff.

da ich nunmehr Aussicht hatte, auf eigene Faust mit Willy Experimente anstellen zu können. Ich versprach mir davon mehr Erfolg als im Verein mit dem Komitee. Das letzte, was von der Kommission in dieser Angelegenheit geleistet wurde, war ein Bericht über die bisherige Tätigkeit. Es wurde festgestellt, daß ein Medium (Kraus) entlarvt wurde, während zwei andere Medien (Willy und Rudi Schneider) nicht imstande waren, unter den verlangten schweren Bedingungen, die allein für die Echtheit der Phänomene Gewähr geboten hätten, etwas wirklich Positives zu zeigen.

Obwohl dieses Protokoll nur zur Veröffentlichung in den medizinischen Zeitschriften bestimmt war, kam es in die Hände der Tagespresse, wurde dort mit Kommentaren veröffentlicht, die dem großen Publikum mitteilten, daß nach eingehender Prüfung durch interessierte Forscher ein negatives Resultat festgestellt werden müsse, wie immer, wenn die mediumistische Sache wissenschaftlich geprüft worden sei.

Dies ist um so schlimmer, weil es sich nicht mit den Tatsachen deckt. Die Versuche wurden fast ausschließlich von mir selbst geleitet, und die von mir gemachten Erfahrungen gehen dahin, daß ich zur Annahme der Echtheit der Phänomene, die ich bei den Schneiders sah, mehr neige als zum Gegenteil.

Es ist wahr, daß die Kontrollbedingungen für einen ganz strikten Beweis nicht genügen mochten; ich aber habe Phänomene gesehen, bei denen ich selbst die Kontrolle hatte, die man absolut nicht unter die Betrugsmöglichkeiten einreihen konnte. Der Mißerfolg lag teilweise an der Mentalität und der ganzen Einstellung des Mediums, zum großen Teil aber war die Ungeduld von seiten der Professoren schuld an den schwächeren Ergebnissen der Sitzungen. Offenbar waren die Mitglieder des Komitees als offizielle Organisation innerlich gehemmt durch die große Verantwortlichkeit, die auf ihrem Urteil lastete. Sie wollten unter keinen Umständen das Opfer von Betrügern sein. Die Furcht vor der öffentlichen Meinung ist ein großes Hindernis, ganz besonders in einer so einschneidenden Sache, wie die mediumistische sie darstellt. *„Es ist aber ein kleineres Unglück, wenn Wissenschaftler durch einen Betrüger getäuscht werden, als wenn sich die Wissenschaft aus Eitelkeit und Furcht vor Mißgriffen der Erforschung einer Wahrheit verschließt."*

Nach Auflösung des Komitees schlossen sich dem Professor Thirring zu weiterer Forschung auf diesem Gebiete an: Dr. *Hahn*, Professor der Mathematik an der Universität Wien; Dr. ing. *Ludwik*, Professor an der Technischen Hochschule. Die nunmehr abgehaltene neue Serie von Sitzungen vom März bis Juli 1925 fand teilweise im Laboratorium des Professors Thirring, teilweise in der Wohnung der Frau Holub statt und bestätigte die ein Jahr vorher gemachten

Erfahrungen dahin, daß unter den gleichen Bedingungen zeitweise schwache, zeitweise aber auch sehr starke Phänomene eintraten. Thirring beobachtete ein periodisches Abflauen und Anwachsen der Kraft. So folgte auf eine sehr gute Zeit (Januar 1924) eine sichtliche Abnahme der Kraft, als die Sitzungen mit dem Komitee begannen, die immer schlechter wurden, um dann in vollkommene Fehlsitzungen umzuschlagen. Im Frühjahr 1924 erholte sich Willy, und die Forscher erlebten mit ihm gute Sitzungen im Juni 1924. Im Juli nahm die Kraft wieder ab. Dann ging er in die Ferien.

Eine Sitzung, die er im Herbst in Braunau hatte, unmittelbar vor seiner Abreise nach England, soll eine der besten gewesen sein. Nach der Rückkehr im Februar 1925 fanden im Laboratorium Thirrings zwei negative Sitzungen statt, in dem darauffolgenden Monat wiederum einige gute in der Wohnung der Frau Holub, worauf wieder eine Periode der Schwäche eintrat, die bis Juni anhielt. Eine sehr gute Sitzung fand am 8. Juni 1925 statt, über welche Thirring eingehend berichtete [5].

„Ein Umstand, den ich zwar vorher schon beobachten konnte, war hier besonders bemerkenswert: der Einfluß, den Musik auf das Medium hat. Mehr als alles andere braucht er eine harmonische und freundschaftliche Haltung, einen Zirkel, der diese Eigenschaften vereinigt. In allen Sitzungen konnte ich die besten telekinetischen Phänomene beobachten, wenn z. B. gesungen oder über etwas recht herzlich gelacht wurde. Der Skeptiker macht diesen Umstand zu seinem Argument, indem er sagt: ‚Das Medium wartet eben, bis die Aufmerksamkeit der Zuseher abgelenkt ist, um dann seine Tricks zu spielen.‘ Es ist aber ganz lächerlich, behaupten zu wollen, daß durch irgendein Geräusch (laute Konversation, Musik usw.), der erfahrene Kontrolleur so abgelenkt werden könnte, daß er z. B. nicht mehr bemerken würde, ob er die Glieder des Mediums festhält, oder daß er dadurch nicht mehr sehen könnte, ob die Leuchtknöpfe, die an den Hosen angenäht sind, noch vorhanden sind oder nicht. Ich finde daher an diesem Konnex zwischen der Stimmung des Zirkels und den Leistungen des Mediums nichts Verdächtiges, sondern behaupte im Gegenteil, daß mir ein Medium verdächtig erschiene, dessen Kraft von der Stimmung des Zirkels und dessen Mentalität unabhängig wäre. Wenn es sich wirklich um „psychische“ Phänomene handelt, dann muß zur Erlangung eines echten, guten Phänomens das Vorhandensein eines wohlmeinenden, harmonischen, seelischen Kontakts zwischen Medium und Teilnehmern notwendig sein.

Metapsychische Phänomene hängen nicht vom bloßen Willen des Mediums ab. Eine seelische Erregung ist hier genau so notwendig wie bei sexuellen Funk-

5 Journal der amerikanischen Soc. for Psych. Res., Dezember 1925, S. 704 f.

tionen, die auch erst durch Anregung der Einbildungskraft und der Gefühle ausgelöst werden müssen. Im Falle dieses Mediums, des Willy Schneider, erfolgt die notwendige Auslösung durch das rhythmische Geräusch der Musik, durch die Berührung einer Frau oder durch die liebevolle, wohlwollende Einstellung der Sitzungsteilnehmer. Wenn aber der Zirkel so ist, daß er ein hohes Gericht darstellt, wobei das Medium der arme Delinquent ist, oder, was noch schlimmer ist: wenn das Ganze einer Prüfung, einem Examen gleicht, dann kann und wird sich niemals ein Phänomen ereignen.

Um meine Forschungsresultate zusammenzufassen, muß ich folgendes erwähnen: Vor dem Jahr 1924 war mir als Vertreter und Lehrer einer exakten Wissenschaft der Gedanke, mich mit metapsychischer Forschung abzugeben, auch nicht im Traume gekommen. Ich habe aber aus den Versuchen mit Willy Schneider ersehen, daß die Hypothese der Möglichkeit echter telekinetischer Phänomene viel besser basiert erscheint, als den Wissenschaftlern im allgemeinen bekannt ist. Meine Überzeugung wuchs von Versuch zu Versuch, bis mir der Fall Kraus bewies, mit welch großer Vorsicht man arbeiten müsse... Wenn ich mich auf den Standpunkt der Echtheit telekinetischer Phänomene stelle, muß ich anerkennen, daß Willy Schneider eines der besten heute lebenden Medien ist. Er ist gewohnt, unter strengen Kontrollbedingungen zu arbeiten und scheint nicht die Neigung zu haben, bei jeder sich bietenden Gelegenheit Tricks anzuwenden. Es wäre außerordentlich wünschenswert, daß dieses Medium der wissenschaftlichen Forschung erhalten bliebe."

Die Entwicklung eines zunächst in ablehnender Haltung verharrenden Naturforschers vom Range Thirrings zum Parapsychologen, und zwar auf dem Wege eigener Erfahrung, erscheint bemerkenswert, weil bei ihm sich jene Erlebnisphasen wiederholen, wie sie jeder Experimentator kennt, welcher sich längere Zeit praktisch mit diesem Gebiet beschäftigt hat.

Die eigene Kontrolle des Mediums, von ihm in der überwiegenden Mehrzahl der Sitzungen selbst ausgeübt, gibt dem Forscher nach und nach die absolute Überzeugung, daß Willy bei etwaigem mechanischen Zustandekommen der Phänomene durch Tricks u. dgl. als Agent nicht in Frage kommen kann. Auch die Helfershelfertheorie läßt sich angesichts des öfteren Ortswechsels für die Sitzungen sowie der damit verknüpften Änderung in den Versuchsbedingungen nicht aufrechterhalten. Dazu kommt, daß die Wiener Sitzungen ohne Kabinett stattfanden, d. h. ohne Vorhänge, hinter denen sich etwa ein Komplice hätte verbergen können.

Professor Thirring war bereits vollkommen von der Realität dieser Vorgänge überzeugt, als der oben geschilderte Fall des Betrügers Kraus ihn wankend machte. Denn derselbe lehrt, daß auch ein vorsichtiger Experimentator, sofern er nicht über hinreichende Erfahrung verfügt, gelegentlich betrogen wird, daß aber anderseits der Mechanismus solcher Schwindeleien einem scharfsichtigen Versuchsleiter nicht lange verborgen bleiben kann. Charakteristisch ist auch das Verhalten der Kommissionskollegen, denen das Urteil des eigentlichen Versuchsleiters nicht genügt, die, ohne selbst kontrolliert zu haben, die Realität der Phänomene nicht anzuerkennen vermögen. Schon die Anwesenheit einer Frau bei solchen Untersuchungen gilt als Verdachtsmoment.

Die Beobachtungsresultate des Wiener Physikers stimmen, obwohl sie ganz unabhängig von irgend einer literarischen oder persönlichen Beeinflussung zustande kamen, mit unsern Versuchsergebnissen völlig überein und bieten eine äußerst wertvolle Bestätigung derselben.

Alles, was über Musik und Zirkel, über den sexuellen Faktor, über die Bedeutung des weiblichen Elements als Anregung für die vitale Entelechie des Mediums, über die psychische Harmonie der Teilnehmer in ihrem Rapport mit den paraphysischen Perzipienten sowie über die notwendige seelische Erregung desselben oder gegebenenfalls über seine psychischen Hemmungen von Thirring ausgeführt worden ist, trifft durchaus zu und gibt das vollkommen wieder, was wir selbst seit Jahren als Grundsätze für das Gelingen solcher Sitzungen aufgestellt haben.

Obwohl von Beruf Physiker, erkannte der scharfsinnige Wiener Forscher alsbald, daß die paraphysischen Phänomene in ihrer Verbindung mit dem Körper des Mediums doch wesentlich ein Problem des unterbewußten Seelenlebens darstellen, d. h. psychogener Natur sind.

Somit ist die wirksame Mitarbeit des Professors Thirring auf parapsychologischem Gebiet dankbarst zu begrüßen und wird hoffentlich auch weiterhin zur Förderung unserer jungen Wissenschaft das ihrige beitragen!

2. Sitzungen der englischen Gesellschaft für psychische Forschung

Im Spätjahr 1924 folgten Frau Holub und Willy Schneider einer Einladung der Society for Psychical Research nach London, woselbst von Mitte November bis Mitte Dezember im Laboratorium der Gesellschaft eine Anzahl Sitzungen stattfanden.

Die Versuchsanordnung ist derjenigen in Wien nachgebildet und durch die nebenstehende Skizze, Abb. 1, illustriert. In der Ecke eine gepolsterte Bank, vor derselben ein rechteckiger, mit einem schwarzen Tuch bedeckter Tisch. Derselbe war auf drei Seiten, und zwar in der Richtung auf die Teilnehmer zu, durch einen niedrigen, zwei Fuß (ca. 61 cm) hohen, dreiteiligen Schirm abgeschlossen. Die vierte Seite bildete die Bank. Das Medium saß in der Ecke auf der Bank, rechts die Wand berührend. Vor ihm Kontrolleur 1 (C 1), hinter diesem Kontrolleur 2 (C 2), dann folgte ein Rotlichtscheinwerfer (L) auf einem dreibeinigen Ständer, welcher den Lichtschein in die Richtung auf die Proto-

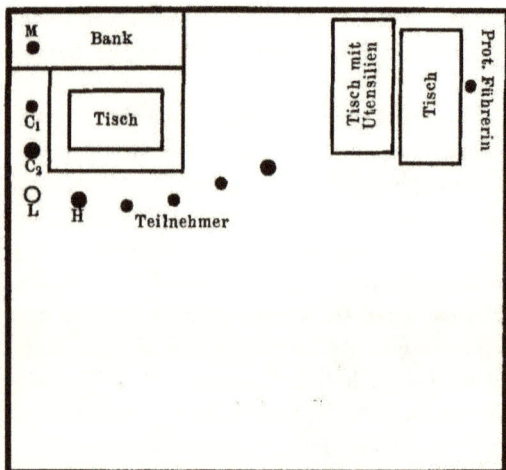

*Abb. 1. Versuchsraum
der Society for
Psychical Research.*

kollführerin warf, die, wie aus der Skizze ersichtlich, einen Sitz nicht weit entfernt von der Bank hatte. Auf dem Tisch der Protokollführerin befanden sich die zu bewegenden Gegenstände und das Grammophon. Von diesem Tisch aus konnte das Licht durch einen Rheostaten geregelt werden.

Neben der Beleuchtungseinrichtung war der Platz von Frau Holub (H). An diese schlossen sich die Plätze der Teilnehmer im Halbkreis an.

Zu bewegende Gegenstände lagen entweder auf dem Tisch oder auf der Bank. Diese ganze Versuchsanordnung setzte beim Medium eine Emanation seiner mediumistischen Kräfte von links voraus, während es umgekehrt im Münchner Laboratorium die Phänomene rechts hervorruft.

Die detaillierten Beschreibungen des Laboratoriums möge der Leser im Original nachlesen.

Voruntersuchung des Mediums wie in München. Willy zog sich vor der Sitzung in einem besonderen Zimmer vollständig aus, unter Kontrolle zweier Teilnehmer[6], behielt Schuhe, Strümpfe, Hemd an und bekleidete sich mit einem Schlafanzug, dessen Ärmel und Hosen in der Gegend der Hand- und Fußgelenke mit Leuchtbändern ringförmig versehen waren.

6 Dr. Woolley und Dr. Dingwall. G. W.

Im Versuchsraum nahm er auf der Polsterbank Platz. Die ihm gegenübersitzende erste Aufsichtsperson umschloß seine Füße und Knie mit den ihrigen
und hielt die Hände Willys. Die zweite dahinter sitzende Kontrollperson um-
spannte zu aller Sicherheit noch die Fingerspitzen des Mediums. Der linke Arm
der Frau Holub war durch ein Leuchtband kenntlich gemacht und stand stets in
körperlicher Verbindung mit dem zweiten Kontrolleur. Ihre rechte Hand wurde
von dem an ihrer andern Seite sitzenden Teilnehmer festgehalten, ebenso waren
die Ärmel derjenigen Person, welche die Gegenstände hinreichte, mit Leuchtbändern kenntlich gemacht. Die Protokolle wurden während der Sitzung diktiert.

Das Gesamtsitzungsergebnis war im allgemeinen so wie in Wien: schwache
und Fehlsitzungen wechselten mit gelegentlich überraschend guten Resultaten.
Der Berichterstatter Dingwall erklärt, daß die einzigen einwandfrei festzustel-
lenden Phänomene telekinetischer Art gewesen seien. Das Auftreten teleplastischer Strukturen war zu flüchtig, um darüber mit Bestimmtheit urteilen zu
können. Der Verlauf der Sitzungen geht nun in der Weise vor sich, wie er schon
vielfach früher geschildert wurde. Löschen des Weißlichts, Trancezustand und
Auftreten des Spalt-Ichs „Otto", der Musik und Konversation verlangt. Gewöhnlich wird eine Pause eingeschaltet, und nach Schluß der Sitzung hält Dingwall nur dann eine Nachkontrolle für notwendig, wenn teleplastische Phänomene sich gezeigt haben.

Es fanden im ganzen 12 Sitzungen statt, und zwar am 12., 15., 18., 21., 25.
und 28. November sowie am 2., 5., 6., 9., 12. und 13. Dezember. Protokoll-
berichte über die negativen Sitzungen sind nicht mitgeteilt.

In der Sitzung vom 15. November 1924 werden bei Rotlicht bewegt: Ein
etwa 3 Fuß (91 cm) vom Medium entfernt liegendes Taschentuch, zwei Leuchtstreifen, von denen der eine 3/4 Zoll (ca. 2 cm) hoch gehoben wird und einige
sprunghafte Bewegungen machte, sowie ein Tamburin. Im zweiten Teil der
Sitzung kamen nur einige Verschiebungen des Tisches zustande. Die meisten
Teilnehmer erklären, einen kalten Hauch verspürt zu haben.

Die in der dritten Sitzung vom 18. November 1924 unter den gleichen Versuchsbedingungen zustande gekommenen Phänomene betrafen Bewegungserscheinungen bei einem Tamburin, dem Taschentuch, dem Tisch sowie des Leucht-
streifens. Letztere und das Tamburin wurden erhoben. Der Streifen hing, leicht
schwankend, horizontal in der Luft. Die Bedingungen erklärt das Komitee für
einwandfrei.

An diesem Abend kam zum ersten Male ein zweiteiliger Gazeschirm zur
Verwendung, der zwischen Medium und Tisch stand und zwei Seiten ab-
schloß.

Am 28. November fügte man noch ein Schirmfeld hinzu, so daß der Tisch nur mit der der Protokollführerin zugewendeten Seite offenblieb.

Unter diesen erschwerenden Bedingungen werden die auf dem Tisch liegenden zwei Leuchtstreifen und ein Tamburin verschoben. Ein Leuchtstreifen macht plötzlich einen Sprung. Das Tamburin fliegt über den Schirm gegen die Wand hinter das Medium. Ein auf dem Tisch liegender Leuchtring erhebt sich mehrmals bis über 3 Zoll (ca. 7,5 cm) hoch von der Tischfläche. Im ganzen wird dieses Experiment 7mal hintereinander wiederholt. Außerdem einige kleinere Phänomene.

Bei der Elevation des Ringes beobachtete man, daß derselbe durch eine vage Form verdunkelt wurde.

Am 2. Dezember 1924 nahm ein hervorragender Taschenspieler, Herr Douglas Dexter, teil, der als spezieller Kenner aller bei Medien vorkommenden Tricks gilt. Bedingungen wie in der letzten Sitzung: Verwendung des dreiteiligen Schirms. Mehrfaches Klirren des auf dem Tisch liegenden Tamburins, dasselbe wird mit einem Schlag über den Schirm hinweg auf die Ruhebank geschleudert. Mehrfache Erhebung und Bewegung eines Leuchtringes.

Dexter äußert sich wie folgt: „Ich habe die Distanz zwischen den Gegenständen und dem Medium genau gemessen, auch wenn es sich nach links neigte ... soviel ich bemerken konnte, befreite Willy weder seine Hände noch seine Füße aus der Kontrollstellung während der ganzen Dauer der Sitzung. Abgesehen von der wirklich vorzüglichen Kontrolle, war ich selbst in der Lage, von meinem Platz aus jede Bewegung des Mediums sehen zu können, von denen ich jede bemerken mußte. Ebensowenig bewegte sich Frau Holub. Keinem der Anwesenden war es möglich, irgend einen der auf dem Tisch liegenden Gegenstände zu berühren oder aufzustehen, denn man stand in gegenseitigem Kontakt. Es ist auch unter den Kontrollbedingungen ganz unmöglich, daß sich das Medium eines Stabes hätte bedienen können, um die Gegenstände zu bewegen. Ich könnte mir kein Instrument denken, das zur Täuschung der Beobachter hätte angewendet werden können." Außerdem erwähnt Dexter besonders die leichten, subtilen Bewegungen des Leuchtringes, der während der Levitation wie eine Schneeflocke in der Luft geflogen sei. Man bemerkte keine Stöße oder Wendungen, ebenso bemerkte man nicht, daß er angefaßt oder festgehalten war. *Dingwall* fügte hinzu: Diese Tatsachen lassen die supranormale Hypothese voll und ganz zu.

Anstatt des dreiteiligen Gazeschirms bediente man sich am 6. Dezember eines mit Gazestoff bespannten Käfigs, so daß der darin stehende 76 cm hohe Tisch nach allen Seiten hin abgeschlossen war.

Die Entfernung der Hände des Mediums von der Tischmitte betrug 70 cm. Kontrollbedingungen wie bekannt.

Als bemerkenswert für diese Sitzung sind die Tamburinphänomene hervorzuheben. Dieses Objekt lag auf dem Tisch, klirrte ununterbrochen hörbar, teils leiser, teils lauter, bisweilen unterbrochen, vollzog Bewegungen, z. B. Rollen um die horizontale Achse oder Umdrehung in die vertikale. Das Rollen erfolgte unter leichten Neigungen bis zu einem Winkel von 20 Grad. Nach einer nochmaligen Umdrehung derselben Art folgte eine Drehung nach rückwärts. Künstliche Inszenierung erschien nach Prüfung der einzelnen Möglichkeiten, die eingehend erörtert werden, ausgeschlossen, so daß Dingwall diese Erscheinungen als paraphysisch aufzufassen genötigt ist.

Levitationsversuche (mit dem ganzen Körper des Mediums) mißlangen. Nach nochmaliger, eingehender Erörterung aller mechanischen Möglichkeiten für das Zustandekommen der beobachteten Vorgänge glaubt das Komitee, die einzige, den Tatsachen entsprechende Erklärung der gesehenen Erscheinungen in einer supranormalen Hypothese finden zu können. Auch die etwa zu diskutierende Mitwirkung der Frau Holub könnte nichts erklären, da sie ständig gehalten, beleuchtet und im Auge behalten wurde.

Wie die Feststellungen von Professor Thirring, so bieten auch die Untersuchungen der Society for Psychical Research eine volle Bestätigung der telekinetischen Leistungen des Mediums Willy Schneider. Das Vorgehen der englischen Forscher war vielleicht noch mehr als das der Wiener Gelehrten auf den Ausschluß jeder Schwindelmöglichkeit und jeder sonstigen Irrtumsquelle gerichtet. Hierbei erscheint sehr wesentlich, daß Frau Dr. Holub in London niemals die Kontrolle ausübte, sondern regelmäßig selbst beaufsichtigt wurde.

In 4 Sitzungen von 5 positiven war das Medium durch einen Gazeschirm bzw. durch eine Käfigwand von den zu bewegenden Objekten getrennt, konnte also unmöglich mit seinem Kopf an die Gegenstände hinkommen.

Die Erörterung (im Anschluß an das Protokoll vom 2. Dezember), ob und wieweit es für die Versuchsperson überhaupt möglich sei, mit dem Munde oder mit dem Kopf an die zu bewegenden Objekte zu gelangen, erscheint durch die Verwendung der zwischen Medium und Gegenstand gestellten Schirmwand gegenstandslos.

Denn schon in der Sitzung vom 18. November wird ein Gazeschirm zwischen Medium und Tisch eingeschoben, am 28. November dem zweiteiligen Gazeschirm ein drittes Feld angegliedert. Am 5. Dezember Herstellung eines völligen Abschlusses des Tisches mit den darauf liegenden Objekten durch Verwendung eines ganzen Käfigs, der mit transparentem Stoff bezogen war (fliegenschrank-

artig). Leider fehlen nähere Angaben über die Art der Aufstellung des dreiteiligen Schirmes. Aber aus dem Sinn dieser Versuchsanordnung und den mündlichen Aufklärungen Willys geht hervor, daß die dem Medium entgegengesetzte
Schmalseite des Tisches (nach dem Protokollführer zu) offenblieb. Im Käfig
befand sich eine 46 cm hohe Öffnung in der dem Sofa zugekehrten Käfigseite
(zum Hineinreichen der Gegenstände). Diese Öffnung stand also im rechten
Winkel zum Medium. Genaueres läßt sich aus dem Protokoll darüber nicht ersehen, so daß nur Vermutungen darüber möglich sind, welchen Weg die emanierten Strukturen gewählt haben können, um die Objekte zu erreichen. Daß
die mediumistische Kraft, wie Dingwall meint, direkt durch den Stoff der
Gazewand gedrungen sei, anstatt den Umweg durch irgend eine der vorhandenen Öffnungen zu wählen, bleibt einstweilen eine nicht hinreichend begründete Hypothese.

Man kann sich wegen des oben genannten Mangels in dem Bericht darüber
keine Vorstellung machen, in welcher Weise das auf dem Tisch liegende Tamburin z. B. in der Sitzung am 2. Dezember um 10 Uhr 26 Minuten von dem
Tisch auf die Bank befördert wurde, denn nach dem Sinn der Darstellung
muß der dritte Flügel des Gazuschirms zwischen Sofabank und Tisch gestanden
sein. Demnach müßte das Tamburin eine ziemlich hohe Kurve zurückgelegt
haben, d. h. über die obere Schirmwand hinweg auf die Bank geworfen worden
sein.

Die Entfernung der zu bewegenden Objekte war nach den spärlichen Angaben hierüber nicht weiter vom Medium als 40–60 cm, was mit Rücksicht auf
den dazwischen stehenden Schirm sowie auf Willys mediale Leistungsfähigkeit
angemessen sein dürfte.

In München waren die Entfernungen ohne Schirm (zwischen Objekt und
Medium) 80–120 cm. Am 15. Mai 1922 betrug in einer erfolgreichen Sitzung
die direkte Distanz der rechten Schulter Willys durch die trennende Gazewand
hindurch bis zur Spieldose 1,10 m. Das durch Fernwirkung betätigte Musik-
werk stand in einzelnen Sitzungen 37–50 cm von der trennenden Zwischen-
wand ab. Hierzu kommt der Mindestzwischenraum von der Schulter Willys
zur Wand mit 20–25 cm, so daß die Gesamtentfernung der durch den
Gazeschirm hindurch bewegten Objekte vom Medium zwischen 57 cm und
1,10 m lag.

Trotz des positiven Resultats der englischen Untersuchungen war doch die
Zahl der gelungenen Sitzungen (5 von 12) und der Einzelphänomene eine verhältnismäßig geringe, woraus von seiten der englischen Kommission der Schluß
gezogen wurde, daß die mediumistischen Kräfte, sowohl was Qualität als
Quantität betrifft, bei Willy gegenüber dem Vorjahr stark abgenommen hätten.

Auch die Wiener Experimente aus der letzten halbjährigen Periode scheinen eine solche Annahme zu bestätigen. Verfasser selbst stand nach Wiederaufnahme der Münchner Sitzungen mit Willy (Oktober 1925) auf demselben Standpunkt. Aber dieser Auffassung widerspricht die Erfahrung der letzten Monate in Braunau und München. Denn periodisch, namentlich zur Zeit des Vollmondes, beobachteten wir mediumistische Leistungen von ungewöhnlicher Stärke, wie z. B. die Materialisierung einer gut entwickelten Hand, welche vor unsern Augen Gegenstände ergriff und sich im Lichte zeigte. Am Freitag, dem 26. Februar 1926, blieb die Hand einmal 57 Sekunden lang im Rotlicht sichtbar!

Demnach scheinen die mediumistischen Kräfte wohl vorhanden zu sein, aber es gelingt nicht regelmäßig, sie zum Funktionieren zu bringen. Die Aufgabe des Versuchsleiters und des ihn unterstützenden Zirkels besteht also auch hauptsächlich darin, die vitale Entelechie[7] im medialen Organismus aus ihrer Latenz heraus zur Betätigung zu bringen, die psychischen Hemmungen, die hindernden unterbewußten Komplexe zu beseitigen, d. h. dem Medium den nötigen élan vital zu geben. Professor Thirring hat die hierbei in Frage kommenden Faktoren, soweit unsere heutige Erfahrung reicht, in seiner oben referierten Arbeit vortrefflich zusammengestellt.

Es wäre also wohl denkbar, daß die etwas nüchterne, vielleicht aber nicht besonders zweckmäßige, von Wien übernommene Versuchsanordnung der Engländer, deren Vorstellungen während der Sitzungen sich wahrscheinlich mehr mit Kontrollmaßregeln und der Möglichkeit von Taschenspielertricks beschäftigten als mit der erforderlichen psychischen Einstellung des Mediums, das magere Resultat mit verschuldet haben. Man erzeuge in Medium und Zirkel die richtige harmonische Stimmung, und der Erfolg wird nicht ausbleiben.

Die englische Gesellschaft für Psychische Forschung hat seit Anfang März 1926 ihre Untersuchungen mit Willy, der auf ihre Einladung sich ohne Begleitung durch eine andere Person zu einem sechswöchigen Besuch nach London begab, fortgesetzt. Nach den bis jetzt vorliegenden brieflichen Berichten verlaufen die Sitzungen wiederum mit positivem Resultat. Aber die Phänomene sind schwach[8].

3. Bericht von Harry Price

Auf dem Untersuchungsgebiet des physikalischen Mediumismus ist in den letzten Jahren ein englischer Forscher auch über die Grenzen seines Vaterlandes

7 „Entelechie" im Sinne des Philosophen Hans Driesch. G. W.
8 *Zusatz:* Willy erkrankte kurz darauf und mußte sich zu einer längeren Kur nach Davos begeben. G. W.

hinaus bekannt geworden, dessen Arbeiten eine grundlegende Bedeutung nicht abgesprochen werden kann.

Derselbe heißt Harry Price, bildete sich in London und Shrewsbury zum Maschineningenieur aus, um später eine leitende Stellung in der väterlichen Papierfabrik zu übernehmen. Von Jugend auf beschäftigte er sich mit Konstruktionen und technischen Erfindungen, von denen einige in die Praxis eingeführt werden konnten. Seit frühester Schulzeit ein leidenschaftlicher Amateur der Taschenspielerkunst, sammelte er alle auf Salonmagie bezüglichen Werke, so daß die von ihm auf diese Weise geschaffene Bibliothek vielleicht als die größte ihrer Art gelten kann. Man ernannte ihn zum Ehrenbibliothekar des „Magischen Klubs" in London. Außerdem ist Price Mitglied der „Gesellschaft amerikanischer Magier" und sonstiger der Prestidigitation gewidmeter Vereine. Auch in der Photographie, Mikroskopie und Chemie machte er sich durch ausgezeichnete Leistungen einen Namen.

Schon als Siebzehnjähriger schrieb er, veranlaßt durch sein lebhaftes Interesse für die positive und negative Seite des Mediumismus, ein Drama, das sich „The Sceptic" nannte und am 2. Dezember 1898 in London öffentlich aufgeführt wurde.

Bis zum Jahre 1922 waren die zahlreichen Erfahrungen, die Price mit Medien sammeln konnte, unbefriedigend und beruhten größtenteils auf bewußten und unbewußten schwindelhaften Manipulationen.

Da begegnete ihm zum ersten Male, als er in Begleitung des Untersuchungsbeamten der Gesellschaft für Psychische Forschung in London, Dr. Dingwall, im Laboratorium des Dr. v. Schrenck-Notzing einigen Sitzungen beiwohnte, in Willy Schneider ein Medium mit echten physikalischen Phänomenen. Vollkommen überzeugt kehrte er nach London zurück und hielt einen Vortrag über die Münchner Erlebnisse.

Seine mit größtem Eifer fortgesetzten paraphysischen Studien fanden ihre Krönung durch die Begründung eines Laboratoriums für Psychische Forschung in London, das den Grundstock bilden sollte zu einer englischen Versuchsanstalt für physikalischen Mediumismus. Außerdem hatte er das Glück, in Stella C. eine Versuchsperson zu finden, die unter den strengsten Bedingungen ausgezeichnete telekinetische Phänomene hervorzurufen imstande ist. Bei diesen Untersuchungen konnte während der metapsychischen Auswirkungen durch geeignete Instrumente eine Herabsetzung der Temperatur regelmäßig konstatiert werden. Price schränkt aber diese Feststellungen zunächst auf die bei Stella beobachteten Vorgänge ein ohne Verallgemeinerung auf andere Sensitive.

Professor *Winther* in Kopenhagen bestätigte diese Temperaturdifferenz während der Phänomene seines Mediums, Frau *Anna Rasmussen*.

In den Jahren 1925 und 1926 unternahm Mr. Price mehrere Reisen auf dem Kontinent, um weiteren Experimenten mit Willy Schneider beizuwohnen, und veröffentlichte darüber einige Aufsätze in dem Journal of the American Society for Psychical Research Vol. XIX, August 1925, Nr. 8, Seite 420 ff. und Vol. XX, Januar 1926, Nr. 1, Seite 18 ff.

In der Einleitung zur Schilderung seiner 1925 gemachten Beobachtungen sagte Price unter anderem folgendes:

„Durch 20jährige Forschungen und Experimente mit verschiedenen Medien und eine kurz vor meiner Abreise nach München mit einem bekannten englischen Medium gemachte schlechte Erfahrung war ich gerade damals (vor dem ersten Besuch in München) sehr kritisch, ja, ich kann wohl sagen, skeptisch gegen alle derartigen Versuche eingestellt, aber die bereits vorliegenden Beweise machten mich doch begierig, die Kräfte des Münchner Mediums kennenzulernen.

Der unparteiische Forscher muß mit gleichem Interesse die Arbeit des notorischen Betrügers wie des über alle Zweifel echten Mediums prüfen. Es ist ebenso wichtig, die praktische Arbeit beim falschen wie beim echten Medium auf das genaueste kennenzulernen. Außerdem muß man alle Phasen sowie die spezifischen Eigentümlichkeiten eines mediumistisch erzeugten Phänomens studieren, um ein richtiges Urteil zu fällen. Ein Bilderhändler, der einen Rembrandt erwirbt oder verkauft, ist noch lange kein Experte, der mit Sicherheit die Echtheit des Bildes festzustellen vermag. Dazu gehört eingehendes Fachstudium. So ist es auch in diesem Fall. Nur derjenige Forscher kann mit Sicherheit urteilen, der sich durch eigene Prüfung mediumistischer Vorgänge eine gründliche Kenntnis erworben hat ...

Ich verließ München, nachdem ich im Hause des Dr. v. Schrenck eine Anzahl von Sitzungen unter meiner Ansicht nach vollkommen einwandfreien Bedingungen miterlebt hatte, in der festen Überzeugung, daß ich hier Zeuge wirklich echter Phänomene von verschiedener Art und Intensität geworden bin."

Bekanntlich begab sich das Medium Willy Schneider im März 1923 nach Wien zu Dr. Holub, Primararzt an der Irrenanstalt am Steinhof. Nach dem im Februar 1924 erfolgten Ableben desselben siedelte Willy in die Stadtwohnung der Witwe dieses Arztes über und setzte dort sowie im Physikalischen Institut der Universität Wien seine Sitzungen fort.

Price wohnte dann in London, wo, wie aus dem vorstehenden Artikel ersichtlich, Willy im November und Dezember 1924 in der Society for Psychical Research experimentierte, zwei Fehlsitzungen bei.

In weiterer Verfolgung seines lebhaften Interesses für die paraphysischen

Fähigkeiten Willys reiste unser Forscher im Juni 1925 auf Einladung der Frau Holub nach Wien, um in dem zur Wohnung gehörigen Sitzungsraum drei weitere Sitzungen mit Willy am 6., 8. und am 11. Juni 1924 beizuwohnen. Die Einrichtung des für die Experimente vorbereiteten Zimmers, aus welchem alle Möbel mit Ausnahme der für die Versuche benötigten entfernt waren, geht aus der beiliegenden Planskizze hervor (Abb. 2).

Das Nähere möge man in der Originalbeschreibung des Herrn Price nachlesen.

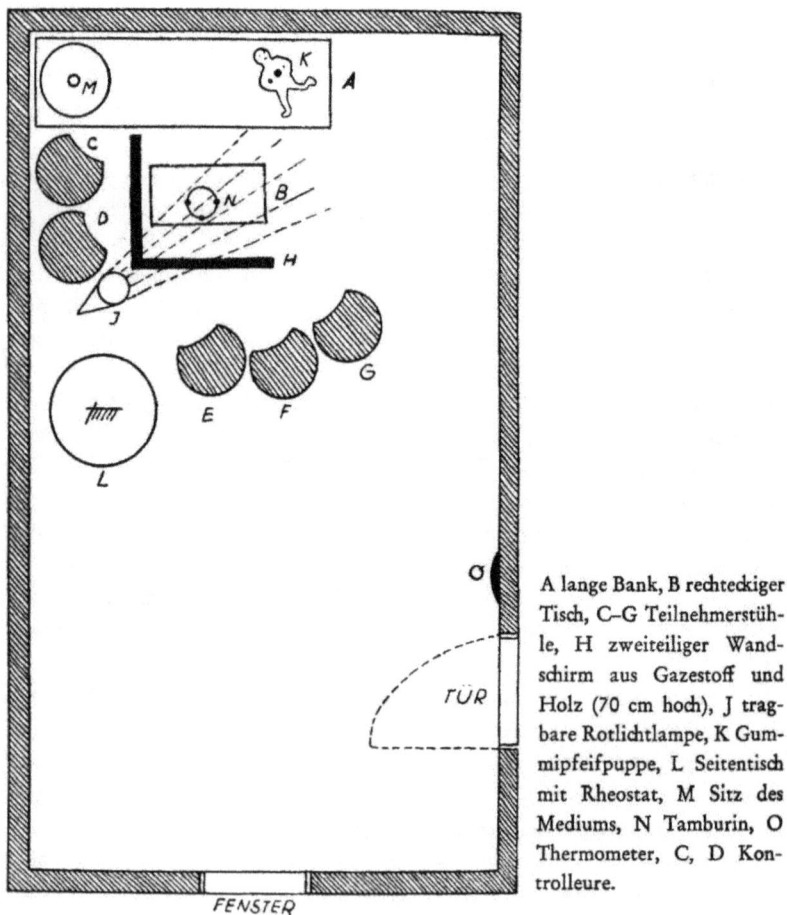

A lange Bank, B rechteckiger Tisch, C–G Teilnehmerstühle, H zweiteiliger Wandschirm aus Gazestoff und Holz (70 cm hoch), J tragbare Rotlichtlampe, K Gummipfeifpuppe, L Seitentisch mit Rheostat, M Sitz des Mediums, N Tamburin, O Thermometer, C, D Kontrolleure.

Abb. 2. Sitzungsraum in der Wohnung der Frau Holub.

Willy saß in der Zimmerecke auf einer der Wand entlanglaufenden hölzernen Bank, vor welcher ein Tisch stand. Dieser war, wie aus der Skizze ersichtlich, mit einem zweiteiligen, 70 cm hohen Schirm von den Teilnehmern abgeschlossen. Der Schirm stieß an die Bank, so daß die Füße des Mediums mechanisch von einer Mitwirkung ausgeschaltet waren. Der auf Platz C ihm gegenübersitzende Kontrolleur umklammerte außerdem die Knie Willys und hielt dessen Hände. Die auf dem Stuhl D sitzende Person übte Beikontrolle aus. Außerdem waren die Ärmel in der Gegend der Handgelenke durch zwei Reihen aufgenähter Leuchtknöpfe gesichert.

Die in dem Plan an der Ecke des Schirmes aufgestellte Rotlichtlampe trennte die übrigen Teilnehmer von den Kontrolleuren und warf einen breiten Lichtkegel über den Tisch weg auf die Ecke der Bank. Jeder Helfershelfer wäre, um zu dem Medium bzw. dem Wirkungsraum der Phänomene zu gelangen, in den Lichtkreis der Lampe geraten.

Der erste Abend am 6. Juni 1924 sollte nur einer vorläufigen Information dienen, infolgedessen waren außer Frau Holub und Price keine weiteren Personen anwesend.

Der Trancebeginn gab sich kund durch kurzes, stoßweises Atmen, klonische Zuckungen der Arme und veränderten Puls. Man verzichtete auf besondere Phänomene und verabredete mit der Trancepersönlichkeit „Otto" alle Einzelheiten für eine Sitzung am 8. Juni. An diesem Abend übte Herr Price die Hauptkontrolle und die ihm befreundete, ebenfalls aus London zugereiste Miss *May C. Walker* die Nebenkontrolle aus. Außer Frau Holub, die auf dem Platz E saß, nahmen teil: Dr. Ludwik, Professor an der Technischen Hochschule, sowie der Physiker Professor Thirring.

Die Vorkontrolle fand wie bei den Sitzungen des Referenten in der Weise statt, daß Willy sich in Gegenwart von zwei Zeugen vollständig entkleidete und einen aus zwei Teilen bestehenden Schlafanzug anlegte, der an den Ärmeln ringförmig mit zwei Reihen leuchtender Knöpfe benäht war.

Außerdem wurden, je nach Wunsch der Zirkelteilnehmer, an verschiedenen Stellen des Anzuges Leuchtnadeln befestigt. An den Füßen trug das Medium Pantoffeln.

Die Umkleidung am 8. Juni fand statt in Gegenwart der Professoren Thirring, Ludwik und des Herrn Price.

Willy setzte sich dann im Sitzungszimmer auf seinen mit einem Kissen belegten Platz. Price gibt nun nochmals eine eingehende Beschreibung des ganzen Zimmers sowie der Versuchsanordnung.

Die Beleuchtung wurde nach Auslöschen des Hauptlüsters nur durch die rote Scheinwerferstehlampe geliefert. Merkwürdigerweise konstatierte Price

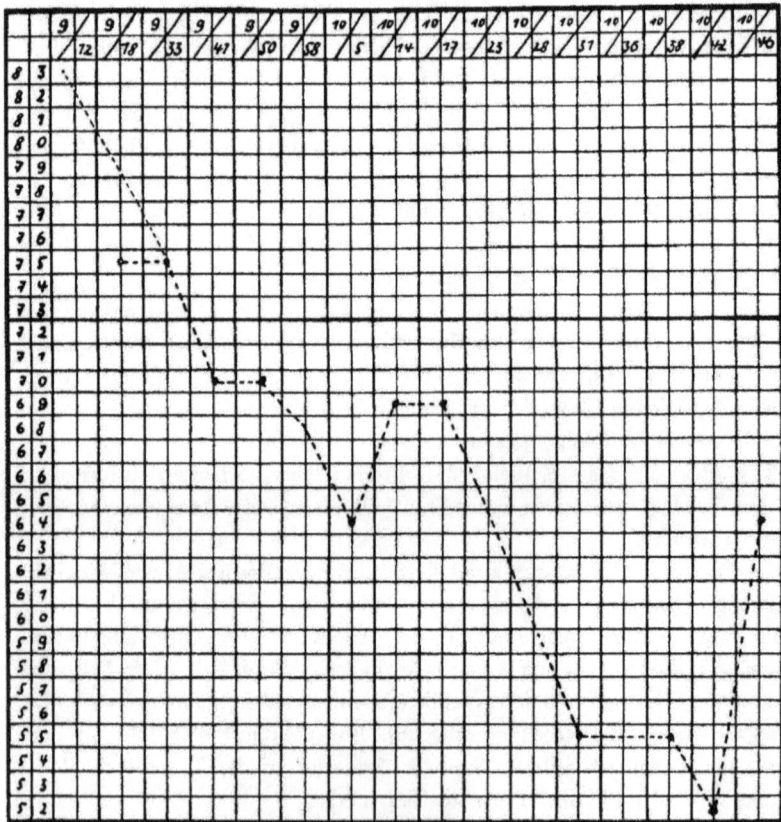

Abb. 3. Pulskurve in der Sitzung am 8. Juni 1925.

eine Herabsetzung des Pulses (Abb. 3), der bei Trancebeginn 83 betrug, auf
52. Starker Schweißausbruch. Die Anwesenden bildeten durch gegenseitiges
Händereichen Kette. Das erste Phänomen bestand in einem Aufbauschen des
über den Tisch gelegten, nach dem Boden zu ziemlich langen Tischtuches auf
der Längsseite der Teilnehmer, in Form eines Ballons[9]. Price hält dieses Phänomen für außerordentlich bemerkenswert und bittet die Leser, den Versuch einmal nachzumachen, um festzustellen, ob und mit welchen Mitteln sich erreichen
läßt, ein Tuch ballonartig aufzublasen. Denn jeder harte Gegenstand, der

9 *Zusatz:* Bei dem wiederholt beobachteten Aufbauschen von Eusapia Palladinos Rock
dürfte es sich um das gleiche Phänomen handeln (s. o. S. 95 f.). G. W.

hinter den Stoff gebracht wird, kann nur eine Aufbauschung zustande bringen, die seiner Form entspricht, nicht aber eine Rundung, die man mit einem Segel vergleichen kann, das vor dem Winde geht. Außerdem ist es ausgeschlossen, daß sich jemand unter dem Tisch befunden hätte. Ein Luftzug oder Windstoß konnte aber während des Phänomens in dem Zimmer nicht wahrgenommen werden. Es traten dann Tischbewegungen ein in Form von ruhigem Schieben, wobei zu berücksichtigen ist, daß Willy unmöglich den Tisch berühren konnte. Der Tisch drehte sich hierbei im Winkel von ungefähr 15 Grad um seine Achse.

Man legte dann eine mit Leuchtmasse bestrichene Gummipuppe mit Pfeifvorrichtung auf die Bank, und zwar außer Reichweite Willys und der Sitzungsteilnehmer.

„Abermalige Mahnung Ottos an uns, lebhafte Geräusche zu erzeugen, worauf wir wieder zu singen begannen. Rotlicht wurde auf Wunsch Ottos etwas abgedämpft. Ich gestehe voll Scham, daß mein musikalisches Repertoire nicht über das Lied von den Bananen hinausgeht. Der Effekt war überraschend. Bei den letzten Refrainworten „ausgerechnet Bananen" wurde der Tisch ohne das geringste Vorzeichen zuerst hin- und hergerüttelt, sodann für etwa 1 Sekunde auf die Beine des einen Kopfendes gehoben und überschlug sich, den Wandschirm gegen die Sitzungsteilnehmer umstoßend."

Wiederherstellung der alten Situation. Nach Price bedarf die Kraft, welche diesen nahezu 30 Pfund schweren Tisch umzustoßen imstande ist, eines mindestens zwanzigpfündigen Druckes. Während des Phänomens fand nicht die geringste Änderung in der Kontrolle statt.

„Dann erfolgte eine Verdunkelung der leuchtenden Gummipuppe, wie wenn sich eine undurchsichtige Materie zwischen uns und die Puppe geschoben hätte. Das Phänomen wiederholte sich in 2 Minuten vier- bis sechsmal."

„Man sah weder Form noch Umrisse der verdunkelnden Masse; das erinnerte mich lebhaft an meine erste Sitzung in München im Februar 1922, wo wir auf der Leuchtplatte ebenfalls den Schatten eines fluidalen Gliedes wahrnehmen konnten, das damals einer Pfote glich."

„Um 10 Uhr 17 Minuten hörten wir die Leuchtpuppe pfeifen oder, besser gesagt, wir hörten einen ganz leisen Hauch, der nur durch das Zusammendrücken der Puppe hervorgebracht sein konnte . . ."

„Das hier in Frage stehende Spielzeug hatte auf der Körpermitte eine Vorrichtung aus Metall, die eine Pfeifmembrane enthält, welche durch Druck auf den Körper in Aktion tritt. Drückt man stark darauf, so entsteht ein ziemlich langer pfeifender Ton, nicht aber das leise Geräusch, das wir in der Sitzung hörten, das ich eher als Flüstern, Hauchen bezeichnen möchte. Um dieses Geräusch hervorzubringen, muß man ganz schnell, aber auch ganz subtil, quasi im staccato auf das Püppchen drücken. Wir hörten dieses Pfeifen ganz klar, ganz deutlich, wenn es auch leise war, und hatten den Eindruck, wie wenn von zweierlei Gliedern (Fingern) die Puppe gedrückt würde, da der Laut immer doppelt kam ..."

„Nach der Sitzung machte ich Versuche mit der Puppe, um festzustellen, auf welche Weise man diese Art des Tones erzielen kann. Nach meiner Schätzung bedarf es eines Druckes von einer Unze (28,35 g), der schnell und wiederholt ausgeführt werden muß. Nachher versuchte ich, mit der Spitze meines Regenschirms die Puppe berührend, was für ein Ton zu erhalten sei und fand, daß man den leichten Pfeifton wohl erzeugen konnte, daß aber die Puppe sich dabei bewegte, und daß man den Schlag oder Stoß, den ich mit der Schirmspitze der Puppe versetzte, auch hörte. Ich führe dies deshalb an, um den Lesern, die meinen könnten, daß trotz unserer guten und sichtbaren Kontrolle das Berühren, vielmehr der Pfeifton, durch einen Stock hervorgebracht sein könnte, etwa durch einen der Anwesenden, die gänzliche Verschiedenheit des Eindrucks klarzumachen."

„Wie bereits erwähnt, war das Spielzeug für Willy nicht erreichbar, da es 5 Fuß und 11 Zoll (1,80 m) von ihm entfernt lag."

Price maß nach Beendigung der Sitzung die Distanz sämtlicher Anwesenden von der Puppe und stellte die Entfernungen wie folgt fest:

Miss Walker:	6 Fuß,	1 Zoll	= 1,85 m,
Mr. Price	6 „	10 „	= 2,08 „
Frau Holub:	7 „	4 „	= 2,24 „
Prof. Ludwik:	6 „	8 „	= 2,03 „
Prof. Thirring:	6 „	7 „	= 2,00 „

„Aus diesen Angaben ist deutlich zu ersehen, daß nicht nur dem Medium, sondern auch allen Anwesenden eine Berührung der Puppe absolut unmöglich war. Das Medium war kontrolliert und im Tieftrance. Die drei weiteren Anwesenden, außer den Kontrolleuren, waren durch Kette verbunden, kontrollierten sich also gegenseitig; außerdem saßen sie fast 7 Fuß (= 2,13 m) von der Puppe entfernt. Hätte einer der Anwesenden die Puppe mit einem Stock berührt, so würde man denselben oder seinen Schatten im Rotlicht gesehen haben."

Bewegungen im Tisch oder Manipulationen an der Puppe setzen sich fort.

„Um 10 Uhr 28 Minuten polterte der Tisch wieder zu Boden. Wir hörten vorher einige Stöße und auch ein Krachen desselben. Dann hob er sich plötzlich auf die eine Seite, balancierte etwa eine Sekunde auf zwei Beinen und stürzte krachend zu Boden ... Dieses blitzartige Aussetzen der hebenden Kraft hatte ein Umwerfen des Tisches zur Folge. Kontrolle unverändert; das Medium lag, stoßweise atmend, in Tieftrance. Wiederaufstellen des Tisches."

Die weiteren Phänomene des ersten Teiles der Sitzung bestanden nur in Wiederholung der bereits geschilderten. Die Kontrolle wurde eingehend nachgeprüft und dann eine Pause eingeschaltet.

Der zweite Teil der Sitzung dauerte von 10 Uhr 52 Minuten bis 11 Uhr 15 Minuten. Tranceeintritt erst 10 Uhr 58 Minuten.

Der Puls ging in diesem Abschnitt von 68 auf 55 zurück. Versuchsbedingungen und Reihenfolge wie im ersten Teil. Man hatte das Tamburin auf den Tisch gelegt. Der Tisch wird, in der Richtung von Willy weg, verschoben. Sofortige Kontrollfeststellung ergab Unbeweglichkeit der Hände und Füße Willys. Bei einer weiteren Tischbewegung klirrten die Schellen des Tamburins, wahrscheinlich infolge der Heftigkeit des Stoßes.

Nach längerer Pause Wiederaufnahme der Sitzung. Indessen dauerte es 20 Minuten, bis Willy in Trance fiel. Keine weiteren Phänomene. Schluß der Versuche.

Der Sitzung am 11. Juni wohnten außer Frau Holub nur Mr. Price und Miss Walker bei.

„Otto" hatte eine Levitation in Aussicht gestellt, welche eine veränderte Versuchsanordnung notwendig machte. Es kam aber nur zu teilweisen Erhebungen, wobei das Gefäß sich nicht weiter als 8 Zoll (= 20 cm) vom Stuhlsitze entfernte. Eine in allen Punkten unangreifbare Totallevitation kam nicht zustande, so daß auf eine nähere Schilderung verzichtet werden kann.

In seinen Schlußbemerkungen erklärt Price die Bedingungen der Wiener Sitzung im allgemeinen für ebenso einwandfrei und vollkommen wie diejenigen in München. Dagegen ist nach seiner Auffassung die derzeitige Trancepersönlichkeit „Otto" viel empfindlicher und schwerer zu befriedigen als „Mina", die Vorgängerin des „Otto". Denn dieses Spalt-Ich macht besonders schwierige Ansprüche an die Teilnehmer, die ein wissenschaftliches Arbeiten erschweren, lehnt bestimmte Persönlichkeiten ab und setzt auch die Sitzungstage fest. Sicherlich sind berechtigte Wünsche, auch wenn sie vom Medium im somnambulen Zustand geäußert werden, nach Möglichkeit zu erfüllen, dagegen erscheint es als wichtige Aufgabe der Versuchsleitung, den Kaprizen und Launen des medialen Traum-Ichs nicht gehorsam nachzugeben. Vielmehr zeigt die Erfahrung des Referenten bei anderen Versuchspersonen, daß die Trance-Persönlichkeiten sich sehr wohl erziehen lassen und daß blinde Nachgiebigkeit keineswegs eine Bedingung für den Erfolg darstellt.

Allerdings wird man eine vernünftige Vereinbarung über Ort, Zeit und Teilnehmer für die nächsten Sitzungen einem energischen, aktiven Widerstand vorziehen. Die suggestive Erziehung des Mediums im unterbewußten Zustande ist eine wichtige Aufgabe der Versuchsleitung und in der Regel erfolgreich bei richtigem Vorgehen. So hatte z. B. das Medium Stanislawa Tomczyk die Versuchsteilnehmer in Warschau geradezu mit ihren Launen terrorisiert. Sie ließ sich nicht aus dem Trancezustand erwecken und pflegte die Sitzungen in Warschau bis zum Tagesgrauen fortzusetzen. Als sie zum Verfasser nach München kam, wurde ihr und ihrem Spalt-Ich kurzerhand klargemacht, daß die Experimente regelmäßig präzis 11 Uhr aufhören müßten. Die Sitzungen waren, wie bekannt, erfolgreich und konnten stets zu der vom Versuchsleiter angegebenen Zeit beendigt werden.

Der Herbst des Jahres 1925 führte Harry Price zum dritten Male auf den Kontinent. Dieses Mal war Braunau am Inn, der Wohnort der Familie Schnei-

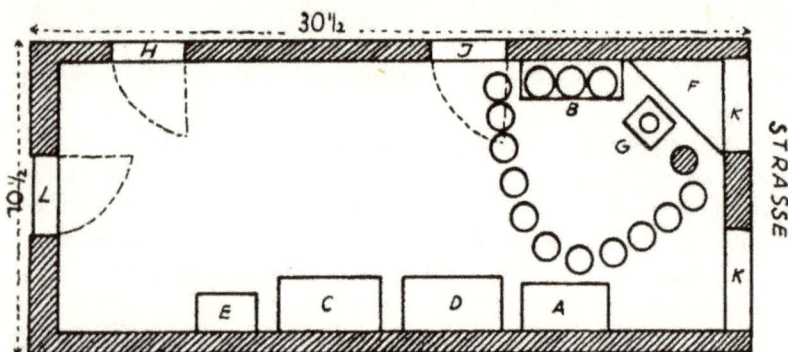

Abb. 4. Sitzungsraum in der Wohnung des Buchdruckers Schneider.

A Schränkchen (mit Thermometer), B Sofa, C D Betten (in D lag der kranke Rudi Schneider), E kleiner Tisch, F Kabinett mit Vorhang, G kleiner Tisch mit Rotlichtlampe zur Beleuchtung des Raumes, K zwei Doppelfenster, J H L Türen, O Sitze der Anwesenden, ⬤ Platz des Mediums.

der, das Reiseziel. Zwei Mitglieder der amerikanischen Gesellschaft für Psychische Forschung, Herr Josef de Wyckoff und Herr Roy Holmyard, begleiteten unseren Forscher nach Braunau, um die Phänomene der Gebrüder Schneider kennenzulernen. Leider war der jüngere Bruder Rudi ziemlich schwer an einer Blutvergiftung erkrankt, lag zu Bett und konnte keinerlei Sitzungen veranstalten. Um die Forscher nicht unverrichteter Sache zurückkehren zu lassen, entschloß ich mich, den älteren Bruder Willy, der von mir engagiert in München lebte, auf mehrere Tage nach Braunau zu beurlauben. Die Herren hätten ja auch einer Sitzung in meinem Laboratorium beiwohnen können, aber die Erwägung, daß Willy in seinem Elternhaus besser funktionieren werde, war für mich maßgebend.

Price schildert in seinem Bericht (Journal of the American Society for Psychical Research, Januar 1926) sehr treffend und ausführlich das ganze Braunauer Milieu sowie die Familiengeschichte der Schneider.

Als Sitzungsraum diente das in beiliegender Skizze (Abb. 4) wiedergegebene Familienwohnzimmer, das etwas länger als 9 m (30,5 Fuß) und 3,25 m (10,5 Fuß) breit und etwa 2,50 m hoch ist. Der Blick aus dem zweiten Stock des Hauses auf die Straße wird durch zwei Fenster vermittelt, die etwa zwei Drittel der Raumseite einnehmen. Die dem Fenster gegenüberliegende Tür führt in den Flur, von dem aus man eintritt. Eine zweite (H) geht in die Küche, eine dritte (J) in ein kleines Schlafzimmer.

Die einzelnen Möbel sind auf der Planskizze eingezeichnet, deren Maße man aus dem Originalbericht ersehen kann.

Um das Kabinett (F) in der Ecke des Zimmers zu bilden, werden zwei schwarze Vorhänge, die auf einer Schnur laufen, an den Wänden befestigt. Die Spannweite der Vorhänge beträgt 2,20 m, die Tiefe des Kabinetts 1,52 m, gemessen von der Wandecke bis zur Öffnung des Vorhangs. Auf den Fußboden vor dem Kabinett sind ebenfalls zwei alte schwarze Vorhänge gelegt, um einen dunklen Untergrund für die Strukturen zu schaffen.

Eine in Engelform ausgeschnittene und auf der einen Seite mit Leuchtfarbe bestrichene Pappscheibe, 34 × 25 cm groß, wurde am oberen Teil der Vorhangöffnung mit einer Sicherheitsnadel befestigt. Der kleine Tisch vor dem Vorhang mißt ungefähr 45 cm im Quadrat und ist fast 50 cm hoch. Sein Gewicht wird von Price auf 9 Pfund geschätzt. Auf demselben steht eine nickelplattierte elektrische Tischlampe von schätzungsweise 30 Kerzenstärken mit roter Birne, seidenem Schirm, der außerdem mit einem viereckigen Stück Musselin überdeckt ist. Das Gesamtgewicht von Tisch und Lampe beträgt etwa 6 kg. Price hat äußerst sorgfältig Wände und Decken abgeklopft (dieselben bestehen aus Gips) sowie den hölzernen Fußboden geprüft, dessen Bretter gut sichtbar sind. Der englische Forscher, dem es erlaubt wurde, alle beliebigen Untersuchungen vorzunehmen, hat die Struktur des Zimmers, dessen bauliche Eigenschaften, auf das genaueste studiert und fand nirgends etwas Verdächtiges. Die nach der Straße gehenden Doppelfenster, welche während der Sitzungen durch dicke Tücher verdunkelt waren, kreischten beim Umdrehen der Riegel, und ein Zutritt von der Straße aus wäre nur mittels einer langen Leiter möglich.

187

Außerdem ist die Straße Hauptverkehrsader, gut beleuchtet und meist sehr belebt[10].

Samstag, den 31. Oktober 1925: Abends ½9 Uhr sollten die Versuche beginnen. Rudi Schneider lag während der ganzen Sitzung im Bett (D), die ziemlich hohe Zimmertemperatur zeigte 22 Minuten nach dem Eintritt 80,5 Grad Fahrenheit (27° C.). Das Thermometer besitzt Elfenbeinskala und ist auf ein Dezigrad genau. Nochmalige ganz genaue Untersuchung des Sitzungsraumes und seiner Einrichtung.

Das Kabinett wird unter den Augen der Gäste hergerichtet und unter denselben Bedingungen das Schließen und Verdunkeln der Fenster vorgenommen.

Das Tischchen vor dem Vorhang war mit einem schwarzen Tuch bedeckt, darauf die Lampe.

Der Berichterstatter sagt: „Es könnte als verdächtiger Umstand bezeichnet werden, daß das Kabinett eines der Fenster in der Ecke des Zimmers einschloß. Ich kann jedoch dem Leser versichern, daß, wenn es irgend einen Teil des Zimmers gab, wo keinerlei Trick angewendet werden könnte, dies gerade jene Zimmerecke war, in der sich das Fenster befindet. Jedes Hantieren an dem Fenster wäre sofort bemerkt worden."

Nach Beendigung der Vorbereitungen legte Willy Rock und Weste ab und zog seine Pyjamajacke an. Den Eckplatz am Kabinett nahm das Medium ein. Price saß ihm vis-à-vis, neben ihm die Schwiegertochter Lina des Vaters Schneider, dann folgten Herr Holmyard und die übrigen Teilnehmer, welche aus Familienmitgliedern und Freunden der Schneiders bestanden. Die beiden letzten Plätze auf dem Sofa hatten Frau Ramspacher und Herr Josef de Wyckoff inne. „Ich allein war für die Kontrolle verantwortlich, und Herr Holmyard führte das Protokoll."

Sämtliche Anwesenden hielten sich an den Händen, wobei beide Hände des Herrn de Wyckoff von Frau Ramspacher umschlossen wurden.

„Ich will nun meine Kontrolle beschreiben. Ich legte Willys Hände auf meine Schenkel und umschloß fest seine Handgelenke, an denen ich seine Pulsschläge deutlich zählen konnte. Die Beine des Mediums stellte ich vor meinen Stuhl und preßte sie mit meinen Beinen kräftig an das Holz. Seine Beine und Füße waren wie in einem Schraubstock. Sein Rücken dem Kabinett zugewandt. Die nächstgelegene Stelle irgend eines Teiles seines Körpers war vom Vorhang 97 cm entfernt. Kurz bevor wir das Weißlicht aus- und das Rotlicht einschalteten, wurde sorgfältig der Thermometerstand festgestellt, welcher 80,5 Grad

10 *Zusatz:* Vgl. Schrenck-Notzing „Die Phänomene des Mediums Rudi Schneider" (Berlin 1933), S. 2, Tafel I, S. 98, Tafel III unten. G. W.

Fahrenheit (ca. 27° C.) zeigte. Herr Holmyard notierte die Ablesung und legte das Instrument auf einen Schrank hinter den an der Sitzung Beteiligten und außerhalb der Reichweite des Kreises. Der Leser wolle beachten, daß die Hitze schrecklich war, daß ich persönlich sie kaum aushalten konnte. Draußen eine sehr stille Nacht, in dem Sitzungsraum keinerlei Ventilation. Um 8 Uhr 52 Minuten gingen wir vom weißen zum roten Licht über, und die Sitzung begann. Das Rotlicht erzeugte genügend Helligkeit, so daß ich meinen Nachbar völlig klar sehen konnte, wobei die Kontrolle des Gesichtssinns durch den Tastsinn ergänzt wurde. Auch Herrn de Wyckoff auf der anderen Seite des Kreises

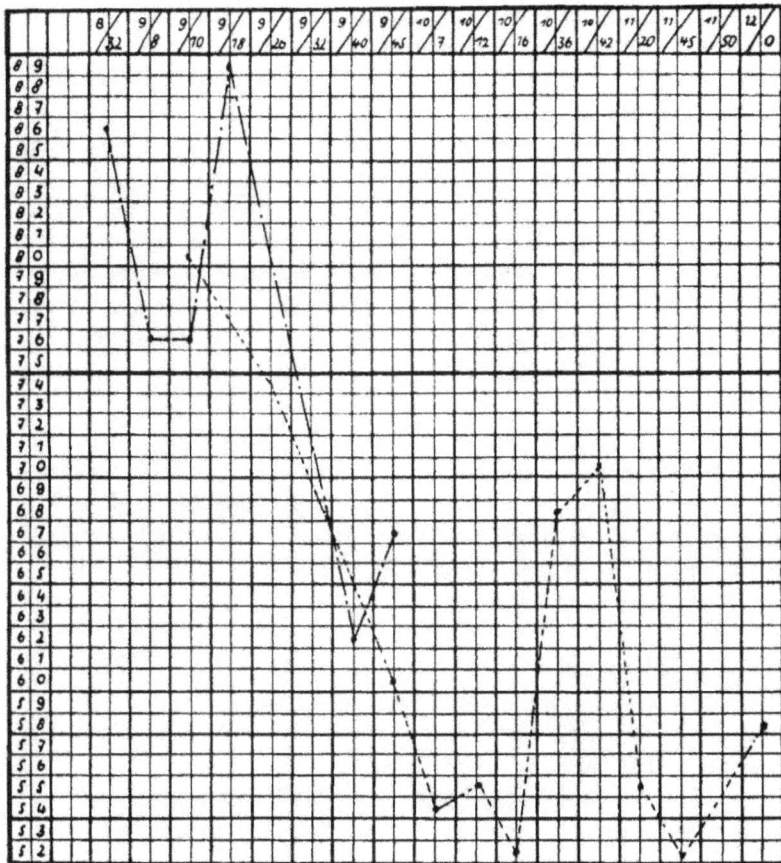

Abb. 5. Die stärkere Linie gibt die Pulskurve in der Sitzung am 31. Oktober, die schwächere Linie diejenige am 1. November wieder.

189

konnte ich erkennen. In unmittelbarer Nähe der Lampe war genügend Licht, um genau jeden Gegenstand zu sehen, der auf dem Tischchen oder auf dem Fußboden lag. Mit Hilfe meiner Uhr mit leuchtendem Zifferblatt war es möglich, den ganzen Zeitpunkt der Phänomene festzustellen sowie die Pulsschläge. Diese Feststellungen wurden dem Protokollführer zugerufen."

Der Puls (Abb. 5) zählte 86 bei Beginn der Séance. Um 9 Uhr 1 Minute beginnt der Trancezustand Willys, zugleich fällt die neben Price sitzende Frau Lina Schneider in Trance.

„9 Uhr 10: Puls 76."

„Chorgesang."

„9 Uhr 14: Aufblähen der Vorhänge des Kabinetts und heftiges Schütteln derselben. Sämtliche Kontrollen sind in Ordnung."

„9 Uhr 18: Sehr heftiges Schütteln und Rütteln der Vorhänge, welche sich dabei im Takt bewegen. Von meinem Platz aus habe ich einen besonders guten Ausblick auf die Öffnung zwischen den Vorhangflügeln wie auch auf die Wand der rechten Kabinettseite."

„Allmählich bildet sich oben an der Ecke des Vorhangs ein Licht, und ich sehe vier halbleuchtende Finger oder Stäbe, welche den Vorhang oben im Kabinett bewegen. Die übrigen Teilnehmer können dies von ihrem Platz aus nicht verfolgen. Die Finger scheinen Gelenke zu haben und sich einzubiegen. Sie sind nur etwa 30 Sekunden lang sichtbar und sehen aus, als ob sie aus einem Stumpf oder Pseudopodium hervorgehen würden. Sie ähneln nicht jenen, die ich in München sah. Puls variabel, erhöht sich auf 89."

„9 Uhr 22: Starker kühler Hauch, scheint vom Kabinett zu kommen und wird von sämtlichen Teilnehmern gefühlt. Wieder kriecht die Hand am oberen Teil des Vorhanges herum, zwischen Vorhang und Wand. Die Gardinen werden geschüttelt, wie ein Terrier eine Ratte beutelt. Es ist aber nicht die Hand, welche den Vorhang schüttelt. Plötzlich reißt eines der Leuchtbänder vom rechten Vorhangflügel ab und fällt zu Boden."

„9 Uhr 24: Die halbleuchtende Hand hinter dem Vorhang erscheint wieder im oberen Teil des Kabinetts, sieht aber nun wie ein kurzer dicker Stab von 20 cm Länge aus. Sie befindet sich viel zu hoch, als daß sie von einem Sitzungsteilnehmer erreicht werden könnte, scheint heller zu leuchten und verblaßt dann. Unaufhörliche Vorhangbewegungen."

„Auf- und Niedertanzen des leuchtenden Engels am Vorhang. Verschieben des Tisches mit der Lampe. Kräftiger Luftzug aus der Öffnung in dem Vorhang. Auf Wunsch legt Frau Ramspacher ein Taschentuch an dem Fuß der Lampe nieder. Dasselbe gleitet in schlangenförmiger Bewegung auf den Fußboden herab. Zickzackbewegungen des auf den Boden gefallenen

Leuchtbandes. Mr. de Wyckoff legt auf Geheiß ‚Ottos‘ das Taschentuch wieder auf den Tisch. Dasselbe erhebt sich sofort in die Luft bis zu einer Höhe von 1¼ m."

„Ich konnte deutlich eine halbleuchtende unvollständige Hand erkennen, welche das Taschentuch auf 1¼ m Höhe vom Fußboden erhob, wo es einige Sekunden lang verharrte und dann niederfiel. Die Hand hatte vier lange, mit Gelenken versehene Finger. Gleichzeitig erblickte Mr. de Wyckoff drei der Finger, wie sie das Taschentuch ergriffen und abtasteten. Er legte es wieder auf den Tisch. Es wurde hoch über denselben emporgehoben und fiel herunter. Wiederum war die Hand vollständig sichtbar, wie sie das Taschentuch befingerte, als es auf dem Fußboden lag. Nun legte Frau Ramspacher das Tuch auf den Tisch und nahm ihren Sitz wieder ein. Es schwebte vom Tisch auf den Fußboden mit einer Bewegung, welche den Verfasser an die Bewegungen einer dem Wasser zusteuernden Robbe erinnerte."

Tisch und Lampe schwebend erhoben und niedergestellt. Puls 73.

Nach weiteren Aufblähungen des Vorhangs Schluß der Sitzung 9 Uhr 44. Puls steigt von 62 auf 67.

Thermometer: 69,5 Grad Fahrenheit (21° C.); es war in weniger als einer Stunde um 11 Grad gefallen! 5 Minuten vor 10 Uhr war das Quecksilber wieder auf 74 Grad (23° C.) gestiegen! Um 10 Uhr 77 Grad Fahrenheit (25° C.).

Mit Bezug auf diese Beobachtung erklärt Price: „Es ist dies das zweite Medium, durch welches ich erwiesen habe, daß die Atmosphäre in der Umgebung der Sitzungsteilnehmer während der Manifestationen kälter wird, was auch von Professor *Winther* in Kopenhagen durch eigene Versuche bestätigt worden ist."

Der Bericht von Price, der hier nur auszugsweise wiedergegeben werden kann, enthält die wörtliche Niederschrift während der Sitzung.

Die Personifikation „Otto" soll einem „Otto Bauer" entsprechen, welcher halb deutscher, halb italienischer Herkunft war. Das am Schluß von diesem gegebene Zeichen „Slomenkes" entspricht einem böhmischen Wort „Slomak", welches „Aufhören!" oder „Abbrechen!" bedeutet.

Sitzung am Sonntag, dem 1. November 1925: Die Mitarbeiter des Referenten, Professor Gruber und Schriftsteller Hildebrandt, waren für diesen Abend aus München eingetroffen, um die englischen Gäste zu begrüßen und an den Versuchen teilzunehmen. Kontrolle und Bedingungen genau wie am Abend zuvor. Willy trug Straßenanzug und vertauschte dessen Joppe mit der des Pyjamas. Price unterzog ihn einer vollständigen Körpervisitation, durchsuchte den Raum, überwachte den Aufbau des Kabinetts, den Verschluß der Fenster, die Gruppierung der an der Sitzung teilnehmenden Personen, das Verschließen der Türen. Alles übrige, Tisch, Lampe, Bodenbelag wie am Tage zuvor. Protokollführung durch Herrn Holmyard, der mit dem Schreiben kaum einen Moment pausierte.

Rudi Schneider befand sich auch an diesem Tag wieder im Bett und schlief bis zum Ende der Versuche. Er war so schwer krank, daß er sich nicht aus dem Bett erheben konnte. Rotlicht hell genug, um die Teilnehmer klar zu sehen.

Price brachte ein leuchtendes Band, drei leuchtende Fächer und eine leuchtende Tafel mit. (Anstrich von Zinksulfit unter Beimischung von etwas Radiumbromid.) Leuchtender Engel und Leuchtstreifen am Vorhang wie gestern.

Die Reihenfolge der Teilnehmer auf der Seite des Mediums war: Willy, Harry Price, Professor Gruber, Frau Rosa Schneider, Herr Roy Holmyard, Herr Ramspacher, Karl Schneider, Mutter Schneider, Vater Schneider, Frau Ramspacher, Hildebrandt, Mr. Josef de Wyckoff. Die Arme des schreibenden Herrn Holmyard waren in die seiner Nachbarn eingehakt.

Bei Beginn der Sitzung, 9 Uhr 10, zeigte das Thermometer 76 Grad Fahrenheit (24° C.). Der Gesundheitszustand des Mediums und aller an der Sitzung Beteiligten war gut. Price glaubt, daß die Tatsache der Anwesenheit von drei Medien aus der Familie Schneider (Willy, Rudi und Karl) die Ursache war für die glänzenden Leistungen dieses Abends.

9 Uhr 10: Puls 80 (Abb. 5), regelmäßig und kräftig. Der Trancezustand tritt 9 Uhr 15 ein mit dem charakteristischen Zucken der Hände und beschleunigter Atmung. Gleichzeitig mit Willy fällt Karl in Trancezustand. Heftige spastische Bewegungen des Mediums, das seine Finger in die Schenkel des Kontrolleurs eingräbt.

9 Uhr 20: „Otto" sagt „Fester", was bedeutet, daß die an der Sitzung Teilnehmenden sich fester anfassen sollen, um den Kreis zu versteifen.

9 Uhr 22: Der rechte Flügel des Vorhangs bläht sich langsam, wie vom Wind aufgetrieben, heraus. Jede Bewegung der Flügel deutlich sichtbar infolge der vertikalen leuchtenden Streifen. Medium sehr erregt, Atmung beschleunigt.

Inzwischen wacht Karl auf, und beide Vorhänge blähen sich nach außen. Der Engel schwingt heftig hin und her.

Das Licht wird durch Bedecken mit einem seidenen Tuch etwas abgedämpft. Puls 74 [11].

Um 9 Uhr 30 wird der Vorhang zu einem dicken Seil zusammengedreht. Auf Verlangen „Ottos" nimmt man das Tuch wieder von der Lampe herunter

---

11 Nur die hauptsächlichsten Pulsdaten sind angegeben. Näheres im englischen Original.

und legt es auf den Tisch in den vollen Lichtschein. Die Vorhänge flattern nach allen Richtungen hin und her.

Um 9 Uhr 35 zeigt das Taschentuch auf dem Tisch leichte Bewegungen. Alle Teilnehmer fühlen einen kühlen Hauch. Das Tuch wird wie durch eine darunter befindliche Hand aufgehoben, steigt in die Höhe, bleibt 5 Sekunden in der Luft und fällt dann auf den Tisch.

Die Taschentuchphänomene nehmen ihren Fortgang in der bekannten Weise, wobei handähnliche Glieder mit Fingern, die über das Tuch krabbeln, wahrgenommen werden.

9 Uhr 55: Die Schwingungen der Gardine dauern fort. Eine kleine materialisierte Kinderhand befingert sichtbar das Taschentuch, welches erhoben wird und auf den Tisch niederfällt. Derselbe Vorgang wiederholt sich.

Das Taschentuch gleitet auf den Fußboden mit schlangenähnlichen Bewegungen. Dabei dauert der Tanz der Vorhänge an. Price erblickt ein stumpfähnliches Gebilde von grauer oder schmutzigweißer Farbe mit drei Fingern, die unter das Taschentuch gleiten. Zur gleichen Zeit wird eine halbleuchtende Hand unter dem Tisch sichtbar. Auf Wunsch des Kontrolleurs erhebt die Hand den Fächer, der sich durch sein eigenes Gewicht öffnet. Hin- und Herschwingen des Fächers, welcher dann unter den Tisch herunterfällt. Das Tuch steigt wieder in die Luft, hoch über den Tisch, und wird 10 Sekunden hin und her geschwenkt. Das Spiel mit Fächer und Taschentuch nimmt seinen Fortgang. Dann legt die Hand das Tuch über den offenen Fächer in den Schein der Rotlichtlampe, ein Vorgang, der von sämtlichen Teilnehmern beobachtet wurde. Puls 60. Kühler Hauch.

Blähen der Vorhänge. Ein faustähnliches Gebilde gleitet im Fortgang dieser Manifestationen, deutlich sichtbar, über den leuchtenden Fächer hin und her und wiederholt diesen Vorgang 27mal.

Hin- und Herschieben der Lampe. Um 10 Uhr 7 ist der Puls 54. Das von neuem auf den Tisch gelegte Taschentuch bläht sich auf wie ein Luftballon, als ob eine Substanz unter dem Tuch sich materialisieren würde, vollzieht Bewegungen derart, wie wenn eine Schlange sich unter demselben fortbewegte. Heftiges Schütteln der Vorhänge. Das Taschentuch steigt wieder 60 cm hoch vom Tisch und tanzt im Takte des Gesanges der Teilnehmer in der Luft herum. Dann fällt es auf die Tischplatte zurück und bleibt bewegungslos liegen. Tisch und Lampe werden durch die treibende Kraft näher an das Kabinett herangezogen.

Wiederum hebt ein blasser, halbleuchtender Stumpf das Tuch auf, wirft es auf den Lampenschirm und verschwindet blitzartig. Puls 10 Uhr 12: 55.

Das Taschentuch schnellt wie ein Blitz von der Lampe weg. Hochgradiger

Erregungszustand des Mediums, wobei das Tuch fortwährend schwebend nach der Musik tanzt.

10 Uhr 16: Pause. Am Ende des Trancezustandes Puls 52. Das Thermometer zeigt 70 Grad Fahrenheit (21° C). Harry Price nimmt jetzt überraschend eine neuerliche Untersuchung des Kabinetts, der Vorhänge, der gebrauchten Gegenstände, der Fenster, des Tisches usw. usw. vor und findet nichts Verdächtiges.

Während der Pause traten dann neue Zirkelteilnehmer in den Kreis: Herr und Frau Kapitän Kogelnick sowie Frau Höglinger, eine Bekannte der Familie Schneider.

Willy wird von neuem einer Untersuchung unterzogen. Es findet sich nichts Verdächtiges.

Die neu eingetroffenen Personen nehmen in der Mitte des Zirkels zwischen den Anwesenden Platz.

10 Uhr 36: Fortsetzung der Sitzung. Thermometer 74 Grad Fahrenheit (23° C). Puls 68.

10 Uhr 38: Trance: Wiederum Vorhangaufblähungen. Eine Hand tritt aus der Öffnung des Kabinetts, nimmt den Leuchtfächer vom Tisch und legt ihn langsam auf den Boden, wo er sich noch weiter fortbewegt, und zwar so, als ob er von einem Tier mit der Nase gestoßen würde. Plötzlich schnellt die Hand aus dem Vorhang und läutet die auf den Tisch gestellte Glocke, wirft sie über die Lampe, so daß sie den Fuß von Price trifft und unter den Tisch rollt. Schütteln und Hin- und Herschwanken des Tisches. Das Taschentuch erhebt sich vom Tisch und kommt wieder zurück. Tanz der Vorhänge nach dem Takt des Gesanges. Kühler Hauch. Eine unvollkommen entwickelte Hand erhebt das Tuch (Entfernung vom Medium 75 cm). Nunmehr erblickt Harry Price von seinem Platz aus die ganze Hand, das Gelenk und den Arm in verschwommener Form, wie sie vom Fußboden aufsteigt. Dieses Phänomen vollzog sich hinter der rechten Tischecke. Jetzt nehmen die Teilnehmer einen Stumpf wahr mit nur zwei Fingern und einem verstümmelten Daumen. Dieses Gebilde (Abb. 6) schwebt über dem Tisch. Karl Schneider fällt in Trance.

Abb. 6. Eine unvollkommen entwickelte halbe Hand.

Das von Herrn Price vorbereitete, mehr als 4 m lange Leuchtband wird durch unregelmäßige, faustartige Gebilde erhoben und zu Boden geworfen, im mittleren Teil mit einem Knoten versehen. Price verlangte, das Band möge zu ihm kommen. Sofort näherte es sich, gehalten von einer dunklen Faust, und schlug ihn sechsmal auf das rechte Knie. Dann kehrte das Band in die Nähe des Tisches zurück und fiel zu Boden.

De Wyckoff nahm das eine Ende des Bandes in die Hand und zog es straff an, da er bemerkte, daß es an dem Boden befestigt war. Allmählich wurde der Zug verstärkt. Es entwickelte sich nun ein höchst belustigender Kampf zwischen dem das Band haltenden Endglied und De Wyckoff. Hin- und Herziehen des Bandes. Das dauerte ungefähr 30 Sekunden. Siebenmalige Wiederholung dieses Kräftespieles im Laufe von 5 Minuten. Wäre das Band nicht aus starker Seide gewebt gewesen, so müßte es gerissen sein.

Als Harry Price nun bat, ihm das Band zu bringen, kam die Hand mit dem Leuchtstreifen sofort zu ihm und schlug ihn mehrere Male aufs rechte Knie. Die Empfindung wird hierbei so geschildert, als ob eine Stahlkugel ihn getroffen hätte.

Schließlich wird das Band in die Luft geworfen, fällt nieder, und die Hand verschwindet.

Man legt nun eine auf der einen Seite mit Leuchtmasse bestrichene Schiefertafel mit Holzrahmen (eine gewöhnliche Schultafel) auf den Tisch. Sie wird sofort über die Lampe weg in den Teilnehmerkreis geworfen.

Wiederhinlegen der Tafel. Herausschnellen der Hand aus dem Vorhangspalt. Wegstoßen der Tafel.

Um 11 Uhr 20 ist der Puls 55.

Professor Gruber legt einen Schlüsselbund auf den Tisch. Derselbe wackelt, tanzt hin und her, schließlich wird er von der Hand erfaßt, welche über die Ecke des Tisches kriecht, und in den Teilnehmerkreis geworfen.

Karl Schneider muß nun aus dem Kreis heraus zu dem Medium treten und einige Minuten seine Hände mit denen Willys vereinigen. Dann kehrt er auf seinen alten Platz zurück.

Es scheint, als ob das Medium von ihm Kräfte bezogen hätte.

Das Licht der Rotlampe geht funkenartig an und aus, was Harry Price einer falschen Konstruktion der Birne zuschreibt. Nun bittet aber de Wyckoff „Otto", er möge einmal das Licht auf eine bemerkbare Dauer ausdrehen. Das Licht erlischt sofort für die Dauer einer halben Minute.

Auf Wunsch stellt „Otto" den Kontakt zwischen Birne und Fassung durch Einschrauben wieder her.

Ausbreiten eines seidenen Tuches über den Lampenschirm. Die Phänomene mit Taschentuch, Schiefertafel, Aufblähen der Vorhänge, Aus- und Angehen des Lichtes wiederholen sich noch mehrfach in der geschilderten Form.

De Wyckoff versucht nun, das in der Luft tanzende Taschentuch zu erhaschen; es gelingt ihm trotz raschestem Zugriff nicht, da das Glied, welches das Tuch hält, erheblich schneller ist als er.

Um 11 Uhr 50 Puls 55.

Nach einigen weiteren Manifestationen mit dem zusammengedrehten Taschentuch am Boden wird die Sitzung um Mitternacht geschlossen. Puls 58 und unregelmäßig.

Die Temperatur in der zweiten Hälfte der Sitzung war von 70 (21° C) auf 74 Grad Fahrenheit (ca. 23° C) gestiegen und fiel dieses Mal nur um 2 Grad von 10 Uhr 36 bis Mitternacht.

Eine sorgfältige Nachprüfung von Medium und Kabinett ergibt nichts Verdächtiges.

In den Schlußbemerkungen zu dieser denkwürdigen Sitzung sagt Price:

„Muß ich wiederholen, daß nicht eines der Phänomene, welche wir während unseres Aufenthaltes sahen, bei der strengen Kontrolle, die wir vornahmen, auf normale Weise hätte imitiert werden können, ohne sofortige Entdeckung . . .? Keine Maschine ist fähig, einem Taschentuch Leben zu verleihen, so daß es mit Blitzgeschwindigkeit um eine elektrische Lampe wie eine Fliege um eine Kerze herumschwirrt. Ferner besitzen auch Maschinen keine Intelligenz. ‚Otto' gehorchte unsern Aufforderungen immer und immer wieder. Und doch besaß die handelnde Kraft recht menschliche Eigenschaften, und wir vergaßen einen Augenblick, daß wir mit einer von der Materie losgelösten Intelligenz spielten. Es war so ganz lebenswahr."

„Die Umstände, unter denen wir die Sitzung abhielten, waren ideal. Wir befanden uns im Heim des Mediums, das ich seit Jahren kannte. Bis zu dem Zeitpunkt, da Willy eintraf, waren wir persona grata bei der ganzen Familie, aber nicht nur bei der Familie, sondern im ganzen Ort Braunau. Wir konnten kaum die Straße überschreiten oder in einen Laden treten, ohne daß jemand uns freundlich begrüßte. Wir photographierten die Schulkinder, die Zollbeamten, die ältesten Einwohner, kauften die ortsansässigen Tabaksverkäufer aus und machten Einkäufe in zahlreichen Läden. Einen Abend verbrachten wir in der Hauptgastwirtschaft mit der Elite des Ortes, lachten und scherzten und vertilgten dabei eine Menge ausgezeichnetes Pilsener Bier: wir verbrüderten uns offen mit jedermann. Der Leser mag das als trivial auffassen und der Meinung sein, daß das nichts mit den Phänomenen zu tun habe. Er befindet sich aber in einem bedauerlichen Irrtum. Denn wir schafften damit eine Atmosphäre der Freundschaft, des Vertrauens und der Gleichgestelltheit, welche auf die Familie Willys und auf das Medium selbst einen wohltätigen Einfluß ausübte – mit welchen Resultaten, das hat der Leser gesehen."

„Ein anderer Faktor, der wahrscheinlich zu unserem glänzenden Erfolg beitrug, besteht darin, daß das Medium damals sehr frisch war, am Sonntag nachmittag mit uns einen langen Spaziergang aufs Land gemacht hatte, der mit dem Abendessen endigte. Dagegen halte ich es für zweifelhaft, ob die Anwesenheit Karls bei den Phänomenen irgendwie fördernd wirkte . . ."

„Das Medium selbst scheint während des Trancezustandes an Vitalität einzubüßen, erholt sich aber bei Wiederherstellung des Normalzustandes rasch. Eine offensichtlich ungünstige Nachwirkung war nicht festzustellen . . ."

„. . . Merkwürdigerweise unterscheidet sich ‚Otto' in mancher Hinsicht von seiner Vorgängerin ‚Mina', deren Bekanntschaft ich während meines Besuches in München im Jahre 1922 machte. Meiner Ansicht nach ist der Verkehr mit ‚Otto' schwieriger. Die spiritistische Theorie läßt sich nicht leicht auf die Willy-Phänomene anwenden, welche rein physikalischer Natur sind."

Harry Price hofft, daß, nachdem Willy sich wieder in München befindet, durch fortgesetzte und systematische Versuche im Laboratorium des Referenten einiges Licht auf die dynamischen Ursachen dieser Manifestationen geworfen wird.

Nicht nur in den Arbeiten des Verfassers, sondern auch in der einschlägigen Literatur wird von praktisch erfahrenen Forschern immer wieder mit Nachdruck auf die Abhängigkeit der Hervorrufung paraphysischer Phänomene von dem Vorgehen des Zirkels und der Versuchsleitung hingewiesen. Harry Price liefert für die Richtigkeit dieser Auffassung ein neues, lehrreiches Beispiel, denn er erblickt in den bei ihrer Auswirkung zunächst nur mechanisch oder physikalisch erscheinenden Phänomenen seltsame, aber nichtdestoweniger doch reale Lebensäußerungen, die im engsten Zusammenhange zu stehen scheinen mit der körperlichen und geistigen Verfassung des Agenten. Er erkennt richtig, daß die biopsychische, schöpferische Fähigkeit solcher Individuen ähnlichen psychologischen Gesetzen zu folgen scheint wie die künstlerische Intuition. Ein gewisser Grad künstlerischer Phantasie im Experimentator darf also für den Erfolg als günstiger Faktor angesehen werden und kann sich, wie das vorliegende Beispiel zeigt, sehr wohl vereinigen mit gründlicher Kenntnis der Taschenspielerkunst.

So hat denn unser Forscher die ungewöhnlichen Erfolge ganz wesentlich seinem tiefen Verständnis für die seelische Struktur dieser Vorgänge und seiner Fähigkeit der psychologischen Einfühlung in das Wesen des Mediumismus zu verdanken.

Ein besonderes Kapitel seiner Feststellungen betrifft die von ihm registrierten Puls- und Temperaturschwankungen. Ein endgültiges Urteil darüber dürfte nur bei eingehender Nachprüfung möglich sein. Auch wir haben in einzelnen Fällen starke Schwankungen in der Herztätigkeit konstatieren können, auf der andern Seite aber auch ebenso kaum merkbare Abweichungen in Sitzungen mit außerordentlich starken Phänomenen. Soweit Willy hierbei in Betracht kommt, läßt sich heute noch keine Regel aufstellen. Dasselbe gilt von der Temperatur der die Anwesenden umgebenden Luftschicht. Obwohl wir Thermometer mit feinster Gradeinteilung (Dezi- und Zentigrad) anwendeten, konnten wir bis jetzt auch in positiven Sitzungen keine nennenswerten Schwankungen konstatieren.

Anderseits muß hier doch auch mit der Möglichkeit von Fehlerquellen gerechnet werden. So erscheint das Wohnzimmer der Familie Schneider (ein langer Darm) mit seinen drei Türen und zwei Fenstern wohl keineswegs ein idealer Versuchsraum für solche Zwecke. Denn man muß doch auch mit der Abkühlung eines erkaltenden Ofens, mit der Lüftung während der Pause, mit dem Offenlassen von in ungeheizte Zimmer führenden Türen rechnen. Außerdem ergaben die Messungen von Harry Price in dem Wiener Versuchsraum der Frau Dr. Holub in allen Sitzungen eine Zunahme um 2 Grad Fahrenheit (im Widerspruch zu den Braunauer Resultaten).

Wenn man die Versuchsergebnisse des Professors Thirring und jene der englischen Gesellschaft für Psychische Forschung mit denjenigen von Harry Price vergleicht, so wurden in Wien, London und Braunau gleichmäßig telekinetische Phänomene verschiedener Stärke unter zwingenden Versuchsbedingungen beobachtet. Nur in Braunau gelang es Price, durch seine geschickte Anpassung an den genius loci Maximalleistungen in Form deutlich sichtbarer und verhältnismäßig lange verweilender Materialisationsbildungen zu erzielen. Denn das Auftreten teleplastischer Handformen in der Sitzung vom 1. November 1925 erfolgte massenhaft und wirkte besonders auch im Hinblick auf die verschiedenen von den Gliedformen vorgenommenen Verrichtungen überwältigend.

Allerdings bieten die im vorstehenden geschilderten Feststellungen paraphysischer Phänomene für den deutschen Leser, der die früher vom Verfasser beschriebenen Leistungen [12] in seinem Laboratorium und im Psychologischen Institut der Universität München kennt, kein Novum und auch keinen Fortschritt in der Erkenntnis der inneren biologischen Zusammenhänge bei Willy Schneider.

12 *Schrenck-Notzing*, „Materialisationsphänomene", 2. Aufl., München 1923, Reinhardt, vgl. das Kapitel „Materialisationsphänomene bei Willy Schn.". Außerdem: *Derselbe*, „Experimente der Fernbewegung". Stuttgart 1924, Union.

Wohl aber sind sie eine von dem Einfluß des Verfassers unabhängige, wichtige Bestätigung der von ihm behaupteten, aber immer noch in wissenschaftlichen Kreisen bestrittenen Tatsächlichkeit der Erscheinungen des physikalischen Mediumismus. Den Versuchsleitern in Wien, Braunau und London kann man sicherlich nicht Mangel an Sachkenntnis oder etwa günstige Voreingenommenheit vorwerfen. Denn alle drei Autoren: Thirring, Dingwall und Price standen zunächst dem paraphysischen Problemgebiet ablehnend oder neutral gegenüber (zwei unter ihnen gelten als bedeutende Fachleute der Taschenspielerkunst) – bis zum Augenblick ihrer Teilnahme an den Sitzungen mit Willy Schneider.

Der größere Teil der für sie entscheidenden Versuche fand in Abwesenheit des Verfassers statt, und zwar in staatlichen oder privaten Laboratorien sowie in den Wohnungen der Frau Dr. Holub und der Familie Schneider; also viermaliger Wechsel der Leitung und des Raumes sowie der sonstigen Teilnehmer für die Experimente.

Die Einwendung, daß in Wien und London Frau Holub, in Braunau die Familie Schneider teilgenommen hat, woraus man etwa Verdachtsmomente ableiten könnte, findet einmal durch die Art der getroffenen Versuchsanordnungen (z. B. Kontrolle der Frau Holub) seine Erledigung, ferner aber auch durch den Umstand, daß Willy Schneider gegenwärtig, ohne von irgend einer Person begleitet zu sein, wiederum sich in London als Gast Dingwalls befindet und unter seiner Leitung im Laboratorium der Society for Psychical Research von neuem erfolgreiche Sitzungen veranstaltet.

Mit diesen Feststellungen dürfte endgültig die Fabel von einer Mitwirkung durch Helfershelfer zerstört sein.

Die Schärfe der in den oben geschilderten Sitzungen angewendeten und zuerst vom Verfasser eingeführten Versuchsbedingungen ist schlechterdings nicht mehr zu überbieten. Neben einer rigorosen Fesselung der Extremitäten des Mediums, neben der Verwendung selbstleuchtender Stoffe für seine Glieder, für den Vorhang und die zu bewegenden Objekte, bedienten die englischen Forscher sich eines zwischen Medium und den telekinetisch zu bewegenden Gegenständen eingeschobenen Gazeschirms. In einer andern Sitzung wurden die Gegenstände in einen Käfig eingeschlossen und trotzdem bewegt. Auch die Protokollführung fand bei den Untersuchungen von Price und Dingwall während der Sitzung statt.

Es dürfte wohl kaum mehr möglich sein, Irrtümer und Fehlerquellen in den sorgfältigen Aufzeichnungen unserer drei Autoren nachzuweisen oder etwa die komplizierteren Vorgänge, – wie z. B. das Auftreten materialisierter Hände, welche Gegenstände ergreifen, und die telekinetische Wirkung durch Stoffwände hindurch – rationalistisch zu erklären oder auch die in den englischen Originalen genau beschriebenen und nachzulesenden Phänomene unter den identischen Versuchsbedingungen auf schwindelhafte Weise zu imitieren. Damit aber ist das Ziel erreicht, welches eine objektive wissenschaftliche Untersuchung in bezug auf die Beurteilung der Tatsächlichkeit des physikalischen Mediumismus zu fordern berechtigt ist.

Ein elektrischer Apparat für Medienkontrolle[1]

Die Bestrebungen, sich der Elektrizität zur Kontrolle der Medien zu bedienen, sind fast so alt wie die paraphysische Forschung selbst. Einer der ersten Gelehrten in diesem Sinne war der an den Untersuchungen von Sir William Crookes beteiligte Cromwell F. *Varley*, Mitglied der Royal Society, einer der tüchtigsten damals lebenden Physiker Englands, bekannt durch seine Arbeiten über die submarine Telegraphie. Als Medium funktionierte hierbei Miss Cook, die ja bekanntlich das Phantom Katie King erzeugte. Sie befand sich während der Sitzungen gefesselt oder ungefesselt hinter dem Vorhang.

Varley hatte nun die Idee, einen schwachen Strom durch den Körper des Mediums zu senden und die Resultate vermittels eines Galvanometers in einem besonderen Raume ablesen zu lassen. Während der Versuche floß also der Strom durch den Körper und durch das Reflexionsgalvanometer sowie zwei Reihen Widerstandsrollen. Jede Stromunterbrechung, besonders aber ein Abstreifen der Drähte vom Körper des Mediums sowie eine Verbindung derselben, mit der sich das Medium aus dem Stromkreis ausgeschaltet hätte, wäre sofort am Registrierapparat sichtbar geworden.

Die Tabelle mit Varleys abgelesenen Resultaten ist im 1. Jahrgang der Psychischen Studien (1874, S. 346 ff.) veröffentlicht.

Bekannt sind die Versuche, Elektrizität zur Kontrolle von Medien zu verwenden, z. B. bei Ochorowicz (Experimente mit Eusapia Palladino), sowie in der neueren Zeit bei Professor Crawford (Kathleen Goligher). Aber den verschiedenen hierbei verwendeten Konstruktionen hafteten noch Mängel an. Das mag auch zum Teil in einer Überschätzung der automatischen Kontrolle liegen, die für sich allein nicht immer jede Betrugsmöglichkeit ausschließt.

Nun ist es kürzlich dem bekannten Tierpsychologen *Karl Krall*, der ein reich ausgestattetes parapsychologisches Laboratorium in München erbaut hat, gelungen, die automatische elektrische Kontrolle in zweckmäßiger Weise mit der durch den Verfasser eingeführten lebendigen Überwachung des Mediums zu vereinigen, und zwar unter Vermeidung bisheriger Fehlerquellen.

Die bis heute angewendeten Methoden der Gliedfesselung, wenigstens in der bei den Gebrüdern Schneider bewährten Form, bestanden darin, daß Willy oder

---

1 Erstmals erschienen in der „Zeitschrift für Parapsychologie", September 1926.

Rudi, mit dem Rücken dem Vorhang zugewendet, von der gegenübersitzenden Kontrollperson an Händen und Füßen gehalten wurde. Hierbei standen die Knie des Mediums eingepreßt zwischen denen des Kontrolleurs, der außerdem die Hände festhielt. Ein zweiter Teilnehmer saß hierzu im rechten Winkel und erfaßte außerdem die Hände des Mediums an den Handgelenken.

Die neue von Karl Krall erfundene und am 4. Mai 1926 zum erstenmal in seinem Institut mit Willy Schneider ausprobierte, weiter unten von einem technischen Sachverständigen beschriebene elektrische Fesselung macht den Superkontrolleur überflüssig.

Das Wesen dieser Einrichtung besteht darin, daß Hände und Füße des Mediums und des Hauptkontrolleurs durch elektrische Kontakte verbunden sind. Ist alles in Ordnung, so brennen vier kleine Glühbirnen: rot, dunkelgelb, grün, hellgelb, deren Lichtstärke durch Heizwiderstände beliebig gedämpft werden kann.

Löst der rechte oder der linke Fuß des Mediums oder des Kontrolleurs den Kontakt, so erlischt jedesmal die dem betreffenden Fuß entsprechende Birne, ebenso beim Lösen des Kontaktes der Hände. Den vier Kontakten entsprechen also die vier verschiedenfarbigen Birnen. Auf diese Weise ist es jedem Teilnehmer möglich, durch Beobachtung der vis-à-vis dem Zuschauerkreis angebrachten Leuchtscheiben sich zu überzeugen, ob die Kontrolle in Ordnung ist oder nicht.

Mit Zustimmung des Erfinders hat Verfasser sich diese außerordentlich sinnreiche und zweckmäßige Einrichtung in seinem Laboratorium installieren lassen, aber dieselbe in mehreren Punkten verbessert.

Zunächst erscheint die Einbeziehung der Füße des Kontrolleurs in den Kontrollmechanismus unnötig. Sie wurde also weggelassen.

Als Überzüge über die Schnürschuhe des Mediums benutzte ich Schuhsäcke, wie sie für Reisezwecke gefertigt werden. Die Schnüre werden an den Gelenken zugezogen und festgebunden. Auf den Sohlen dieser Hüllen sind eine Reihe von Metallitzen angenäht. Die Versuchsperson setzt nun die so vorbereiteten Füße auf ein mit Blech beschlagenes, am Boden liegendes Brett, über dessen Mitte eine hölzerne Längsleiste läuft, so daß die Füße getrennt bleiben müssen.

Nachdem die zuerst provisorisch verwendeten Stoffhandschuhe mit aufgenähten Metallitzen sich sehr rasch abgenutzt hatten, ließ Verfasser sowohl für den Kontrolleur wie für das Medium Halbhandschuhe aus Metallgarn anfertigen (in silberner Farbe für die Versuchsperson, in goldener für den Aufpasser). Um aber auch einer Verwechslung der Handschuhe selbst vorzubeugen, wurden beide Paare mit „rechts" bzw. „links" gezeichnet. Damit war jedem Versehen für die Bestimmung der einzelnen Handüberzüge vorgebeugt.

Ebenso konnte eine Einschaltung in den nicht zugehörigen Stromkreis, etwa durch Einfügung eines abgezogenen Handschuhes infolge der Konstruktionslage nicht stattfinden[2]. Das Erlöschen der zugehörigen Farbe hätte in diesem Falle sofort die Unterbrechung der Kontrolle angezeigt.

Übrigens ließ ich die vier Farben auf den Kontrollscheiben durch die leuchtenden Ziffern 1–4 ersetzen; die Ziffer 1 entspricht dem Kontakt der rechten Hand des Mediums, die Ziffer 2 demjenigen der linken, die Ziffer 3 dem rechten, die Ziffer 4 dem linken Fuß.

Neben dieser Kombination der automatischen mit der lebendigen Kontrolle wurden die an Hand- und Fußgelenken auf das Sitzungskostüm ringförmig aufgenähten Mesotoriumleuchtschnüre nach wie vor beibehalten.

Der Teilnehmer kann also nicht nur jede Bewegung der Hände des Mediums (die Füße verharren meistens in Ruhestellung) während der krampfhaften Zuckungen usw. wahrnehmen, sondern sich auch fortlaufend an den konstant leuchtenden, durch einen Rheostat in der Leuchtscheibe abzuschwächenden Ziffern überzeugen, daß der Kontakt mit den Händen des Kontrolleurs sowie mit dem Fußbrett keinen Augenblick unterbrochen ist. Während des Verlaufs der sämtlichen seit 26. Mai 1926 mit den Medien Willy und Rudi Schneider abgehaltenen zahlreichen Sitzungen wurde dieser elektrische Kontrollapparat ohne irgendwelche Störung mit Erfolg benutzt. Die telekinetischen Phänomene traten in der üblichen Entfernung (60–110 cm vom Medium) ebenso regelmäßig ein wie vor Einführung dieser Neuerung.

Im nachfolgenden wird die Beschreibung des technischen Sachverständigen, Dipl.-Ing. Hans Müller, der den Apparat anfertigte und einbaute, an Hand einer Strichätzung wiedergegeben (s. S. 204).

Beschreibung des elektrischen Kontrollapparates

Derselbe soll objektiv den Sitzungsteilnehmern anzeigen, ob eines der Glieder des Mediums aus der Kontrolle befreit ist oder nicht.

Das zu diesem Zweck verwendete Schaltungsprinzip ist auf der Zeichnung links unten dargestellt. Rechte und linke Hand bzw. rechter und linker Fuß des Mediums liegen in vier getrennten Stromkreisen, die zur Stromquelle parallel geschaltet sind und gemeinsame Rückleitung besitzen. Wird der linke, äußere Kontakt auf Kontrolleurseite mit dem korrespondierenden Kontakt des Mediums verbunden, so leuchtet z. B. Lampe 4 auf. Erlischt also Lampe 4, so

---

2 *Zusatz:* Die Handschuhe des Mediums wurden überdies später mit mehreren langen Parallelschlingen (um die Bewegung nicht zu hindern) an den zugehörigen Ärmel seines Sitzungspyjamas festgenäht. G. W.

Lampenkasten

① ② ③ ④

rechte Hand: Lampe 1
linke Hand: Lampe 2
rechter Fuß: Lampe 3
linker Fuß: Lampe 4

Widerstd.

Medium

R L

Kontaktbrett
für die Füße

R L

L R

Kontrolleur

Schaltungsprinzip

− +

Fuß Brett Kontrolleur

Medium ①
②
③
④

Akkumu-
lator

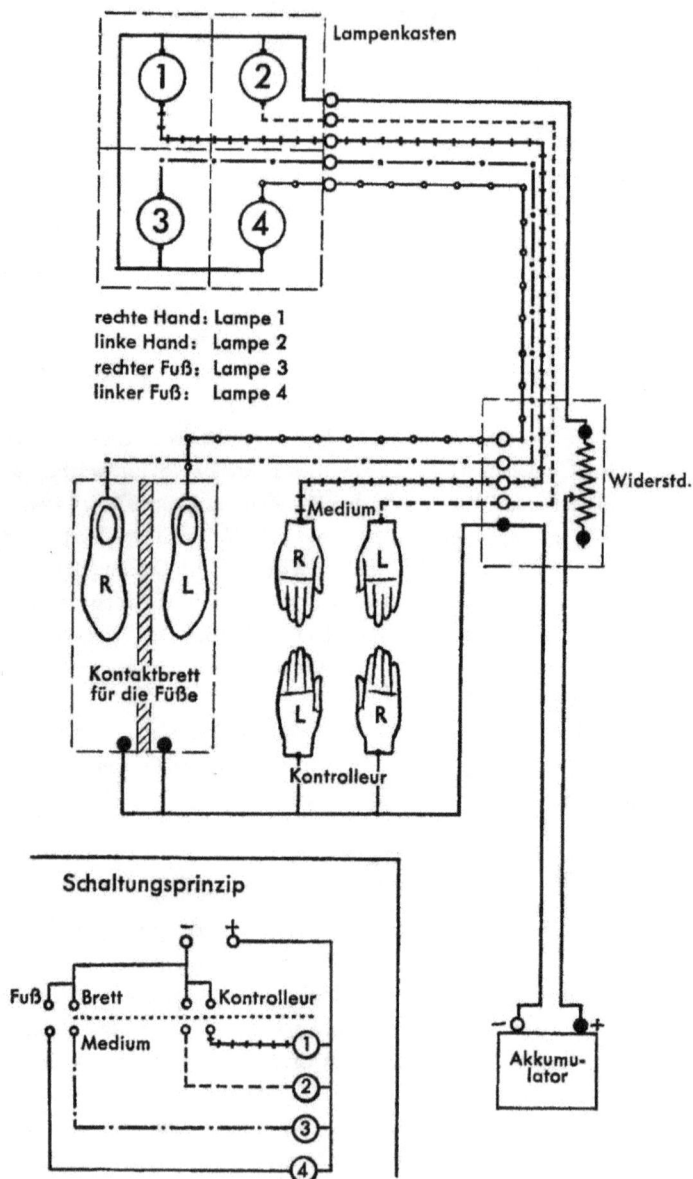

Anordnung der elektrischen Mediumkontrolle

wird dadurch den Sitzungsteilnehmern angezeigt, daß das Medium eines seiner Glieder aus der Kontrolle befreit hat [3].

Die praktische Ausführung ist wie folgt: Die vier Kontrollampen befinden sich in einem gemeinsamen Lampenkasten und beleuchten die Zahlen 1–4. An der Wand montiert ist ein kleines Schaltbrett I mit einem Schiebewiderstand, der es gestattet, die Beleuchtungsstärke der Lampen von einem Maximum bis auf 0 zu variieren. Es kann damit die Helligkeit der Lampen dem jeweiligen Bedürfnis angepaßt werden. Der elektrische Kontakt zwischen den Händen des Mediums und dem Kontrolleur erfolgt durch Handschuhe, die aus Metallgarn hergestellt sind. In ähnlicher Weise wird der Kontakt zwischen Fuß und Kontaktbrett durchgeführt. Über die Füße des Mediums werden Säcke, benäht mit Metallitzen, gezogen, während das Kontaktbrett mit Blech beschlagen ist.

Um also alle vier Zahlen aufleuchten zu lassen, ist das Medium gezwungen, seine Hände auf oder unter die des Kontrolleurs zu legen und die Füße auf das Kontaktbrett zu setzen. Ein Abheben des Fußes oder ein Entfernen der Hand von der des Kontrolleurs bringt sofort die dem betreffenden Glied zugeordnete Zahl zum Erlöschen. Es ist dem Medium durch keinerlei Manipulationen, wie Auflegen *einer* Hand auf *beide* Hände des Kontrolleurs, möglich, die *andere* Hand frei zu bekommen, *ohne* daß die betreffende Kontrollziffer erlischt. Eine ähnliche Handlungsweise mit den Füßen verhindert die zwischen den Metallblechen des Fußkontaktbrettes angebrachte Isolierleiste.

Schlußbemerkungen des Verfassers

Die vorstehend geschilderte Krallsche Erfindung ist von größter Bedeutung für die Medienforschung, man könnte sie ein Ei des Kolumbus nennen! Denn sie besitzt durch ihre außerordentliche Einfachheit den großen Vorteil, die Entwicklung der Phänomene während der Sitzung in keiner Weise zu stören und bietet eine absolute, physikalisch registrierte Sicherheit dafür, daß die Extremi-

---

3 *Zusatz:* Im Sommer 1928 wurde diese Kontrolle noch dadurch vervollkommnet, daß auch die Handschuhe des Kontrolleurs in verschiedene Stromkreise eingeschaltet wurden, so daß also nur bei Berührung des linken Kontrolleurhandschuhs mit dem rechten Handschuh des Mediums, des rechten Kontrolleurhandschuhs mit dem linken Handschuh des Mediums ein Kontakt bestand. Im Herbst 1928 ließ Dr. v. Schrenck-Notzing noch einen doppelten Boden in das Kabinett in seinem Laboratorium einbauen, bei dessen Betreten eine Signallampe aufflammte, um die Helfershelfertheorie zu widerlegen. – Die elektrische Hand- und Fußkontrolle wurde übrigens im Frühjahr 1929 im National Laboratory of Psychical Research von Harry Price in London auch auf den Zirkel ausgedehnt. Vgl. dessen Aufsatz im Augustheft 1929 der „Zeitschrift f. Parapsychologie", sowie sein Buch „Rudi Schneider", London, Methuen, 1930. G. W.

täten der Versuchsperson nicht die Fernbewegungen ausführen. Der immer wieder von gegnerischer Seite erhobene Einwand einer betrügerisch-mechanischen Mitwirkung der Glieder des Mediums beim Zustandekommen der Phänomene wird zweifach gegenstandslos, denn schon die Kontrolle mit den aufgenähten Leuchtschnüren sowie die Aufsicht durch zwei Personen genügten an sich, jeden Betrug auszuschließen.

Die elektrische Fesselung nach Krall läßt sich aber auch sehr wohl in Versuchsanordnungen verwenden, bei denen der Kontrolleur nicht dem Medium gegenübersitzt, wie z. B. bei Tischsitzungen. Zwei auf beiden Seiten des Mediums sitzende Personen halten dessen Hände. Jedes dieser Aufsichtsorgane zieht sich einen Kontakthandschuh an (der eine über die rechte, der andere über die linke Hand), so daß nunmehr zwei Personen an dem Handkontakt des Mediums beteiligt sind. Ein solches Verfahren dürfte sich besonders empfehlen in Untersuchungen mit Medien, deren Phänomene heute noch wegen ungenügender Überwachung angezweifelt werden, wie z. B. Guzik und „Margery". Denn damit würde der wesentlichste Einwand beseitigt, den man heute noch gegen die Zuverlässigkeit der Kontrolle erheben könnte.

Die von *Krall* erfundene und vom Verfasser verbesserte elektrische Einrichtung zur Medienkontrolle darf zukünftig in keinem Laboratorium für paraphysische Forschung fehlen, weil sie eine empfindliche Lücke in der bisherigen Methodik ausfüllt und den mit Rücksicht auf die Eigenart der Phänomene denkbar höchsten Grad der Sicherheit gewährt.

Methodologische Probleme des Okkultismus [1]

Die Beweisführung in der Paraphysik

In neuerer Zeit hat man mehrfach versucht, die bisherige Beweisführung für die Existenz okkulter Phänomene erkenntniskritisch anzugreifen. So hält z. B. der bekannte Berliner Forscher Dr. R. *Baerwald* den Beweis dafür, daß alles Schwindel sei, für noch unerbringlicher als den für die Echtheit der Phänomene. Nach seiner Auffassung entscheiden die negativen Momente alles, die positiven dagegen gar nichts. Dieselben können ebensogut real wie halluzinatorisch oder taschenspielerisch erzeugt sein, beweisen also gar nichts; außerdem hat ihre Häufigkeit und Vielgestaltigkeit keinen Wert. Dagegen ermöglichen die negativen Momente, nach Baerwald, wirklich Urteil und Fortschritt. „Sie haben zur Entlarvung etlicher ausgesprochener Schwindler geführt; sie lehrten einen großen Teil der Tricks kennen, sie entwickelten die Kunst der Kontrolle . . . Ein einziges negatives Moment, das den Verdacht vorliegender Tricks erweckt, zerstört natürlich sämtliche positiven, so wie in der Multiplikation zahlreicher Faktoren ein einziger negativer das ganze Produkt negativ macht." – „Die Tricks, die nur einzelnen bekannt sind, bilden ein ganz unmeßbares Gebiet, und darum stellen die kategorischen Aussagen: ,dies ist taschenspielerisch nicht nachzuahmen', die Inanspruchnahme eines Wissens dar, das niemand besitzt."

„Auf diesem Gebiet (besonders auch in bezug auf die Taschenspielerei) gibt es keine Autorität. Ich erkannte, daß wir hier allemal gleiche Ignoranten sind [2]."

Wie aus dem Vorstehenden ersichtlich, überträgt Baerwald die Regeln der physikalisch-mathematischen Beweisführung theoretisch auf die Beobachtung lebendigen Geschehens, auf die Feststellung von Realitäten und stellt sie denen des empirischen Beweises gleich. In diesem Sinne sollen ja Beobachtung und Experiment, die Grundlagen der modernen Naturwissenschaft, in Sachen der Paraphysik nicht entscheidend sein, weil sie keine Sicherheit zu bieten vermögen.

Nun weist Professor Charles *Richet* in seiner Studie „Des conditions de la certitude" (Proceedings d. Soc. f. Psych. Res., Juliheft 1925, S. 423) mit Recht darauf hin, daß *die „moralische" Gewißheit keineswegs identisch ist mit der mathematischen*. Diese Gleichsetzung verschiedener Bewertungsmaßstäbe ist

---

1 Erstmals erschienen in der „Zeitschrift für Parapsychologie", September 1927.
2 Anm. d. Verf.: Die Zitate sind einem Schreiben Baerwalds an den Verf. vom 28. Januar 1926 entnommen. *Zusatz:* Vgl. auch *R. Tischner* „Geschichte d. Parapsychologie" (Tittmoning 1960) über die *idiographische* Methode, S. 123 ff. und 281. G. W.

ein grundsätzlicher Denkfehler in der gegnerischen Logik. Möge ein Beispiel das veranschaulichen, was man unter „moralischer" Gewißheit versteht.

So hat man keineswegs eine mathematische absolute Gewißheit dafür, daß das kürzlich vom Metropolitan Museum in New York für eine Million Dollars angekaufte Werk von Tizian wirklich ein authentisches Gemälde aus der Hand dieses Meisters ist. Niemand aus der damals lebenden Generation war zugegen, als dieses Bild gemalt wurde. Eine große Reihe von Faktoren sprachen lediglich als Beweismomente für die größte Wahrscheinlichkeit der Authentizität des Meisters; mag man dieselbe auf 90 oder 98 % schätzen – ein absolut sicherer Beweis erscheint hier unmöglich. Dagegen spricht auch der Umstand, daß heute bereits ein italienischer Kunstexperte die Echtheit dieser tizianischen Arbeit auf Grund eingehender historischer Studien anzweifelt.

Auch der bekannte Psychiater Professor *Bleuler* betonte in seinem kürzlich vor den Züricher Studenten gehaltenen Vortrag (vgl. Zeitschr. f. Parapsychologie, Aprilheft 1927, S. 235), daß Beweise (im strengen Sinne dieses Wortes. D. Verf.) außer auf dem Gebiet der Mathematik überhaupt nicht erbracht werden können. Er sagt darüber unter anderem: „Die uns scheinbar selbstverständliche Tatsache, daß ich vor Ihnen stehe und einen Vortrag halte, ist eine Annahme, die sich überhaupt nicht beweisen läßt. Ebensowenig kann man irgend etwas auf dem strittigen Gebiet des Okkultismus *beweisen* (d. h. mathematisch beweisen) ... So wahr ich hier stehe und einen Vortrag halte, so wahr habe ich selber die von mir berichteten Phänomene erlebt, nämlich eine gelungene Versuchsreihe auf dem Gebiet der Telepathie, ein Spukphänomen in der Irrenanstalt Rheinau und schließlich eine Anzahl positiver Sitzungen mit Rudi und Willy Schneider, welche die Tatsache der Telekinese und der scheinbaren Materialisation demonstrierten."

Man kann also für die Tatsächlichkeit okkultistischer Vorgänge keine größere Gewißheit fordern, als sie in andern Zweigen menschlicher Betätigung und Wissenschaft üblich und anerkannt ist. Man vergegenwärtige sich hierbei die historische und gerichtliche Beweisführung. So haben Erkenntnisse und Urteile auf diesen Gebieten immer nur eine relative Bedeutung und tragen meist nur einen mehr oder weniger großen Wahrscheinlichkeitscharakter. Außerdem sind, wie Richet richtig bemerkt, die Grade der Gewißheit außerordentlich verschieden. Daß Karthago und Troja existiert haben, ist nicht so sicher erwiesen wie z. B. die Existenz von München und Berlin. Daß Kain den Abel wirklich getötet hat, wie wir es aus der Bibel erfahren, erscheint keineswegs als Faktum von gleicher Zuverlässigkeit wie die Ermordung Cäsars durch Brutus.

Und diese historische Tatsache hinwiederum gilt nicht als ebenso sicher beglaubigt, wie der Mord an der Kaiserin Elisabeth von Österreich. Historische

Dokumente und richterliche Urteile stehen oft genug auf viel schwächeren Füßen als die okkulten Tatbestände. Denn sie hängen vielfach ausschließlich ab von menschlichen, allen möglichen Fehlerquellen unterworfenen Zeugnissen und lassen sich außerdem nicht vergleichen mit den Ergebnissen einer experimentellen Untersuchung, die es ermöglicht, das fragliche Faktum nach Herstellung seiner kausalen Beziehungen so oft hervorzurufen und unter veränderten Versuchsbedingungen zu prüfen, bis der Grad der Wahrscheinlichkeit für die Existenz dieses speziellen Geschehens jenen seelischen Zustand in dem Experimentator erzeugt, den wir als „Gefühl moralischer Gewißheit" bezeichnen. Der Grad der Sicherheit wächst mit der Zahl und der Qualität der Quellen sowie mit der zunehmenden Anpassung an das Erlebnis im Sinne der Gewohnheit.

Richet führt folgendes treffende Beispiel aus der Anatomie an: „Flourens zeigte, daß die Abtragung des Kleinhirns Gleichgewichtsstörungen nach sich zog. Das Experiment wurde tausendfach wiederholt, besonders bei Tauben und Säugetieren; somit dürfte es den Ärzten bekannt sein, daß jede Läsion des Kleinhirns Schwindel und muskuläre Inkoordination hervorruft. Diese Tatsachen sind absolut sichergestellt. Aber der italienische Physiologe Luigi Luziani bewies dann außerdem, daß mit den Gleichgewichtsstörungen ein Muskelschwund einhergeht. Seine Experimente sind überzeugend, so daß sie ebenfalls als gesichert gelten können. Aber ihre Wiederholung bietet außerordentliche Schwierigkeiten; es gehört eine ungewöhnlich feine Beobachtungsgabe sowie große operative Geschicklichkeit und angestrengte Aufmerksamkeit dazu, um das Faktum des Muskelschwundes nach der Abtragung des Kleinhirns konstatieren zu können. In demselben sehen wir also eine sichergestellte Tatsache, die aber trotzdem weniger sicher erscheint als diejenige der Inkoordination."

„Somit variiert der Grad der Sicherheit in der Wissenschaft je nach der Häufigkeit der Tatbestände und nach der Möglichkeit ihrer Wiederholung, je nach der Leichtigkeit oder Schwierigkeit einer Feststellung durch Apparate und nach der mehr oder minder starken Kontrolle."

Auch in den Feststellungsmethoden für das Erscheinungsgebiet der Telepathie und des Hellsehens wird die Stufe einer mathematischen Sicherheit niemals erreicht.

So entzifferte z. B. der polnische Ingenieur Ossowiecki, einer der bedeutendsten Hellseher unserer Zeit, während des parapsychologischen Kongresses in Warschau richtig den Inhalt eines ihm von mir vorgelegten, aber in London bereits angefertigten und versiegelten Briefes, der ein großes braunes Kuvert besaß. Niemand von den Anwesenden kannte den Inhalt des Briefes (vgl. oben S. 51 ff.). Der ebenfalls in Warschau anwesende, aber dem Versuch nicht beiwohnende englische Gelehrte Dr. Dingwall vertraute mir das Schreiben an und war der einzige Mensch, welcher in Warschau den Inhalt kannte. Rein logisch gedacht, besteht nun die Möglichkeit, daß Ossowiecki und Dingwall betrügerisch zusammengearbeitet haben, daß also der polnische Ingenieur heimlich von Dingwall vor der Sitzung den Inhalt des Schreibens erfahren hätte – in Wirklichkeit eine absurde und in keiner Weise zu rechtfertigende Annahme. So ist auch hier der Grad der Sicherheit für die Tatsächlichkeit einer hellseherischen Wahrnehmung relativ und hat zur Voraussetzung die Ehrlichkeit der Mitwirkenden.

Unsere wissenschaftliche Betrachtungsweise ist also keineswegs voraussetzungslos und im ganzen nicht vergleichbar mit der mathematischen Beweisführung. Das gilt ebensowohl für die Okkultisten wie für die Antiokkultisten. So wird z. B. von den letzteren immer wieder die Wichtigkeit der Taschenspielerei bei Hervorbringung der Phänomene betont. Ein solcher Einwurf, etwa im Falle der Gebrüder Schneider, beruht doch auf der stillschweigenden Voraussetzung, daß diese jungen Menschen irgendwie und irgendwo beide das Taschenspiel gelernt hätten. Nun durchforschten wir aber das ganze Vorleben der beiden jungen Leute, die den kleinen Ort Braunau bis zum Auftreten ihrer Mediumität niemals verlassen haben, ziemlich genau, ohne den geringsten Anhaltspunkt für die Berechtigung einer solchen Supposition gefunden zu haben. Die gegnerische Annahme bleibt also bis zu ihrer Erweislichkeit durch einen unwiderleglichen Tatbestand lediglich eine leere Vermutung, ist demnach vorerst nicht geeignet, als Erklärungsprinzip für die Phänomene der jungen Leute herangezogen zu werden. Zudem läßt sich ein Nichtvorhandensein der Taschenspielerei oder sonstiger theoretischer Betrugsmöglichkeiten, z. B. bei den Phänomenen der Gebrüder Schneider, überhaupt nicht *beweisen*, ebensowenig wie sich beweisen läßt, daß irgendeine Person nicht gestohlen habe. Vielmehr obliegt die Beweispflicht für die Mitwirkung der Prestidigitation auf Grund glaubhaften Materials lediglich demjenigen, der sie behauptet und vermutet, nicht aber der Versuchsleitung, welche die genannten Möglichkeiten nach bestem Wissen und menschlichem Ermessen als durch die experimentelle Methodik ausgeschlossen betrachtet.

Daß aber jedes wissenschaftlich geprüfte Medium, wie Baerwald meint, seine eigenen Tricks haben sollte, die nur ihm allein bekannt sind und in zehnjähriger experimenteller Arbeit weder von den zahlreichen Gelehrten, Sachverständigen der Salonmagie, noch von Kriminalbeamten trotz Anwendung der schärfsten, raffiniertesten und immer wieder verbesserten Versuchsbedingungen nicht gefunden werden könnten, daß also Hunderte von scharfsinnigen Beobachtern immer wieder denselben Kunstkniffen hilflos gegenüberstehen sollten, eine solche Annahme erscheint ungeheuerlich und vergewaltigt das gesunde Denken. Die Wahrscheinlichkeit einer solchen Erklärung dürfte auf kaum 2 % zu setzen sein. Denn noch niemals hat ein Taschenspieler Ähnliches geleistet, sondern immer genügten wenige Wiederholungen desselben Kunststücks, um den Mechanismus aufzudecken. Also ein Präzedenzfall dieser Art, auf den sich die Gegner berufen könnten, ist überhaupt nicht vorhanden. Wenn nun aber nach dem ersten Versuchsobjekt ein zweites, drittes und viertes auftritt, bei welchen sich unabhängig voneinander dieselben Phänomene in monotoner Gleichmäßigkeit abspielen, trotz Einhaltung der gleichen Versuchsmaßregeln, so wird der Grad der Wahrscheinlichkeit für die Echtheit bestimmter Phänomene sui generis, ohne betrügerische Provenienz, immer größer und bekommt allmählich den Charakter einer Sicherheit, die mindestens so groß ist wie diejenige bei Feststellung sonstiger Tatsachen in der Naturwissenschaft.

Der Standpunkt Baerwalds, daß ein Phänomen, ein Endeffekt, der ebensowohl real sein könne wie sich durch Halluzinationen oder Taschenspielerei hervorrufen lasse, nichts beweise, erscheint logisch unhaltbar und setzt außerdem die völlige Unfähigkeit des Experimentators voraus, über die Verschiedenartigkeit des Zustandekommens des Phänomens zuverlässige Feststellungen zu machen. Der Halluzinationshypothese ist man bisher erfolgreich durch Objektivierung der Beobachtungsmethodik begegnet, wie z. B. durch Anwendung des photographischen Verfahrens, das ja Verfasser in großem Umfange bei seinen Untersuchungen mit verschiedenen Medien herangezogen hat. So kann man sich auch bei objektiver Feststellung der Telekinesen einer Schreibmaschine bedienen, wie bei den Versuchen mit Willy Schneider in der Universität München. Telekinetischer Tastenanschlag bringt auf dem Papier bleibende, also nicht halluzinatorisch erzeugte Schriftzeichen hervor. Oder man läßt Uhren, Spieldosen, Metronome usw. in Bewegung setzen und konstatiert in dem Ablauf des Mechanismus objektiv die telekinetisch erzeugte Veränderung.

Die bleibende Ortsveränderung der durch mediumistische Fernwirkung bewegten Gegenstände oder auch durch telekinetische Einwirkung zerschleudertes Material sprechen gegen Trugwahrnehmungen.

Die nachprüfbare Kennzeichnung des Phänomens – z. B. durch optische, elektrische oder akustische Registrierung desselben – ist mit der Halluzinationshypothese nicht in Einklang zu bringen. Schließlich sei noch erinnert an die von Professor *Winther* in Kopenhagen bei Tageslicht gemachten kinematographischen Aufnahmen von telekinetisch unter einer Glasglocke nach Wunsch erzeugten Pendelbewegungen.

Die zahlreichen, sich leider heute noch oft genug wiederholenden Betrügereien professioneller Pseudomedien, gewissenloser Gaukler und Hysteriker, welche die Leichtgläubigkeit ihrer Mitmenschen auszunutzen verstehen, füllen ein trauriges Kapitel in dem Entwicklungsgang der jungen parapsychologischen Forschung. Sie müssen aber streng unterschieden werden von den unbewußten Täuschungen mancher Versuchspersonen im somnambulen Zustande, wobei die mitunter zu Betrug neigende Einstellung solcher Sensitiven in Rechnung zu ziehen ist.

Zu berücksichtigen ist hier ferner die in einzelnen Fällen vorkommende Mitwirkung von Helfershelfern unter den Sitzungsteilnehmern oder durch eingeschlichene Personen.

Endlich können irrtümliche Deutungen akzidentieller Vorgänge, Sinnestäuschungen, Übertreibungen u. dgl. bei den Teilnehmern vorkommen.

Erich *Twrdy* schlägt in seiner Arbeit „Metaphysische Probleme" (Separatabdruck aus der Pharm. Presse 1924–1926) vor, das Wort „Betrug" aus der okkultistischen Terminologie zu streichen und durch den Terminus „fremde Täuschung" zu ersetzen. „Die Betrugsbehauptung, welche einer täuschenden *Einzel*handlung des Mediums entspringt, führt stets zu sachlich unbegründeten Verallgemeinerungen, insofern man jede betrügerische Handlung als Ausfluß und Ausdruck einer bestimmten von vornherein gegebenen psychischen (eben zu Betrug neigenden) Einstellung betrachtet, eine Auffassung, die die oft gehörte Ansicht involviert, daß die gesamte von einmal bei Täuschungsakten ertappten Medien hervorgerufene Phänomenik auf täuschende Manipulationen generell gleicher Art zurückgeht, d. h. daß sämtliche Phänomene betrügerisch hervorgebracht seien. In solcher Beleuchtung erscheint die Stellung des Mediums zu echter okkulter Phänomenik die gleiche wie die Stellung des Lügners zur Wahrheit." Die unaufdringliche Unterschiebung einer solchen Auffassung durch eine verbale Unsauberkeit wird von Twrdy als eine schwerwiegende Inkorrektheit aufgefaßt, die einer objektiven Erfassung des aufgezeigten Problems nur Abbruch tun kann.

Unter „fremder Täuschung" versteht der Autor eine objektive Täuschungsform durch empirisch bereits bekannte Kräfte und substitutionelle Handlungen, die an Korrelate, wie auch immer geartete Körperbewegungen, sei es des Mediums, sei es einer sonst anwesenden Person gebunden sind. So sehr man den sachlichen Ausführungen des Verfassers beipflichten kann, so wenig wird meines Erachtens die vorhandene Unklarheit durch den Ausdruck „fremde Täuschung" beseitigt. Allerdings bedeutet Betrug nichts anderes als beabsichtigter Schwindel; die Absicht muß also in jedem einzelnen Falle nachgewiesen werden.

Verfasser war mit seiner okkultischen Versuchsmethodik von jeher bestrebt, die Experimentalbestimmungen über persönliche Qualitäten des Mediums zu erheben, womit erreicht werden soll, daß man sogar mit den fragwürdigsten

Individuen und mit taschenspielerisch geübten Personen experimentieren kann, ohne eine Täuschung befürchten zu müssen. Denn die animalische Befähigung zu paraphysischen Leistungen hat an sich mit der moralischen Bewertung des Agenten nichts zu tun. Wenn z. B. das Medium des Professors Winther, Frau Rasmussen, imstande ist, Bewegungen eines Pendels unter der Glasglocke telekinetisch hervorzurufen, so ist diese Qualität völlig unabhängig von einer etwa bei ihr vorhandenen Neigung zu Trunk, Diebstahl oder Lüge. Das Urteil über die Echtheit der Phänomene hängt demnach nicht von dem guten Glauben an die moralische Integrität der Versuchsperson ab. *Denn die Beweiskraft der Erscheinungen beruht einzig und allein auf den Bedingungen, unter denen sie zustande kommen.* Diese müssen jedoch so gestaltet werden, daß etwa beabsichtigte Betrügereien der Versuchsperson (in bewußtem oder unbewußtem Zustand) unausführbar sind oder aber, daß die Qualität des Phänomens selbst eine Erörterung der Betrugsmöglichkeit gegenstandslos macht, wie z. B. im Falle einer Körperlevitation des Agenten im Privatlaboratorium ohne die Requisiten einer Schaubühne.

Man kann also aus der Charakterbeschaffenheit des Mediums niemals auf die Echtheit der von ihm gezeigten Phänomene schließen.

Im übrigen muß die Experimentalmethode derart vervollkommnet werden, daß der Beobachter der konstanten, leidigen und störenden Bedachtnahme auf die Kontrollierung des Mediums in jedem Einzelfall überhoben wird. Denn ein gründliches und detailliertes Studium der parabiologischen Erscheinungen verlangt die vollste Aufmerksamkeit der Teilnehmer und ist nur dann möglich, wenn sie sich während der Sitzungen mit dem Taschenspielerproblem und sonstigen Täuschungsbestrebungen des Mediums nicht zu beschäftigen haben.

Allerdings läßt sich das paraphysische Experiment nicht in gleicher Weise wiederholen wie ein naturwissenschaftliches, dessen Kausalnexus bekannt ist. Trotzdem kann man bereits heute bei richtiger Behandlung der Versuchsperson in einem möglichst sich gleichbleibenden und harmonisch zusammengesetzten Zirkel ein und dasselbe Phänomen hundertfach reproduzieren.

Die Gegenpartei wird nun erwidern, daß es überhaupt nicht möglich sei, Vortäuschung in Form von Taschenspiel oder durch Benutzung von Artefakten oder durch irgendwelche betrügerische Handlungen oder Nachhilfen zu vermeiden. Die Anerkennung eines solchen Grundsatzes würde eine geistige Bankerotterklärung bedeuten, jedes weitere okkultistische Forschungsstreben als überflüssig erscheinen lassen, während der Salonmagie eine fast göttliche Allmacht und Überlegenheit zugeschrieben werden müßte, deren Künsten, Kniffen und Pfiffen auch der erfahrenste und geriebenste Experimentator erliegen müßte. Hier sind wir zu jenem Punkt gelangt, an welchem der Abgrund zwischen den Vertretern der Paraphysik und ihren Gegnern unüberbrückbar geworden ist.

Der äußere Anschein eines okkulten Geschehens kann unter Umständen einem taschenspielerischen Effekt täuschend ähnlich sehen, wie z. B. in Fällen von Apport, von Durchdringung der Materie usw. Auch das Materialisationsprodukt hat oft die größte Ähnlichkeit mit den stofflichen Erzeugnissen unserer irdischen Erfahrung, die Unwahrscheinlichkeit in der Form und das oft kitschige Aussehen desselben reizt zu heftigstem Widerspruch. Aber aus *äußerer Ähnlichkeit* zweier Endeffekte, eines materialisierten und artifiziellen Erzeugnisses, sofort *eine Wesenidentität* zu folgern, ist unzulässig.

Twrdy sagt mit Recht: „Wenn man diesen Grundsatz auf ein anderes Fachgebiet übertragen würde, so wäre man gezwungen, Gold für Messing, Zink für Silber, Alkohol für Wasser zu halten usw."

Auch die Nachahmungsmöglichkeit eines Phänomens beweist nicht mehr und nicht weniger, als daß die Versuchsbedingungen ungenügend waren. Jede Imitation paraphysischer Manifestationen muß unter den Kontrollmaßregeln des Originalversuches stattfinden, um nicht völlig wertlos zu sein. Die bloße Hervorrufung eines äußerlich gleichen Bildes mit ganz anderen Mitteln (man erinnere sich an die gelegentlich der Sitzungen mit Rudi Schneider in Wien inszenierte Entlarvungskomödie des Professors Przibram[3], bei welcher einer seiner Kollegen den Helfershelfer spielte) hat mit einer Realitätsbewertung der okkulten Erscheinungsformen nichts zu tun. Auch die Photographie allein beweist nicht viel; sie ist nur dann eine wertvolle objektive Ergänzung der Untersuchung, sobald das Protokoll alle Einzelheiten über ihr Zustandekommen enthält. Dasselbe gilt für alle Arten automatischer Registrierung, die auch nur ergänzt durch die protokollierten Zeugnisse und Sinneswahrnehmungen ein wertvolles Forschungsmittel werden.

Aber sogar mit den Utensilien des Laboratoriums lassen sich Betrügereien ausführen durch heimliche Verschraubung und Verstellung des Mechanismus solcher Apparate zum Zwecke des erwarteten Resultats.

Die praktische Widerlegung sämtlicher Täuschungsmöglichkeiten ist zwar schwierig, aber doch vielfach gelungen. Nun sind allerdings, worin ich wiederum Twrdy beistimme, die eigenen Augenblicksbeobachtungen der Versuchsleiter von ihren persönlichen Eigenschaften und Fähigkeiten sowie von ihrer wissenschaftlichen Stellung abhängig. Als Durchführungsmängel in der okkulten Experimentalforschung bei den Beobachtern bezeichnet Twrdy: „Unaufmerksamkeit, mangelnder wissenschaftlicher Ernst, Voreingenommenheit für die Sache,

3 *Zusatz:* Vgl. oben S. 27, 160. G. W.

übergroßes Vertrauen gegen Medium und Sitzungsteilnehmer, Kritikunfähigkeit, physische Gebrechen wie Kurz- oder Weitsichtigkeit, Schwerhörigkeit usw." Diesen Eigenschaften möchte ich noch hinzufügen: geistige Präpotenz, Unaufrichtigkeit, schwankendes Wesen, Angstzustände usw.

Die Eignung zum paraphysischen Experiment ist grundverschieden, kann aber durch Schulung und Teilnahme an zahlreichen Sitzungen erlernt werden. Um Fehlerquellen und irrtümliche Deutungen nach Möglichkeit auszuschließen, erscheint eine Zusammenarbeit mehrerer sachkundiger Gelehrter, die ihre Wahrnehmungen vergleichen und in Einklang zu bringen suchen, zweckmäßig. Während der Sitzungen sollte, wie es bei den Untersuchungen des Verfassers seit Jahren üblich ist, fortlaufend ein Protokoll über den Tatbestand diktiert werden, dessen Abschrift an einem der folgenden Tage den Mitbeobachtern zur Durchsicht, Ergänzung und eventuellen Abänderung sowie zur Unterschrift zugeht.

Jedenfalls ist dieses an sich unvollkommene Feststellungsverfahren relativ die beste Form, das Erlebte festzuhalten. Man darf aber dabei nicht vergessen, daß Protokolle auch nur die Ergebnisse in Bruchstückform wiedergeben und niemals das Wirklichkeitserlebnis zu ersetzen vermögen, auch wenn sie noch so genau und gewissenhaft angefertigt sind.

Das Wesentlichste in solchen Berichten ist es, den Leser darüber zu informieren, ob nach Maßgabe der Versuchsanordnung Täuschungsakte möglich waren oder nicht. Dieser Punkt ist sozusagen das ABC der Protokollierung.

Aber wenn wirklich bei unvollkommener Kontrolle die Möglichkeit zu Täuschungsakten vorlag, so folgt daraus noch lange nicht die wirkliche Vortäuschung der paraphysischen Effekte. Es könnte z. B. auch im Willen der Versuchsleitung liegen, das Medium nicht zu stark auf Kosten seiner Leistungsfähigkeit durch eine schikanös wirkende Beaufsichtigung zu irritieren, um auf diese Weise eine besesre und freiere Entwicklung der medialen Fähigkeit zu erzielen. Ein solches Vorgehen, das allerdings eine größere Zahl von Phänomenen als nicht beweiskräftig preisgeben muß, kann schließlich belohnt werden durch Leistungen, deren Charakter und Stärke jenseits der Betrugsmöglichkeit liegen, wie z. B. horizontale Körperlevitation bis zum Plafond, Flattern und Schleudern der wie von einem Sturm gepeitschten schweren Kabinenvorhänge, Auftreten von Telekinesen und Materialisationen, starkes Pochen an Türen außerhalb der körperlichen Reichweite des Mediums, ferner Bildung von Phantomen bei gleichzeitig sichtbarer und an den Händen gehaltener Versuchsperson usw.

Die Experimentalmethodik wird also immer individuell sich der jeweiligen Situation und dem speziellen Können der Agenten anzupassen haben. Sie ist eine ganz andere bei Eva C., die im Kabinett sitzend, bei gehaltenen Händen regelmäßig Verkörperungen hervorrief, wieder eine andere bei Stanislawa Tomczyk, welche durch Annäherung ihrer Hände im Rotlicht kleinere auf dem Tisch liegende Objekte in Bewegung setzte und endlich wieder eine andere bei den Brüdern Willy und Rudi Schneider, die außerhalb des Kabinetts sitzend, von ein bis zwei Personen gehalten, ihre Telekinesen unter den verschiedensten Versuchsanordnungen und Kontrollmaßregeln zustande bringen. Man kann also nur von Fall zu Fall entscheiden, und es ist unmöglich, allgemein gültige Regeln für die Beaufsichtigung der Agenten sowie für die Versuchsanordnung feststellen zu wollen.

Das Streben des Experimentators soll also darauf bedacht sein, die Versuche so anzuordnen, daß das Medium der Verantwortlichkeit durch jede Eigenhandlung während der Sitzung enthoben ist, so daß keine Substitutionsakte während der paraphysischen Leistungen ausgeübt werden können.

In der täuschenden Hervorbringung physikalischer Phänomene des Mediumismus sind zwei Klassen zu unterscheiden:

Die *erste Gruppe* betrifft die Benutzung a) grobmaterieller Hilfsmittel, b) feinerer, leicht zu verbergender Instrumente; die *zweite Gruppe* umfaßt Betrügereien ohne Benutzung von Utensilien, setzt also lediglich *körperliche Geschicklichkeit* und *Kenntnis besonderer Tricks* voraus.

Als *grobmaterielle Hilfsmittel* sind z. B. Garderobegegenstände zur betrügerischen Darstellung von Phantomen, Gummiblasen, Zangen, Stäbe, Textilstoffe, Wattebäusche usw. zu verstehen. Bei ihrer Anwendung müssen dieselben in den Sitzungsraum eingeschwindelt werden, und zwar vor Beginn der Experimente, sei es im Körper des Mediums selbst oder durch einen Helfershelfer. Handelt es sich um besondere Laboratorien, wie z. B. diejenigen der psychologischen, physikalischen und parapsychologischen Institute, so ist es für den Experimentator leicht, die Räume unter Verschluß zu halten, d. h. dem Medium sowie etwa vermuteten Helfershelfern den Zugang unmöglich zu machen. Außerdem soll man als allgemeine Regel festhalten, daß bei wissenschaftlichen Untersuchungen der Agent das Laboratorium nicht vor Beginn der Sitzung betreten darf. Auch ist es zweckmäßig, den Arbeitsraum noch einmal unmittelbar vor Beginn der Sitzung durch an den Versuchen beteiligte Gelehrte oder durch Experten der Salonmagie untersuchen zu lassen.

Zur Gruppe b der Klasse I gehören feinere, leicht zu verbergende Objekte, wie z. B. zusammengepreßte Stoffpakete von kleinstem Format, aufgewickelte dünne Drähte usw., die wenig Raum einnehmen und versteckt am Körper bei einer oberflächlichen Untersuchung dem Beobachter entgehen können.

Der Gebrauch solcher grob- oder feinmechanischer Hilfsmittel setzt aber unter allen Umständen eine Benutzung der Gliedmaßen, speziell der Hände voraus. Um Täuschungen dieser Art zu vermeiden, genügen also nicht die vorherige Untersuchung des dem Medium vor dem Experiment nicht zugänglichen Laboratoriums sowie die sorgfältige Körperkontrolle desselben mit Einkleidung in ein besonderes Sitzungskostüm, das vorher durchgesehen wird (Trikot, Pyjama und für Frauen eine Kombination von Weste und Rock), sondern man muß auch dafür sorgen, daß während des ganzen Sitzungsverlaufes dem Agenten die Möglichkeit genommen wird, sich seiner Hände, Füße oder seines Mundes zu bedienen. Mit dieser Maßregel wird gleichzeitig jene besondere Klasse von Betrügereien gegenstandslos, die ohne Zuhilfenahme irgendwelcher Geräte oder artifizieller Produkte (= *Gruppe II*) lediglich auf körperlicher Geschicklichkeit und Benutzung eines freigemachten Gliedes beruht.

Die Ausführbarkeit derartiger Manipulationen ist leicht zu verhindern und keineswegs eine so schwierige Aufgabe, wie sie von der Gegenpartei hingestellt wird. Der wesentlichste Punkt dabei besteht in der konstanten Überwachung bzw. in der ununterbrochenen Beaufsichtigung der Hände und Füße. Hierbei kann man eine *tote* und eine *lebendige* Kontrolle unterscheiden. Die erstere beruht auf Fesselung der Glieder an den Stuhl oder sonstwie oder auf Einschließen des Agenten in einen völlig verschlossenen (z. B. fliegenkastenartigen) Käfig, wobei er jedoch zunächst im Gebrauch seiner Hände nicht behindert ist.

Die *tote Kontrolle* (Isolation des Mediums) erscheint weit weniger zuverlässig als die lebendige, d. h. als das Festhalten der Versuchsperson an Armen und Beinen durch ein oder zwei vertrauenswürdige Sitzungsteilnehmer. Bei der Willy-Kontrolle sitzt einer derselben dem Medium vis-à-vis, schließt dessen Füße mit seinen Knien ein und umklammert seine Hände. Eine im rechten Winkel sitzende zweite Person überwacht dieses Verfahren und hält die Unterarme des Sensitiven fest. Bei der Anwendung des fliegenkastenartigen Käfigs in den Sitzungen mit Willy Schneider streckte dieser durch einen Spalt in der Tür seine Hände heraus, um sie von der Aufsichtsperson festhalten zu lassen. Dieses Vorgehen wurde in zahlreichen Sitzungen erprobt und bietet einen außerordentlich hohen Grad von Sicherheit, da die Phänomene sich außerhalb des Käfigs abspielen.

Die Immobilisierung der Hände verhindert auch das Hervorbringen artifizieller Produkte aus den Körperhöhlen. Wenn nun auch mit dieser Methode eine freiere körperliche Tätigkeit der Extremitäten des Agenten ausgeschlossen wird, so sind doch anderseits die mit der paraphysischen Leistung, speziell mit der Emanation verbundenen motorischen Reaktionen und Begleiterscheinungen desselben nicht behindert (Tremor der Arme, selbstmagnetisierende Striche usw.), da die Kontrollperson alle Bewegungen der Arme mitmacht. Außerdem ermöglicht diese Maßregel eine enge psychische Relation zwischen Aufsicht und

Trancepersönlichkeit zum Zweck der Beobachtung des modus procedendi und einer etwa nötigen Suggestiveinwirkung auf das Medium.

Ein taschenspielerisch noch so gewandtes Individuum könnte unter diesen Bedingungen kaum mehr seine Täuschungen und Tricks ausführen.

Um die Sicherheit noch zu steigern, wird seit mehreren Jahren in meinem Laboratorium von selbstleuchtenden Substanzen (Kalziumsulfit und Mesothoriumpräparate) ausgiebig Gebrauch gemacht. Nicht nur der Vorhang ist durch eine Reihe mehrere Zentimeter breite Streifen so gekennzeichnet, daß jede Bewegung desselben in der Dunkelheit wahrgenommen werden kann. Auch die zu benutzenden kleinen Tische und Hocker sowie alle sonstigen für die Telekinese benötigten Gegenstände sind mit dieser Farbe bestrichen und daher im Dunkeln gut sichtbar (besonders bei Ortsveränderungen der Objekte, Erhebungen, Würfen usw.). Endlich hat man auch an der Kleidung des Agenten selbstleuchtende Merkzeichen verschiedener Art und Form angebracht. Seit länger als einem Jahr benutze ich regelmäßig Mesothoriumleuchtschnüre, die ringförmig an Ärmeln und Hosen in der Gegend der Gelenke aufgenäht sind, also dauernd ein gleichmäßig starkes Licht geben und nicht wie die Kalziumsulfitpräparate vor jeder Sitzung neu insuliert werden müssen. Dadurch ist jeder, auch der entfernt sitzende Teilnehmer, instand gesetzt, während der ganzen Sitzungsdauer sich über die Lage und Bewegung der Arme des Mediums zu informieren. Dasselbe gilt von den Füßen, soweit diese nicht durch die vorgestreckten Beine der Aufsichtsperson verdeckt sind.

Das Herausstrecken eines Gliedes zu Täuschungszwecken würde sofort an den Leuchtbändern bemerkbar.

Die Gesamtheit der verwendeten Leuchtstoffe erzeugt infolge einer verhältnismäßig starken Strahlung mondlichtartige Dämmerung im Versuchsfeld und ermöglicht optische Wahrnehmung im Raum, wie sie in absoluter Dunkelheit nicht gemacht werden kann. Dazu kommt der halbkreisförmige Abschluß des Wirkungsfeldes durch einen drei- oder vierteiligen, 60 cm hohen Stoffschirm, dessen obere Kante in der ganzen Länge mit Leuchtmasse bestrichen ist. Hierbei bildet der Kabinettvorhang die Basis des Halbkreises. Zu aller Sicherheit kann man das bei dem Medium (welches mit dem Rücken 50–60 cm vom Vorhang entfernt sitzt) befindliche Schirmfeld an dessen Stuhl festbinden.

Beim ersten Betrugsversuch müßte das Bein der Versuchsperson oder des Helfershelfers über den Leuchtrand des Schirmfeldes geschoben werden, was sofort bemerkt würde.

Wenn nun schon der hier geschilderte Komplex so vieler verschiedener Kontrollmaßnahmen, die in ihrer Gesamtheit bereits während der ganzen Sitzungsserie mit Willy Schneider zur Anwendung kamen, ohne das Auftreten der Phänomene zu verhindern, Täuschungsakte des Mediums definitiv und exakt ausschließt, also an sich für wissenschaftliche Feststellungen als ausreichend erachtet werden muß, so sind wir doch noch einen Schritt weitergegangen durch Einführung der von dem Tierpsychologen *Karl Krall* erfundenen und vom Verfasser verbesserten Methode einer elektrischen Bindung von Agenten und Kontrollperson. Die lebendige Überwachung wird hier kombiniert mit automatischer Registrierung der Befreiung eines Gliedes aus dem Stromkreis. Man vergleiche die ausführliche Beschreibung des Apparates zur Medienkontrolle durch den Verfasser im Septemberheft 1926 der Zeitschrift für Parapsychologie (siehe oben S. 203 ff.

Das Wesentliche der Einrichtung besteht darin, daß die Hände des Mediums und seines Hauptkontrollers durch elektrische Kontakte zu verbinden sind, während die Füße des Agenten auf einem metallbeschlagenen Brett stehen und ebenfalls in einen besonderen Stromkreis eingeschlossen sind. Die beiden Personen tragen gefütterte Halbhandschuhe aus Metallgarn, während die Füße des Sensitiven mit Stoffüberzügen bekleidet sind, auf denen sich ebenfalls Metallstreifen befinden. Rechte und linke Hand sowie rechter und linker Fuß des Mediums liegen in vier verschiedenen Stromkreisen, die zur Stromquelle parallel geschaltet sind und eine gemeinsame Rückleitung besitzen. Wird nun der linke äußere Kontakt auf der Kontrollseite mit dem korrespondierenden Kontakt des Mediums verbunden, so leuchtet Ziffer 1 in einem über dem Kabinett aufgestellten Lampenkasten auf.

Erlischt diese Lampe, so wird damit den Sitzungsteilnehmern angezeigt, daß die Versuchsperson die rechte Hand aus der Kontrolle befreit hat. Dasselbe gilt von der linken Hand (Ziffer 2) und von der Erhebung eines Fußes vom Kontaktbrett (Ziffer 3 und 4). Die Helligkeit der Lampen kann man mit Hilfe eines Rheostaten und von Rotumkleidung wunschgemäß abdämpfen. Um also alle vier Zahlen des Lampenkastens aufleuchten zu lassen, ist das Medium gezwungen, seine Hände auf oder unter die des Kontrollers zu legen und die Füße auf das Kontaktbrett zu setzen Das Abheben eines Fußes oder das Entfernen einer Hand aus derjenigen des Kontrollers bringt sofort die diesem Glied zugeordnete Lampe zum Erlöschen.

Es ist dem Medium durch keinerlei Manipulationen, wie Auflegen einer Hand auf beide Hände der Aufsicht, möglich, die andere Hand freizubekommen, ohne daß die betreffende Kontrollziffer erlischt. Eine ähnliche Handlungsweise mit den Füßen wird verhindert durch die zwischen den Metallblechen des Fußkontaktbrettes angebrachte Isolierleiste.

Ein Abstreifen des auf Körper und Gelenk der Hand fest anliegenden Metallhandschuhs bei Aufrechterhaltung des Kontaktes ist, ohne von der Aufsichtsperson bemerkt zu werden, nicht ausführbar, ganz abgesehen von den mit einem solchen Versuch verbundenen mechanischen Schwierigkeiten[4]. Denn die Zuleitungsschnur geht in der Regel innen durch die Ärmel des Mediums und würde schon an sich ein Abziehen von Hand und Arm zu Täuschungszwecken verhindern, wozu noch die gleichzeitige Leuchtkontrolle der ringförmig aufgenähten Mesothoriumschnüre kommt. Somit würde jeder Versuch, den Kontrollmechanismus zu durchbrechen, auf unüberwindliche Schwierigkeiten stoßen. Der elektrische Kontrollapparat in der oben beschriebenen Anwendung gibt also den größtmöglichen Grad von Sicherheit gegenüber Eigenhandlungen des Mediums zu Betrugszwecken und schließt diese Fehlerquelle, man kann ruhig behaupten mit absoluter Sicherheit, soweit man in der Wissenschaft eine solche besitzt, aus. Der Beobachter ist damit in die Lage gesetzt, seine Hauptaufmerksamkeit dem Verlauf des Phänomens zuwenden zu können, solange die Ziffern auf dem Lampenkasten sichtbar bleiben.

Diese Experimentalmethodik setzt uns also in die Lage, einen objektiven Realitätsbeweis für die paraphysischen Erscheinungsformen zu führen.

Bei der vorliegenden Versuchsanordnung wäre selbst die absolute Dunkelheit kein Hindernis mehr für gewisse Feststellungen auf paraphysischem Gebiet. Aber in der Regel brennt während der Phänomene ein mehr oder minder abgeschwächtes Rotlicht, das von einer über dem Tisch an einem Flaschenzug befestigten Hängelampe gespendet wird und eine hinreichend genaue Beobachtung der Vorgänge auf dem Experimentiertisch zuläßt. Das geschilderte kombinierte Verfahren (lebendige, elektrische und Leuchtbandkontrolle) ist von Mai 1926 bis Februar 1927 in sämtlichen Sitzungen mit Willy Schneider erfolgreich durchgeführt worden, so daß die unter diesen Bedingungen beobachteten Phänomene als wissenschaftlich beweisend angesprochen werden können.

Die bisher noch nicht besprochene Helfershelfertheorie, d. h. Unterstützung des Mediums durch Vornahme bestimmter Handlungen zu Täuschungszwecken, kann wohl nur für solche Fälle Gegenstand der Erörterung werden, in welchen einzelne Zirkelmitglieder aus irgendwelchen materiellen oder böswilligen Motiven an substitutionellen Akten dieser Art interessiert sind oder da, wo der Versuchsleiter die sozialen und charakterlichen Eigenschaften gewisser Teilnehmer nicht genügend kennt.

Über einen solchen Verdacht sind aber die in München, Wien und London

---

4 *Zusatz:* Dies wurde bei den Versuchen mit den Brüdern Schneider noch weiterhin erschwert durch Annähen der Metall-Halbhandschuhe an die Ärmel des Sitzungsanzuges des Mediums. Später wurden letztere nach Anlegen des Anzuges durch das Medium nochmals gesichert durch Umwickeln des Oberarmes mit einer fest zugebundenen Schnur. G. W.

zusammengesetzten Gelehrtenkommissionen, welche diese Untersuchungen opfer-
willig aus reiner Wahrheitsliebe unternahmen, erhaben; sie bestehen zudem aus
stadtbekannten, bürgerlich angesehenen Persönlichkeiten, denen man eine betrügerische Handlungsweise nicht zutrauen kann.

Was nun die Gebrüder Schneider betrifft, so hat während fast eines Jahr-
zehnts ein fortwährender Wechsel der Sitzungsteilnehmer, ebenso eine öftere
Veränderung der Örtlichkeit stattgefunden, so daß man hier immer wieder nach
neuen Helfershelfern suchen müßte. So waren an den Münchner Untersuchungen
keine Gelehrten aus dem Wiener Kreise beteiligt, an den Wiener Feststellungen
keine aus München; die unter Dingwalls Leitung in London experimentieren-
den Persönlichkeiten waren ihrerseits wieder vollkommen unabhängig von den
Münchner und Wiener Herren. Dazu kamen die zahlreichen Sitzungen im
Elternhause. Wenn man eine solche Erklärungshypothese in ihren Konsequen-
zen verfolgt, wird sie hinfällig.

Aber die Helfershelfertheorie, rein akademisch aufgefaßt, hätte auch in ihrer
praktischen Ausführung während der Willy-Sitzungen in meinem Laboratorium die größten Schwierigkeiten bereitet. Denn einmal bestand eine gegenseitige Kontrolle aller Anwesenden, die sich bei den Händen hielten, behufs
Kettenbildung, so daß das Freimachen einer Hand nicht unbemerkt bleiben
könnte, anderseits müßte die über den Schirm in den Lichtkreis des Experimen-
tiertisches tretende Hand sowohl an der Verdunkelung des Schirmrandes wie
im Rotlicht selbst sichtbar werden. Man könnte noch daran denken, daß irgendeine Person sich während der Sitzungen von außen Zugang ins Versuchszimmer
beschafft. Aber auch das geht nicht an, weil die Tür regelmäßig zu Beginn der
Sitzung von innen verschlossen (und verriegelt! G. W.) wird. Eine Probe aufs
Exempel konnte angestellt werden, als, meiner Einladung folgend, der Chef
der Münchner Kriminalpolizei mit einem seiner tüchtigsten Oberinspektoren
einigen Willy-Sitzungen beiwohnte. Dem Oberinspektor wurde erlaubt, sich
während der Sitzung ganz nach Belieben frei im Zimmer zu bewegen und jede
ihm notwendig erscheinende Feststellung zu machen. In einer andern Sitzung
hatte der Beamte seinen Platz hinter dem Vorhang im Kabinett. Aber beide
Male wurde das Auftreten der Phänomene durch diese Maßregel nicht beeinflußt [5].

An einer Sitzung vom 17. Januar 1925 mit Rudi Schneider nahmen fünf
Hochschullehrer, einige Parapsychologen und Freunde unserer Familie teil.

5 *Zusatz:* Später wurde bei den Rudi-Sitzungen ab 10. September 1928 ein doppelter
Boden im Kabinett (ähnlich wie in einer Telefonzelle) eingeführt, bei dessen Betreten
(etwa durch einen Helfershelfer) sofort eine Signallampe aufleuchtete, er wurde vor
jeder Sitzung, auf Wunsch nach jeder Pause, ausprobiert. G. W.

Unter ihnen befand sich Dr. Alois *Gatterer*[6], Professor am Institut für scholastische Philosophie in Innsbruck, der zum erstenmal solchen Untersuchungen beiwohnte. In seinem kürzlich erschienenen Werk „Der wissenschaftliche Okkultismus und sein Verhalten zur Philosophie" (Innsbruck 1927, Rau) druckt er das ausführliche Sitzungsprotokoll mit meiner Zustimmung ab und äußert sich auf Seite 43 wie folgt: „Jedenfalls zeigt die Art der Erscheinungen handgreiflich, daß die Hypothese der Massensuggestion vollständig versagt. Die elementare Wucht, mit der z. B. die Violine zerschmettert wurde[7], schließt übrigens eine Manipulation mit taschenspielerischen Instrumenten (Fäden, Drähten usw.) aus."

Der einzige Einwand besteht nach Gatterer in der Täuschungsmöglichkeit durch Sitzungsteilnehmer[8]. Aber der Innsbrucker Philosoph fuhr nach Braunau, setzte dort seine Beobachtungen fort, lernte Frau Silbert kennen und fügte dann dem obigen Protokoll folgenden Nachtrag hinzu: „Auf Grund weiterer Erfahrung bin ich heute der Ansicht, daß der obige Einwand einer stichhaltigen Grundlage entbehrt und daß die Phänomene in dieser Sitzung (vom 17. Januar 1925) als echte Telekinesen zu werten sind."

Jedenfalls ist der Einwand einer Betrugsbeihilfe für die Münchner Sitzungen mit den Brüdern Rudi und Willy Schneider nicht aufrechtzuerhalten.

Zu welchen Verdächtigungen eine fanatisch einseitige rationalistische Erklärungsweise ihre Zuflucht nimmt, wenn alle andern Hypothesen versagen, zeigt folgendes Erlebnis des Verfassers: Nach der Publikation seines Werkes „Experimente der Fernbewegung" (Stuttgart 1924, Union) wurde ihm von superklugen Kritikern vorgeworfen, dieses Werk enthalte keine während der Sitzung aufgezeichneten Protokolle (was übrigens nicht richtig ist). Inzwischen wurde auch diesem Bedürfnis entsprochen. Seit Jahr und Tag diktiert Versuchsleiter während der Sitzung die Beobachtungen einer abseits, hinter einem Schirm bei Rotlicht arbeitenden Sekretärin. Dieselben Herren, die früher den Mangel eines solchen Diktats betonten, versteigen sich nunmehr – zur Verdächtigung der Protokollführerin, in der sie eine Helfershelferin vermuten. Und wenn alle Stricke reißen, wird der Versuchsleiter selbst verdächtigt!

Nun lassen sich allerdings die Verhältnisse bei den Brüdern Schneider, welche für die wissenschaftliche Methodik allmählich herangebildet wurden, nicht ohne

---

6 S. o. S. 72. G. W.
7 Eine materialisierte Hand hatte das Instrument ergriffen. D. Verf.
8 *Zusatz:* Vor allem wurde immer wieder Vater Schneider verdächtigt, der den noch jugendlichen Rudi zu den Sitzungen begleitete, dies war jedoch ab 6. Februar 1926 im Schrenck'schen Laboratorium nicht mehr der Fall; auch in der 2. Versuchsreihe bei Harry Price in London sowie bei Dr. Osty in Paris (nach Schrenck-Notzings Tod, s. u. S. 228 ff.) fehlte zumeist eine solche verwandte oder befreundete Person. Vgl. ferner oben S. 20. G. W.

weiteres auf andere Medien übertragen. Man erinnere sich z. B. des Ehepaares Crandon (Margery). Solange der Gatte an der Seite seiner medialen Frau regelmäßig die Sitzungen leitete, anstatt gelegentlich abwesend zu sein, wird man nicht von exakten Versuchsbedingungen reden können, und so ist es kein Wunder, daß ein großer Teil der wissenschaftlichen Kritik ihn der Helfershelferei beschuldigt[9].

Wie weit aber der gegnerische Skeptizismus im Aufklärungseifer gelegentlich über das Ziel hinausschießt, das lehrt die angebliche Entlarvung des Mediums Eleonore *Zugun*. Ein scharfsinniger und angesehener Münchner Nervenarzt, Dr. Hans Rosenbusch, beschuldigte im „Berliner Tageblatt" die Begleiterin der Eleonore Zugun, nämlich die Gräfin *Wassilko-Serecki*, öffentlich der Beihilfe zum Betrug, weil in einer einzigen Sitzung in seinem Hause viermal auf der Haut des Mediums an jenen Stellen Kratzeffekte auftraten, die von der Gräfin vorher berührt waren. Die Beschuldigte, welche sich um die Erziehung des rumänischen Bauernmädchens zum Medium große Verdienste erwarb und eine Ehrenerklärung angesehener Wiener Hochschullehrer veröffentlichen konnte, erhob gegen Dr. Rosenbusch Klage wegen übler Nachrede.

Vorwürfe dieser Art richten sich hauptsächlich gegen jene Persönlichkeiten, die es sich zur Aufgabe gesetzt haben, ein Medium zu erziehen, zu beschützen, auf Reisen zu begleiten, dasselbe zu demonstrieren usw. Die Medien Eva C., Stanislawa Tomczyk, Kathleen Goligher, Guzik und manche andere sind dafür die typischen Beispiele.

Somit wird man den Einspruch der Helfershelferei bei jedem einzelnen Medium besonders zu prüfen haben. Aber im allgemeinen darf man wohl annehmen, daß betrügerische Mitwirkung dritter Personen in wissenschaftlichen Instituten und bei gelehrten Kommissionen kaum durchzuführen wäre.

Ein weiterer wichtiger Punkt betrifft spätere Geständnisse von Medien über früher einmal begangene Schwindeleien. Nicht selten handelt es sich dabei um Personen, die nach Verlust ihrer Fähigkeiten in der einstmaligen professionellen Ausübung ihrer Mediumität nachträglich einen Makel erblicken. Geständnissen über betrügerische Eigenhandlungen zur Vortäuschung paraphysischer Resultate sollte man in allen Fällen mit großem Mißtrauen begegnen, sofern es sich nicht um Individuen handelt, die bereits mehrfach einwandfrei des Betruges überführt worden sind.

Gerade der Umstand, daß notorisch falsche und in Widerspruch mit den Originalprotokollen stehende Geständnisse vorkommen, läßt eine über jeden

---

9 Dr. *Crandon* teilte dem Verf. brieflich mit, daß in neuerer Zeit 24 Sitzungen ohne seine Anwesenheit stattgefunden hätten. Mitunter aber sei er gezwungen, teilzunehmen, um seine Gattin gegen Übergriffe gewisser Gelehrter zu schützen.

Zweifel zuverlässige Versuchsanordnung als absolute Notwendigkeit erscheinen, ebenso wie eine genaue Protokollierung der Beobachtungen, um an der Hand der authentischen Aufzeichnungen einer etwaigen späteren Verdrehung des Tatbestandes wirksam begegnen zu können[10].

Welche Wichtigkeit ein einziges Detail bekommen kann, ist aus dem Verlauf des bekannten Okkultistenprozesses in Berlin zu ersehen. Hier handelte es sich um die Feststellung, ob Kette vor oder nach Erlöschen des Weißlichtes gebildet wurde. Dieser Punkt war für die Beurteilung des fraglichen Reifenphänomens ausschlaggebend.

Die Unzuverlässigkeit der Aussagen mediumistischer Agenten über ihre eigenen Leistungen fällt besonders stark ins Auge, wenn sich die Phänomene in tieferen, ärztlich festgestellten Trancezuständen mit nachträglicher Amnesie abgespielt haben, wie es die Regel war z. B. bei Eva C., Stanislawa Tomczyk, bei den Brüdern Schneider usw. Müssen doch diese Sensitiven nach ihrem Erwachen aus den Dämmerzuständen erst von den Teilnehmern über die Vorgänge in der Sitzung aufgeklärt werden!

Nichts ist leichter, als ein Medium über seine eigene Leistung zu täuschen. So nahmen wir z. B. Willy Schneider gegenüber in einzelnen Fällen bei negativen Sitzungen unsere Zuflucht zu der Notlüge, die Versuche seien gut gelungen, um dem jungen Menschen eine Gemütsdepression über das Versagen seiner Kräfte zu ersparen, ohne daß dieser die Unrichtigkeit unserer Mitteilung erkannte. Sicherlich darf wohl jede Aussage eines Menschen über Eigenhandlungen in tiefen somnambulen (also Trance-)Zuständen, ganz besonders aber mehrere Jahre nach dem Erlebnis, als gänzlich unzuverlässige Quelle angesehen werden.

Haltlose Selbstanklagen sind bei geistig Minderwertigen und Psychopathen außerordentlich häufig anzutreffen und gelangen besonders gern in sensationellen Kriminalfällen zur öffentlichen Kenntnis. So meldeten sich z. B. in dem bekannten Berchtoldprozeß nicht weniger als sechs Personen, die behaupteten, den Mord an der Frau Roos in der Karlstraße begangen zu haben!

Die Ursachen solcher Selbstbezichtigungen bei Medien sind hauptsächlich folgende: Retroaktive Erinnerungsverfälschung – auf irrtümlicher Grundlage, aber bona fide abgelegte Geständnisse – Auto- und Fremdsuggestion, d. h. Beeinflussung durch das Milieu und Andersdenkende (nachträgliche Abänderung einmal über paraphysische Tatbestände abgegebener Urteile kommen ja sogar bei Gelehrten nicht selten vor) – psychopathische Anlagen – Affektzustände wie Angst und Furcht vor Lächerlichkeit –Verlogenheit, Pseudologia phantastica – spielerische Renommisterei bei unreifen jungen Menschen – Verdrängung unbeque-

10 Vgl. oben S. 27 ff.

mer psychischer Tatbestände ins Unbewußte – sowie intellektuelle Motive sozialer und materieller Art.

Das Problem wird noch viel komplizierter, sobald bewußte und unbewußte Schwindeleien mit den echten Phänomenen verknüpft sind und abwechselnd beobachtet werden, wie z. B. bei Eusapia Palladino, Linda Gazzerra, Guzik, Nielsen u. a.

Zwei frühere Medien, Eva C. und Stanislawa P., sind heute glücklich verheiratet und in sozial angesehene Stellungen eingerückt. Beide Frauen wünschen nicht an ihre mediumistische Vergangenheit, die sie als eine Art Degradierung ihrer Persönlichkeit ansehen, erinnert zu werden, und Stanislawa Tomczyk glaubt heute, daß ihre früheren Leistungen in der Hauptsache auf Schwindel zurückzuführen seien.

Äußerungen der Medien über ihre Leistungen sind also durchaus unmaßgeblich, und es dürfte sich auch wohl kaum ein gewissenhafter Gelehrter finden, der sich sein auf Grund eingehender Selbstprüfung einmal gebildetes Urteil durch irgendein nachträgliches selbstanklägerisches Gerede beeinträchtigen ließe. Erfahrungsgemäß gilt auch in der richterlichen Praxis die erste Sinneswahrnehmung und der unmittelbare Bericht darüber als maßgebende Zeugenaussage, nicht aber das aus zahlreichen Vernehmungen entstehende Aussageresultat.

Einen lehrreichen Beitrag zur Psychologie des Mediumismus lieferte der im Januar 1927 in der Augustenstraße in München vorgekommene Spukfall, über den die Tagespresse eingehend berichtet hat.

Dem 18jährigen Dienstmädchen Therese Winklhofer[11] waren eine Anzahl hysterischer Schwindeleien (wie Anfertigung von Schriften und Briefen, Verstecken von Gegenständen und sonstige schabernackartige Handlungen) einwandfrei nachgewiesen worden. Dagegen ließ sich eine weitere Klasse spukartiger Phänomene (Würfe von Gegenständen, Zerschmettern von Gläsern usw.) nicht betrügerisch erklären, weil das Mädchen bei Tageslicht von einem Untersuchungsbeamten und zwei weiteren Personen andauernd in ruhiger Stellung beobachtet wurde, während die Flüge 3–4 m von dem Mädchen entfernt ihren Ausgangspunkt hatten, wobei die Flugbahn auf Therese Winklhofer zu gerichtet war. Außerdem wurde durch die Wohnungsinhaberin das Schleudern eines Gefäßes in der Küche beobachtet zu einer Zeit, als sich das Mädchen unter Aufsicht auf dem Gang befand. Nach menschlichem Ermessen lassen sich diese von drei einwandfreien, gewissenhaften Zeugen bekundeten (und durch Eid zu erhärtenden) Vorgänge nicht auf eine mechanisch-betrügerische Tätigkeit der Therese Winklhofer zurückführen, trotz ihrer sonst ausgeübten Schwindeleien. Das Mädchen ist, wie in der Münchner Psychiatrischen Klinik festgestellt wurde,

11 Vgl. unten S. 313 ff.

Psychopathin, hysterisch und durch und durch verlogen. Bei ihrer Vernehmung gab sie aus Angst vor eventueller Verhaftung auf Grund eines eindringlichen Suggestivverhörs zu, sämtliche Spukhandlungen in der Wohnung selbst durch Betrug inszeniert zu haben. Allerdings widerrief sie dann nachträglich diese Aussage. Aber dieses doch offenbar gänzlich unmaßgebliche Geständnis einer geistig minderwertigen Person erlöste die deutsche Presse von dem Alpdruck, die Phänomene als echt bestätigen zu müssen. Man atmete erleichtert auf, und alle Welt zeigte sich zufriedengestellt durch das falsche Geständnis eines hysterischen Dienstmädchens!

Wie wir aus den vorstehenden Darlegungen ersehen haben, treffen die auf Seite 207 zitierten betrugstheoretischen Voraussetzungen von Dr. Baerwald zur Beurteilung des paraphysischen Experiments nicht zu. Denn ein lebendiges Geschehen ist nicht vergleichbar mit der Lösung einer algebraischen Aufgabe, in welcher eine falsche Ziffer die Richtigkeit des Endresultats zunichte macht.

Ferner existiert das von Baerwald vorausgesetzte Vorhandensein taschenspielerischer Täuschungsakte jedenfalls nicht bei den Versuchspersonen neuerer Zeit, deren Leistungen die Unterlage für die junge Wissenschaft der Parapsychologie bilden.

Diese Annahme trifft nicht einmal bei dem Schwindler und Pseudomedium *Laszlo* zu, dessen Geständnisse als hinreichender Betrugsbeweis von Behörden und Tagespresse angenommen worden sind. Hier handelte es sich aber um verhältnismäßig einfache Substitutionsakte, wie sie bei der gänzlich unzulänglichen Experimentalmethodik der ungarischen Versuchsleitung durchgeführt werden konnten. Verfasser hat diese Mängel in einem besonderen Schreiben (vom 15. Oktober 1923) bald nach seiner Rückkehr dem ungarischen Experimentator mitgeteilt, diesem seine Verdachtsgründe auseinandergesetzt, zur Entlarvung geraten und besonders betont, daß diese seltsamen Vorgänge, die sich ja nachträglich als groteske und frevelhafte Schwindeleien herausstellten, in direktem Widerspruch stünden mit der Entwicklung und dem Ablauf physikalischer Phänomene bei den ihm bekannten Medien. (S. o. S. 26).

Der Betrugsbegriff setzt Klarheit des Bewußtseins voraus, wie sie offenbar bei Laszlo vorhanden war, da sein wahrscheinlich simulierter Trancezustand ärztlich nicht geprüft worden ist. Im Gegensatz hierzu wurden bei fast allen Versuchspersonen, mit denen Verfasser in den letzten Jahrzehnten experimentierte, wie bei Eva C., Stanislawa Tomczyk, Willy und Rudi Schneider, Stanislawa P. regelmäßig veränderte Bewußtseinszustände (Tieftrance) während ihrer Leistungen ärztlich festgestellt. Daher könnte man in Voraussetzung schwindelhafter Inszenierung der Leistungen ihnen keineswegs Betrug, sondern höchstens unbewußt oder unwillkürlich ausgeführte Substitutionsakte vorwerfen ...

Für die Wissenschaft aber, welche lediglich die Existenz oder Nichtexistenz eines Phänomens festzustellen sucht, sich also lediglich um den Realitätsbeweis kümmert, kommt dieser Unterschied – ob bewußt und vorsätzlich oder ob unbewußt getäuscht wurde – ebensowenig in Betracht, wie das vergangene oder zukünftige, ehrliche oder unehrliche Verhalten der betreffenden Versuchsperson. Denn der Nachweis der Realität paraphysischer Phänomene muß auf dem Experimentalwege erbracht werden unter methodischem Ausschluß der Täuschungsmöglichkeiten, damit er unabhängig von zeitlichen und subjektiven Detailfragen bleibend seinen Wert behält. Twrdy bemerkt zu diesem Punkt in seiner oben erwähnten Arbeit: „Es ist die Pflicht der Kritik, mit ihren Einwendungen stets nur den sachlichen Teil des Problems zu treffen, nicht aber, wie das so oft geschieht, den Lebenslauf jedes Mediums eifrig nach Betrugshandlungen zu durchforschen und auf Grund einer betrügerischen Einzelhandlung das Charakterbild des Menschen einseitig negativ zu belasten, um aus dieser Tatsache den Rückschluß auf die Realität bzw. Irrealität der von diesem Medium gezeigten Phänomenik aufzubauen. Ja, man ging so weit, die Ehrlichkeit der Experimentatoren mit der Begründung in Frage zu ziehen, daß die Wahrscheinlichkeit des Betruges durch den Forscher selbst größer sei als die Realitätsmöglichkeit der okkulten Phänomenik. Wohin kämen wir, wollten wir jede wissenschaftlich forschende Arbeit unter solche Bedingungen stellen?"

Selbstverständlich ist der Nachweis des Vorhandenseins eines Experimentaleffektes an sich nur der Beginn der wissenschaftlichen Untersuchung, welche die Genese der Erscheinung aufdecken und zeigen muß, wie der Experimentaleffekt zustande kommt. Deswegen ist das vergleichende Studium der Wesensgleichheit und Gesetzlichkeit dieses Naturgeschehens zunächst bei denselben Personen durch unablässige Wiederholung der Experimente unter veränderten Versuchsbedingungen – und dann bei verschiedenen Individuen mit analoger Begabung – erforderlich. Auf Grund des sich von Jahr zu Jahr mehrenden Beobachtungsmaterials und der immer neuen Bestätigungen dürfen heute schon der mechanische Charakter der telekinetischen Kraftäußerungen, die Lehre von den ideoplastischen Effloreszenzen und materialisierten Teilbildungen, wie sie uns bei jedem neuen Medium immer wieder in derselben Gleichförmigkeit entgegentreten, als erwiesen angesehen werden.

Weitere wesentliche Forschungen auf „paraphysischem" Gebiet

nach Dr. v. Schrenck-Notzings Tod

Es war vor allem *Rudi Schneider* (gestorben 28. April 1957 an Gehirnschlag), durch dessen Bereitwilligkeit, sich weiterhin der wissenschaftlichen Forschung zur Verfügung zu stellen, es zu grundlegend wichtigen und neuen Ergebnissen kam. Nach dem Tode Schrenck-Notzings reiste alsbald *Harry Price* aus London (vgl. oben S. 177 ff.) nach München und engagierte Rudi zu Sitzungen in seinem „National Laboratory of Psychical Research", die 12.–22. April 1929, 14. November bis 20. Januar 1930 und nochmals im Frühjahr 1932 stattfanden. Price übernahm die von Krall erfundene elektrische Kontrolle (s. oben S. 201 ff.); sie wurde von dem Elektrotechniker K. Amereller, der Rudi auf Wunsch von Price begleitete, eingerichtet (Amereller hatte auch für Krall und den Baron die Apparate eingebaut). Allerdings ging Price noch einen Schritt weiter, indem er nicht nur Hände und Füße des Mediums und Kontrolleurs, sondern auch sämtliche Hände und Füße der Sitzungsteilnehmer in neu hinzugekommene Stromkreise mit Kontrollampen einschloß, vor allem, um dem Gerede von einem Helfershelfer unter den Personen im Zirkel ein Ende zu bereiten, aber auch um das Medium bzw. das Versuchsfeld gegen unerlaubte Zugriffe von dieser Seite zu schützen. Trotzdem standen die Phänomene nicht hinter denen bei Schrenck-Notzing und sogar in Braunau zurück, wo Price im Sommer 1931 ebenfalls unter Begleitung seiner erfahrenen Sekretärin und anderer englischer Interessenten (Mrs. K. M. Goldney, Mrs. Beenham) unter besten Kontrollen Sitzungen abhielt (vor allem am 31. Juli 1931). Als erfahrener Amateurtaschenspieler (Vizepräsident der englischen Taschenspielervereinigung Magician's Club) kontrollierte er Rudi meist selbst, auch der bekannte Taschenspieler Will Goldstone überzeugte sich von der Echtheit des Dargebotenen (vgl. Ztschr. f. Parapsychologie 1930, H. 2, S. 140). Als der Varietékünstler *Noël Maskelyne* auf der Bühne eine Nummer „Olga und Rudi" zum besten gab (wozu er ein festes Kabinett mit verborgenem Ein- und Ausgang, Falltüre, Gehilfen unter und auf der Bühne, allein schon etwa 4 Personen, verwendete), setzte Price 1 000 Pfund Sterling aus für jeden, der durch Tricks unter den *gleichen Bedingungen* Rudis Phänomene wiederholen könnte. Als Maskelyne hierauf nicht antwortete, forderte Price ihn auf, gegen ein Honorar von 250 Pfund Sterling in sein Laboratory zu kommen und ihm dort zu zeigen, wie Rudi betrügerisch seine Phänomene hätte hervorbringen können (vgl. hierüber wie über die an den Versuchen teilnehmenden Gelehrten, den Verlauf der Sitzungen usw. sein Buch „Rudi

Schneider, a scientific examination of his mediumship", London 1930, auszugsweise in der Ztschr. f. Parapsychologie, H. 7–10, 1930 übersetzt). Als auch Herr *Wilhelm Gubisch* in Deutschland in seinen „Aufklärungsvorträgen" eine klägliche Darbietung dieser Art auf die Bühne brachte, wiederholte Price durch mich ihm gegenüber dieses Angebot; weder Maskelyne, noch Gubisch noch sonst jemand von dieser Seite ist jedoch damals oder später je darauf eingegangen (vgl. Ztschr. f. Parapsych., Juni 1931, S. 298 ff., sowie die Schweizer „Neue Wissenschaft" 5. Jhrg. 1955, H. 4).

Interessant waren bei diesen Sitzungen Temperaturmessungen, die wiederholt ein Absinken im Kabinett (vor dem Rudi und Zirkel saßen) während der Sitzungen ergaben [1]. Abgesehen davon, von der besseren Kontrolle und der Teilnahme weiterer angesehener Gelehrter und sonstiger bekannter Persönlichkeiten, boten diese Sitzungen in wissenschaftlicher Hinsicht über das von den Versuchen Schrenck-Notzings her Bekannte nichts Neues.

Einen grundlegenden Fortschritt bedeuteten demgegenüber die Versuche von Dr. med. *Eugene* und Ing. *Marcel Osty* im „Institut Métapsychique International" in Paris mit Rudi Schneider im Oktober/November 1930, Januar–Juni und Dezember 1931 (vgl. E. & M. Osty „Les pouvoirs inconnus de l'esprit sur la matière", Paris 1932, deutsch auszugsweise „Ztschr. f. Parapsychologie" 1933, auch als Sonderdruck). Rudi Schneider erhielt hierfür einen Preis, den diese Körperschaft für diejenige Versuchsperson ausgesetzt hatte, mit deren Hilfe das Institut neue, wesentliche Untersuchungen anstellen und Erkenntnisse gewinnen würde (vgl. Ztschr. f. Parapsych., Juli 1931, S. 353).

Dort hatten Osty und sein Sohn ein äußerst sinnreiches Kontroll- und Registriersystem eingerichtet. In dem völlig leeren, weißwandigen Versuchsraum befand sich in einer (oder mehreren) in die Wand eingelassenen Nische hinter einer Schiebetüre eine aufnahmebereite Kamera mit Quarzlinse, mit der das ganze Versuchsfeld aufgenommen werden konnte. In die Decke des Raumes sind durch Elektromagneten bewegte Schieber eingelassen, hinter bzw. über denen ein Metallbehälter mit 20 Quecksilberdampflampen zur Erzeugung von ultraviolettem Licht sich befindet, das beim Öffnen der Verschlußklappen den Versuchsraum mit ultravioletten Strahlen durchflutet, mit deren Hilfe bei gleichzeitigem automatischem Öffnen der Schiebetüre vor dem Photoapparat alsbald von dem Laboratorium eine Momentaufnahme (ab $1/100$ Sekunde) gemacht werden kann. Das Öffnen der verschiedenen Schiebetüren wird durch eine photoelektrische Zelle bewerkstelligt vermittels kreuz und quer beliebig im Versuchsfeld hin und her reflektierter infraroter Strahlen. Ihr Generator befindet sich

---

[1] Vgl. oben S. 178 ff. G. W.

an der dem Photoapparat gegenüberliegenden Wand (über die genauen Einzelheiten der Anlage vgl. außer Osty l. c. „Ztschr. f. Parapsychologie", April 1933, S. 146 ff.). Wer ohne eingeweiht zu sein das Laboratorium betrat, sah nichts als die kahlen Wände, allenfalls das übliche Kabinett aus quer über eine Ecke gespannten Vorhängen, davor etwa ein Tischchen, die Stühle der Sitzungsteilnehmer usw. Osty richtete sich ganz danach, was das jeweilige Medium gewohnt war, er bestand nicht einmal auf Rotlicht. Das bekannte polnische Medium Stanislawa Popielska, z. B. verlangte gefesselt zu werden, und das geschah auch. Kurz nach Beginn der Sitzung flammten die Quecksilberlampen auf und die Aufnahme zeigte, daß die Polin eine Hand aus der Fessel befreit und nach den telekinetisch zu bewegenden Gegenständen ausgestreckt hatte! (Vgl. dazu Dr. med. F. Schwab, Ztschr. f. Parapsychologie, August 1931, S. 365 ff.)

Rudi Schneider nahm, wie gewohnt, außerhalb des Kabinetts, an Händen und Füßen gehalten, am Ende des Zirkels Platz. Und nun geschah etwas Merkwürdiges: nachdem er in Trance gefallen und „Olga" sich gemeldet hatte, flammte nach einiger Zeit ebenfalls das Licht auf, die Platte zeigte jedoch alles wie zu Sitzungsbeginn in bester Ordnung. Man überprüfte die Apparate, alles stimmte, trotzdem ereignete sich in den folgenden Sitzungen das gleiche. Osty schloß daraus, daß eine nicht photographierbare Kraft oder Substanz vom Medium ausging, aber durch das Licht der Quarzbrenner zerstört wurde, jedoch nicht durch die infraroten Strahlen, da sie beim Eindringen in diese ja die Apparatur ausgelöst hatte. Um ersteres zu verhindern, ließ Osty nun die infraroten Strahlen statt das Licht und die Photoapparate auszulösen ein Läutwerk in Gang setzen. Aufnahmen machte er gelegentlich mit einem Handauslöser. Nun läutete es nach einiger Zeit ununterbrochen, es kamen dabei auch Telekinesen usw. zustande. Immer wieder zur Kontrolle gemachte Aufnahmen zeigten stets, daß Rudi einwandfrei auf seinem Platz saß; ebenso, daß die von ihm ausgehende Kraft oder Substanz nicht photographierbar war. Wie in der Atomphysik die Unterscheidung Korpuskel oder Welle oft nicht möglich ist, ließ es Osty hier dahingestellt, ob es sich um eine Kraft oder Substanz (bald das eine, bald das andere), oder ein Drittes handelte, das bald als Kraft bald als Substanz in Erscheinung tritt. Jedenfalls dürfte Crawfords Lehre von den „starren Strahlen" damit überholt sein, vermutlich handelt es sich um verschiedene Grade der Verdichtung dieses geheimnisvollen Etwas.

Es würde zu weit führen, hier auf alle Einzelheiten einzugehen. Nur noch soviel: es wurden dann die infraroten Strahlen mit einem kleinen Projektionsapparat gekoppelt, der (ähnlich wie bei den Erschütterungen eines Seismographen) das Eindringen in, bzw. Verdunkeln der Strahlen auf einer rotierenden Registriertrommel aufzeichnete. Später wurde ein weiterer Apparat zur Messung von Rudis stark beschleunigter Atmung (Hyperpnoe) eingeschaltet, der auf den gleichen Filmstreifen ebenfalls Linien zeichnete. Dadurch ergab sich, daß die vom Medium ausgehende Kraft sich in ständiger feinster Schwingung befindet, von der je ein Ausschlag einer Atmungsphase korrespondiert, womit die enge Verbindung dieser Kraft mit dem medialen Organismus bewiesen ist.

Damit ist aber auch der immer wieder vorgebrachte Einwand widerlegt, ein Helfershelfer könne an Rudis Stelle die Phänomene erzeugt haben – ein solcher wäre außerstande gewesen, die Frequenz von 180–350 Zügen in der Minute bei seiner beschleunigten Atmung durchzuhalten. Wer auch hätte es sein sollen? Amereller, der Rudi das erste Mal, Major Kalifius (der Braunauer Zirkelleiter), der Rudi das zweite Mal zu Price brachte, waren nicht mit in Paris, seine Braut und spätere Frau nahm nicht an allen Sitzungen teil und wurde so gesetzt und beobachtet, daß sie nichts machen konnte.

Ein weiterer wichtiger Umstand war, daß diese vom Medium ausgehende Kraft/Substanz sich als einer intelligenten Lenkung unterworfen erwies, die durch den Versuchsleiter ansprechbar war. Es war die Trancepersönlichkeit „Olga", die auf jeden Fall sich von dem wachen Rudi durchaus unterschied, was immer sie sonst gewesen sein mochte. Osty gelang es, mit „ihr" ins Gespräch zu kommen und ihr beizubringen, daß sie die Kraft/Substanz mehr oder weniger tief in die infraroten Strahlen einführen, durch diese hindurchdirigieren oder sie wieder zurückziehen solle. Allerdings mußte das „Etwas" dazu „genügend verdichtet" sein, was nicht immer der Fall war. Wenn dies jedoch erreicht werden konnte, bewegte es sich genau nach Ostys Befehlen (die durch ein von ihm betätigtes Signal auf dem Filmstreifen erkenntlich waren) im Infrarot. – Dies ist wahrlich eine noch viel zu wenig bekannte und gewürdigte, epochemachende Entdeckung auf dem Gebiet des sogenannten physischen Mediumismus, da viele frühere Vermutungen und Theorien dadurch einwandfrei experimentell bewiesen wurden!

Ähnliche Versuche wie in Paris bei Osty, wurden dann später (Oktober/ Dezember 1932 [vgl. Proc. SPR, vol. XLI, part. 81]) von Lord Charles Hope in der Londoner „Society for Psychical Research" mit Rudi vorgenommen, die zu dem gleichen Ergebnis führten, obzwar Rudis Kräfte erheblich abgenommen hatten. Dies war erst recht der Fall, als der Vizepräsident der Österreichischen Gesellschaft für psychische Forschung, Dr. G. A. Schwaiger (von der Rawag) einen Apparat konstruierte, bei dem das Infrarot auf einer Art Radarschirm die Verdunkelungen sichtbar macht. Hier kam es bei Sitzungen mit Rudi nicht mehr zu erkennbaren Resultaten (vgl. den Bericht auf dem 5. Internationalen Parapsychologenkongreß 1935 in Oslo).

Die weiteren Versuche mit Rudi Schneider bieten nichts Neues, zumal nach seiner Verheiratung und Niederlassung als Leiter einer Autofahrschule seine Kräfte schließlich völlig versiegten.

Vergleichsweise interessant sind dagegen die Versuche des norwegischen Gerichtsmikrologen *Jörgen Bull* mit dem ungarischen Medium *Luisa Ignath* am 6. Oktober 1931. Bei diesem Medium traten – ähnlich wie bei dem Grazer Medium Frau *Maria Silbert* – Gravierungen ohne Berührung auf. An dem fraglichen Experiment nahmen außer dem Medium bei gutem Licht 5 Personen teil. Bull hatte eine Schachtel mit 6 in Papier eingewickelten Wachsplatten gebracht, auf eine schrieb das Medium auf seine Bitte hin vor Eintritt des Trancezustandes seine Adresse, wobei kleine Wachssplitter an den Rändern entstanden. Diese Platte kam nun zuoberst, die übrigen 5 lagen, noch im Papier, darunter in der umgedrehten Schachtel, über die nun alle 6 Anwesenden die Finger hielten. Es entstand alsbald nach einer heftigen Anstrengung des in Trance gefallenen Mediums auf der vorletzten Platte ein N mit einem Schnörkel, auf der untersten „Nona", der Name der Trancepersönlichkeit von Frau Ignath. Herr Bull nahm nun verschiedene Vergrößerungen dieser Gravierungen vor, bei 400–2 000fachen zeigte es sich, daß die Striche wie aus 6 gebündelten Strahlen bestanden, die aus dem Wachs herausgeschmolzen waren. Die Ränder unterschieden sich völlig von mechanisch mit irgend einem Stift erzeugten Gravierungen. Offenbar handelt es sich hier wieder um dieselbe Art von Kraft/Substanz, die auch bei Rudi Schneider beobachtet wurde (vgl. den Bericht von Dr. *Thorstein Wereide* und Herrn Bull auf dem 5. Internationalen Parapsychologenkongreß in Oslo 1935, ferner Ztschr. f. Parapsych., H. 6, Juni 1932, S. 241 ff. und „Neue Wissenschaft" 1. Jhrg. 1950/51, H. 5). Auch auf die Versuche mit Stanislawa Tomczyk (s. o. S. 133 ff.) könnte dies neues Licht werfen.

Das gleiche gilt von den allenthalben viel zu wenig beachteten, hoch interessanten Pendelversuchen von Prof. *Christian Winther* (Polytechnikum, Kopenhagen, bekannt durch seine Arbeiten über optische Brechung und photochemische Probleme mit dem Medium *Anna Rasmussen-Melloni*). Er war mit Ing. F. *Grunewald* (1885–1925) befreundet und half ihm, auch in Kopenhagen ein Laboratorium einzurichten. Durch den plötzlichen Tod Grunewalds kam es leider nicht mehr zu den geplanten Versuchen. Prof. Winther forschte dann allein weiter. In einer sinnreichen Vorrichtung wurden zwei verschieden große Pendel (aus Blei bzw. Messing) versehen mit einer kleinen Lampe in der Spitze, mit deren Hilfe ihre Ausschläge auf einem unter ihnen vorbeiziehenden Filmstreifen registriert wurden, unabhängig von einander in einem Glaskasten aufgehängt. Dieser stand auf einem gegen äußere Erschütterungen gesicherten Tischchen, teilweise unter einem Faraday'schen Käfig. Die mehrfach variierten Versuchsbedingungen können hier nicht eingehend geschildert werden (vgl. Ztschr. f. Parapsychologie 1930, H. 1–5).

Das Medium saß, gewöhnlich in Trance, etwa 83 cm von den Pendeln entfernt. Seiner Trancepersonifikation „Dr. Lasaruz" wurde die Aufgabe gestellt, die Pendel unabhängig voneinander, gleichzeitig, gegeneinander, parallel usw. in Schwingung zu setzen, sie anzuhalten, wieder in Gang zu setzen. Ihre Bewegungen wurden selbsttätig durch Kurven auf dem Filmstreifen registriert. In dieser Weise hätte man sie überhaupt nicht durch eine mechanische Erschütterung betätigen können. Eine 1950, also viele Jahre später erfolgte Entlarvung des Mediums (vgl. „Neue Wissenschaft", 1. Jhrg., 1950, H. 2) bei völlig anderen, primitiveren Versuchen und Phänomenen durch Prof. *Plum* besagt nach dessen und anderer Meinung nichts gegen die Winther'schen Experimente [2].

Über weitere, ausgezeichnete telekinetische Versuche bei hellstem Tageslicht oder einer gleichwertigen Beleuchtung führte Marinearzt Adm. Dr. A. *Tanagra* von der griechischen „Psychophysiologischen Gesellschaft" in Athen auf dem 5. Internationalen Parapsychologenkongreß in Oslo (1935) einen eindrucksvollen Film vor. Die Versuchsperson, mit einem Pseudonym *Cleio* genannt, eine Abiturientin aus bester, rationalistisch eingestellter Familie, wandte sich bestürzt an den Referenten, als nach dem Tod ihres Vaters spukartige Phänomene auftraten. Dr. Tanagra erkannte ihre Medialität und erklärte ihr beruhigend, daß diese Dinge aus Anlaß des erlittenen Schocks von ihr selbst ausgingen. Es handle sich um eine für die Wissenschaft äußerst wertvolle, unbekannte Kraft, die sie unter ihre bewußte Kontrolle zu bringen suchen sollte. Mit einiger Übung gelang ihr dies tatsächlich. Durch geeignete posthypnotische Suggestionen nahm Tanagra ihr die Scheu vor Zuschauern, und sie war nun imstande, in der Universität Athen Telekinesen, vor allem die Bewegung von Magnetnadeln, nach beliebiger Richtung in beliebigem Umfang, auch auf Wunsch eines Teilnehmers vorzuführen. Der Film zeigte dies bei einem großen Schiffskompaß (Bussole), in dem die unter starkem Glas befindliche Magnetnadel der außen hin und her bewegten Hand Cleios folgte. Sie mußte die Finger spreizen, zum Beweis, daß sie nicht etwa einen starken Magneten in der Hand hielt. Durch Eisenfeilspäne, die ringsum ausgestreut wurden, jedoch auch bei Annäherung ihrer Hand keine Kraftfelder anzeigten, wurde Magnetismus ausgeschlossen, ebenso mit Hilfe von Galvanometern Elektrizität. Der Direktor des physikalischen Instituts der Universität Athen, Prof. *Athanasiadis* (vgl. Ztschr. f. Parapsych., Mai 1932) interessierte sich stark dafür, und der anfangs skeptische Prof. *Voreas* nahm ab 1934 telekinetische Demonstrationen vor den Studenten in sein Programm auf

2 Vgl. J. Björkhem „Die verborgene Kraft", Olten 1954, S. 228, Anm. 83.

(schon seit 1931 war dies mit telepathischen und Hellsehversuchen geschehen, wobei vielfach Studenten sich zur Verfügung stellten, ähnlich wie – ohne gegenseitige Abhängigkeit hierbei – in der Duke Universität in USA). Die Athener Universität lud alle Interessenten ein, sich die Experimente anzusehen, leider hat die offizielle Wissenschaft von dieser Einladung kaum Gebrauch gemacht.

Seit etwa 1934 werden von Prof. *J. B. Rhine* und seinen Mitarbeitern an der Duke Universität im Parapsychology Laboratory unter Anwendung der quantitativ-statistischen Methode auch telekinetische Versuche mit Würfeln angestellt, nunmehr *Psychokinese* (= pk) genannt. Beliebige Personen (also keine ausgesuchten Medien) konzentrierten sich dabei zunächst darauf, in zehntausenden von Versuchen mit einem, zwei – bis zu 96! – Würfeln eine möglichst hohe oder möglichst niedrige Anzahl von Augen zu erzielen. Später ging man dazu über, sie einfach nach der einen oder anderen Seite jenseits einer mittleren Grenzlinie fallen zu lassen. Es wurden Würfel der verschiedensten Größe, aus dem unterschiedlichsten Material, mit scharfen, runden usw. Ecken verwendet, schließlich berührte man sie nicht mehr mit der Hand, sie wurden maschinenmäßig geschleudert, nur die Fallrichtung war durch Konzentration zu beeinflussen. Wie bei ASE wurden die Ergebnisse wieder mit Hilfe der Wahrscheinlichkeitsrechnung ausgewertet. Auch hier kam man zu über dem Zufall liegenden Trefferzahlen, wenn auch der Prozentsatz niedriger war als bei ASE. Typische Ermüdungskurven, der Einfluß der positiven oder negativen Einstellung usw. wurden ebenfalls, wie bei der ASE, beobachtet. Auch hier, bei der pk, kommt man also mit dieser Methode zu positiven Ergebnissen! (Vgl. u. a. J. B. Rhine „The Reach of the mind", 1947, deutsch 1950; R. Tischner „Ergebnisse okk. Forschung", 1950, S. 160 ff.).

Ein von Schrenck-Notzing kurz vor seinem Tode in einem auswärtigen Laboratorium bei Betrug ertapptes Medium (vgl. darüber insbes. G. Walther „Zum anderen Ufer", S. 440 f.), das er jedoch für einen gemischten Fall zu halten geneigt war, hat später in der Schweiz sich zu sehr interessanten Versuchen u. a. mit Prof. E. Bleuler, Prof. C. G. Jung, Herrn und Frau Dr. R. Bernoulli (dem Freund Schrenck-Notzings, später Mitherausgeber der Ztschr. f. Parapsych., von der E. T. H. Zürich) und dem verstorbenen Direktor E. K. Müller des „Salus"-Instituts (Zürich) zur Verfügung gestellt (vgl. Ztschr. f. Parapsych., Juli 1931 und Fanny Moser „Okkultismus, Täuschungen und Tatsachen", 1935, Bd. 2 S. 892 ff.). Wie berichtet, wurde dabei am 10. Februar 1931 durch Abstrich von einem aus dem Vorhangschlitz kommenden fingerartigen Gebilde (das Medium saß vor dem Kabinett) in einem vorher gut gereinigten Glasgefäß mit Deckel „kondensiertes Teleplasma" in Gestalt einer „flüssigen Emanation" gewonnen. Das alsbald verschlossene, paraffinierte Gläschen wurde in der Folgezeit mehrmals von außen mikroskopisch untersucht und photographiert (vgl. die Abbildungen „Ztschr. f. Parapsych.", l. c., S. 315 ff.). Die dabei beobachteten Veränderungen waren nach Dir. Müller von einer bei einer anderen Substanz nicht bekannten Art. Nach seinem Ableben ging das kostbare Präparat in den Besitz von Dr. Fanny Hoppe-Moser über und ist leider seit deren Tod am 24. Februar 1953 verschollen.

Ein Medium, bei dem der 1925 allzu früh verstorbene Ing. Grunewald in Berlin unter ausgezeichneten Bedingungen interessante Telekinesen und Materialisationen studiert hatte, ist der Däne *Einer Nielsen*. Schrenck-Notzing nahm nach dem ersten Internationalen Parapsychologenkongreß in Kopenhagen (25. August bis 2. September 1921) an einer Sitzung mit ihm teil und erwähnt ihn in seinen „Materialisationsphänomenen" in der 2. Auflage (1923). In der Presse als „Entlarvung" aufgebauschten Verdächtigungen, auf Grund einiger Indizien nach Sitzungen in Oslo 1922, stand Nielsen weniger dickfellig gegenüber als Rudi Schneider in ähnlichen Fällen. Obwohl der Theologieprofessor Haraldur Nielson, der Schriftsteller Einer Kvaran und andere ihm nach Sitzungen in Island 1924 die Echtheit seiner Phänomene bestätigten, hatte er eine Art Schock davongetragen und fand sich nie mehr bereit, unter modernen Versuchsbedingungen in wissenschaftlichen Laboratorien zu arbeiten – was angesichts der hoffnungsvollen Anfänge bei Grunewald sehr zu bedauern ist. Nielsen wollte nur noch „Menschen, die um liebe Verstorbene trauern, Trost bringen". Er hielt deshalb vor allem in spiritistischen Kreisen Sitzungen ab, insbesondere in seinem Heim in Kopenhagen. Während er in Trance im Kabinett sitzt, sollen sich dort bei guter Disponiertheit an die 20 Phantome materialisieren. Mitunter sind sie gleichzeitig oder zugleich mit Nielsen sichtbar. In der letzten Zeit haben mehrere wissenschaftlich interessierte Forscher sich ein Studium seiner Phänomene angelegen sein lassen, so u. a. Prof. Dr. P. *Hohenwarter* (Wien) und vor allem Dr. *Hans Gerloff* (vgl. dessen Werk „Die Phantome von Kopenhagen", Textband, 1. Aufl. 1954, 2. Aufl. 1956, Bildband 1958). Dies führte zu einer Art Nielsen-Renaissance, doch leider nicht zu seiner wissenschaftlichen Erforschung etwa mit den Methoden Ostys oder Dr. Schwaigers, da Einer Nielsen glaubt, als Endsechziger dafür zu alt zu sein und nicht mehr genug Kraft zu haben.

Ein Medium, das kurz vor Schrenck-Notzings Tod großes Aufsehen erregte, dann aber nicht zu halten schien, was man von ihm erzählte, ist der Brasilianer *Carlos Mirabelli*. Auf Grund der von diesem berichteten erstaunlichen Phänomene in einer portugiesisch verfaßten Broschüre „O Medium Mirabelli" (Santos 1926) und nachdem er sich von dem hohen Ansehen der darin erwähnten Zeugen vergewissert hatte, gedachte Schrenck-Notzing ihn nach Europa einzuladen, gegebenenfalls gemeinsam mit anderen Forschungszentren (wie etwa der SPR, London). Er ließ im Augustheft 1927 der Ztschr. f. Parapsychologie auszugsweise eine – leider fehlerhafte – Übersetzung aus der Broschüre abdrucken. Schrenck-Notzings schlechte Gesundheit und sein plötzlicher Tod Anfang 1929 brachten dieses Vorhaben nicht mehr zum Reifen. Auch ein wenig ermutigendes Urteil von Prof. *H. Driesch*, der im August 1928 das Medium auf der Durchreise nach Argentinien aufsuchte, hatte einige Bedenken erweckt. Dr. H. *Gerloff* hat es sich nach den Erfahrungen mit Einer Nielsen angelegen sein lassen, diesen Dingen nachzugehen und Mirabelli zu rehabilitieren (vgl. sein Buch „Das Medium Carlos Mirabelli, eine kritische Untersuchung", Verlag Pustet, Tittmoning Obb., 1960). Leider ist der am 2. Januar 1889 geborene Brasilianer am 30. April 1951 durch einen Autounfall ums Leben gekommen, so daß auch hier das Versäumte nicht mehr nachgeholt werden kann. Mirabelli soll bis zuletzt über seine Kräfte verfügt haben.

Günstiger steht es mit den jahrelang durchgeführten Experimenten des leider am 7. April 1935 verstorbenen kanadischen Chirurgen Dr. T. *Glen Hamilton* von der Universität in Winnipeg, Manitoba (vgl. das 1942 posthum von seinem Sohn in Toronto herausgegebene Werk „Intention and Survival"). Die von ihm studierten Phänomene ähneln am meisten denen der Eva C. Die Hauptmedien waren drei einfache, aus Irland eingewanderte Frauen, zwei Schwestern und deren Schwägerin. Ferner wurde zufällig ein männliches Medium, mit einem Pseudonym „Ewan" genannt, unter den Sitzungsteilnehmern entdeckt: ein angesehener Jurist, Vorstandsmitglied einer großen juristischen Organisation in Kanada, weshalb sein Name natürlich unerwähnt bleiben mußte. Zu den regelmäßigen Sitzungsteilnehmern gehörten u. a. drei Ärzte. Auch der kanadische Ministerpräsident *Mackenzie King* bekundete öffentlich sein Interesse für diese Forschungen. Die Versuche fanden von 1918 bis zum Tode Dr. Glen Hamiltons statt. Es wurden Telekinesen und Materialisationen von Gliedmaßen bis zu ganzen Gestalten beobachtet. Das Sitzungszimmer war ein besonderer, nur hierfür verwendeter Raum, statt in dem üblichen Kabinett mit Vorhängen saß das Medium in einem oben und vorne offenen Holzgehäuse, seine Hände wurden meist auf beiden Seiten gehalten wie bei Eva C. Mit deren Materialisationen bestand auch eine gewisse Verwandtschaft, indem häufig eine teigartige Teleplasma-Masse aus Mund, Nase, Augen hervorkam, in der plastische, nußartige Miniaturköpfe eingebettet waren, die Ähnlichkeit mit Verstorbenen zeigten (so z. B. mit einem verstorbenen Baptistenprediger Spurgeon, über den sich Dr. Glen Hamilton erst nach einigem Suchen mit Hilfe eines in einem Antiquariat entdeckten Buches genauer orientieren konnte). Diese Miniaturen waren trotz aller Porträtähnlichkeit mit keiner vergleichsweise herangezogenen

Photographie oder Abbildung zu Lebzeiten der Dargestellten identisch. Bis zu 12 Photoapparate, darunter mehrere stereoskopische, waren gegenüber dem Kabinett und anderswo im Versuchsraum aufgestellt und machten zu gegebener Zeit Blitzlichtaufnahmen, auch hierin ähnlich wie bei Eva C. Die Versuchsbedingungen waren also nicht so gut wie zuletzt bei Rudi Schneider usw. Immerhin waren die Materialisationen in ihrer Plastizität und Ausdrucksweise überzeugender, wirkten lebendiger als diejenigen der Französin. Auch diese Phänomene unterstanden der bewußten Lenkung sich manifestierender Trancepersönlichkeiten und konnten durch an diese gerichtete Wünsche der Versuchsleitung beeinflußt werden.

Anmutige Miniaturmaterialisationen wurden auch bei der oben (S. 232) erwähnten, verstorbenen Ungarin *Luisa Ignath* beobachtet. Sie erhob die Arme und gespreizten Hände, damit alle sich überzeugen konnten, daß sie nichts darin hielt. Dann reichte ihr bei bester Beleuchtung etwa Dr. Wereide ein Glas Wasser, in dem sich nun vor aller Augen allmählich eine etwa fingernagel- oder haselnußgroße, amorphe Masse bildete, die mitunter Gestalt annahm (z. B. die eines Frauenkopfes, eines Auges usw.), eine Weile verweilte, so daß sie photographiert oder gemalt werden konnte und sich dann vor aller Augen auflöste oder plötzlich verschwand. Leider scheint man nachher das Wasser nicht genau untersucht zu haben. (Vgl. den norwegischen Bericht über den 5. Internationalen Kongreß in Oslo, 1935, S. 160 f.) Auch diese Gebilde ließen sich durch Wünsche der Sitzungsteilnehmer beeinflussen.

Die vielen Forschern besonders verdächtig erscheinenden und deshalb von ihnen abgelehnten sogenannten „Extras" oder „Geisterphotographien" (zumeist als ein wie von einem Dunstkreis umgebenes Gesicht auf der Photographie eines Menschen zusätzlich [extra] auftretend), glaubte Schrenck-Notzing möglicherweise als einen Spezialfall ideoplastischer Miniaturmaterialisationen deuten zu können, sofern alle Betrugsmöglichkeiten ausgeschlossen sind (also vom Forscher mitgebrachte signierte Platten oder Filme, die von ihm selbst in den vorher genau untersuchten Photoapparat eingelegt, herausgenommen und entwickelt wurden). Auch wenn sie dem menschlichen Auge nicht sichtbar sind, könnten vielleicht solche Gebilde, sei es auf der Platte, sei es vor ihr im Photoapparat (etwa zwischen Platte/Film und Linse), oder aber in der Umgebung der aufgenommenen Person entstehen. Sie treten ja stets nur in Gegenwart eines „photographischen Mediums" auf, dem also die Kraft/Substanz entnommen sein dürfte, aus der die „Extras" gebildet werden.

Mehrere Forscher (unter ihnen auch Ochorowicz, Geley u. a. m.) haben sich mit diesem Problem immer wieder befaßt. Ein bekanntes englisches Medium dieser Art, *Ada Eva Deane*, wurde außer von H. Carrington und F. Bligh

Bond vor allem von dem Chemiker *F. W. Warrick* jahrelang untersucht, auch in bezug auf andere verwandte Phänomene wie „direkte Schrift", Telekinesen usw. Er bemühte sich vor allem um einwandfreie photographische Aufnahmen, die er Schrenck-Notzing sandte, um seinen Rat einzuholen. Der Baron verfolgte diese Bemühungen mit großem Interesse. Erst nach dessen Tod, 1938, erschienen Warricks Ergebnisse dann in einem umfassenden Werk „Experiments in Psychics" (Rider, London) von über 400 Seiten mit 650 Abbildungen (vgl. auch Ztschr. f. Parapsychologie 1930, H. 2, S. 103 ff., H. 3, S. 165 ff. sowie Dr. N. Fodor, „Encyclopaedia of Psychic Science" S. 79 f., 312 ff., 383 f.).

Dies die wichtigsten psychophysischen bzw. „physikalischen" Versuche, die nach Schrenck-Notzings Tod vorgenommen oder veröffentlicht wurden. Man darf wohl sagen, daß sie in ermutigender Weise seine Forschungen fortsetzten, bestätigten und ergänzten.   *Gerda Walther*

Dritter Teil

SPUK-PHÄNOMENE

Der Spuk in Hopfgarten – Eine gerichtliche Feststellung telekinetischer Phänomene[1]

Einleitung

Die sogenannten „Spuk-Phänomene" umfassen eines der schwierigsten, aber auch interessantesten Probleme metapsychischer Forschung. Kaum irgendeine andere Klasse supranormaler Erscheinungen ist, angefangen vom tiefsten Altertum bis in die Gegenwart, in ähnlicher Weise verbreitet und bekannt geworden wie diese noch vielfach als „Aberglaube und Betrug" angesehene Gruppe eigenartiger Vorgänge.

Die neuzeitliche Forschung hat nun begonnen, auch dieses Mysterium einer kritischen Untersuchung zu unterwerfen, um aus dem Konglomerat von Legende, Aberglauben, phantastischer Ausschmückung sowie von bewußter und unbewußter Täuschung einen Tatsachenkern herauszuschälen und damit das herrschende Vorurteil gegen das Auftreten solcher Vorgänge zu bekämpfen.

Vor allem kommt der Brit. Soc. f. Psych. Res. das Verdienst zu, für das wirkliche Vorkommen derartiger Geschehnisse einwandfreies Material beigebracht zu haben. Der italienische Gelehrte Passaro zitiert in seinem bekannten Werk 190 Fälle, der Deutsche Dr. Piper in seinem Buch „Der Spuk" 250 Geschehnisse aus allen Zeitaltern, während die grundlegende, 1920 ins Französische übersetzte Arbeit Bozzanos sogar 532 Beobachtungen von Spuk berücksichtigt.

Das aus der älteren Literatur hauptsächlich in Betracht kommende Werk Aksakows: „Vorläufer des Spiritismus", stellt eine Sammlung hervorragender Fälle von „Spuk" dar. Außer 45 kurz skizzierten Feststellungen solcher Phänomene finden sich darin zwei ausführliche Darstellungen. Die eine betrifft den Spuk im Hause Schtschapoffs in Kjek (Rußland) und wird durch Mitteilung zahlreicher Zeugenaussagen (auf S. 271–331) ausführlich geschildert. Den weitaus interessantesten Teil des Werkes bildet jedoch die zweite Darstellung. Dieselbe betrifft in der Wohnung des Hauptmanns Sandatschenko 1853–1856 im russischen Großdorfe Lipzy beobachtete Spukerscheinungen, die von dem Kreis-

---

1 Vortrag, gehalten am 29. August 1921 vor dem 1. Internationalen Kongreß für psychische Forschung in Kopenhagen. (Erstmals erschienen in den „Psychischen Studien", Oktober 1921.)

gericht von Charkow nach Vernehmung von mehr als 150 Zeugen durch ein amtliches Zeugnis bestätigt wurden. Der Bericht dieser Zeugenaussagen umfaßt in Aksakows Buch 243 Seiten und ist mit aller Genauigkeit aus den russischen Originalen übersetzt. Es handelt sich dabei um mysteriöses Werfen von Steinen und Bewegung aller möglichen Gegenstände, um mehrfaches Ausbrechen von Feuer in der Wohnung des Hauptmanns usw., ohne daß menschliche Urheber hierbei in Frage kommen könnten.

Es kann nicht die Aufgabe dieses Beitrages sein, eine Einteilung solcher Phänomene in besondere Gruppen zu geben, ihre Tatsächlichkeit oder ihre Ursächlichkeit zu diskutieren oder etwa den Zusammenhang mit irgendeiner Theorie zu erörtern, sondern es mögen hier lediglich einige Bemerkungen vorausgeschickt werden, zum besseren Verständnis des nachfolgenden Berichtes.

Die Spukerscheinungen unterscheiden sich in der Form ihres Auftretens und in ihren Äußerungen wohl kaum irgendwie von der mediumistischen Phänomenologie. Wenn man auch bei ihnen mit Bozzano zwei große Klassen, nämlich die subjektiven Erlebnisse (halluzinatorischer, hellseherischer und telepathischer Natur) von den objektiven Vorkommnissen (physikalischer Phänomene) unterscheiden kann, so wiederholen sich doch alle Spukvorgänge ausnahmslos in irgendeiner Weise in den Beobachtungen bei den Medien, nur mit der einen Einschränkung, daß in einer großen Zahl von Spukerscheinungen die Vermittlung einer lebenden Person sich nicht nachweisen läßt. Ja, es gelingt nicht selten, den Spuk seines spontanen Charakters zu entkleiden und ihn dann mit Hilfe geeigneter Versuchspersonen willkürlich hervorzurufen. So ist z. B. aus solchen spontanen Erscheinungen die ganze spiritistische Bewegung hervorgegangen, wie der Verlauf der Phänomene in Hydesville (1848) gelehrt hat[2]. Auch weisen Passaro und Peter darauf hin, daß auch künstlich hervorgerufene mediumistische Phänomene spontan auftreten und den Charakter von Spuk annehmen können.

Bei einer Reihe von Medien wurde man erst durch das Auftreten von Spukvorgängen, also durch Beobachtung spontaner physikalischer Erscheinungen, auf ihre spezielle Begabung aufmerksam. Es muß deshalb eine Aufgabe zukünftiger experimenteller Untersuchung werden, die unwillkürlichen Manifestationen womöglich in willkürlich hervorzurufende umzuwandeln, im einzelnen Fall den Agenten herauszufinden und seine mediale Begabung zu prüfen, vorausgesetzt, daß es sich nicht um solche Wirkungen handelt, die, lediglich an die Örtlichkeit gebunden, keine Beziehung zu lebenden Personen zu haben scheinen.

2 *Zusatz:* Dies gilt wohl vor allem für die Vereinigten Staaten von Nordamerika, weniger für Europa. G. W.

Oft nimmt der Spuk einen boshaften, befremdlichen Charakter an, zeigt ein schabernackartiges Wesen, wirkt ruhestörend, beunruhigt die Hausbewohner. Nicht selten finden Quälereien und Neckereien von Tieren und Menschen statt (Losbinden von Vieh in den Ställen, Werfen von Gegenständen aller Art des täglichen Gebrauchs, Schall- und Lichterzeugung, Klopfen und Poltern im Hause, Ortsveränderung schwerer Möbelstücke bis zur völligen Zerstörung von allen beweglichen Gegenständen).

Der Spuk von Großerlach (Württemberg), über den Johannes Illig ausführlich berichtet hat, begann 1916 mit dem Aufbinden von Viehketten in verschlossenem Stall; obwohl die Tiere wieder erneut angebunden wurden, waren Ketten und Stricke schon wieder aufgelöst, noch bevor die Beteiligten den Stall verlassen hatten. Halsketten wurden so lange zusammengedreht, bis das Vieh erstickte. Am 2. Mai begann das Unwesen im Hause mit Krachen und Poltern in der Küche. Ein Holzscheit setzte sich in Bewegung vom Hauseingang bis in den Speicher. Mehrere Tage im Mai herrschte völlige Ruhe. Dann fing der Spektakel von neuem an. Milchschüsseln stürzten um, Eßlöffel fielen vom Tisch, ein Wassereimer schleppte sich zur Tür, ein Kinderwagen verließ immer wieder seinen Platz. Schließlich erreichte der Spuk an einem Tag seinen Höhepunkt, als alle Türen des Hauses aus den Angeln gehoben wurden und alles, was beweglich war, umgeworfen und zerschmettert wurde, so Mostkrüge, Schüsseln, Teller, Pfannen, Schmalzhäfen, Wassereimer usw. Am 15. Mai mußte das Haus geschlossen und verlassen werden. Auch in diesem Falle hatte man Verdacht auf einen 14jährigen im Hause wohnenden Knaben. Aber es wurde festgestellt, daß der Spuk sich auch in Räumen zeigte, in denen der Knabe nicht anwesend war.

Selbst wenn in einzelnen Fällen betrügerische Handlungen in abnormer Bewußtseinsverfassung vorgenommen wurden, so sind doch diese magischen Ereignisse in ihrer Gesamtheit keineswegs durch Schwindel erklärlich. In all diesen und ähnlichen Fällen scheinen gewisse Einflüsse an den Örtlichkeiten zu haften, die dann wahrscheinlich durch die Anwesenheit einer mediumistisch veranlagten Person lebendig werden.

Gegenüber der scheinbaren Unerklärtheit solcher Vorgänge sind absolute Ruhe und Sachlichkeit das erste Erfordernis. Bei den Feststellungen selbst muß möglichst darauf geachtet werden, ob die Phänomene mit irgendeiner Person im Zusammenhang stehen. Oft sind diese Entladungen an Kindern im Pubertätsalter oder an Personen, in deren Organismus sich bedeutsame Veränderungen vollziehen (Klimakterium), geknüpft; sie können auch von atmosphärischen Vorgängen (Gewitter) beeinflußt werden.

Überall sehen wir die nämlichen Bewegungserscheinungen, wie sie in verhältnismäßig schwacher Form auch in Dietersheim in Bayern Februar 1921 zur Beobachtung kamen. Diese und andere Formen der Spukvorgänge sind, wie erwähnt, den bei Medien festgestellten Phänomenen wesensgleich; sie treten in dem einen Fall meist in Gegenwart besonders dazu veranlagter Personen spontan auf, in dem andern werden sie durch Experimentieren mit solchen Versuchspersonen künstlich hervorgerufen. In beiden Fällen kommt gelegentlich Betrug vor; aber vielfach wird mangels jedweder Erklärung irgendein Unschuldiger, besonders die oft magisch wirkende Persönlichkeit, verdächtigt, so daß namentlich in früheren, weniger aufgeklärten Zeiten sicherlich oft Unschuldige als vermeintliche Täter behandelt worden sind, so z. B. beim Spuk in Resau (1888), der zu einer gerichtlichen Untersuchung führte. Als Täter wurde der 15jährige Karl Wolter, Pflegesohn des Hausbesitzers, bezeichnet. Obwohl alle Zeugenaussagen für die Echtheit der Phänomene sprachen, obwohl ein wirklicher Schuldbeweis nicht geliefert war, erfolgte doch die Verurteilung des Knaben wegen Unfugs und Sachbeschädigung. So wurde er ein Opfer von damals noch weite Volksschichten beherrschenden Vorurteilen und bietet ein Schulbeispiel für Justizirrtümer, die an die mittelalterlichen Fem- und Hexengerichte erinnern. Vorfälle, wie der geschilderte, legen unserer Spezialforschung die Verpflichtung auf, die weiteren Volksschichten aufzuklären und jede sich darbietende Gelegenheit bei Auftreten von Spuk zur genauen Untersuchung des Falles zu benützen.

Auch der in der deutschen Presse weidlich ausgeschlachtete Spuk von Dietersheim (Bayern) wird im September 1921 sein gerichtliches Nachspiel haben, da der Vormund des in diesem Falle als Agent beschuldigten 9jährigen Mädchens Beleidigungsklage gegen den Verleumder erhoben hat. Ich darf bei dieser Gelegenheit hinzufügen, daß eine Kommission von drei angesehenen Nürnberger Ärzten das Vorkommen telekinetischer Phänomene bei dem Dietersheimer Kinde durch Nachprüfung im Spukhause experimentell festgestellt hat.

Allerdings haben wissenschaftliche Kommissionen bis jetzt bei solchen Anlässen wenig erreicht. Vielfach hörte der Spuk auf, sobald die hohe Obrigkeit oder die Abordnung an Ort und Stelle erschienen. Hieraus wird der oberflächlich Urteilende sofort auf Betrug schließen. Mit Unrecht! Denn es liegt im Charakter dieser Phänomene, sich am leichtesten im Augenblick des Unbeobachtetseins zu äußern. Außerdem dürfte wohl psychische Unbefangenheit der „Medien" eine Voraussetzung zur Entbindung ihrer speziellen Kraft sein, ganz besonders bei kindlichen Urhebern solcher Vorgänge. Der Gegenbeweis gegen Betrug ist manchmal, wenn es sich z. B. um ein Werfen von Gegenständen handelt, leicht zu führen durch genaue Feststellung der Abwurfstelle hinsichtlich ihrer Entfernung von dem gleichzeitigen Standort des Mediums. Solche

Entfernungen wurden in Dietersheim bis auf 8 m beobachtet. Ferner kommt es auf die Art und Weise der Phänomene an, die sich oft auch beim besten Willen nicht betrügerisch ausführen lassen und gleichzeitig an verschiedenen Stellen auftreten. Immer sollte die Prüfung der Tatbestände durch sachkundige Beobachter erfolgen. Leider ist das nicht immer möglich, da der Spuk ebenso plötzlich verschwinden wie auftreten kann. Ich selbst war in Dietersheim und habe nichts erlebt. Seit dieser Zeit sind die Phänomene gänzlich ausgeblieben.

Nun liegen in der Literatur[3] allerdings eine Reihe von amtlich festgestellten Spukerscheinungen vor, wie z. B. außer dem oben von Aksakow geschilderten Fall beim Myslowitzer Spuk (1901), der trotz polizeilicher Nachtwachen 2 Monate fortdauerte, oder wie bei dem mystischen Steinewerfen, das 1902 in Budapest trotz der Aufsicht von 20 Polizisten und Feuerwehrleuten stattfand. Dagegen sind gerichtliche Feststellungen solcher Vorkommnisse, namentlich in neuerer Zeit, verhältnismäßig selten, so daß außer bei dem Spuk von Resau in der modernen Literatur nicht ein Fall dieser Art mitgeteilt worden ist. Um so dankenswerter erscheint das Vorgehen des Oberamtsrichters Justizrat Thierbach in Vieselbach bei Erfurt, der als Vorsitzender bei einer Schöffengerichtsverhandlung am 19. April 1921 wegen fahrlässiger Körperverletzung zur Förderung der Wissenschaft eine gerichtliche Beweiserhebung über das Vorkommen von Spukphänomenen in dem Ort Hopfgarten bei Weimar vorgenommen und das Verhandlungsprotokoll dem Verfasser zur freien Verfügung gestellt hat. Der Fall ist nachfolgend mit dem zugrundeliegenden amtlichen Material mitgeteilt und wird hoffentlich die Anregung bieten, daß bei ähnlichen Anlässen amtliche und sachverständige Untersuchungen stattfinden[3].

3 *Literatur: Joller*, „Darstellung selbsterlebter mystischer Erscheinungen." Januar 1863; *Perty*, „Die sichtbare und unsichtbare Welt." Leipzig und Heidelberg 1881; *Putz*, „Der Spuk von Resau." Berlin 1889; *Du Prel*, „Die mystischen Wurfgeschosse." Psych. Stud., 1894. (Sep. Broschüre.) *Gurney, Myers* u. *Podmore*, „Die Phantome Lebender." Leipzig 1896; Alex. *Aksakow*, „Vorläufer des Spiritismus". Leipzig 1898; Prof. Heinrich *Passaro*, „Beweise für den Spiritismus." Leipzig 1906 (enthält die ältere Literatur). Cesare *Lombroso*, „Hypnotische und spiritistische Forschungen." Stuttgart 1909; *Illig*, „Der Spuk von Großerlach," Juni 1916, „Göppinger Tageblatt"; „Psych. Stud.", Leipzig; Dr. *Piper*, „Der Spuk" 250 Geschehnisse aller Arten und Zeiten aus der Welt des Übersinnlichen." Köln 1917; Ernesto *Bozzano*, „Les phénomènes de hantise." Paris 1920; *Gerard*, „Fernfühlen und Fernwirken." Berlin 1920; Bruno *Grabinski*, „Spuk und Geistererscheinungen", 1920; 5. Aufl. Gröbenzell 1961; *Nordberg*, „Magische Erscheinungen des Seelenlebens." Okkulte Welt 27. Pfullingen 1921; Joseph *Peter*, „Spuk, Geister und Gespenstererscheinungen." Pfullingen 1921; *v. Schrenck-Notzing*, „Zur Beurteilung sogenannter Spukerscheinungen." „Fränk. Kurier" vom 14. Januar 1921.

Zusatz: Seit dem Erscheinen obigen Aufsatzes wurden zahlreiche Berichte, Sammelwerke und Deutungsversuche über Spuk veröffentlicht. Es kann hier nur das Wesentlichste, vor allem soweit es in Buchform vorliegt, in chronologischer Reihen-

In dem Ort Hopfgarten bei Weimar (gehörig zum Amtsbezirk Vieselbach) wohnt der Uhrmacher Ernst Sauerbrey, der in zweiter Ehe mit Minna P. verheiratet war. Aus erster Ehe entstammt der gegenwärtig (1921) 21jährige Otto Sauerbrey, ebenfalls Uhrmacher (in Arnstadt). Derselbe hielt seit dem Sommer 1919 öffentliche Vorträge über Hypnotismus und Spiritismus und ähnliche Themen. In der Zeit vom 10. bis 12. Februar 1921 kam Otto S. nach Hopfgarten, veranstaltete auch hier einen Vortrag und hypnotisierte seine Stiefmutter, was er jedoch in Abrede stellt, im Gegensatz zu der Aussage der Zeugen Pappe und Degenkolbe, die die hypnotischen Manipulationen selbst beobachtet haben wollen. Er strich seiner Stiefmutter mehrmals mit der Hand über Stirn und Arm, suggerierte Schwere im Kopf und redete ihr zu (Zeugin Pappe). Schon am nächsten Tage spürte Frau S. Kopfschmerzen und Müdigkeit; Otto Sauerbrey reiste wieder ab.

Vom 17. Februar an verschlimmerte sich das Befinden der Frau Sauerbrey, die zugleich an einem unheilbaren Unterleibsleiden und an nervösen Beschwer-

folge angeführt werden. Mehr, vor allem Einzelfälle, findet sich in Zeitschriften verstreut, vorwiegend natürlich den „Proceedings" und dem „Journal" der Londoner „Society for Psychical Research", dann auch in der „Revue Métapsychique", Paris usw. In der „Zeitschrift f. Parapsychologie" erschien auch nach Schrenck-Notzings Tod einiges, z. B. von E. Mattiesen „Die psychologische Seite des Spuks" Jahrg. 1930, S. 615 ff., 680 ff. und natürlich in seinem Standardwerk „Das persönliche Überleben des Todes". (1935–39, 3 Bände Neudruck bei W. De Gruyter, Berlin W 30, 1962.) Ferner sei erwähnt: M. Kemmerich, „Gespenster und Spuk", Ludwigshafen 1921; C. Flammarion „Les maisons hantées", Paris 1924; Joh. Illig, „Ewiges Schweigen?", Stuttgart 1925 und „Zur Erforschung postmortaler Spukvorgänge", Ztschr. f. Parapsychologie 1932, H. 2 (S. 62 ff.), H. 3 (S. 102) ff.); E. Bozzano, „Dei fenomeni di infestazione", Pieve 1936; Helen W. Salter, „Ghosts and apparitions", London 1938; E. N. Bennet, „Apparitions and Hauntings", London 1939; Chr. Hale, „Haunted England", London 1940; S. Sitwell, „Poltergeists", London 1940; H. Price, „Poltergeist over England. Three centuries of mischievous ghosts", London 1945; Fanny Moser, „Spuk, Irrglaube oder Wahrglaube?", Baden, Schweiz, 1950. (In diesem Standardwerk ist auch der oben erwähnte Fall Joller eingehend behandelt, ferner enthält er ein selbsterlebtes Spukerlebnis des berühmten Psychologen C. G. Jung. Band II ist leider noch nicht erschienen. Nur in der Züricher Zeitschrift „Du" (November 1952) nahm F. Moser ein Jahr vor ihrem Tode in einem Aufsatz „Der Spuk in neuer Sicht" nochmals zu diesen Dingen Stellung.) – E. Tizané (Pseudonym) „Sur la piste de l'homme inconnu", Paris 1951; E. K. Johannsen (Pseudonym) „Arme Seelen erscheinen in der Hölle von Schlesien 1945/46", München 1952; P. H. Thurston, „Poltergeists", London 1953 (deutsch: Luzern 1955); H. Carrington u. N. Fodor, „Haunted people", New York 1951 und „The story of the poltergeist down the ages", London 1954. (Vgl. unten S. 337, Anm.); W. Moufang, „Magier, Mächte und Mysterien", Kapitel IX und die dort angeführte Literatur, Heidelberg 1954; Dingwall/Goldney/Hall, „Haunting of Borley Rectory" Lond. 1956; E. Dingwall u. Trevor H. Hall, „Four modern ghosts", Lond. 1958. G. W.

den schwer erkrankt war. Sie zeigte ein verändertes psychisches Verhalten, redete unklar und unterhielt sich in ihren Delirien mit dem abwesenden Stiefsohn. Frau Sauerbrey benutzte in dieser Zeit (vom 12. bis 28. Februar) ein in der Küche stehendes Sofa als Bett, und war sowohl nach den Aussagen der Zeugen als auch den ärztlichen Feststellungen viel zu schwach, um aufstehen zu können. Aufregungszustände (Sprechen mit imaginären Persönlichkeiten) wurden auch von dem Polizeikommissar Pfeil bei ihr beobachtet. Außerdem bestand meist Schlaflosigkeit, besonders während der zu beschreibenden Vorgänge.

Am zweiten Tage nach der Abreise des Angeklagten Otto Sauerbrey (am 15. Februar) ließen sich Klopfgeräusche in der Küche hören (Angabe des Ehemannes Sauerbrey).

Ferner geht aus den Aussagen hervor, daß solche Klopfgeräusche am 17. Februar, also gleichzeitig mit der Verschlimmerung im Befinden der Patientin, abends um 11 Uhr in der Küche in besonderer Stärke bemerkt wurden, während Frau Sauerbrey sich im Dämmerzustand laut mit ihrem abwesenden Stiefsohn unterhielt.

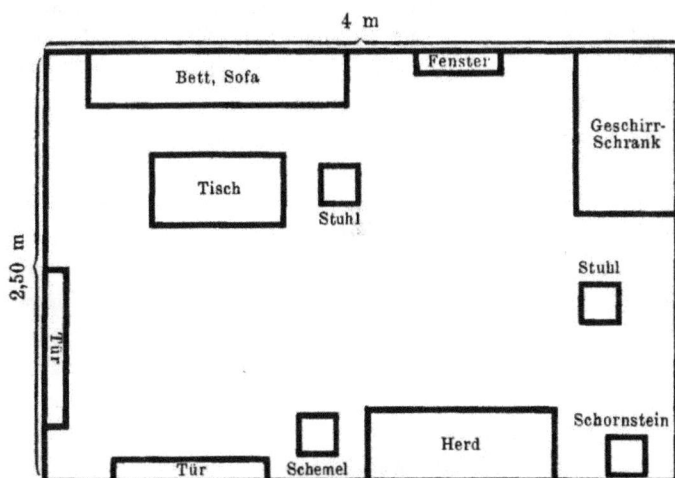

Abb. 1. Planskizze der Küche, in der Frau Sauerbrey lag.

Sie äußerte ihrer Tochter Frieda Pappe gegenüber Furcht vor ihm, will nachts seine Augen vor sich gesehen haben und ließ sich diese Empfindungen nicht ausreden.

Nach dem vorliegenden, auf Grund der genauen amtlichen Feststellung des

Tatbestandes angefertigten und dem Verfasser vom Vorsitzenden des Schöffengerichts zugesandten Vorbericht, dessen Richtigkeit durch die eidlichen Zeugenaussagen in allen Punkten erwiesen ist, wurde das Klopfen bald stärker bald schwächer, und zwar in dem Tisch, in der Bettstelle, an den Türen, in den Wänden, an der Decke. Die Geräusche dauerten bis gegen Morgen und wiederholten sich an den folgenden Tagen, am Abend immer früher beginnend. Bei Antworten der Patientin setzten die Geräusche zeitweise aus.

Zugleich bewegten sich Gegenstände in der Küche (vgl. Abb. 1), wie z. B. eine Kaffeetasse auf dem Tisch, Waschschüssel, Eimer, Stühle und Tisch (sogar beim Schreiben auf der Platte). Diese Erscheinungen traten zwischen dem 12. und 28. Februar täglich auf, aber fast niemals bei Tageslicht (mit einer Ausnahme um 9 Uhr vormittags), sondern begannen meist zwischen 5 und 9 Uhr abends, bei dem Schein einer über dem Tisch hängenden elektrischen Lampe, und verstärkten sich in der Dunkelheit, um dann bei Tagesanbruch zu verschwinden. Je näher der Abend kam, um so unruhiger wurde die Patientin, während der Phänomene selbst wurden große motorische Unruhe und Schmerzensäußerungen bei ihr konstatiert, ohne daß jedoch heftigere Bewegungen oder ein Aufstehen aus dem Bett beobachtet worden wären. – Der im Zimmer befindliche Hund zeigte während der Erscheinungen ein auffallend gedrücktes Benehmen. Die Uhr blieb dauernd stehen, obwohl der Hausherr selbst Uhrmacher war und keinen Fehler in dem Werk finden konnte.

Die Klopfgeräusche wurden beschrieben, wie wenn mit den Fingerknöcheln oder mit der Faust aufgeschlagen würde. Die akustischen Phänomene wanderten im Zimmer herum, blieben also niemals an einer Stelle konstant. Mitunter wurde das Klopfen auch gleichzeitig an zwei verschiedenen Stellen gehört. Man unterließ es, durch diese Töne eine Korrespondenz mit der intelligenten Ursache der Erscheinungen herzustellen, wie es z. B. in den spiritistischen Zirkeln üblich ist, ebenso wurde nicht an eine Einwirkung Verstorbener gedacht. Nach den Aussagen des Ehemanns der Frau Sauerbrey und ihrer Tochter Frieda, die während der ganzen in Frage kommenden Zeit mit der Patientin zusammen gewesen ist, erscheint es ausgeschlossen, daß die schwerkranke Frau Sauerbrey die Geräusche und Bewegungen der Gegenstände selbst hervorgerufen hat, da sie vor Schwäche sich kaum bewegen konnte.

Der Ehemann Sauerbrey, der in dem Raum neben der Küche schlief, wurde zum erstenmal am 12. Februar nachts durch seine Frau auf das Klopfen aufmerksam gemacht, stand auf, machte Licht, ging in die Küche, durchsuchte alles, ohne irgend etwas Auffälliges zu finden. Sobald der Raum beleuchtet war, hörte das Klopfen auf. Sauerbrey legte sich nieder. Nach 5 Minuten waren die Klopfgeräusche wieder vernehmbar, und zwar viel heftiger als zuvor. Sauerbrey bezeugt auch ausdrücklich, daß seine Frau sich in der Küche ganz ruhig verhielt. Er weckte dann seine Stieftochter, Frieda Pappe, die den Rest der Nacht wachend zubrachte und ebenfalls in Abrede stellt, daß die Geräusche von ihrer Mutter inszeniert worden seien. Von da an setzten sich diese Spukerscheinungen täglich fort, das Klopfen dauerte in der Regel von 6 Uhr abends bis 7 Uhr morgens.

Auch der Schneider Walter Degenkolbe, der in der fraglichen Zeit einmal im Hause übernachtete, hörte nachts die Klopfgeräusche in den Möbelstücken, an den Wänden und an der Zimmertüre. Er steht ebenfalls auf dem Standpunkt, daß diese Phänomene unmöglich durch die Patientin hätten hervorgebracht werden können, da er das während des Ablaufs derselben hätte beobachten müssen. Zudem traten die Töne an Stellen des Zimmers auf, die Frau Sauerbrey nicht hätte von ihrem Bett aus erreichen können.

Die Existenz der Geräusche wird außerdem von den Polizeibeamten bezeugt sowie von dem praktischen Arzt Dr. Kahle aus Weimar, der auf Grund eigener Versuche das regelmäßige Aufhören der Phänomene bestätigt, sobald Licht gemacht wurde.

Aus den übereinstimmenden Zeugenaussagen geht einwandfrei hervor, daß zwischen dem 12. und 28. Februar 1921 allabendlich und allnächtlich Klopfgeräusche in der Küche des Uhrmachers Sauerbrey vernehmbar wurden, die nicht durch eine persönliche mechanische Tätigkeit der in der Küche bettlägerigen Patientin erklärbar sind.

Daß Frau Sauerbrey diese ganzen Phänomene nicht durch eigene körperliche Tätigkeit hervorgebracht hat, wie Dr. Kahle annimmt, um sogenannte Spukphänomene vorzutäuschen, dafür sprechen auch die von zahreichen Zeugen konstatierten Bewegungen unberührter Gegenstände (sogenannte telekinetische Phänomene).

Der Ehemann der Patientin wurde schon in den ersten Tagen des Spuks Zeuge solcher Vorgänge. Er sah Bewegung von Gegenständen ohne körperliche Berührung. So fiel eine auf einem Stuhl in der Küche stehende Kaffeetasse herunter und zerbrach, während der Sessel sich fortbewegte. Ferner sah er, wie Tisch, Eimer und Waschbecken ihren Standort veränderten. Auch die Zeugin Pappe beobachtete die Fortbewegung von Stuhl, Eimer und Waschbecken in der Richtung von ihrer Mutter fort. Ein Stuhl und ein Waschbecken schlugen laut aneinander. Ferner bezeugt der Schneider Degenkolbe das von dem Vater Sauerbrey konstatierte Herunterfallen einer Tasse vom Stuhl sowie sonstige Bewegungen von Möbelstücken.

Der Vorsitzende des Schöffengerichts, der schon die Zeugen im Vorverfahren vernommen hatte, hält ihre Angaben für völlig glaubhaft und vereidigte dieselben. Wie er in seinem Bericht hervorhebt, wurden die geschilderten Phänomene auch von der Pflegerin und von andern, nicht der Familie angehörigen Zeugen bestätigt. Er fügt hinzu (in einem Brief vom 13. Februar 1921): „Vater und Tochter bleiben dabei, daß es völlig ausgeschlossen ist, daß Frau Sauerbrey durch ihre körperliche Tätigkeit diese Erscheinungen herbeigeführt habe, denn die Patientin habe auf einem Bettsofa an der Außenwand der Küche gelegen, während die Klopftöne an der gegenüberliegenden Innenwand sich hören ließen. Frau Sauerbrey selbst ist durch die Erscheinungen sehr beunruhigt gewesen. Für mich besteht kein Zweifel an den Angaben dieser Zeugen. Leider erfuhr ich die Vorgänge erst, als sie vorbei waren."

Die durch den Spuk erschreckten Hausbewohner wandten sich an die Polizei in Weimar. Dieselbe erschien am 27. Februar, 8 Mann stark, unter Führung des Polizeikommissars Pfeil, der wegen Erkrankung vor dem Schöffengericht nicht vernommen werden konnte und seinen amtlichen Bericht in schriftlicher Form dem Vorsitzenden, Oberamtsrichter Justizrat Thierbach zukommen ließ. Es heißt in dem Polizeibericht: „Das Haus wurde umstellt, Hausboden, Stube und Küche besetzt, um den vermeintlichen Unruhestifter zu ermitteln. Aber die Verhältnisse waren so wie geschildert."

Ergänzende Aussage des Polizeikommissars Pfeil: „Ein Schutzmann stellte einen leeren Wassereimer 2 m von der Frau entfernt auf; schon beim Umdrehen bewegte sich dieser Eimer. Ebenso ging es bei einer Waschschüssel. Die Geräusche waren mitunter so, wie wenn mit einer Handfläche über Gegenstände gestrichen würde." Der Oberamtsrichter fügt hinzu: „Dieselben Wahrnehmungen sind von 10 bis 12 Polizeibeamten, die von Pfeil an drei Tagen nacheinander hinausgeschickt wurden, beobachtet worden. Sie haben alles entweder durch die offene Küchentüre oder durch das Schlüsselloch gesehen."

Die Zeugen Sauerbrey und Frieda Pappe bestätigten in ihrer eidlichen Vernehmung die Richtigkeit der Beobachtungen durch die Polizeibeamten.

Am 28. Februar befreite der Nervenarzt Dr. Kahle aus Weimar durch Gegensuggestion Frau Sauerbrey aus ihrem Bann, indem er ihr einredete, seine Einwirkung sei stärker als diejenige ihres Stiefsohnes. Nach seinem Gutachten litt die Patientin an nervöser Willensschwäche, wodurch die suggestiven Manipulationen des Angeklagten – ganz ohne Rücksicht darauf, ob die Absicht einer Hypnotisierung bestand oder nur der Wunsch, die Krankheitssymptome zu beeinflussen – besonders wirksam gestaltet wurden. Jedenfalls bot die autosuggestive Veranlassung des Versuchsobjekts, der Glaube an eine besondere Kraft und Willensstärke des Stiefsohnes einen günstigen Boden zur Entwicklung des Dämmerzustandes. Der Einwirkung des Dr. Kahle gelang es, Frau Sauerbrey aus dem Bann zu erwecken, in dem sie sich seit dem 12. Februar befand. Sie rief aus: „Ich bin jetzt erlöst!" Von diesem Augenblick an hörten die Spukerscheinungen auf und kehrten auch nicht mehr zurück.

Obwohl der Staatsanwalt für den Angeklagten Otto Sauerbrey eine Gefängnisstrafe von 3 Wochen wegen fahrlässiger Körperverletzung beantragte, wurde derselbe in der Verhandlung vor dem Schöffengericht in Vieselbach am 19. April 1921 freigesprochen. Frau Sauerbrey erlag am 27. März 1921 ihrem Unterleibsleiden.

Beweismaterial

1. Vorbericht vom 13. Februar 1921 durch den Oberamtsrichter Justizrat Thierbach in Vieselbach

In dem zu meinem Amtsgerichtsbezirk gehörigen Dorfe Hopfgarten wohnt der Uhrmacher Sauerbrey. Er ist oder war in zweiter Ehe verheiratet mit Minna geborene P. Der Sohn Sauerbreys aus ertser Ehe, namens Otto Sauerbrey, 21 Jahre alt, hält seit Sommer 1919 öffentliche Vorträge über Hypnotismus, Spiritismus usw. In der Zeit vom 10. bis 12. Februar d. J. kam Otto Sauerbrey nach Hopfgarten, hielt hier seinen Vortrag und hypnotisierte u. a. auch seine Stiefmutter, indem er ihr Arm und Stirn mehrere Male mit der Hand bestrich. Am nächsten und folgenden Tage spürte Frau Sauerbrey Kopfschmerzen und Müdigkeit. Otto Sauerbrey reiste wieder ab.

Vom 17. Februar ab verschlimmerte sich das Befinden der Frau Sauerbrey, die zugleich an einem Unterleibsleiden schwer erkrankt war. Sie lag leidend in der Küche auf dem Sofa und unterhielt sich anscheinend mit ihrem abwesenden Stiefsohn. Gegen 11 Uhr abends ließen sich Klopfgeräusche in der Küche hören. Es klopfte bald schwächer, bald stärker, im Tisch, in der Bettstelle, in den Türen und in den Wänden und in der Decke. Die Geräusche dauerten bis gegen Morgen und wiederholten sich an den folgenden Tagen, am Abend immer früher beginnend. Zugleich bewegten sich Gegenstände in der Küche, wie die Kaffeetasse auf dem Tisch, Waschschüssel, Eimer, die Stühle und der Tisch selbst.

Die Hausbewohner, hierdurch beunruhigt, wandten sich an die Polizei in Weimar. Sie erschien am 24. Februar, 8 Mann stark, unter Führung eines Polizeikommissars, umstellte das Haus und besetzte Hausboden, Stube und Küche, um den vermeintlichen Unfugstifter zu ermitteln. Jedoch „die Verhältnisse waren so wie geschildert" (Bericht des Polizeikommissars). Zugleich waren mit in Hopfgarten erschienen der Nervenarzt Dr. med. Kahle aus Weimar und eine Pflegerin. Der Doktor bemühte sich, Frau Sauerbrey aus ihrem Wahnzustande zu erwecken. Nach langem Zureden „schenken Sie mir doch Vertrauen, ich kann mehr als der Herr, der Sie hypnotisiert hat usw.", erklärte Frau Sauerbrey, ja sie wolle dem Doktor vertrauen, dehnte sich und sagte, sie sei jetzt erlöst. Von diesem Zeitpunkte ab hörten die Spukerscheinungen auf. Frau Sauerbrey starb am 27. März an dem Unterleibsleiden, das sie längere Zeit hatte.

Nach den Angaben, die mir der Ehemann der Frau Sauerbrey und ihrer Tochter Frieda, die die ganze in Frage kommende Zeit mit der Frau Sauerbrey zusammengewesen sind, in völlig einwandfreier Weise gemacht haben, ist es ausgeschlossen, daß Frau Sauerbrey selbst die Geräusche und die Bewegungen hervorgebracht hat, Frau Sauerbrey lag derart geschwächt auf dem Sofa, daß sie nicht mehr imstande war, die Hand zu erheben.

Besonders zu erwähnen ist noch folgendes:

Eine Kaffeetasse bewegte sich auf dem Tische nach dem Rande und fiel herab. Ein Eimer mit Wasser wurde von einem Polizisten an die Küchentür gestellt und bewegte sich von da wieder zu der Frau Sauerbrey hin. Der Tisch wackelte so heftig, daß eine Person das Tischbein zwischen die Knie klemmen mußte, um nur das Schreiben eines Schriftstückes zu ermöglichen. Als der Ehemann in die Kammer nebenan gegangen war, entstand in der Tür ein Geräusch, als ob mit der Faust gegen sie geschlagen würde.

Im allgemeinen wurden die Bewegungen der Gegenstände um so stärker, je näher sie sich bei der Frau Sauerbrey befanden.

Die Angaben der Familienangehörigen der Frau Sauerbrey sind mir auch noch von der Pflegerin und andern glaubhaften Augen- und Ohrenzeugen bestätigt worden.

D 20/20.

Gegenwärtig:

1. Justizrat Thierbach als Vorsitzender,

2. Bürgermeister Otto aus Niederzimmer,

3. Bürgermeister Huche aus Utzberg, als Schöffen,

Aktuar Vogt

als Beamter der Staatsanwaltschaft,

Registrator Aschenbach

als Gerichtsschreiber.

Vieselbach, den 19. April 1921.

In der Strafsache

gegen

den Uhrmacher Otto Sauerbrey

aus Arnstadt,

z. Z. hier in Haft,

wegen fahrlässiger Körperverletzung erschien aus der Haft vorgeführt der Angeklagte.

Als Verteidiger erschien Referendar Leutert aus Vieselbach.

Die Verhandlung begann mit dem Aufruf der Zeugen und Sachverständigen.

Es meldeten sich:

1. Dr. Kahle aus Weimar,

2. Dr. Scharf aus Vieselbach,

3. Uhrmacher Ernst Sauerbrey aus Hopfgarten,

4. Fräulein Pappe aus Eisenach,

5. Walter Degenkolbe aus Eisenach.

Die Zeugen entfernten sich zunächst aus dem Sitzungssaale, nachdem sie mit dem Gegenstand der Untersuchung und der Person des Angeklagten bekannt gemacht und auf die Bedeutung des Eides sowie insbesondere darauf hingewiesen worden waren, daß der Eid sich auch auf die Beantwortung solcher Fragen beziehe, die den Zeugen über ihre Person und die sonst in § 67 StrPO vorgesehenen Umstände vorgelegt würden.

Der Angeklagte, über die persönlichen Verhältnisse vernommen, gab dasselbe an wie Bl. 8 d. A.

Der Beschluß vom 11. August 1920 über die Eröffnung des Hauptverfahrens wurde verlesen.

Der Angeklagte, befragt, ob er etwas auf die Anklage erwidern wolle, erklärte:

Ich bin Anfang des Jahres 1920 dreimal im Hause meiner Stiefmutter gewesen. Das erstemal in der Zeit vom 19. bis 21. Januar, einen Tag. Ich habe dort auch übernachtet. Das zweitemal war ich in der Zeit vom 1. Februar einen Tag dort und habe ebenfalls dort übernachtet. Das drittemal war ich etwa in der Zeit vom 10. bis 12. Februar bei meiner Stiefmutter. Am 12. Februar bin ich von abends 5 bis 7 Uhr und dann nachts von 12 Uhr ab im Hause meiner Stiefmutter gewesen. Am letzten Tage meiner Anwesenheit in Hopfgarten habe ich eine Vorstellung über Hypnose gegeben. Am andern Tag früh bin ich dann abgereist.

Es stimmt nicht, daß ich meine Stiefmutter hypnotisiert habe.

Als ich das erstemal in Hopfgarten war, wurde mir bereits gesagt, daß meine Stiefmutter seit $^{1}/_{2}$–$^{3}/_{4}$ Jahr krank wäre. Ich habe mich nur mit meiner Stiefmutter unterhalten, habe sie aber nicht berührt. Das zweitemal, als ich dort war, wurde mir gesagt, daß sich die Krankheit meiner Stiefmutter wesentlich verschlimmert hätte. Ich habe mich mit ihr unterhalten und auch den Puls gefühlt. Ich wollte feststellen, ob sie Fieber hatte. – Ich bin während des Krieges Krankenwärter gewesen. – Auch an diesem Tage habe ich ihr nicht über die Stirn gestrichen.

Ich versetze meine Medien durch Ansehen und Suggerieren in hypnotischen Zustand. Ich berühre sie nicht. Ich halte es für ausgeschlossen und vertrete auch den Punkt, daß man ohne die vorher zu erteilende Einwilligung des Mediums eine Willensbeeinflussung nicht herbeiführen kann. Wird die Einwilligung nicht vorher erteilt, so ist es meines Erachtens ausgeschlossen, das Medium in den hypnotischen Zustand zu versetzen.

Ich habe mit meiner Stiefmutter nicht über die Hypnose u. dgl. gesprochen.

Auf Befragen:

Solange ich zu Hause war, habe ich nichts Auffallendes an meiner Stiefmutter oder in deren Hause wahrgenommen. Was nach meiner Abreise im Hause vor sich gegangen sein soll, weiß ich nicht.

Auf Befragen des Sachverständigen Dr. Kahle:

Ich habe keine Person in Gegenwart meiner Stiefmutter hypnotisiert, und meine Stiefmutter ist auch nicht bei der Schaustellung zugegen gewesen, wo ich in Hopfgarten hypnotische Versuche vorgenommen habe.

Hierauf wurden die Zeugen einzeln vorgerufen und in Abwesenheit der später zu hörenden Zeugen wie folgt vernommen:

1. Zeuge Dr. Scharf:

Zur Person: Reinhold Scharf, 32 Jahre alt, evang., prakt. Arzt in Vieselbach, mit dem Angeklagten nicht verwandt und nicht verschwägert.

Nach Leistung des Zeugeneides:

Zur Sache: Ich habe Frau Sauerbrey vom 9. Februar oder März bis zum 27. März behandelt. Eines Tages wurde ich zu ihr gerufen. Man erzählte mir von den Vermutungen, daß der Angeklagte seine Stiefmutter hypnotisiert habe, und daß sie seit diesem Tage sehr aufgeregt sei. Ich hielt diesen Zustand aber nur für eine vorübergehende Störung, die sich bald wieder von allein legen würde. Frau Sauerbrey litt an nervösen Unruhen und an einem unheilbaren Unterleibsleiden. Auf das Leiden der Frau Sauerbrey hat meines Erachtens der angebliche hypnotische Zustand keinen Einfluß ausgeübt, und mithin ist auch keine organische Verschlimmerung des Leidens eingetreten.

Auf Befragen des Sachverständigen Dr. Kahle:

Ich halte für ausgeschlossen, daß sich infolge von Anstrengungen (Tischrücken, Stuhlrücken usw.) der Zustand verschlimmert hat. Ich halte auch eine Hypnose für ausgeschlossen. Frau Sauerbrey war durch ihr Leiden so schwer erschöpft und psychisch sehr labil, so daß ich mir nicht denken kann, daß sie irgendwelche körperliche Anstrengungen hat machen können. (Klopfen an den Wänden, Türen, Rücken von Tisch und Stuhl usw.) Geistig war sie viel zu wenig tätig, um klar denken zu können. Sie lag zu Bett, konnte infolge ihres körperlich schwachen Zustandes nicht gehen und ist, so viel ich weiß, auch nicht aus dem Bett gekommen. Ihre Krankheit hat sich langsam chronisch entwickelt.

Ich habe mit Frau Sauerbrey gesprochen, sie hat mir aber nicht gesagt, daß sie der Angeklagte hypnotisiert hätte.

2. Zeuge Sauerbrey:

Zur Person: Ernst Sauerbrey, 53 Jahre, Uhrmacher in Hopfgarten, Vater des Angeklagten.

Unter vorläufiger Aussetzung der Beeidigung:

Zur Sache: So viel ich weiß, ist der Angeklagte dreimal bei uns gewesen. Er hat mit meiner Frau gesprochen, ob er sie hypnotisiert hat, weiß ich nicht. Ich habe auch nicht gesehen, daß er mit der Hand über ihre Stirn gestrichen hat. Meine Frau lag in der Küche. Vom Oktober 1919 hat sie dauernd im Bett gelegen und hat nur gegen Neujahr 1920 einmal auf $1/2$ Stunde das Bett verlassen. Infolge ihres körperlich schwachen Zustandes mußte sie sich jedoch wieder legen. Am zweiten Tage nach der Abreise meines Sohnes, etwa am 12. Februar, hörte ich nachts Klopfgeräusche im Tisch und an den Türen. Ich schlief in einem Raum neben der Küche. Meine Frau machte mich auf das Klopfen

aufmerksam und sagte, ich sollte doch einmal nachsehen wer da klopfte. Ich
bin in die Küche gegangen, und da ich annahm, das Klopfen käme von dort,
habe ich alles durchsucht, jedoch nichts gefunden. Sobald Licht gemacht wurde,
hörte das Klopfen auf. Ich legte mich hierauf wieder zu Bett. Kurze Zeit darauf waren die Klopfgeräusche wieder vernehmbar. Sie wurden sogar sehr
heftig. Diese Klopfgeräusche traten etwa in einem Zeitraum von 5 Minuten
auf. Meine Frau lag auf einem Sofa in der Küche und verhielt sich ganz ruhig.
Mitunter schlief sie sogar. Als dann das Klopfen die Nacht nicht aufhörte, habe
ich meine Stieftochter Frieda Pappe geweckt, die den Rest der Nacht gewacht
hat. Diese Spukerscheinungen setzten sich in der zweiten Nacht fort. Das Klopfen war vernehmbar von 6 Uhr abends bis gegen 7 Uhr morgens. In einer der
nächsten Nächte bewegten sich sogar einige Gegenstände. Eine Kaffeetasse, die
auf einem Stuhl in der Küche stand, fiel von dem sich fortbewegenden Stuhl
herunter und ging in Scherben. Desgleichen bewegte sich der Tisch, ein Eimer
und ein Waschbecken. Es ist ausgeschlossen, daß meine Frau diese Erscheinungen selbst hervorgerufen hat. Da wir nachts nicht mehr zur Ruhe kommen
konnten, ist meine Stieftochter nach Weimar gefahren und hat die Polizei hiervon in Kenntnis gesetzt. In der nächsten Nacht sind dann acht Polizisten von
Weimar gekommen und haben das Haus umstellt. Einige der Polizisten haben
sich ins Haus begeben, und diese haben die Spukerscheinungen, die auch in
dieser Nacht zu bemerken waren, beobachtet. In Gegenwart des Polizeikommissars Pfeil aus Weimar sind dann einige Gegenstände 2 m von der Lager-
statt meiner Frau frei in der Stube aufgestellt worden. Es konnte beobachtet
werden, daß sich auch diese Gegenstände, ohne daß jemand mit diesen Gegenständen in Berührung gekommen wäre, von der Stelle, auf der sie standen,
fortbewegten. Die Klopfgeräusche waren ebenfalls wahrnehmbar. In der nächsten Nacht kam die Polizei in Begleitung von Herrn Dr. Kahle wieder. Auch
in dieser Nacht waren die Klopfgeräusche wieder zu vernehmen. In der nächsten Nacht haben wir dann nichts wieder gehört.

Auf Befragen des Verteidigers:

Ich habe meiner Frau von der Schauvorstellung meines Sohnes, in der ich
von 8 bis 11 Uhr anwesend war, erzählt.

3. Zeugin Pappe:

Zur Person: Frieda Pappe, 22 Jahre, evang., aus Eisenach, Stiefschwester des
Angeklagten.

Unter Aussetzung der Beeidigung:

Zur Sache: Ich habe gesehen, daß der Angeklagte meiner Mutter den Puls
gefühlt und über die Stirn gestrichen hat. Ich glaube, er hat es nur einmal
getan. Er hat auch zu ihr gesprochen, was, weiß ich jedoch nicht. Ich war auch

nicht immer in der Küche anwesend, wenn der Angeklagte mit meiner Mutter zusammen war. Er hat uns von Hypnose erzählt. An dem Tage, an dem der Angeklagte meiner Mutter über die Stirn gestrichen hatte, sagte sie mir, daß sie endlich wieder einmal etwas geschlafen hätte, aber der Kopf sei ihr so schwer.

Meine Mutter sprach viel von dem Angeklagten. Sie teilte mir auch mit, daß sie sich vor ihm fürchte, und daß sie bloß nachts seine Augen sehe, ihr wäre auch immer so, als wenn der Angeklagte in der Küche wäre. Ich habe das bestritten und habe es ihr auszureden versucht. Am zweiten Tage nach der letzten Abreise des Angeklagten, etwa am 13. Februar, hörten wir Klopfgeräusche in der Küchentür. In der zweiten Nacht auch am Tisch und im Stuhl in der Küche, wo meine Mutter lag. Meine Mutter hat diese Geräusche nicht verursacht. Sobald Licht gemacht wurde, war das Klopfen nicht so stark. Meine Mutter hat die Hände gar nicht bewegt.

Auf Befragen des Herrn Dr. Kahle:

Es ist richtig, daß ich einmal zu ihm gesagt habe, ich hätte gesehen, wie meine Mutter die Hand bewegt hätte. Ich war gerade aus dem Schlafe und aus einem Traum aufgewacht und glaubte zu sehen, wie sie ihre Hand bewegte. Es kann jedoch auch eine Täuschung gewesen sein. Mit Bestimmtheit kann ich es nicht sagen.

Auf Befragen:

Es ist ausgeschlossen, daß meine Mutter die Gegenstände selbst bewegt oder die Klopfgeräusche verursacht hat, denn wir haben in Gegenwart der Polizei Proben gemacht und die Gegenstände so weit vom Sofa meiner Mutter abgerückt, daß sie sie nicht erreichen konnte; und sie haben sich doch von der Stelle bewegt. Ich habe beobachtet, daß sich die Gegenstände Stuhl, Eimer, Waschbecken usw. von der Mutter fortbewegten. Wenn es klopfte und meine Mutter antwortete, hörten die Geräusche auf. Die Klopfgeräusche waren die ganzen Nächte vernehmbar. Ein Stuhl und ein Eimer, die nebeneinander standen, klopften laut aneinander.

Auf Befragen des Verteidigers:

Meine Mutter hat die ganzen Nächte nicht geschlafen. Nachdem der Angeklagte meiner Mutter über die Stirn gestrichen hatte, hat sie die Nacht ruhig geschlafen, was sonst nicht vorgekommen ist. Hieraus haben wir geschlossen, daß er sie hypnotisiert hat. Sie klagte nur, daß ihr der Kopf so schwer sei.

3. Zeuge Degenkolbe:

Zur Person: Walter Degenkolbe, Schneider, wohnhaft in Eisenach, Katharinenstraße 95, mit dem Angeklagten nicht verwandt und nicht verschwägert.

Nach Leistung des Zeugeneides:

Zur Sache: In der hier in Frage stehenden Zeit bin ich fast jeden Sonntag in Hopfgarten gewesen. Als ich am 11. oder 12. Februar wieder von Hopfgarten wegfuhr, kam der Angeklagte an. Ich weiß es daher bestimmt, da ich am 11. Februar meinen Geburtstag hatte. Als ich kurze Zeit vorher einmal zu Besuch bei meiner Braut war, war der Angeklagte auch dort, und ich habe gesehen, daß er bei der Frau Sauerbrey den Puls gefühlt hat, ihr über die Stirn gestrichen und hierbei einige Worte gesagt hat. Frau Sauerbrey sagte vorher zu ihm, sie hätte einen heißen Kopf. In der zweiten Nacht, nachdem ich dort war, habe ich nachts Klopfgeräusche in Möbelstücken und in den Wänden gehört. Es ist ausgeschlossen, daß Frau Sauerbrey diese Geräusche verursacht hat. Sie lag ruhig, und ich hätte sehen müssen, wenn sie sich bewegt hätte. Die Klopfgeräusche wurden auch in einer Zimmertür beobachtet, die Frau Sauerbrey nicht erreichen konnte. Ich habe auch gesehen, wie ein Stuhl, ein Tisch usw. von der Stelle fortwackelten und eine Tasse von dem Stuhl herunterfiel und zerbrach.

Auf Befragen:

Ich kann mir die Vorgänge nicht erklären.

Am Montag abend kam die Polizei. Frau Sauerbrey hat von den Spukerscheinungen wohl kaum etwas wahrgenommen. Sie sagte nur, es pocht. Sie erzählte auch, daß sie den Angeklagten immer im Traume sehe.

Die Erscheinungen, die gegen 6 Uhr abends begannen, dauerten etwa bis 7 Uhr morgens. Am Tage war es ruhig. Nur einmal habe ich am Tage, morgens gegen 9 Uhr, Klopfgeräusche wahrgenommen. Durchschnittlich begannen die in Frage stehenden Erscheinungen erst gegen 9 Uhr abends.

4. Sachverständiger Dr. Kahle:

Zur Person: Johannes Kahle, 33 Jahre, evang., prakt. Arzt und Spezialarzt für Nerven in Weimar, mit dem Angeklagten nicht verwandt und nicht verschwägert.

Nach Leistung des Sachverständigen- und des Zeugeneides:

Zur Sache: Auf Veranlassung des Polizeikommissars bin ich in der Nacht vom 27. zum 28. Februar mit nach Hopfgarten gefahren. Als ich hinkam, war alles ruhig. Frau Sauerbrey lag in der Küche. Bald jedoch bemerkte ich Geräusche, die meiner Meinung nach aus der Küche kommen mußten. Ich hielt mich im Nebenzimmer auf. Ich ging in die Küche, und sobald ich Licht machte, hörten die Geräusche auf. Dies wiederholte sich verschiedene Male. Ich habe in der Küche Licht gemacht und durch das Schlüsselloch hineingeschaut, habe jedoch nicht gesehen, daß sich Gegenstände bewegt haben. Da ich keine Zeit hatte, habe ich die Frau Sauerbrey durch Gegensuggestion in der üblichen Weise aus der Hypnose befreit. Ich habe ihr eingeredet, daß sie an mich glauben müsse, und daß ich stärker sei als ihr Stiefsohn.

Sie hatte mir vorher erzählt, daß sie immer das Gesicht und die gräßlichen Augen des Angeklagten sehe. Er habe auch zu ihr gesagt, sie solle die Leiter beim Nachbar nehmen und ihm die Schinken holen. Sie sagte zu mir, daß sie das doch nicht könne.

Sein Gutachten gab er dahin ab:

Es ist sehr schwer, mit Bestimmtheit zu sagen, daß der Angeklagte seine Stiefmutter hypnotisiert hat. Ich muß zunächst auch die Ansicht des Angeklagten bestreiten, daß das Medium zu der Willensbeeinflussung sein Einverständnis geben muß. Es ist sogar möglich, daß man eine Person, ohne sie zu berühren oder sonst in auffälliger Weise anzuschauen, durch Suggestion in Schlaf legen kann. Der Anblick oder das plötzliche Auftreten der willensstärkeren Person genügt schon allein, um diesen Zustand herbeizuführen. Ich selbst habe beobachtet, daß eine Frau, die sich in meiner Behandlung befand, wenn sie mich sah, in diesen Schlafzustand verfiel. Diese Person ist sogar bei meinem Anblick, als ich ihr einmal im Garten begegnete, umgefallen. Der Angeklagte mußte durch seine Schaustellungen und Sachkunde wissen, daß er schon durch Bestreichen und den Anblick seine Stiefmutter in hypnotischen Zustand versetzen konnte, und zwar durch Selbstsuggestion. Diese sogenannte Autosuggestion spielt bei den Schaustellungen die größte Rolle, da der Vorführer nicht mit seinem Hirn, sondern mit dem seines Mediums arbeitet. Es ist nicht der starke Wille des Suggestors, der sein Medium in den hypnotischen Zustand versetzt, sondern die Unterordnung des Mediums unter seinen Willen. Bei empfindlichen und schwachen Personen wirkt eine Hypnose auf das Hirn wie Peitschenschläge auf den Körper. Der Hypnotiseur lenkt nur die Tätigkeit des Mediums.

Frau Sauerbrey litt an nervöser Willensschwäche, so daß der Eintritt des Angeklagten ins Zimmer und das Handauflegen schon die Autosuggestion herbeiführen konnte. Sie hat sich vollkommen im Banne des Angeklagten befunden. Es ist jedoch möglich, daß der Angeklagte eine Suggestion nicht gewollt und auch nicht gewußt hat, daß er eine Hypnose herbeiführe. Es ist möglich, daß eine Suggestion erst bis zu 4 Wochen später eine Wirkung erkennen läßt, nachdem der Suggestor auf sein Medium gewirkt hat. Dies ist die sogenannte Posthypnose.

Da Frau Sauerbrey sich allein in der Küche befand und die Klopfgeräusche von dort kamen, bin ich der festen Überzeugung, daß Frau Sauerbrey die von den Zeugen geschilderten Vorgänge selbst verursacht hat. Sie selbst hat darunter schwer gelitten. Es gibt körperlich schwache Personen, die in einem solchen Zustande Handlungen vornehmen, die sie in normalem Zustande nicht fertigbringen.

Bemerken muß ich noch, daß meines Erachtens die Autosuggestion nur dann eintreten kann, wenn die betreffende Person bereits früher einmal in hypnotischen Zustand versetzt gewesen ist. Bei einer hypnotisierten Person kann das Oberbewußtsein vollständig ausgeschaltet sein, so daß sie später nicht mehr weiß, was sie in der Hypnose getan hat.

Die Zeugen Sauerbrey und Pappe wurden hierauf vorschriftsmäßig beeidigt.

Nach der Vernehmung eines jeden Zeugen und Sachverständigen wurde der Angeklagte und der Verteidiger befragt, ob sie etwas zu erklären haben.

Die Staatsanwaltschaft und sodann der Angeklagte und der Verteidiger erhielten zu ihren Ausführungen das Wort.

Die Staatsanwaltschaft beantragte eine Gefängnisstrafe von 3 Wochen, die mit der von der Strafkammer in Chemnitz am 5. April 1920 ausgesprochenen Strafe von 9 Monaten Gefängnis gemäß § 79 StGB und § 492 StPO zu einer Gesamtstrafe von 9 Monaten und 2 Wochen Gefängnis zusammenzuziehen sei.

Der Verteidiger und der Angeklagte beantragten Freisprechung.

Der Verteidiger hatte das letzte Wort.

Der Angeklagte, befragt, ob er selbst noch etwas zu seiner Verteidigung anzuführen habe, erklärte: Nichts.

Hierauf zog sich das Schöffengericht zur Beratung zurück.

Nach Beendigung derselben wurde vom Vorsitzenden das Urteil dahin verkündet unter mündlicher Darlegung des wesentlichen Inhalts der Gründe durch Vorlesen der Urteilsformel: Der Angeklagte wird freigesprochen, die Kosten des Verfahrens fallen der Staatskasse zur Last.

2. Nachtrag

Fragen des Verfassers, beantwortet durch Justizrat Thierbach

1. Dürfen Namen der Beteiligten genannt werden? Antwort: Ja, da öffentliche Verhandlung.

2. Ort? Antwort: Hopfgarten bei Weimar.

3. Situationsplan.

4. An welchem Tage setzte Spuk ein? Antwort: Nach bestimmter Aussage des Vaters am zweiten Tag nach Fortgang des Angeklagten, also am 15. Februar.

5. Manipulationen des Angeklagten? Antwort: Am 12. Februar fühlte der Angeklagte der Mutter den Puls, später nicht mehr berührt; Zeugenaussagen darüber schwankend.

6. Zeitpunkt der psychischen veränderten Befindens? Antwort: Nach Aussage der Frieda Pappe verfiel die Mutter am 12. Februar in kurzen Schlaf, darauf Klagen über Kopfschmerzen. Aussage unklar.

7. Dauer des Spukes? Antwort: Vom 15. bis 28. Februar.

8. Art der Liegestatt? Antwort: Sofa-Bett-Lagerstatt. Jede Nacht in der Küche zugebracht, in der fraglichen Zeit nie aufgestanden.

9. Wo schlief Herr Sauerbrey? Antwort: Schlief im Zimmer neben der Küche.

10. Traten Dämmerzustand und Spuk gleichzeitig auf? Antwort: Nach Beobachtung des Polizeikommissars Pfeil: Frau Sauerbrey schrie: „Jetzt ruft er wieder." Kurz darauf ging leises Klopfen los. – Dann rief Frau Sauerbrey: „Jetzt kommt er." Das Klopfen wurde stärker. – „Jetzt ist er am Bahnhof, jetzt tritt er in den Garten, jetzt tritt er zur Tür herein." Das in kurzen Abständen und bei dauerndem Steigen des Geräusches und der Aufgeregtheit der Frau Sauerbrey. Einmal beim letzten Ausruf ein mächtiger Schlag und darauf Ruhe. – Einmal wimmerte Frau Sauerbrey: „Ich will nicht." Auf die Frage, was, antwortete sie: „Mausen!" Was? „Würste!" Wo? „Beim Nachbar Müller. Ich kann doch nicht die Leiter hochsteigen, aber er zwingt mich."

11. Nach Endhypnose war kein Spuk mehr wahrzunehmen.

12. Beleuchtung? Antwort: Elektrische Lampe über dem Tisch.

13. Wie verhielt sich die Frau beim Spuken? Antwort: Außerordentlich aufgeregt, teils als wenn sie Schmerzen empfände, doch ohne sich zu bewegen.

14. Richtung der Bewegung der Gegenstände? Antwort: Nach übereinstimmender Aussage von der Frau weg.

15. Art der Klopfgeräusche? Antwort: Wie wenn mit Fingerknöcheln oder mit der Faust geschlagen würde. Das Klopfen bewegte sich regelmäßig fort, das war am Geräusch zu unterscheiden. Oft Klopfen an zwei verschiedenen Stellen bemerkbar, ebenso gleichzeitig Beklopfen und Bewegungen der Gegenstände. – Erwähnung der Frieda Pappe: „Ich habe nachgesehen, ob die Fingerknöchel meiner Mutter verletzt waren, habe aber nichts gefunden."

16. Erscheinungen bei Tageslicht? Nein, nur bei Beleuchtung. Frühestes Auftreten nachmittags 5 Uhr. – Frau Sauerbrey wurde, je näher der Abend kam, immer unruhiger.

17. Ergänzende Aussage des Polizeikommissars Pfeil: Ein Schutzmann stellte einen Eimer 2 m von der Frau entfernt auf, schon beim Umdrehen bewegte sich der Eimer. Ebenso ging es bei einer Waschschüssel. Ein Hund, der sonst außerordentlich scharf war, war beim Auftreten der Erscheinungen außerordentlich gedrückt. Die Uhr blieb dauernd stehen, trotzdem, nach Aussage des Mannes Sauerbrey, der Uhrmacher ist, kein Fehler an der Uhr war. Manchmal auch Geräusch, wie wenn mit der Handfläche über Gegenstände gestrichen wurde.

Dieselben Wahrnehmungen sind von 10 bis 12 Polizeibeamten, die von Pfeil nacheinander hinausgeschickt wurden, beobachtet worden. Sie haben das alles entweder durch die offene Küchentür oder durch das Schlüsselloch gesehen.

18. Verbindung durch Klopfen ist mit den Erscheinungen nicht aufgenommen worden; mit Toten ist es ebenfalls nicht in Verbindung gebracht worden.

Schluß

Der in dem Spuk von Hopfgarten beobachtete Tatbestand ist verhältnismäßig einfach und besteht, soweit darüber Zeugenaussagen vorliegen, nur in Klopfgeräuschen sowie in Bewegung von unberührten Gegenständen, umfaßt also jene Klasse mediumistischer Phänomene, die man als telekinetische bezeichnet. Die experimentelle Erzeugung dieser Klasse von Vorgängen bei Medien ist ausführlich in meinem Werk „Physikalische Phänomene des Mediumismus" (München 1920, Reinhardt) behandelt worden.

Daß es sich bei den Klopferscheinungen in Hopfgarten, die entweder wie Klopfen mit Fingerknöcheln oder wie das Wischen einer Hand über die Wand beschrieben werden, nicht um akustische Halluzinationen handelt, geht einmal daraus hervor, daß sie von allen jeweils anwesenden Personen ausnahmslos gehört wurden, und andererseits aus den sie begleitenden Ortsveränderungen der in der Küche befindlichen Gebrauchsgegenstände. Wie schon in der Schilderung des Tatbestandes bemerkt wurde, können die physikalischen Phänomene von der bettlägerigen Frau Sauerbrey nicht inszeniert worden sein. Dieselbe war nach der Bekundung ihres Hausarztes infolge schwerer Erkrankung viel zu schwach, um aufzustehen und lebhaftere Bewegungen ausführen zu können. Sie hätte aber ihr Bett verlassen müssen, um z. B. auf der entgegengesetzten, 2 m von ihrem Bett entfernten Wand wischende Geräusche zustande zu bringen oder etwa einen an der Ausgangstür, also über 2 m von ihrem Bett entfernten, schweren Wassereimer in Bewegung setzen zu können, und zwar das letztere sogar in Gegenwart des Polizeikommissars Pfeil. Der wenige Wochen nach diesen Ereignissen eintretende Tod der Frau Sauerbrey läßt auch einen Rückschluß auf den geschwächten Zustand ihres Organismus zu.

Die drei eidlich vernommenen Hausgenossen der Patientin hätten auch während der siebzehntägigen Dauer des Spuks sicherlich oft genug Gelegenheit gehabt, die etwa vermutete Mitwirkung der Frau Sauerbrey zu beobachten, d. h. die vermeintliche Urheberin auf frischer Tat zu ertappen. Nun wurden von den zahlreichen sonstigen Zeugen dieser Phänomene allerdings nur die zwei Angehörigen und der im Hause Sauerbrey vielfach anwesende Schneider Degenkolbe eidlich vernommen. Aber von weiteren Zeugen sind besonders die Pflegerin sowie die Polizeisoldaten zu nennen, abgesehen von den Nachbarn und Dorfbewohnern, die die Neugier in das Spukhaus führte. Kein einziger Augen- und Ohrenzeuge hat jedoch in der Kranken die Urheberin eines betrügerisch bewerkstelligten Spuks sehen können. Damit erledigt sich die subjektive Auffassung des Nervenarztes Dr. Kahle, der trotz dieser Beweismittel in der Patientin die mechanisch wirkende Agentin der mysteriösen Erscheinungen erblickt.

Was nun die einwandfreie Feststellung solcher spontan auftretenden, nicht willkürlich hervorzurufender Phänomene betrifft, so erscheint hier die gerichtliche, eidliche Zeugenvernehmung wohl bis heute als das relativ zuverlässigste und beste Beweismittel, wenn sich auch nicht leugnen läßt, daß auch Zeugenaussagen gewissen suggestiven Fehlerquellen unterliegen können. Jedenfalls empfiehlt es sich, bei solchen Gelegenheiten, wenn möglich, Sachverständige zur Mitbeobachtung heranzuziehen, die praktisch und theoretisch mit dem Gebiet des Mediumismus vertraut sind.

Die Eigenart des Hopfgartener Falles im Vergleich zu anderen ähnlichen Vorkommnissen ist aber in dem Parallelismus der Phänomene mit dem hypnoiden Zustand der Frau Sauerbrey zu erblicken. Offenbar wurde die Patientin am 11. Februar bei der hypnotischen Einwirkung durch ihren Stiefsohn – denn eine solche fand nach der Beweiserhebung offenbar statt – nicht genügend desuggestioniert. Sie blieb während der 17 Tage in einem leichten Traum- oder Dämmerzustand, d. h. sie verfiel immer von neuem in denselben, bis sie Dr. Kahle durch Gegensuggestion am 28. Februar daraus befreite. Ihr ganzes Verhalten, soweit dasselbe durch laienhafte Beobachter geschildert werden konnte, deutet das an. Sie spricht mit dem abwesenden Stiefsohn, sieht seine Augen auf sich gerichtet, wie wenn er anwesend wäre; es besteht aber hier die Möglichkeit einer optischen und akustischen Halluzination. Sie schreit, wird unruhig, zeigt Angst vor dem Hypnotiseur, der ihr ohnehin unsympathisch war. Sie wehrt sich in ihrem Delirium, als der imaginäre Verführer sie zwingen will, beim Nachbar Würste „zu stehlen". Dabei ist sie teilweise schlaflos, wird unruhig und gibt Schmerzäußerungen von sich, sobald die physikalischen Phänomene einsetzen. Dieses ganze Verhalten erinnert an den Trancezustand physikalischer Medien (Eusapia Palladino, Eva C.), der ebenfalls nach einer starken psychomotorischen Reaktion den Eintritt der Phänomene begleitet. Alles das deutet bei Frau Sauerbrey auf eine enge körperliche Beziehung zu den telekinetischen Wirkungen und bildet eine neue Bestätigung für die animistische Erklärungsweise derselben, wie sie in meinem Werke geschildert worden ist. Das prompte Einsetzen der Manifestationen mit dem Beginn des Dämmerzustandes und das plötzliche Aufhören derselben nach der Beseitigung des hypnoiden Bannes ist ein weiterer Beweis für die Abhängigkeit der paraphysischen Wirkungen von dem parapsychophysischen Zustand der Versuchsperson. Es scheint also, daß die Spukvorgänge in vorliegendem Falle lediglich als spontan auftretende und an eine bestimmte Modifikation des Bewußtseinzustandes gebundene, physikalisch-mediumistische Phänomene aufzufassen sind. Man wird nun mit Recht fragen: Haben die Manifestationen des Hopfgartener Spuks eine intelligente Ursache gehabt oder nicht? Hierüber gibt leider das vorliegende Material keinen Aufschluß. Wir erfahren nichts von einer als transzendenter Urheber vermuteten Personifikation, wie sie bei fast allen Medien konstatiert werden. Der Fall hat keinerlei religiöse oder spiritistische Färbung bekommen, vermutlich weil die Beteiligten an diese Beziehungen gar nicht gedacht haben. Immerhin wäre bei der Herstellung eines intelligenten Rapportes vielleicht die Möglichkeit vorhanden gewesen, die Phänomene zu systematisieren und nach Wunsch zu leiten, wofür auch das Experiment des Polizeikommissars Pfeil mit dem Eimer spricht. Aber anderseits ist gerade das Fehlen jeder religiösen oder abergläubischen Deutung in unserm Falle besonders interessant und charakteristisch; denn es deutet auf eine ungeregelte Exteriorisation vitaler Kräfte bei einer schwerkranken Person hin, die sich infolge eines speziellen, vorübergehend bestehenden psychischen Zustandes in ungeregelter Weise Bahn brechen.

Allerdings muß dabei die Wirkung des Lichtes auffallen. Nur in der Dunkelheit, abends und bei Nacht und hauptsächlich, wenn die Aufmerksamkeit abgelenkt ist, ausnahmsweise am Tage morgens um 9 Uhr, äußern sich diese mysteriösen Manifestationen.

Auch darin besteht volle Übereinstimmung mit den Erfahrungen bei den Medien. Sind es die biologischen Gesetzmäßigkeiten oder die psychischen Bedürfnisse der Agentin, welche die Dunkelheit für den Eintritt der Phänomene begünstigen? Und ist die Dunkelheit überhaupt für diesen paraphysischen Entbindungsakt eine Notwendigkeit? Das sind Fragen, die sich nur beantworten lassen bei dem Vorliegen größerer Versuchs- und Beobachtungsreihen, vorausgesetzt, daß dieselben mit der erforderlichen Sachkenntnis angestellt worden sind.

Wie aus diesen Darlegungen hervorgeht, kann man die Hopfgartener Beobachtungen mit vollem Recht den spontanen Äußerungen des physikalischen Mediumismus zuzählen, also jener Beobachtungsreihe aus dem Gebiet der Spukphänomene, bei der die Anwesenheit einer entsprechend beanlagten Person die animistische oder vitalistische Erklärungsweise zuläßt. Nun gibt es aber, wie die Erfahrung lehrt, auch eine Gebundenheit solcher Manifestationen an eine bestimmte Örtlichkeit[4]. Die Anwesenheit spezifisch beanlagter Personen scheint

---

4 *Zusatz:* Einer der eindrucksvollsten unter den zahlreichen Fällen dieser Art ist die „Weiße Frau von Schloß Bernstein (im Burgenland)", die Schrenck-Notzing noch unmittelbar vor seinem Tod beschäftigte. (Vgl. Ztschr. f. Parapsychologie, Februar 1929; B. Grabinski „Spuk u. Geistererscheinungen", 4. Aufl., Graz 1954, S. 333 ff.;

hier nicht notwendig zu sein. Vielmehr treten die mysteriösen Äußerungen Jahrzehnte hindurch in bestimmten Räumen auf, ohne Rücksicht auf die jeweiligen Bewohner und auch in Abwesenheit derselben. Lombroso bezeichnet diese Klasse als pseudomedianime Spukhäuser und führt dafür eine Reihe von Beispielen aus der Literatur an. Als Spukphänomene im weiteren Sinn lassen sich auch die telepathischen Halluzinationen betrachten.

Nach dem Stand unseres heutigen Wissens bleibt das Spukproblem – auch wenn es vielfach mit dem Tode bestimmter Personen zusammenzuhängen scheint – ungelöst. Trotz der Schwierigkeit und Eigenartigkeit desselben kann man das tatsächliche, sogar nicht einmal seltene Vorkommen von Ereignissen dieser Art nicht in Abrede stellen.

Auf Grund einer vergleichenden Analyse des bis jetzt vorliegenden Materials ist ohne weiteres zuzugeben, daß die animistische Erklärungsweise nur für ganz bestimmte Fälle hinreicht, während sie bei zahlreichen andern bis heute nicht anwendbar erscheint.

Mögen aber hierüber die Meinungen geteilt sein, so läßt sich doch die grundsätzliche Identität aller Spukphänomene der Vergangenheit und Gegenwart nicht leugnen. Sie bedeutet das stärkste Beweisargument für das wirkliche Vorkommen derselben, für eine gesetzmäßig auftretende Naturerscheinung, deren heute noch supranormale Ursachen aufzuklären eine wichtige Aufgabe zukünftiger metapsychischer Forschung sein wird.

W. Moufang, „Magier, Mächte u. Mysterien", Heidelberg 1954, S. 315 ff.) Sie wurde sogar photographiert. Eine klassische Analyse dieser Phänomengattungen gibt G. M. N. Tyrrell: „Apparitions", Sonderdruck der Society for Psychical Research, 2. Aufl. London 1953. G. W.

Der Spuk in Ylöjärvi (Finnland)[1] *– Ein gerichtlicher Fall*

Bericht von med. lic. Y. Kulovesi (Tammerfors)[2]

In Vervollständigung von amtlich festgestellten Spukerscheinungen, von denen schon eine Anzahl in der Literatur vorliegt, wie Dr. Freiherr v. Schrenck-Notzing in seinem Vortrage vor dem ersten internationalen Kongreß für psychische Forschung erwähnte[3], will ich hier einen Fall mitteilen. Diese Vorfälle trugen sich im Januar 1885 im Dorfe Ylöjärvi zu, ganz in der Nähe des Kirchdorfes Pirkkala, 15 km von der Stadt Tammerfors (Finnland) entfernt. --

Vorbereitender Teil des Untergerichtsprotokolls, abgefaßt am 24. März 1885 in der Wintersitzung im Hause Suojanen, welches der Sitzungsort des Gerichtsbezirkes Pirkkala ist.

Tatbestand

Der Ankläger Länsman (Amtsvorsteher) K. Liljestrand reichte beim Gericht eine Urkunde ein, welche zu Protokoll genommen wurde. Dieselbe lautet wie folgt:

An das Untergericht im Kirchspiel Pirkkala nebst der Filialgemeinde Ylöjärvi! Auf Veranlassung des Briefes Nr. 3550 vom Herrn Gouverneur vom 23. Februar habe ich vor dieses Gericht den Vorsitzenden des Gemeinderates dieser Gemeinde, Efraim Martin, und seine Frau Eva Martin, geborene Lilius, und ihr minderjähriges Dienstmädchen Emma Lindroos geladen, weil sie all der Unruhen schuldig sein sollen, welche vom Montag den 12. vorigen Januars an, während 14 Tage, sich ereigneten. Sie sollen diesen Lärm selbst gemacht haben, und es wird behauptet, all dies wäre mit Hilfe von Teufelskräften geschehen,

---

1 Erstmals erschienen in den „Psychischen Studien", April 1922.
2 Das nachstehende Protokoll eidlicher Gerichtsfeststellungen über einen Fall von Spuk, der sich vom 12.–25. Januar 1885 in einem Hause des Dorfes Ylöjärvi (Finnland) abspielte, wurde mir von dem Kollegen Yrvö Kulovesi aus Tammerfors zur wissenschaftlichen Verwertung überlassen. Obwohl die eingesandte Übersetzung im Ausdruck und Stil vielfach nicht den Anforderungen eines guten Schriftdeutsch entspricht, glaube ich die Originalität des interessanten Schriftstücks und seiner Übersetzung möglichst erhalten und die Korrekturen nur auf direkt sinnstörende Fehler und Unklarheiten beschränken zu sollen. Diese Umstände mögen für den Leser manche stilistische Unvollkommenheiten in der Arbeit erklären und entschuldigen.
v. Schrenck-Notzing
3 Vgl. oben S. 243, Anm. 3.

wodurch sie wieder dorthin Neugierige von nah und fern in großer Menge gelockt hätten, um denselben bei dieser Gelegenheit Branntwein zu verkaufen. Wegen näherer Prüfung im Untergericht habe ich hier als Zeugen folgende Personen berufen: den Schmied Gerhard Grönfors und seine Schwester Tilda Grönfors, den Landgutsbesitzer Efraim Eerola, seine Frau Eva und seinen Sohn Alku Efraim, das Dienstmädchen Wilhelmina Martha Henrikintytär, den Diener David Danielinpoika Moisio, den Schneider Gustaf Hellén und die Schusterfrau Josefina Lindroos, alle aus dem Dorfe Keijärvi, den Glöckner Karl Frithjof Lindell und seine Frau Amanda Lindell aus dem Dorfe Ylöjärvi, den Schuster Karl Lindholm und die Witwe des Insassen Lene Punala vom Mäkkylä Haus und den Insassen Henrik Asuntila aus dem Dorfe Keijärvi.

Ylöjärvi, am 14. März 1885   *Kasimir Liljestrand*

Ferner berief sich noch der Ankläger auf eine Urkunde vom Herrn Gouverneur und auf eine beglaubigte Kopie von einem Briefe, welchen er selbst dem Gouverneur gesandt hatte, und auf zwei Kirchenscheine, die zu Protokoll genommen wurden und wie folgt lauten:

An den Länsman im Bezirk Pirkkala.

In der Urkunde vom 24. Januar wurde Herr Länsman von verschiedenen Mißverhältnissen benachrichtigt, welche während einiger Tage im Hause des vorigen Volksschullehrers Efraim Martin in der Gemeinde Ylöjärvi vorgekommen sind. Veranstalter dieser Verwirrung sollen nach geschehener Untersuchung das Ehepaar Martin und das bei denselben wohnende Dienstmädchen sein, weshalb der Länsman aufgefordert wird, eine gründliche Untersuchung in dieser Sache zu veranlassen; und besonders, falls dort, wie behauptet wird, Branntwein verkauft worden sei, die Betreffenden beim Gericht zu verklagen.

                                        E. von Ammondt   *Rich. Leon Wigren*
Die Richtigkeit der Kopie bestätigt: *Kasimir Liljestrand*

An den Herrn Gouverneur!

Ein Ereignis, ebenso ungewöhnlich wie furchtbar, welches in der Gemeinde sowohl Schrecken als Aufsehen hervorgerufen hat und welches in der Nacht vom 12. Januar begonnen und während der folgenden Tage ununterbrochen mit ganz kurzen Pausen fortdauerte, fiel bei dem ehemaligen Volksschullehrer Efraim Martin in Ylöjärvi vor. Er ist schon 71 Jahre alt und seine Frau 77 jährig, und sie haben 44 Jahre lang ruhig in ihrem Gebäude gelebt, welches im Gebiete des Landgutes Eerola, etwa eine russische Werst vom Kirchdorf liegt. Bei diesem

Ereignis hat man folgende Umstände bemerkt: In der betreffenden Nacht gegen Morgen wurde die Tür ihres Hauses dreimal durch Schläge geöffnet, obgleich dieselbe zugeschlossen war. Jedesmal schloß jene alte Frau die Tür. Dann barst der Bewurf an der Wand und fiel in die Mitte des Fußbodens. Als man denselben wegbrachte, merkte man, daß er sich auf ungefähr eine Vierteltonne belief. Und dennoch konnte man nicht merken, von wo er in der Tat abgefallen war.

Weiter wurde aus den Schubläden des Schreibtisches, welche alle zugeschlossen waren, alle darin befindlichen Papiere und Sachen auf den Fußboden kreuz und quer in der größten Unordnung herumgeworfen. Einige von den Sachen zerbrachen. Die Leuchter flogen nieder. Die Bogen der Brillen zerbrachen in kleine Stücke. Ein Gesangbuch flog vom Tische gegen die Tür. Drei Paar Kaffeetassen zerbrachen, ein Paar wurde sogar zermalmt. Die Schlüssel an den Türen verschwanden. Im Kuhstall merkte man, daß alle vier Füße eines Schafes zusammengebunden waren, und das Geschirr einer Kuh war umgekehrt. Solche und auch andere Umstände zeigten sich täglich, ohne daß man etwas hätte bemerken können, wodurch dies verursacht war.

Eine Menge Leute sind von dem Geschehenen dorthin gelockt worden, um zu irgendeiner Überzeugung betreffs der Unruhen zu kommen. Einige von ihnen haben etwas Ungewöhnliches gesehen, andere sind zu gar keinen Resultaten gekommen. Ich persönlich, obgleich ich oftmals an Ort und Stelle gewesen, habe gar keine Erfahrungen von diesen Sachen erhalten. Deutliche Spuren von dem Erwähnten waren jedoch zu sehen. Von diesem allem darf ich hier ergebendst dem Herrn Gouverneur Nachricht geben.

Ylöjärvi, am 24. Januar 1885. *Kasimir Liljestrand.*

Nachdem man diese Urkunde und zwei Kirchenscheine gelesen hatte, zog der Ankläger die Verklagten zu gerichtlicher Verantwortung wegen Zauberei und Branntweinverkauf.

Dann traten die Angeklagten Efraim Martin und Eva Martin beide persönlich hervor. Emma Lindroos hatte sich nicht eingestellt, obgleich sie eine Vorladung von dem Schöffen, Johan Keski-Simola, bekommen hatte, worüber Simola einen schriftlichen Beweis einreichte. Dennoch meldete Simola, daß die Lindroos sehr geschwächt durch Lungentuberkulose im Bett lag. Die Krankheit war so weit schon fortgeschritten, daß es gar keine Hoffnung auf Genesung mehr gab.

Als man die Angeklagten verhörte, erklärten Efraim und Eva Martin folgendes: Der erstere erzählte, daß er in der Gemeinde Teisko geboren war, von wo er nach Ylöjärvi zog und eine Anstellung als Kleinkinderlehrer bekam. Später war er zum Vorsitzenden des Gemeinderates gewählt worden. Eva Martin erklärte, daß sie uneheliches Kind eines Einliegerweibes Maria Klint aus der Gemeinde Kangasala sei, von wo sie später, nachdem sie mit Efraim Martin verheiratet war, nach Ylöjärvi gezogen war. Etwas Besonderes sei während ihrer Wohnzeit im Dorfe Ylöjärvi niemals geschehen. Sie haben weder selbst jemals Geräusche hervorgebracht, noch haben sie andere zu etwas solchem aufgefordert. Die Angeklagten glaubten, daß die merkwürdigen Erscheinungen in ihrem Hause von der Einwirkung einiger wenigstens ihnen selbst ganz unbekannter Naturkräfte herrühren. Dazu erzählte Eva Martin, daß, während sie und Emma Lindroos ganz allein zu Hause waren und als sie schon das Licht gelöscht hatte, die Tür des Wohnzimmers sich plötzlich zwischen 8 und 9 Uhr abends am 12. Januar öffnete. Nachdem sie dieselbe geschlossen hatten, öffnete sich die Tür noch mehrmals. Auch der Bewurf an der Wand rasselte auf den Fußboden nieder. Sie bekam schon im Beginn die Überzeugung, daß hier keine menschlichen Kräfte mitspielten, sondern daß es durch Gottes Fügung geschehen sei. Sie versicherte dann, daß sie alle beide niemals mit Geistern verkehrt hätten, daß sie nie Sektierer gewesen seien. Auch bestritt sie die Angabe hinsichtlich Zauberei oder des Branntweinverkaufs bei ihr.

Nach der Aussage Efraim Martins war Emma Lindroos kränklich und, was ihre Intelligenz betrifft, ziemlich unbegabt, weshalb sie selbst nicht solchen Unfug habe zustande bringen können, dessen sie angeklagt sei. Ganz unbegreiflich und ohne Grund schien Martin auch die Angabe, daß er und seine Frau in der Absicht Leute zu sich gelockt hätten, um ihnen dann Branntwein zu verkaufen, schon weil er, wie es auch dem Gericht wohl bekannt sei, überall in der Gegend in gutem Rufe stehe. Gerade deshalb sei er sehr viel in Anspruch genommen durch Vermögensaufnahmen, Kopierarbeit, durch Abschließen von Verträgen und durch Aufsetzen anderer gerichtlicher Schriften, wodurch er jährlich ein gutes Einkommen verdient hätte, welches jedoch jetzt, nachdem diese Spukgeschichte überall verbreitet sei, schon beinahe gänzlich aufgehört habe, da die Leute ihm nicht mehr vertrauten. Martin hatte aber in seinem Hause täglich eine große Menge neugieriger Leute empfangen müssen, welche, um den Spuk zu sehen, hergekommen waren. Diese Leute kannte er nicht immer, und obgleich er an ihrer Redlichkeit und an ihrer guten Absicht nicht zweifelte, konnte er doch nicht umhin, das Übernachten in seinem Hause zu verweigern. Diese Besuche waren mit manchen Unannehmlichkeiten verbunden, weil viele von den Besuchern sich zügellos gegen die beiden Eheleute und gegen ihr Dienstmädchen benahmen. Im Gegenteil hatten also diese durch die übernatürlichen Erscheinungen hergelockten zügellosen Leute den Eheleuten Schäden vieler Art angerichtet. Efraim Martin war sogar während einiger Zeit genötigt, das Haus zu verlassen und nach Tammerfors zu den Verwandten zu fahren, um Ruhe zu bekommen.

Weiter erklärten die Gatten, daß diese ungewöhnlichen Erscheinungen in ihrem Hause am 12. Januar 1885 begannen und am 27. Januar aufhörten. An diesem letztgenannten Tage war Glöckner Karl Frithjof Lindell und seine Frau in dem Spukhause gewesen, und diese erklärten sich als Augenzeugen merkwürdiger Begebenheiten.

Der Ankläger rief dann jene obenerwähnten wohlberufenen Leute als Zeugen an, von denen ein jeder nach dem Namensaufruf vor Gericht trat und seinen Zeugeneid schwor. Man erinnerte sie an die Wichtigkeit des Eides und forderte sie auf, die Wahrheit zu reden, und dann wurden sie, ein jeder einzeln, verhört.

Die Aussagen der Zeugen

1. Aussage des Schmiedes Gerhard Grönfors: Am Abend des 17. Januar 1885 besuchte der Zeuge mit Efraim Eerola und dem Schneider Gustaf Hellén Martins Haus und hatte bemerkt, wie eine Ahle plötzlich aus einer Ecke auf den Fußboden geworfen wurde, während Eva Martin im Bett lag; das Bett stand in der Richtung, von wo die Ahle geworfen wurde. Ob Eva Martin oder sonst jemand sie geworfen hatte, das konnte er nicht wissen. Damals waren nur die beiden Gäste im Zimmer, die beiden Gatten und das Dienstmädchen Emma Lindroos zugegen, die alle am Tisch saßen, als die Ahle aus der Ecke geworfen wurde. Dies geschah um 10 Uhr abends; danach bewegten sich ein Paar Schuhe auf dem Fußboden, jeder Schuh einer nach dem andern, auch ein älteres Psalmbuch wurde gegen die Tür geworfen, so daß es in dem ganzen Zimmer widerhallte. Der Zeuge konnte nicht sehen, daß irgendeiner von den Anwesenden diese Erscheinungen hervorgebracht hätte, und glaubte, daß Menschen überhaupt solche Bewegungen nicht hätten zustande bringen können, sondern daß dies durch irgendeine unbekannte, unerklärliche und unsichtbare Kraft geschehen sei.

Am Sonntag, dem 18. Januar, besuchte der Zeuge wieder Martins, und als weder einer von den beiden Gatten noch Emma Lindroos im Zimmer war, begannen die Kienspäne, die in der Ecke standen, zu hüpfen und umeinanderzutanzen. Zwei in der Ecke befindliche Brotstangen begannen auf dem Fußboden auf und niederzutanzen und schlugen gegeneinander. Die Frau des Martin kam gerade herein und nahm eine von den Brotstangen in ihre Hände und sagte: „Sei doch still!" Nachdem sie dies gesagt hatte, stellte sie die Brotstange in die Ecke und wandte sich ab. Trotzdem hüpfte die Brotstange noch dreimal und wurde dann auf den Fußboden geworfen. Alles das geschah bei vollem

Tageslicht vormittags, und der Zeuge hatte die Ecke gründlich untersucht und nichts Zweifelhaftes gefunden. Er bekam damals den Eindruck, den er durch Eid beteuern konnte, daß dies durch keinen menschlichen Einfluß geschehen war, sondern durch eine dem Zeugen unbekannte unbegreifliche Kraft oder durch ein Wunder. Er hatte nicht die Gatten Martin Branntwein verkaufen sehen.

Besonders befragt sagte der Zeuge, daß Martins Haus auf dem Berge gebaut und mit einer so niedrigen Grundmauer versehen sei, daß da kein Keller eingerichtet worden ist, wo sich irgendeiner verstecken und die Taten ausführen könnte.

Infolge des Zeugnisses erklärte das Ehepaar Martin, daß die Ahle von der Schublade des Tisches aus, wo sie gewöhnlich aufbewahrt wurde, geflogen sei.

2. *Aussage der Mathilda Grönfors:* Als die Zeugin an irgendeinem Tage im Monat Januar um 8 Uhr abends Martins mit Efraim Eerola und Helene Punala zusammen besuchte, waren im Zimmer das Ehepaar Martin und ihr Dienstmädchen Emma Lindroos und eine Menge unbekannter Männer. Dann wurde der Leuchter, vom Tische durch die Luft fliegend, gegen die Tür geschleudert, als handle es sich hier um eine unsichtbare Kraft, welche ihn trug. Die Zeugin war überzeugt davon, daß dies durch die Mitwirkung der Anwesenden nicht geschah. Sie besuchte nur diese einzige Mal Martins und merkte keinen Branntweinverkauf.

3. *Aussage des Efraim Eerola:* Vom 14. Januar an, d. h. während der ganzen in Frage kommenden Zeit, besuchte der Zeuge jeden Tag das Haus des Martin. Als er das erstemal dort am 14. Januar vormittags eintraf, merkte er, daß die Fensterscheiben mit Ton beschmutzt waren, ebenso die Möbel und der Fußboden. Er konstatierte jedoch keinen Schaden am Bewurf der Wände. Nachdem er die Fensterscheiben untersucht hatte, sah er, daß sie wie mit Seife beschmiert waren, jedenfalls nicht wie durch Menschenhand bestrichen. In Gegenwart des Zeugen sammelte sich zerbröckelte Tonerde wie durch den Einfluß einer unsichtbaren Hand in der Mitte des Fußbodens, ohne daß er sie hatte fallen oder werfen sehen; auch wußte er nicht, woher dieselbe kam. Zermalmter Ton sammelte sich im ganzen ungefähr drei Körbe voll, die man aus dem Zimmer wegtrug. Ton zeigte sich zweimal auf dem Fußboden, und jedesmal wurde derselbe gründlich gekehrt und der Ton weggetragen.

Als man besonders nachfragte, erklärte der Zeuge, daß das Zimmer wohl ziemlich undicht und rissig war, aber er beeidigte, daß der Ton nicht durch das Dach auf den Fußboden gefallen sein könne, weil solch eine große Menge Ton beim Fallen durch die Luft ohne Schwierigkeit zu sehen gewesen wäre. Weiter bemerkte der Zeuge, daß ein großes Messer sechsmal nacheinander durch die

Luft dicht an seinem Antlitz vorbeigesaust sei, ohne ihn zu verletzen. Er glaubte zuerst, daß das Messer aus einem Nebenzimmer geworfen worden sei und dann durch den Einfluß einer unbekannten Kraft sich hin- und herbewegt habe. Als er selbst seine Tabakpfeife auf den Tisch legte, wurde diese in die Luft geschleudert, wie auch die Wetzsteine sich in der Luft durch den Einfluß einer unsichtbaren Kraft zu bewegen begannen. Eines Tages sah der Zeuge, wie aus einer Schublade des Tisches, die wegen ähnlicher früherer Erscheinungen schon mit einem starken Strick festgebunden war, allerlei Sachen und Bücher herausgeworfen wurden, ohne daß die Schublade sich im geringsten öffnete. Eines Tages sagte man ihm, daß im Kuhstall die Füße der Schafe zusammengebunden seien, und als er hinging, um diese zu lösen, drehte sich die Klinke der Tür auf eine unerklärliche Weise um. Als er in das Wohnzimmer trat, lagen unter dem Tische Steine von ungewöhnlicher Art sowie die Brille des Efraim Martin, welche dorthin aus der Schublade des Tisches auf irgendeine Weise geschleudert worden war. Die Bogen der Brille waren zum Teil zerbrochen und wie verbrannt. Allerlei solche und auch eine Menge anderer Fälle, deren er sich nicht mehr im einzelnen erinnern konnte, sah der Zeuge jeden Tag, und er beeidete auch, daß diese Erscheinungen nicht durch den Einfluß menschlicher, sondern anderer, dem Zeugen unbekannter Kräfte oder Geister sich ereignet haben müssen.

Die Verklagten erklärten, daß der Bewurf an der Wand ihres Hauses zwar zum Teil lose sein könnte, aber daß es unmöglich wäre, daß dieser Bewurf derart hätte zu Staub zerfallen können, wie auch, daß man unmöglicherweise so viel davon hätte bekommen können, um drei so große Körbe damit zu füllen, wie Eerola schon angab. Efraim Martin erzählte noch, daß er kurz vor dieser vom Zeugen erwähnten Begebenheit, als er hinausging und seine Brille auf den Tisch legte, bei seiner Rückkehr sie zerbrochen und die Bogen verdreht gefunden hatte. Er zeigte sie vor, sie war zum Teil zerspalten, umgedreht und verbrannt.

Der Zeuge Eerola teilte dazu noch mit, daß er einmal, als er in der Bäckerei des Hauses gewesen war, eine große Menge Arzneiflaschen auf dem Tische sich sammeln sah, von welchen einige Säure und ähnliches enthielten. Die Flaschen begannen sich von selbst zu bewegen, und dann wurde ihr Inhalt auf den Tisch ausgeschüttet, wo derselbe zu zischen und zu sieden begann. Der Zeuge war auch am Ende der Spukzeit anwesend gewesen, als im Ofen Kochlöffel und andere Hausgeräte sich zeigten und dort verbrannten. Zeuge erklärte, daß unter dem Wohnhause des Martin kein Keller sei, woselbst man solche Sachen verstecken könne, weil das Haus auf einem Berge stand; auch hatte der Zeuge niemals nachgesehen, ob ein Unbekannter im Bodenraum versteckt gewesen wäre.

4. Aussage der Eva Eerola: Am 16. Januar, als sie zum erstenmal in der Bäckerei des Hauses war, sah sie, wie eine hölzerne Schale plötzlich auf den Fußboden ganz dicht vor ihre Füße geschleudert wurde; sie glaubte, daß Eva Martin, die gerade im Begriff war, Garn zu färben und dieses aus dem Kessel aufhob, keineswegs die Schale hatte werfen können. Am folgenden Tage, am 17. Januar, als sie wieder dort war, in der Bäckerei stand und ein Krachen aus der Stube hörte, ging sie hinaus, schloß die Tür hinter sich, worauf zwei Ziegelsteine mit großem Lärm gegen die Tür geworfen wurden. Damals war keine andere Person als Eva Martin im Zimmer, woselbst sie Lichter zog. Als die Zeugin wieder in die Stube zurückging, wurde ein großer Badequast durch die Tür hereingeworfen. Eva Martin hätte diesen nicht werfen können. Es gab gar keine Klappe zum Bodenraum, weder in der Wohnstube noch in der Bäckerei, ebensowenig wie einen Keller unter dem Gebäude, das auf einem Berge steht. Vor diesen Ereignissen hatte die Zeugin keine Ziegelsteine in der Bäckerei gesehen, aber danach merkte sie lose Ziegelsteine auf dem Ofen.

Die Zeugin beeidigte, daß alle diese Dinge durch den Einfluß einer ihr ganz unbekannten Kraft und durch keine menschliche Handlung sich ereignet hatten.

5. Aussage des Alku Eerola: Als der Zeuge einmal die Martins besuchte, merkte er, daß ein Kessel auf eine unbeschreibliche und ungewöhnliche Weise auf den Fußboden geschleudert wurde, ohne daß dieser z. B. mit einer Schnur versehen war. Als der Zeuge einmal ganz allein in der Bäckerei war, dann durch die Tür austrat und die Tür hinter sich schloß, wurde ein Stein mit furchtbarem Lärm gegen die Tür geworfen. An demselben Tage wurden auch aus der Schublade des Schreibtisches, welcher mit einer starken Schnur umbunden war, ohne daß die Schublade sich öffnete, Bücher und Papiere und bald danach Schreibzeuge auf den Fußboden herausgeworfen. An einer kleinen Dose gingen die Schrauben von selbst los, und auch von selbst sprang die Schnur ab, womit die Schublade zugebunden war, und wurde plötzlich unter dem Tische gefunden. Der Zeuge war ein paar Minuten draußen gewesen, im Zimmer blieb Emma Lindroos allein, aber während dieser kurzen Zeit hätte kein Mensch die Schnur lösen können, weil dieselbe sehr gründlich umgewickelt und an vielen Stellen geknotet und noch mit hölzernen Keilen gekeilt war. Der Zeuge gab an, daß er auch anwesend war und mit Gerhard Grönfors sprach, als die Kienspäne in der Ecke hüpften und die Brotstangen tanzten, und beeidete, daß dies alles so vor sich ging. Gründlich hatte der Zeuge dann die Ecke untersucht und nichts Verdächtiges, keine losen Balken, keinen Geheimgang, keine Schnüre oder ähnliches bemerkt. Eines Tages, als er in der Stube des Martin sich befand, sah er, daß ein Ellenmaß an der Wand sich wie ein Uhrpendel bewegte, aber nur nach einer Richtung, und bisweilen drehte es sich senkrecht gegen die Wand.

Auch dieses Ding hatte der Zeuge untersucht, ohne eine natürliche Erklärung für die Bewegung zu finden.

6. *Aussage der Wilhelmina Martha Henrikintytär:* Sie führte aus, daß sie am 24. Januar zusammen mit der Hausfrau Mariana Mäkkylä die Martins besuchte. Als Mariana in einem Buche blätterte, sagten die Verklagten: „Der Teufel hat es so beschmutzt." Mariana antwortete: „Der Teufel taugt nicht zum Schreiber." Danach hörten sie im Zimmer den Ruf: „Der Teufel gießt das Bier aus der Tonne." Mariana, die Zeugen und die Verklagten gingen in die Bäckerei und bemerkten, daß die Biertonne leer war. Ein Zuber war mit Bier gefüllt worden, und sie gossen das Bier zurück in die Tonne. Ein paar Minuten danach merkten sie, daß das obenerwähnte Buch entzweigerissen war. Das Buch war so dünn, daß es möglich war, es mit der Schere anzuschneiden, und die Zeugen sahen, daß es an zwei Stellen angeschnitten war. Emma Lindroos war während der ganzen Zeit in der Stube, auch als das Bier aus der Tonne ausgegossen wurde. Die Zeugen glaubten, daß es wohl möglich sei, daß Emma Lindroos das Buch zerschnitten hätte. Sie selbst ging in die Wohnstube, um Kienspäne zu holen. Als sie wieder zurück in die Bäckerei kam, um den andern das, was geschehen war, zu erzählen, und während sie nur eine halbe Minute in der Bäckerei blieb, wurden auf den Fußboden des Wohnzimmers zwei Bücher, eine Messerschneide und ein verdrehter Löffel sowie ein kleines Stück Schnur geworfen; innerhalb dieser Zeit war niemand im Wohnzimmer. Als sie durch den Hausflur ging, fiel ein Fitzfaden hinter ihr zu Boden. Sie glaubte, das wäre von selber geschehen. Eines Tages, nachdem sie mit Emma Lindroos in die Bäckerei ging, fiel ein Kübel vom Griff des Zubers hinunter. Die Zeugen stellten ihn wieder an den Griff des Zubers, und als sie wieder Lärm aus der Ecke hörten, gingen sie zusammen mit Emma Lindroos, um das zu untersuchen, und fanden, daß der Kübel wieder hinuntergefallen war. Die Zeugin beeidigte, daß Emma Lindroos keineswegs das Fallen des Kübels veranlaßt hatte.

7. *Aussage des Glöckners Lindell:* Am 27. Januar hatte der Zeuge zum erstenmal die Martins mit seiner Frau besucht, als, nachdem sie eine Weile gesprochen hatten, ein Stuhl mit den Füßen nach oben vor die Zeugen geworfen wurde. Anwesend waren damals Efraim Martin und Emma Lindroos, die auf einem auf dem Fußboden bereiteten Bett lag. Keiner von ihnen hätte den Stuhl werfen können, weil an demselben keine Schnur sich befand. Nach der Überzeugung des Zeugen war dies auf eine übernatürliche Weise geschehen. Ein äußerst zerlumpter Fausthandschuh, gefüllt mit Nadeln, wurde vor die Füße des Zeugen geworfen. Eva Martin gab an, daß man diesen Handschuh gewöhnlich hinter dem Fensterrahmen verwahrt hatte. Danach begann der Zeuge, über diese Ereignisse einen Brief für „Aamulethi" (Zeitung in Tammersfors) zu

schreiben; die Zeitung veröffentlichte das Schreiben nicht. Während des Gespräches mit Martin hörte man im Zimmer allerlei Lärm, weshalb er fragte, ob es nicht ein ruhigeres Zimmer gebe; dann gingen sie beide, Martin und er, in das am Ende des Hofes befindliche Gebäude, und beim Weggehen wurde ein Kienspankorb plötzlich ihm nachgeworfen, und zwar ganz leise, wie wenn dieser von einer unsichtbaren Kraft fortwährend getragen sei, und er berührte dem Zeugen die Seite. Aber hier, im andern Gebäude, konnte der Zeuge seinen Brief ruhig beenden. Als er wieder in die Wohnstube zurückkam, hörte er schon auf dem Hofe Lärm aus der Stube; dort waren aber nur Eva Martin und Emma Lindroos anwesend, von welchen jene in ihrem Bett noch wach lag und diese auf ihrem Bett am Fußboden wahrscheinlich schon eingeschlafen war. Er sah, wie der große, mit zwei Platten versehene Eßtisch seine beiden Platten gegeneinanderschlug, konnte aber nichts Verdächtiges bemerken. Als die Gattin des Zeugen und Efraim Martin ebenfalls eingetreten waren, begannen sich die Platten des Tisches mit noch größerem Lärm und noch schneller zu bewegen, daß es im ganzen Zimmer widerhallte. Als der Zeuge mit dem Knie die eine Platte gegen den Tisch drückte, schlug die andere noch härter. Dann beschloß man, die beiden Tischplatten mit einer Schnur festzubinden, und sicherheitshalber versah man die Schnur noch mit Keilen. Die Platten blieben jetzt unbeweglich, aber zwischen ihnen wurde ein ächzendes Geräusch gehört. Der ganze Tisch sprang dann 3 Zoll (7,5 cm) hoch in die Luft. Als man denselben in die Mitte des Fußbodens stellte, blieben auch die beiden Platten unbeweglich, obgleich die Schnur abgewickelt worden war. Weder Klappen noch lose Balken gab es am Fußboden, noch heimliche Schnüre, mit denen die Bewegung auszuführen gewesen wäre. Der Zeuge beeidete, daß die Erscheinung durch den Einfluß einer unsichtbaren Kraft sich ereignete. Emma Lindroos, welche die ganze Zeit in ihrem Bett lag, stand auf, als man den Tisch wieder auf seinen Platz zurückgestellt hatte, und rief: „Jetzt hat er auch mich angebunden", und begann, sich aus der Schnur zu lösen, die um ihren Leib gewickelt war. Der Zeuge konnte nicht sehen, daß Emma Lindroos selbst die Schnur um ihren Leib gewickelt hätte; sie war die ganze Zeit unbeweglich geblieben, schien eingeschlafen zu sein und sah krank aus. Der Zeuge wußte auch nichts von dem Branntweinverkauf und sagte, daß das Ehepaar Martin keineswegs Nutzen aus diesen Ereignissen ziehen konnte, sondern eher beträchtlichen Schaden hatte, weil täglich Leute in großer Menge in ihr Wohnzimmer sich eindrängten. Er sagte, daß er nur einmal während dieser Ereignisse bei Martin gewesen sei und daß die Unruhen dort schon 8 oder 9 Tage aufgehört hätten, als Emma Lindroos schwer erkrankte und von dort weggebracht wurde. Als der Schöffe Simola dem Dienstmädchen Emma Lindroos die Vorladung als Zeugin in dieser Sache übergab, war dasselbe schon von schwerer Brustkrankheit befallen. Schließlich hatte Lindell von einigen Personen gehört, wie neugierige, in die Stube eingetretene Personen spaßhaft ausgerufen hatten: „Sieh, nun ist der Teufel wieder los." Außerdem seien aus einer dunklen Ecke verschiedene Gegenstände geworfen worden. Emma Lindroos amüsierte sich auch später mit solchen Dingen. Der Zeuge glaubte, daß von diesen mißlungenen Späßen der Emma Lindroos eben das Gerücht herrührte, sie sei an diesen Erscheinungen beteiligt. Emma Lindroos war auch immer bereit zu bekennen, sie habe dies im Scherz getan.

8. *Aussage des Gustaf Hellén:* Er besuchte einmal das Haus Martins. Damals war auch Efraim Eerola anwesend. Eine gewöhnliche Holzsäge wurde mit großem Lärm vor die Füße des Zeugen auf den Fußboden geworfen. Er nahm die Säge auf, stellte dieselbe auf das Bett, aber noch einmal wurde diese auf den Fußboden geworfen. Obgleich schon Emma Lindroos damals am andern Ende des Bettes gesessen, hätte sie nicht die Säge werfen können, weil sie sich in der ganzen Zeit unbeweglich verhielt. Von hinten her wurde vor die Füße Efraim Martins ein Messer geworfen. Der Zeuge konnte nicht bemerken, daß irgendeiner von den Anwesenden es geworfen hätte. Als der Zeuge an dem einen Ende des Tisches saß, löste sich aus einem Leuchter ein Knollen, groß wie ein Hühnerei, und dieser Knollen wurde in die Luft auf eine unbegreifliche Weise geworfen, flog durch die Luft, berührte den Kopf der Emma Lindroos, von wo derselbe schief in entgegengesetzter Richtung zurückflog und dann vor den Füßen des Zeugen anlangte. Dann veränderte er noch einmal seine Richtung und rollte an den Füßen des Zeugen vorbei in eine Ecke des Zimmers. Das Zimmer war damals mit vielen Kerzen erleuchtet, so daß der Zeuge gut die ganze Erscheinung verfolgen konnte.

Als der Zeuge ein anderes Mal dort war, bewegten sich eine Ahle und Kienspäne in ungewöhnlicher Weise hin und her, worüber der Zeuge beeidigte, das sei nicht durch menschliche Kraft geschehen.

Der Zeuge war auch anwesend, als Gerhard Grönfors und Alku Eerola die von ihnen erzählten Erscheinungen bemerkten, wie die Kienspäne und Brotstangen in der Ecke auf dem Fußboden aufhüpften und das Ellenmaß, welches an der Wand hing, allerlei Bewegungen machte, wie es Gerhard Grönfors und Alku Eerola schon erzählt hatten.

9. *Aussage des David Danielinpoika Moisio:* Einige Male hatte er das Haus Martins besucht, aber gar nichts Unnatürliches gemerkt, was er beeidigen könnte.

10. *Aussage der Amanda Lindell:* Die Zeugin besuchte zusammen mit ihrem Gatten, Glöckner Lindell, das Haus des Martin und sah, daß ein Stuhl gegen ihren Mann geworfen wurde. Außerdem geschah alles das, was ihr Mann schon

erzählt hatte. Dazu ergänzte sie, daß, während ihr Mann und Efraim Martin in der andern Stube waren, drei alte Schuhe aus einer Ecke des Zimmers in die Mitte des Fußbodens geworfen wurden. Emma Lindroos, die in demselben Zimmer sich befand, hatte diese nicht geworfen. An den Wänden war der Bewurf abgefallen, und der Tisch begann eben mit seinen Platten gegeneinander zu schlagen, daß es im Zimmer widerhallte. Während das noch andauerte, ging die Zeugin hinaus, um ihren Mann und Efraim Martin zu holen. Als diese in das Zimmer traten, geschah alles so, wie ihr Mann es schon erzählt hatte. Die Zeugin wußte ebenfalls nichts vom Branntweinverkauf, sondern behauptete, daß die Martins immer ruhige und redliche Mitbürger gewesen seien.

11. Aussage des Karl Lindholm: Am 22. Januar besuchte der Zeuge das Haus Martins und sah damals einen Leuchter zweimal gegen die Tür fliegen, beim dritten Male gegen das äußere Ende des Zimmers. Er konnte nicht feststellen, von wo derselbe kam, aber er glaubte, daß irgendein menschliches Wesen den Leuchter nicht geworfen haben könnte, weil derselbe wie durch den Einfluß einer unsichtbaren Kraft sich in der Luft bewegte und um sich selbst drehte. Der Leuchter bewegte sich lautlos in Kreisen herumwirbelnd, immer aufrechtstehend. Dann hörte man unter dem Tische ein Rasseln. Zeuge bekräftigte durch Eid, daß irgendein menschliches Wesen weder den Leuchter hatte werfen können, noch daß derselbe etwa mit einer Schnur in der Luft aufrechterhalten worden wäre, sondern das Ereignis schien ihm übernatürlich zu sein.

12. Aussage der Helene Punala: Die Zeugin besuchte das Haus Martins während derselben Zeit wie Karl Lindholm und schilderte die Vorgänge ebenso wie dieser. Sie saß neben dem Tisch, von dem der Leuchter geworfen wurde, und sah also ganz deutlich, daß keine Menschenhand ihn hätte werfen können.

13. Aussage des Henrik Asuntila: Während der Spukzeit war er dreimal im Hause Martins gewesen. Beim ersten Besuch wurden Stücke aus Birkenrinde von einer Ecke aus in die Mitte des Zimmers geworfen; auf dieselbe unbegreifliche Weise Stücke aus Ton, ein Holzkloben, eine Ahle und zwei Leuchter, ohne daß der Zeuge hätte jemand bemerken können, der diese Sachen geworfen hätte. Zeuge beeidigte, daß kein Mensch solches hätte ausführen können, weil an der Stelle, von welcher die Gegenstände geworfen wurden, sich niemand aufhielt.

Ein anderes Mal, als der Zeuge dort war, rutschte ein Paar Stiefel auf dem Fußboden fort, ohne daß ein Mensch diese berührte. In einer Ecke bewegten sich Kienspäne und andere Gegenstände in Anwesenheit der Angeklagten, des Gerhard Grönfors, des Gustaf Hellén und des Alku Eerola sowie mehrerer anderer Personen.

Bei dieser Gelegenheit wurden die Brotstangen gegen den Fußboden geschlagen, wie das schon früher vorkam; das Bett wurde etwas in die Höhe gehoben, und das Ellenmaß an der Wand bewegte sich in merkwürdiger Weise. Branntweinverkauf konnte der Zeuge nicht bemerken.

14. Aussage des Karl Davidinpoika: Mehrmals hatte Zeuge das Haus Martins besucht, bisweilen ohne etwas Sonderbares zu sehen oder zu hören. Aber eines Abends, als es schon ganz dunkel war, wurde von einem Tische ein hölzerner Teller unter einen andern Tisch geworfen, obgleich kein Mensch in der Nähe des Tisches sich befand, so daß er den Teller hätte werfen können. Der Zeuge sah auch einen Leuchter in der Luft fliegen, und an einem Sonntagmorgen beobachtete er, wie zwei Stiefel, einer nach dem andern, in die Mitte des Fußbodens geschleudert wurden; ebenso hatten Kienspäne und Brotstangen sich hüpfend in Bewegung gesetzt.

15. Aussage der Josefina Lindroos: Innerhalb des Monats Januar war die Zeugin mehrmals im Hause Martins gewesen und hatte wahrgenommen, daß eine Zündholzschachtel sich durch die Luft von einer Wand des Zimmers nach der andern bewegte und dann, als sie gegen einen Fensterrahmen schlug, auf den Tisch niederfiel. Die Zeugin hatte genau beobachtet, wie die Schachtel sich zu bewegen anfing, denn sie saß neben dem Tische, und Emma Lindroos stand gerade neben ihr; also hätte diese nicht das Ding werfen können. Am folgenden Tage, als die Zeugin in den Hausflur ging, löste sich der Schlüssel aus dem Schlüsselloch und wurde mit großer Geschwindigkeit durch die Luft gegen die Zeugin geschleudert und fiel dann ihr zu Füßen auf den Fußboden. Zeugin hatte genau gesehen, daß der Schlüssel ohne menschliche Hilfe von selbst aus der Tür des Hausflurs sich loslöste, und bekundete, daß auch niemand in dem Hausflur sich befand. Ein anderes Mal hörte die Zeugin, wie eine Holzsäge von der Wand im Hausflur auf den Fußboden fiel, aber als sie, um nachzusehen, dorthin ging, sah sie nichts. Eines Sonntags stand die Zeugin neben dem Tisch im Hausflur und machte dann die Wahrnehmung, als ob jemand ihre Füße unter dem Tische von sich gestoßen hätte; unter dem Tische konnte sie jedoch nichts bemerken. Ganz in der nächsten Nähe der Zeugin verschwanden Schlüssel, welche man nirgends mehr fand, obgleich man dieselben immer wieder suchte.

Nach diesen Aussagen fanden sich der Zeuge Efraim Eerola und der Schöffe David Suojanen ein und berichteten, daß sie nach Vorschrift des Gerichts jene Steine, die im Hause Martins in die Luft geworfen wurden, untersucht hätten. Sie zeigten einige dieser Steine vor, ganz kleine Splitter, und Eerola gab die Erklärung ab, daß Steine dieser Art nirgends auf dem ganzen Gebiet des Landgutes Eerola zu finden seien, sondern daß die Geister sie möglicherweise aus dem Innern des Berges mitgebracht hätten.

Der Angeklagte Efraim Martin sagte noch aus, man erzähle allgemein, daß Emma Lindroos während der Spukzeit in seinem Hause allerlei Gegenstände geworfen habe, um auf diese Weise als ein unsichtbarer Geist erscheinen zu wollen. Dieses Gerücht, gab der Angeklagte an, hat einen gewissen Grund, weil sie manchmal abends, wenn viel Leute zugegen waren, aus irgendeiner Ecke Gegenstände herauszuwerfen pflegte und dabei sagte, der Teufel sei wieder los. Aber das, meinte der Angeklagte, hatte nichts mit der Sache zu tun, weil auch mehrere der Anwesenden auf dieselbe Weise Gegenstände geworfen hätten.

Nachdem man die Zeugen gehört hatte, erklärte der Ankläger, er wolle die Anklage nicht weiter aufrechterhalten. Somit wurden die Angeklagten sowohl im Untergericht am 24. März wie auch im Obergericht am 11. Juni 1885 freigesprochen. –

Berndt Erland Martin, der Sohn des Efraim Martin, lebt noch in der Stadt Tammerfors körperlich wie geistig völlig gesund, trotz seiner 79 Jahre. Am 3. Dezember 1921 besuchte ich ihn in seiner Buchbinderei. Von ihm bekam ich

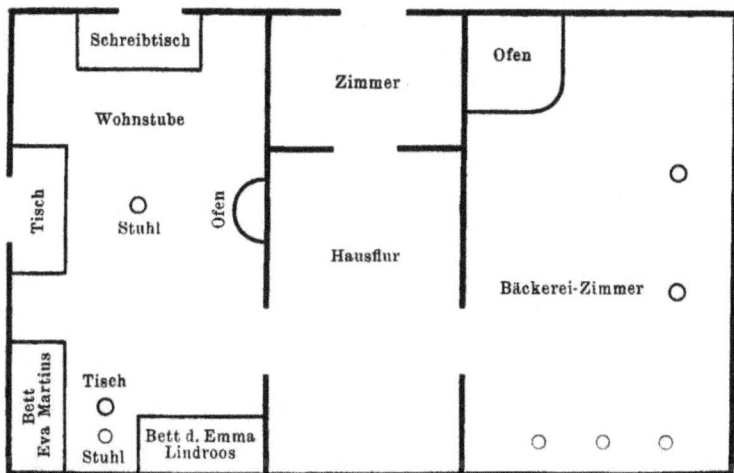

Abb. 1. Grundriß nach Berndt Martin.

den Auszug des Gerichtsprotokolls sowie den Grundriß des Hauses (Abb. 1). Beim Zeichnen des Grundrisses erzählte er mir einige Einzelheiten, die nichts Neues zur Sache brachten. Als er z. B. den Tisch zwischen den beiden Betten einzeichnete, sagte er: „Hier ist der Tisch, von wo die Bücher immer gegen die Wand geworfen wurden, nur die Bibel blieb immer an ihrer Stelle." Er war während der Spukzeit nicht im Hause seines Vaters. Die Erscheinungen hörten so gründlich auf, daß man später niemals etwas Ähnliches mehr bemerkte. Er erzählte weiter, daß sein Vater ein Mann war, welcher an keine Zauberei glaubte, und auch er habe niemals an solchen Spuk geglaubt, von dem das Volk überhaupt viel zu erzählen weiß. Aber diese Vorgänge waren nach seiner Meinung von Grund auf so sicher beobachtet, daß er an der Wahrheit derselben nicht zweifeln konnte. Später, als die Leute beständig zu ihm kamen und sich nach den Erscheinungen erkundigten, ließ er das Gerichtsprotokoll im Druck erscheinen.

Nur einen einzigen Menschen, der diese Erscheinungen selbst mit gesehen hat, habe ich noch am Leben getroffen. Das ist ein Landwirt, der ältere Emil Keso,

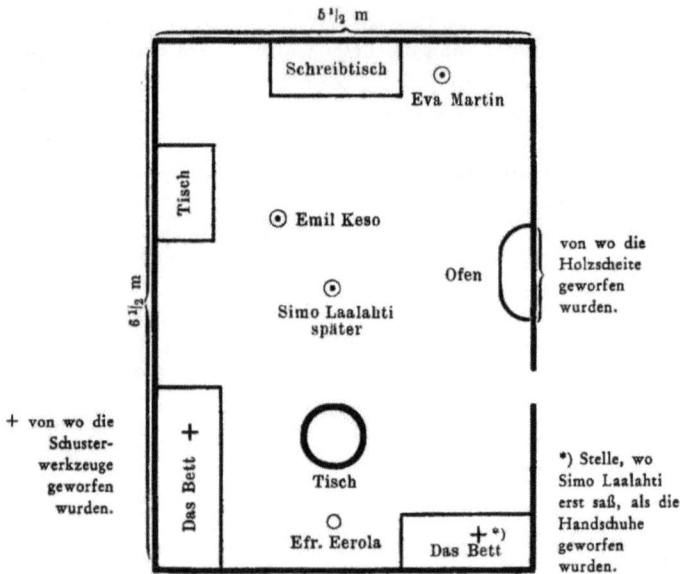

Abb. 2. Grundriß nach Emil Keso.

69 Jahre alt, in Aitolahti, in der Nähe von Tammerfors. Er erzählte mir, daß er zusammen mit einem Landwirt Simo Laalathi aus Aitolathi und dem obengenannten Efraim Eerola das Haus Martins besuchte (Abb. 2). Das war zwischen 3 und 4 Uhr nachmittags, die Beleuchtung im Zimmer war gut. Als sie sich gesetzt hatten, wurde der Fausthandschuh des Laalathi an die Seite des Keso ge-

worfen. Dann sagte Keso: „Warum beginnst du zu spaßen, obgleich wir gerade solche Späße zu vermeiden beschlossen?" Kaum hatte er dies gesagt, als auch der andere Handschuh neben ihn hinflog. Laalahti behauptete, daß er seine Handschuhe nicht geworfen hätte. Um alles so gut wie möglich zu beobachten, setzten sich die beiden in die Mitte des Zimmers auf Stühle. Plötzlich begannen dann Holzscheite vom Rande der Zimmerdecke aus vor Kesos Füßen herunterzufallen. Dieselben flogen einzeln dicht nacheinander, wie von einer unsichtbaren Kraft getragen, und als sie ihm zu Füßen fielen, glitten sie nicht ein Stück auf dem Fußboden dahin, wie man es erwartet hätte, sondern blieben auf der Stelle regungslos liegen, wie durch eine geheime Kraft zum Stehen gebracht. Im ganzen kamen von diesen Holzscheiten etwa zehn Stück an. Anwesend waren damals im Zimmer Eva Martin, Efraim Eerola und die beiden Landwirte. Er konnte sich nicht dessen erinnern, ob vielleicht auch Emma Lindroos im Zimmer gewesen wäre. Aus einer Ecke wurden bei dieser Gelegenheit auch Schusterwerkzeuge vor die Füße des Laalahti geworfen.

Das Gebäude, in welchem die Erscheinungen zu Beginn des Jahres 1885 sich ereigneten, steht nicht mehr an seiner alten Stelle, sondern wurde später nach dem Tode der Besitzer auf einen andern Platz dicht an die Landstraße, etwa 1¹/₂ km vom Kirchdorfe Ylöjärvi, versetzt, wo dasselbe, etwas verändert, auch gegenwärtig sich noch befindet.

Das Dienstmädchen Emma Lindroos, das in diesen Phänomenen eine wichtige Rolle gespielt zu haben scheint, war am 6. August 1871 geboren. Sie war also 13 Jahre alt, als diese Erscheinungen sich ereigneten. Sie starb schon, bevor das Urteil gesprochen war.

Schlußbemerkungen des Herausgebers dieses Berichtes

Die Spukerscheinungen von Ylöjärvi im Hause des Ehepaares Martin waren ganz ähnlich wie diejenigen in Hopfgarten [4] (Dauer 17 Tage) und in Dietersheim [5] auf eine relativ kurze Zeit (13 Tage) beschränkt. Während in Dietersheim ein neunjähriges Kind (in Verbindung mit seiner Mutter), in Hopfgarten eine schwerkranke Uhrmachersgattin in unmittelbarer Verbindung mit den eigenartigen Phänomenen standen, deuten die Ereignisse in Ylöjärvi auf mediale Fähigkeiten des dreizehnjährigen Dienstmädchens Emma Lindroos hin, da die Eheleute Martin wegen ihres hohen Alters (71 und 77 Jahre) kaum als Agenten in Betracht kommen.

4 Vgl. oben, S. 244 ff.
5 Vgl. oben, S. 242.

Emma Lindroos war damals 13 Jahre alt, sehr kränklich, ziemlich unbegabt, konnte wegen ihrer schweren Tuberkulose der Gerichtsverhandlung nicht beiwohnen und starb bald darauf.

Nach der Aussage des Glöckners Lindell scheinen durch die plötzlich einsetzende schwere Erkrankung der Emma Lindroos, welche nach den übereinstimmenden Bekundungen aller Zeugen während der kritischen Zeit vom 12. bis 25. Januar im Zimmer oder wenigstens im Hause anwesend war und ihrer Beschäftigung nachging, die Phänomene zum Stillstand gekommen zu sein. Das Mädchen mußte schon eine Woche nach Aufhören des Spuks in das Krankenhaus gebracht werden.

Der Zusammenhang der Geschehnisse mit der Abwesenheit der dreizehnjährigen Emma Lindroos ist zu auffallend, um übersehen werden zu können. Wahrscheinlich brachte sie unbewußt als physikalisches Medium den Spuk zustande, der mit ihrer schweren Erkrankung bzw. mit ihrem Verlassen des Hauses gänzlich aufhörte.

Die Phänomene selbst charakterisieren sich größtenteils als Wirkungen, wie sie durch menschliche Hände hervorgebracht werden. Das Zustandekommen eines Teiles derselben erscheint zu kompliziert, um rein physikalisch, also als bloße mechanisch-telekinetische Leistungen, aufgefaßt werden zu können. Die Bewegungserscheinungen sind psychisch bedingt und gelenkt.

Manifestationen einfacherer Natur sind z. B. das in Bewegungsetzen im Zimmer befindlicher Gegenstände, das Werfen derselben, wie z. B. von Holzstücken, Schuhen, Stühlen, Zündholzschachteln, Büchern, Löffeln, Messer, Kerzen, Leuchtern, Ziegelsteinen, Tabakpfeifen, das Aufeinanderschlagen von Tischplatten usw., sowie das Aufrechtstellen einer an der Wand hängenden Elle. Zu einer schwierigeren Klasse von Erscheinungen sind kompliziertere Manifestationen zu rechnen, zu denen das Aufspringen wiederholt verschlossener Türen gehörte, sowie das Herauslangen von Gegenständen aus verschlossenen Behältern, z. B. von im Zimmer verstreuten Schriftstücken aus der verschlossenen Schreibtischschublade, ferner der Apport größerer Quantitäten von Tonerde, Birkenrinde, von Ziegeln usw. in das Zimmer, das Umschütten des Inhaltes von Arzneiflaschen, das Umfüllen von Bier aus einem Faß in einen Zuber, die schwebende Bewegung eines Leuchters in aufrechter Stellung, das Herausziehen eines Schlüssels aus der Tür usw.

Außerdem werden von den Zeugen eine Anzahl von Handlungen schabernackartiger oder schädlicher Tendenz berichtet, das Zerschneiden und Zerreißen eines Buches, das Verbrennen von Gebrauchsgegenständen im Ofen, das Zusammenbinden der Füße eines Schafes im Stall, das Umwickeln der im Bett liegenden Emma Lindroos mit einer Schnur usw.

Mehrere Zeugen versichern, daß die Abwurfstelle sowohl von der anwesenden Familie Martin als von der Emma Lindroos entfernt gewesen sei, so daß dieselben nicht als Täter in Betracht gezogen werden könnten. In einzelnen Fällen traten die Ereignisse in dem Wohnzimmer ein, obwohl keine der angeklagten Personen in demselben anwesend war. Sämtliche 15 Zeugen versichern auf ihren Eid, daß die Hausbewohner und ihr Dienstmädchen nicht die Phänome veranlaßt hätten, besonders weil ein großer Teil der mysteriösen Bewegungserscheinungen sich unter der optischen Kontrolle der Zeugen abspielte und auch seinem Wesen nach unter den vorhandenen Bedingungen überhaupt nicht durch Menschenhand bewerkstelligt werden könne, wie z. B. die schwebende Bewegung des aufrechten Leuchters, die Änderung der Wurfrichtung bei geworfenen Gegenständen, sobald dieselben das Medium berührten, das Hervorbringen von Briefen aus der verschlossenen Lade des Schreibtisches usw.

Das Ehepaar selbst erlitt großen materiellen Schaden durch diesen Unfug und hätte kaum ein Interesse gehabt, den müßigen und neugierigen Zuschauern Wunder vorzugaukeln. Die dreizehnjährige Lindroos aber machte einen kränkelnden, geistig zurückgebliebenen Eindruck, lag auch bei einzelnen Vorkommnissen schlafend im Bett und wurde sogar einmal dort mit einer Schnur umwickelt.

Allerdings hat sie sich ebenso wie andere Zeugen mitunter einen Spaß damit gemacht, diese Phänomene künstlich durch Werfen von Holzstücken zu imitieren, um die Leute zu erschrecken und den „Geist" darzustellen. Sicherlich würden wohl die meisten Menschen gegenüber so rätselhaften Vorgängen zunächst festzustellen suchen, wie weit man mit normalen Mitteln derartige Spukphänomene zustande bringen kann. Solche Spielereien und Experimente sind jedoch nur verdachterregend, verlieren aber jede Bedeutung, sobald der Verlauf der Spukphänomene sich so genau kontrollieren läßt und seinem Wesen nach eine mechanische Inszenierung ausschließt, wie im vorliegenden Falle.

Meist spielen sich die Ereignisse bei Lampen- und Kerzenlicht ab; aber nicht selten konnten sie bei hellem Tageslicht beobachtet werden.

Die Zeugenaussagen selbst machen ausnahmslos den Eindruck der Aufrichtigkeit, wenn auch gewisse suggestive Fehlerquellen und Übertreibungen wohl kaum auszuschließen sind. Jedenfalls ergänzen dieselben sich zu einem den Tatbestand umfassenden Gesamtbilde, welches für die Echtheit der berichteten Spukerscheinungen unter Ausschluß normaler menschlicher Mitwirkung spricht.

Die geschilderten Phänomene selbst sehen den in der Literatur zahlreich berichteten ähnlich wie ein Ei dem andern. Telekinetische Leistungen, Durchdringen der Materie, Apport von Gegenständen in geschlossenen Räumen (und aus denselben heraus) und vor allem der schabernackartige Charakter mancher Manifestationen kehren in dieser Darstellung – man kann fast sagen in monotoner Weise – immer wieder, so daß auch dieses Gebiet auf ganz bestimmte Klassen heute noch unaufgeklärter Naturvorgänge beschränkt erscheint, die als identisch mit den Äußerungen des physikalischen Mediumismus anzusehen sind.

Auch der Fall von Ylöjärvi scheint, wie schon oben erwähnt, ein Medium in dem dreizehnjährigen Dienstmädchen Emma Lindroos zu besitzen, wie im Spuk von Resau der fünfzehnjährige Karl Wolter als Agent festgestellt wurde, im Spuk von Dietersheim das neunjährige Kind der Dienstmagd, im Spuk von Hopfgarten die im Dämmerzustand befindliche Frau Sauerbrey usw.

Für die Erklärung des Spuks konnte von den Zeugen eigentlich nichts Stichhaltiges vorgebracht werden. Die meisten erblicken in demselben das Spiel unbekannter Naturkräfte. Keiner derselben spricht die Ansicht aus, es könne sich um eine Einwirkung verstorbener Personen handeln.

Wohl aber drängt sich jedem, der solche Spukphänomene ohne Voreingenommenheit studiert, der Eindruck auf, als seien diese auch mit dem täglichen Leben der Hausbewohner zusammenhängenden Wirkungen etwa durch ein unwahrnehmbares Lebewesen hervorgebracht, bzw. durch Projektion vitaler extorisierter Kräfte des Mediums, das imstande sein müßte, diese in den engen Kreis der täglichen Beschäftigung gehörigen Hantierungen durch eine Art unabhängiger Doppelgänger vollbringen zu lassen. Die Handlungen selbst sind kindisch, läppisch, vollziehen sich durchweg an den Gegenständen des täglichen Bedarfes und der täglichen Umgebung, ihr geistiger Wert entspricht durchaus der Mentalität der Hausbesitzer oder vielleicht nur derjenigen des wenig begabten, dreizehnjährigen ungebildeten Mädchens. Wenn z. B. ein Schlüssel vor den Augen eines Zeugen herausgezogen wird oder der Leuchter sich in der Luft umdreht, um dann in aufrechter Stellung die schwebende Bewegung fortzusetzen, so kann man in diesen Wirkungen unmöglich das blinde Walten physikalischer Naturgewalten annehmen, sondern hier muß ein wenn auch nicht erkennbarer intelligenter Urheber vorhanden sein. So zeigen auch eine Reihe von Vorgängen die boshafte Absicht, den Bewohnern Schaden zuzufügen; die Handlungen verfolgen also auch einen bestimmten Zweck. Man könnte hier an unbewußte Antriebe in der hysterischen Psyche denken: Aufsehen zu erregen, sowie mutwillige Zerstörungen und Beschädigungen im Hause hervorzurufen. Die sämtlichen beobachteten Wirkungen passen in der Voraussetzung, daß Menschenhände sie hervorgebracht hätten, durchaus in den Rahmen des psychopathologischen Symptomenkomplexes der Hysterie. Man weiß, daß raffinierte Kranke dieser Gattung zum Betrug, zur Simulation und zur Durchführung der allerkompliziertesten Handlungen fähig sind, sowie irgendeinen Tatbestand vortäuschen können, der vielleicht nur ihrem Zerstörungstrieb oder ihrem Wunsche, Aufsehen zu erregen, entspricht. Somit ist es kein Wunder, wenn die bisherige Rechtsprechung dem Motive eine größere Wichtigkeit beimißt als dem Moment der mechanischen Durchführung solcher Betätigungen eines groben Unfugs. Für die parapsychologische Forschung kommt es aber nicht nur auf die Psychogenese der Spukphänomene an, sondern ebensosehr auf die Art ihres Zustandekommens. Das objektive vergleichende Studium derartiger mysteriöser Vorkommnisse – wie sie beinahe jeden Monat aus irgendeinem Orte durch die Presse gemeldet werden – führt zu der Erkenntnis, daß in fast allen Fällen Manifestationen berichtet werden, die außerhalb der Wirkungsmöglichkeit der beteiligten Personen zu liegen scheinen, demnach supranormalen Ursprungs sein müssen.

Auf die Übereinstimmung bzw. die direkte Identität der Spukerscheinungen mit dem physikalischen Mediumismus – als deren spontane Äußerungen bei anfallsweiser Exteriorisation vitaler Kräfte sie aufgefaßt werden können – ist immer wieder von mir und anderen Autoren hingewiesen worden. Sie bieten deswegen eine wichtige Ergänzung zum Studium dieses Zweiges der Parapsychologie. Daher sollten berufene Gelehrte, Ärzte und naturwissenschaftlich vorgebildete Personen, denen der Zufall Gelegenheit bietet, Spuk beobachten zu können, die einzelnen Vorkommnisse sorgfältig protokollieren, analysieren und dieselben auf jede mögliche Weise durch Zeugen oder auch, wenn möglich, durch Registrierapparate (Photographie usw.) festzustellen suchen, um sie dann in den Fachzeitschriften zu publizieren. Ein solches kritisch geprüftes und gut gesichtetes Beobachtungsmaterial könnte nur dazu beitragen, etwas mehr Licht auf dieses interessante Gebiet bisher unerklärlicher Phänomene zu werfen.

Spukphänomene bei Johanna P.[1] *– Nach den Berichten*
von Augenzeugen

Einleitung

Im Januar 1922 begab sich der Pfarrer von Lieserbrücke (in Kärnten) zu der Frau des dortigen Chefarztes Dr. Fasan an der Heilanstalt Marienheim und teilte ihr mit, daß er zum Wirt Grud in Lieserbrücke gerufen sei, weil es dort in einem Zimmer, in dem zwei junge Mädchen schliefen, spuke. Nach dem Bericht des Wirtes sah dieser einen Tisch sich von selbst bewegen, einen Sessel sich von selbst erheben. Der Spiegel an der Wand pendelte hin und her. Merkwürdige Lichterscheinungen bei Tag und Nacht wurden wahrnehmbar. Frau Fasan, die sich sehr für die Sache interessierte, besuchte einige Male das Haus, und es gelang ihr auch, das eine oder andere Phänomen selbst zu beobachten, worüber sie sich brieflich ausführlich ausgesprochen hat. Sie sagt u. a. in einem Schreiben vom 5. Januar 1922: „Einmal sah ich, wie ein Sessel, ohne daß sich ihm jemand näherte, sich etwa 30 cm vom Boden erhob und nach einigen Sekunden heftig auf seine Füße zurückfiel. Gestern war ich in der Küche ein paar Minuten anwesend; plötzlich fiel ein großes Sieb von einem Kasten ohne äußere Ursache auf den Küchenboden. Ich wandte mich zur Tür; im selben Moment flog eine Kaffeeschale von einem breiten Küchentisch klirrend zu Boden. Der gestrige Tag war so arg, daß die Hausfrau auf sofortiger Entfernung des Mädchens bestand. Denn die Dienstherrin hat im Laufe der letzten Tage sehr viel Porzellan, Vasen, Krüge, Teller usw. eingebüßt. Auch sollen die Schläge, welche nachts das Haus erschüttern, furchtbar sein. Ganz Lieserbrücke ist Zeuge für diese außergewöhnlichen Vorgänge. – Ich nahm das Medium eine Nacht in unser Haus; doch alles blieb ruhig, während in den bisher von ihr bewohnten Räumen sich alles mögliche ereignet; so z. B. Klopftöne auf den Fußböden, am Gesindeeßtisch. Ferner wurde ein schweres, mit einem Haken verankertes Eisengewicht von einer Waage heruntergeworfen. Wenn man es wieder an seinem Platz befestigt, wird es sofort von neuem heruntergeschleudert. Auch der Pfarrer, ein gebildeter, vertrauenswürdiger Mann, hörte, als er einmal in der Küche saß, einen starken Schlag in nächster Nähe, durch welchen eine Beule in dem emaillierten Küchentopf entstand, so daß die Splitter herumflogen. Eine Schachtel mit Kaffee wurde in einen in der Speisekammer stehenden Butterteig geschleudert. Den Hausleuten wurden diese Ereignisse von Tag zu Tag unheim-

---

1 Vorgetragen in der Münchner Gesellschaft für metapsychische Forschung in der Sitzung am 13. Februar 1923. Erstmals erschienen in den „Psychischen Studien", Mai/Juni 1923.

licher, besonders die nächtlichen Ruhestörungen, so daß sie sich entschlossen, das Mädchen zu entfernen.

Johanna P. ist 15 Jahre alt, Waise, Vater unbekannt, Mutter war in Graz bedienstet. Das Kind war 9 Jahre alt, als die Mutter starb. Ein Aufruf in einer Zeitung veranlaßte eine Frau, die ein kleines Häuschen in Lieserbrücke besitzt, dieses Mädchen zu sich zu nehmen. Sie wurde dort schlecht, ja unmenschlich behandelt; viel geschlagen. Das Kind entfloh aus Angst und versteckte sich im Heu bei einer Wirtin, Frau Grud, die das Mädchen aus Mitleid und Herzensgüte bei sich aufnahm.

In einem weiteren Schreiben erklärt Frau Fasan, es sei absolut ausgeschlossen, daß das Werfen durch Schwindel zustande käme, weil man das Mädchen während der Vorgänge sehr oft beobachtet, d. h. nicht aus dem Auge gelassen habe. „So kontrollierte ich es selbst", schreibt sie, „bei starken Schlägen an eine Tür, beim selbständigen Bewegen von Tischen, Bildern, Stühlen, Spiegeln, die auch herunterfielen und zerbrachen. Zwei Tage und Nächte läutete eine Glocke im Stall, die einen Klang hatte, wie wenn sie mit einem Tuch umwickelt sei. Die Dorfbewohner hörten das Läuten, obwohl eine Glocke im Stall gar nicht vorhanden war. Auch wurden von zahlreichen Personen im Stall Lichterscheinungen wahrgenommen sowie ein Hin- und Herpendeln der aufgehängten Stalllaterne. Das Erheben des Stuhles fand 2 m von mir und 2 m vom Medium entfernt statt, bis auf 30 cm vom Boden. Außer mir waren noch sechs Menschen im Zimmer anwesend. Da es dunkel war, so wurden während der Phänomene Stuhl und Medium mit einer elektrischen Taschenlaterne beleuchtet. Wir bildeten nun eine Kette, legten die Hände auf den Tisch und nahmen Johanna in unsere Mitte. Da ich in der Ecke des Zimmers einen Haufen Maiskörner hatte auf dem Boden liegen sehen, so fragte ich, ob es möglich sei, die Maiskörner auf den Tisch zu werfen. Nach kurzer Zeit wurde mein Wunsch prompt erfüllt. Niemand war außer den am Tisch sitzenden Personen im Raume, das Medium wurde an beiden Händen gehalten, so daß ein Betrug gar nicht in Frage kommen konnte. Mein Sohn, Dr. med., hatte mich einige Male zu dem Mädchen begleitet und sich ebenfalls überzeugt."

Johanna P. verließ das Haus des Wirts, um in den Dienst einer Familie in Villach zu treten. Mit ihrer Abwesenheit hörte jedes Spukphänomen im Hause des Wirtes auf.

„Vielleicht ist auch folgendes Ereignis von Interesse (Brief vom 5. Februar 1922). Einmal mußte das Mädchen in einem 1 km vom Spukhaus entfernten Ort die Nacht verbringen. Um 5 Uhr früh erfolgte im Spukhause ein heftiger Schlag, so daß alle Hausbewohner erwachten. Als man Johanna befragte, gab sie an, sie sei um 5 Uhr früh aufgewacht und habe lebhaft an ihr Wohnzimmer gedacht, in dem sie ihre Sachen für die bevorstehende Reise einpacken müsse. Sie sei dann wieder eingeschlafen.

In der Nacht vor ihrer Abreise nach Villach in ihren neuen Dienstplatz ertönten heftige, starke Klopflaute, der Deckel ihres Koffers wurde fortwährend auf- und zugeschlagen und alle Gegenstände auf dem Hausflur (Gewichte, Kannen usw.) rollten hin und her. Johanna freut sich auf ihren neuen Dienst, in dem sie nur die Verrichtungen eines Stubenmädchens zu besorgen hat. Außerdem hatte man ihr eine schwarze Masche (Schleife) für das Haar versprochen. Nach der Abreise des Mädchens blieb im Spukhause alles ruhig.

Nach kurzer Zeit verließ Johanna P. ihren neuen Dienst in Villach und kehrte in ihre Heimat zurück, indem sie von einem Eisenbahnheizer in sein Haus aufgenommen wurde. Alsbald begannen auch dort Teller und Schüsseln zu fallen, ebenso stürzte ein Spiegel von der Wand, Stühle bewegten sich, so daß sie anfing, den Hausleuten unbequem zu werden. Die Erscheinungen zeigten sich hier hauptsächlich in den Morgenstunden, während das Mädchen noch im Bett lag. So fiel ein Bild, das an der dem Bett des Mädchens gegenüberstehenden Wand hängt, dreimal herunter, wobei das Glas zerbrach. Von einem hohen Schrank fiel eine Flasche mit Weihwasser herunter, zerbrach aber nicht, sondern ergoß den Inhalt auf den Fußboden."

Frau Dr. Fasan berichtet dann weiter in ihrem Schreiben vom 17. Februar 1922:

„Vorgestern abend war das Mädchen bei mir in dem Sanatorium zu einer Sitzung, an der fünf Personen teilnahmen. Wir bildeten eine Kette um den Tisch. Das Mädchen wurde gehalten. Alsbald traten knisternde, raschelnde und klirrende Geräusche ein, im Trumeau zwischen den beiden Fenstern, in einem Stoß Zeitungen und auf dem Marmor. Darauf fielen in einer Entfernung, die außer der Reichweite der am Tische Sitzenden war, nacheinander Zeitungen und Bücher zu Boden. Das Licht wurde ein- und ausgeschaltet. Zwei Blumentöpfe rutschten ruckweise heran. Mein Wunsch, daß irgend ein Gegenstand auf den Sitzungstisch herübergegeben würde, erfüllte sich sofort. Denn der Arbeitskorb der Hausherrin erschien plötzlich auf dem Tisch. – Sobald der skeptisch eingestellte Ehegatte im Zimmer erschien und an der Sitzung teilnahm, ereignete sich nichts mehr, außer heftigen Klopftönen im Tisch."

Bald nach dieser Zeit kam Johanna in das Haus des Linienschiffskapitäns a. D. *J. Kogelnik* nach Braunau a. Inn, der im nachfolgenden seine Erlebnisse berichtet hat.

Als Ergänzung zur Vorgeschichte dieses Mädchens sei noch bemerkt, daß unter Leitung des Oberlehrers Dr. Wilhelm Huditz (Villach) sich eine Kommission nach Lieserbrücke bei Spittal begab, um den Fall zu untersuchen.

In einem Schreiben an den Verfasser vom 20. Februar 1922 berichtet Huditz, daß die beobachteten Phänomene einwandfrei unter zwingenden Kontrollbedingungen festgestellt worden seien, und zwar Telekinese, Lichtphänomene und Materialisation. Dieser Gewährsmann erwähnt auch die massenhaften Zerstörungen, die durch die mediumistische Energie des Mädchens entstanden seien.

Spukphänomene in Gegenwart der Johanna P. in Braunau (a. Inn)

Beobachtet und berichtet vom Linienschiffskapitän a. D. *Kogelnik*[2]. Übersetzt aus „Psychic Science" (Dezember 1922) von Dr. med. *Lebrecht.*

Im Januar d. J. erfuhr ich durch eine österreichische Zeitung und auch durch persönliche Briefe, daß in Lieserbrücke, einem kleinen Ort in Kärnten, seltsame Dinge geschahen, die die Gemüter dieser einsamen Gemeinde, deren Lebenslauf bislang, ohne durch außergewöhnliche Ereignisse gestört zu werden, verlaufen war, aufregten. Das einsame Wirtshaus von Lieserbrücke war Schauplatz überraschender Ereignisse, wovon die Nachrichten sich bald über das Land verbreiteten und Aufregungen und Unruhe verursachten. Flaschen, Schüsseln und Teller wurden in der Küche des Wirtshauses umhergeworfen, Glocken wurden geläutet, Steine flogen; und das alles geschah von unsichtbaren Händen. Das Wirtshaus wurden bald Anziehungspunkt für viele, die das Wunder sehen wollten. Zuerst konnte man sich keine Erklärung denken, aber bald entdeckte man eine Verbindung zwischen den Phänomenen und einem Mädchen von ungefähr 15 Jahren, das in dem Wirtshaus bedienstet war. Die Phänomene waren offenbar von ihrer Gegenwart abhängig. Das Mädchen selbst schien nichts davon zu wissen und war ärgerlich über die Anklage, weil sie fürchtete, ihre Stellung zu verlieren, wenn man sie für die Ursache so vieler Unruhe und Störungen hielte. Aber die Tatsache ließ sich nicht leugnen, denn nach Entlassung Johannas hörten

2 Kapitän Kogelnik hat jahrelang die okkulten Phänomene studiert und mit seiner Frau der Entwicklung eines physikalischen Mediums beigewohnt, das in Zukunft wahrscheinlich sehr bekannt werden wird. *Zusatz:* Es handelte sich um Willy Schneider. (S. oben S. 163 ff., vor allem aber Schrenck-Notzing, „Experimente der Fernbewegung", Stuttgart 1924.) Kapitän Kogelnik hatte Schrenck-Notzings „Materialisationsphänomene" gelesen. Als die Phänomene Willys in Braunau allgemeines Aufsehen erregten und er sich von ihrer Echtheit überzeugt hatte, schrieb den Kapitän dem Münchner Gelehrten darüber, der alsbald an Ort und Stelle sich selbst die Phänomene ansah. Er mietete ein Laboratorium im nahen Simbach und betreute den Kapitän mit der Ausbildung Willys zu einer wissenschaftlichen Versuchsperson. Vgl. J. Kogelnik: „Willy Schneider", Psychic Science (Quarterly Transactions des (alten) British College of Psychic Science, vol. XVI, no. 3 und 4, Oktober 1937 und Januar 1937; die Schweizer „Neue Wissenschaft", 3. Jahrg. H. 11/12, November/Dezember 1953: „Willy Schneider. Entdeckung und Entwicklung seiner Mediumschaft; ferner Gerda Walther, „Zum anderen Ufer" (Remagen 1961) S. 447 ff. G. W.

die Phänomene vollkommen auf. Das Mädchen nahm andere Stellen an, in denen jedesmal ähnliche Ereignisse zustande kamen. Sie wurde bald Gegenstand allgemeiner Aufmerksamkeit, aber niemand wollte sie wegen des Schadens, der überall, wohin sie kam, angerichtet wurde, lange behalten.

Ich nahm diese Konstatierungen mit der größten Reserve auf, obgleich mein Bruder, der in der Gegend dieses Dorfes wohnt, sich für ihre Wahrheit verbürgte. Das Notwendigste war, des Mädchens selbst habhaft zu werden. Dies gelang mir, und sie trat am 14. März 1922 in meinem Haus eine Stelle als Dienstmädchen an. Ich engagierte sie nicht nur aus Wißbegierde, sondern aus dem praktischen Grunde, weil meine Frau in zartem Gesundheitszustand und ohne Bedienung war. Hannie, das in Frage kommende Mädchen, war eine Waise und hatte Mühe, eine Stellung zu finden, die zu ihren neuentdeckten Fähigkeiten paßte. Ich engagierte sie, obgleich ich mir vollkommen bewußt war, daß das Engagement im Hinblick auf etwaigen Verlust oder Schaden, den man nach den früheren Berichten erwarten konnte, ein Risiko sein mußte. Aber ich hoffte, daß bei vorsichtiger Behandlung des Mädchens – und diese würde sie bei meiner Frau jedenfalls finden – irgendwelche Unannehmlichkeiten vermieden werden könnten.

Ich fand Hannie intelligent, physisch gut entwickelt, ohne Abnormitäten, aber zurückhaltend und mißtrauisch, wie es zu erwarten war.

Sie konnte sich kaum ihrer Eltern erinnern; ihre Mutter war schon lange gestorben, und seit 7 Jahren hatte sie von ihrem Vater nichts mehr gehört, der vielleicht auch schon gestorben ist. Sie stand mit keinem Menschen in vertrauter Beziehung. Es übernahm auch niemand die Verantwortung für sie. Es schien, als ob dieses arme Mädchen während der 15 Jahre ihres Lebens nicht die Wärme menschlicher Freundschaft gekannt hat. So war sie selbständig herangewachsen und in großer Armut.

„Omnia mea mecum porto" hätte ihre Antwort sein können, als ich sie nach ihrem Eigentum fragte; aber sie schwieg aus Scham. In unserm Hause tat sie ihre Pflichten sehr zufriedenstellend und erwies sich als willig und aufmerksam. Allmählich begann sie, uns zu vertrauen. Wir sprachen selten von okkulten Ereignissen vor ihr und hüteten uns, die okkulten Fähigkeiten zu erwähnen, welche man ihr zuschrieb, sondern wünschten, daß alles sich ohne Suggestion oder irgend einen Einfluß von uns entwickeln sollte. Das Mädchen war den ganzen Tag mit ihrer Arbeit vollauf beschäftigt und hatte weder die Zeit noch augenscheinlich das Interesse für das Studium okkulter Probleme. Sie hatte auch keinen Grund, anzunehmen, daß wir diese Fragen verfolgten, da sie uns nur mit dem täglichen Leben des Haushaltes beschäftigt sah.

Eines Tages jedoch – ich denke am vierten oder fünften nach ihrer Ankunft –

entdeckte ich auf dem Boden der Hausdiele etwas Wasser ausgeschüttet (siehe Plan des 1. Stocks Abb. 1). Die kleine Pfütze von 200 bis 300 ccm war ein wenig von der Wand entfernt zwischen den Türen, die mit a und b bezeichnet sind.

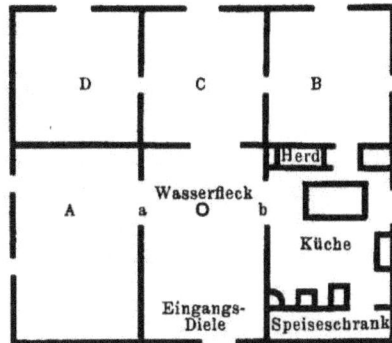

Abb. 1. Plan des 1. Stocks.

An diesem Nachmittag befanden wir uns, meine Frau und ich, zu Hause, und Hannie war in der Küche beschäftigt. Als ich durch die Halle ging, sah ich das Wasser und ermahnte Hannie, beim Wassertragen sorgfältiger zu sein und das Verschüttete sofort wieder aufzuwischen. Das Mädchen sah das Wasser erstaunt an und erklärte, sie habe es nicht ausgeschüttet.

Ich wünschte wegen solch einer Kleinigkeit keine weitere Untersuchung anzustellen, befahl ihr also nur, es aufzutrocknen. Aber genau dasselbe geschah am nächsten Tag, und wieder wurde Hannie ermahnt, diesmal ernsthafter. Am dritten Tag geschah dasselbe unter Umständen, die eine gewisse Kontrolle des Vorganges gestatten. Um 5 Uhr nachmittags ging ich durch die Halle auf meinem Weg von Raum A durch die Küche zu Raum B, in welchem sich meine Frau befand. Die Tür zwischen der Küche und Raum B war weit offen und meine Frau sprach mit Hannie, die nahe dem Fenster vollkommen sichtbar dastand. Nach einigen Minuten kehrte ich zu A auf demselben Wege zurück und entdeckte beim Betreten der Diele wieder die wohlbekannte Wasserpfütze genau an dem Platz, wo sie das vorigemal gewesen war. Ich erzählte das augenblicklich meiner Frau, die mir versicherte, daß sie die ganze Zeit, während der ich mich in Raum B befand, Hannie unter ihren Augen gehabt hätte. Entweder also müssen meine Frau und ich einen Augenblick lang geistig abwesend gewesen sein, so daß es Hannie möglich war, uns zu täuschen, oder die Angelegenheit entbehrt einer normalen Erklärungsmöglichkeit. Wie es auch sein mag, ich selbst war von nichts überzeugt und nahm mir nur größere Sorgfalt zur Beobachtung der Ereignisse vor. Ich lud einen Freund, Graf L., einen Mann mit viel Erfahrung in der okkulten Forschung, ein, uns zu besuchen, in der Hoffnung, er möge einen Weg finden, die Aufklärung des Geheimnisses zu fördern. Er kam wirklich für einige Tage und beschloß, das Mädchen zu hypnotisieren, da ihm an der Spontanentwicklung der Phänomene nichts lag. Hannie fiel nach einigen wenigen Strichen in Hypnose, aber alle Anstrengungen, Phänomene oder Bewegungen von Gegenständen zu erzeugen, waren vergeblich. Eine halbe Stunde lang beantwortete sie Fragen, die man an sie richtete, aber später wurde auch das unmöglich. Sie saß mit steifen Armen und Beinen bewegungslos da und zeigte weder auf Worte noch auf magische Striche irgendeine Reaktion. Alle Versuche des Grafen L., sie wieder aufzuwecken, mißlangen. In diesem Zustande blieb sie von 8.30 Uhr abends bis 7 Uhr am nächsten Morgen, wo sie plötzlich von selbst aufwachte. Das Experiment war nicht gelungen, und als einziges Ergebnis blieb, daß Hannie sich sehr ärgerlich zeigte und behauptete, noch nie so hart behandelt worden zu sein.

Gegen das Ende des April kamen Mr. und Mrs. Hewat McKenzie[3] nach Braunau und lernten Hannie kennen. Mr. McKenzie schloß, nachdem er sie mit einigen hypnotischen Strichen geprüft hatte, sie sei eine psychisch Sensitive und habe starke mediumistische Kräfte, aber ich fürchtete, da ich bis dahin noch keine persönliche Erfahrung verläßlicher Art gemacht hatte, daß, wenn er sie für sein Psychic College engagierte, er vielleicht „die Katze im Sack" gekauft habe. Jedoch bewiesen die noch zu berichtenden Geschehnisse die Richtigkeit seines Urteils. Hannie sollte in meinem Haus noch einige Wochen länger bleiben, bevor sie mit ihren neuen Freunden nach England fahren konnte. Sie hatte nun eine Genossin, mit der sie gleichstand, da wir für vierzehn Tage die Köchin eines unserer Freunde beherbergten. Die beiden Mädchen schlossen Freundschaft, und wir hörten oft im Vorbeigehen an der Küchentür Hannies Lachen.

Das erste Auftreten von Spukphänomenen in B.

Einer meiner Kärntner Freunde hatte mir erzählt, daß die Phänomene dem Einfluß des Mondes unterworfen seien, da sie sich mit seinem Zunehmen entwickelten und am stärksten bei Vollmond würden. Und jetzt waren es nur noch einige Tage bis Vollmond, der am 11. Mai sein sollte. Es war am 5. Mai abends, als meine Frau, die sich im Raum A aufhielt, die Stimme der äußerst

---

3 *Zusatz:* Der englische Parapsychologe James *Hewat McKenzie* (1870–1929) und seine Frau Barbara gründeten 1920 in London das parapsychologische Institut „British College of Psychic Science", das erst im 2. Weltkrieg einging. (Was jetzt diesen Namen trägt, ist die frühere „London Spiritualist Alliance", gegründet 1884.) Das College gab seit 1922 eine eigene Vierteljahresschrift „Psychic Science", Quarterly Transaction of the Brit. Coll. heraus, die mit seinem Bestehen erlosch.

erregten Köchin in der Küche vernahm. Das überraschte sie, da die Mädchen sich niemals gestritten hatten. Kurz darauf stürzte die Köchin in das Zimmer und vergaß sogar das Anklopfen an der Tür. An ihrem Gesicht konnte man ihre große Aufregung sehen. „Ich weiß nicht, was mit mir los ist!" und schlug die Hände vor das Gesicht, „aber es kann keine Täuschung sein. Ich sah einen meiner Stiefel, die im Schrank (im Plan Abb. 2 mit 1 bezeichnet) standen, bis in die Mitte der Küche herauskommen, wo er noch liegt." Meine Frau schloß, daß Hannie sich mit der Köchin einen Scherz erlaubt habe, und beruhigte die Erregte endlich, indem sie sie davon überzeugte. Aber nur eine Viertelstunde später kam sie wieder hereingestürzt und rief mit zitternder Stimme: „Nun ist dasselbe mit einem Leuchter passiert, der in dem Schrank hinter dem Vorhang war und nun plötzlich von selbst herausgekommen ist an die Stelle, wo mein Schuh vorher lag. Diesmal hatte Hannie sicher nichts damit zu tun, denn sie stand die ganze Zeit am Fenster; ich bin ganz verstört und kann unmöglich länger in der Küche bleiben."

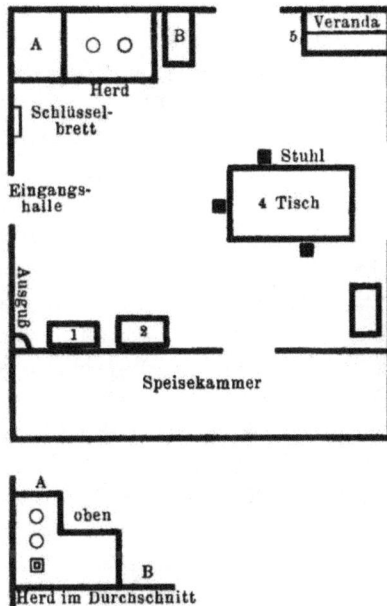

Abb. 2. Vergrößerter Küchenplan.

„Du mußt dich nicht fürchten", sagte meine Frau. „Halte deine Augen offen für alles, was geschieht. Du kannst die Türen offen lassen, wenn du willst; aber gehe ruhig in die Küche zurück." Nun herrschte Stillschweigen in der

Küche, da die Mädchen ihre natürliche Fröhlichkeit verloren hatten; sogar Hannie war stark von dem Geschehenen beeindruckt. Plötzlich wurde das Stillschweigen durch einen scharfen Klang unterbrochen. Der Feuerhaken, der immer auf dem Herde lag, war auf den Ausguß in die entfernteste Ecke geworfen worden (siehe Plan).

Ich war, während dies alles passierte, nicht zu Hause, und meine Frau berichtete mir darüber. Da sie sich in Raum A (Abb. 1) befand, konnte sie nicht sehen, was in der Küche passierte. Aber der Schrecken der Köchin war zu echt, als daß er hätte simuliert sein können, und es ist nicht leicht, sie für das Opfer eines Tricks zu halten, weil die Küche durch ein elektrisches Licht hell erleuchtet war und, noch mehr, weil nach dem ersten Phänomen die Türen weit offen gehalten wurden und Hannie also von zwei Seiten überwacht wurde.

Am folgenden Tag, den 6. Mai, erzählt mir meine Frau, daß sie selbst die Bewegung verschiedener Gegenstände in der Küche beobachtet habe, während die Mädchen mit ihrer Arbeit beschäftigt waren. Ich blieb dann selbst eine Zeitlang in der Küche, sah aber nichts. Um 5 Uhr nachmittags war ich zufällig wieder in der Küche und gab Hannie einige Anordnungen. Gerade als ich mit ihr sprach, hörte ich etwas auf den Boden fallen und sah eine kleine, eiserne Büchse, die gewöhnlich auf dem im Plan 2 mit 2 bezeichneten Brett stand, zu meinen Füßen liegen. Ich kann nicht sagen, daß ich genau beobachtet hätte, daß diese Büchse, als ich den Raum betrat, an ihrem gewöhnlichen Platz gestanden habe. Folglich sah ich auch nicht, wie sie ergriffen und geworfen wurde. Ich hörte nur das Geräusch und sah dann die auf dem Boden liegende Büchse. Aber ich kann dafür bürgen, daß Hannie keine Hand bewegte, und ich sie, während ich mit ihr sprach, dauernd angeschaut hatte. Die Köchin war zur selben Zeit nicht in der Küche. Ich sah auch bei folgenden Gelegenheiten nie, in welcher Weise die Gegenstände abgeworfen wurden, weil die Phänomene immer in unerwarteten Augenblicken geschahen. Ich habe niemals den geheimnisvollen Täter entdecken können, obgleich ich mich sehr anstrengte, und habe niemals meine beobachtende, kritische Haltung geändert.

Übrigens hatte ich den Eindruck, daß eine höhere Intelligenz beim Hervorbringen der Phänomene am Werk sei, die die Macht hatte, mich zum Narren zu halten.

Ich nahm zunächst die eiserne Büchse und stellte sie auf ihren gewöhnlichen Platz zurück. Ferner verlangte ich, daß sie noch einmal geworfen werden solle. Hannie saß inzwischen mit einer Handarbeit beschäftigt am Fenster. Ich selbst stand in der zu Raum B führenden Tür, von wo aus ich die Küche am besten übersehen und sowohl Hannie als auch die Büchse gut beobachten konnte. Ich wartete 5 Minuten – 10 Minuten – das Leben hat mich Geduld gelehrt; plötzlich ein leichtes „Krach" und die Scherben einer Porzellantasse lagen auf dem Boden. Diese Tasse stand auf Brett 2 (Abb. 2). Wer konnte sie geworfen haben? Hannie jedenfalls nicht, denn sie saß vor meinen Augen ruhig am Fenster in 2 m Entfernung. Ich selbst? Ich muß diese paradoxe Frage stellen, denn sonst war niemand in dem Raum. Es war zwischen 5 und 6 Uhr nachmittags am 6. Mai und noch keineswegs dunkel. So mußte ich ein unsichtbares Drittes annehmen. Die Scherben der zerstörten Porzellantasse kühlten meine Sehnsucht nach weiteren Experimenten dieser Art bedeutend ab, da die Küchenschränke voller Gläser und Tassen standen. So sandte ich Hannie hinaus und beugte künftigen Schäden vor, indem ich alle zerbrechlichen Gegenstände aus der Küche entfernte. Als ich zurückkam, ereignete sich weiterhin nichts mehr.

Manifestationen in den Schlafzimmern

Die Mädchen hatten zwei benachbarte Mansarden inne (siehe Plan Abb. 3). Unter dem Dach war ein Raum, in dem Schachteln aufgehoben wurden, und darunter befand sich ein Korb voll leerer Flaschen. Die Mädchen gingen wie gewöhnlich um 9.30 Uhr zu Bett. Nach einer halben Stunde hörten meine Frau und ich einen Schlag, dem ein klirrendes Geräusch folgte. Mit den schlimmsten Vorahnungen ging ich eilig hinauf, beleuchtete mit einer Kerze die Kammer und fand den Boden mit den Scherben der zerbrochenen Flaschen bedeckt. Es war kaum eine Minute nach dem Geräusch, als ich heraufkam, aber beide Mansardentüren fand ich verschlossen.

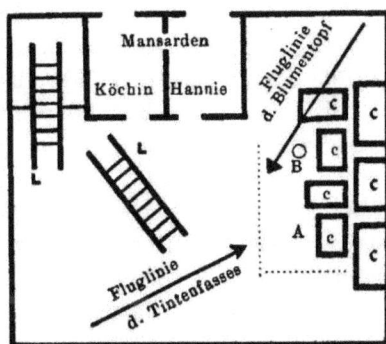

Abb. 3. Obergeschoß.

Wohl hätte Hannie Zeit genug gehabt, in ihre Kammer zurückzugehen, wenn sie die Flaschen geworfen hätte. Deswegen befragte ich die Köchin, die mir erzählte, daß sie und Hannie gerade aus ihrem Fenster heraus miteinander gesprochen hätten, als sie den Lärm hörten. Sie hätten dann Angst gehabt, ihre Türen aufzumachen, um nachzusehen, was geschehen sei. Ich wäre unmittelbar danach heraufgekommen. Diese Auskunft der Köchin scheint mir richtig. Die Wände der Kammer sind sehr dünn; man kann im Nebenzimmer jedes Geräusch hören. Besonders hätte man das Auf- und Zuschließen hören müssen, da das Schloß verrostet ist und beim Öffnen und Schließen ein starkes Knarren verursacht. Außerdem hatte ich von unten schon oft bemerkt, daß die Mädchen aus ihren Fenstern miteinander zu sprechen pflegten. Es war dies an schönen Abenden eine bei ihnen besonders beliebte Beschäftigung.

Weitere Spukvorgänge in der Küche

Am Morgen des 7. Mai 1922, einem Sonntag, begann das mysteriöse Spiel um 9 Uhr vormittags. Von Zeit zu Zeit, in Zwischenräumen, die von 10 Minuten bis zu einer halben Stunde differierten, hörte ich, daß verschiedene Gegenstände in der Küche umhergeworfen wurden. Hannie wurde nun überwacht und ihre Bewegungen kontrolliert, nicht nur von uns, sondern auch von der Köchin, der die Spukphänomene immer unheimlicher wurden. Ich konnte meine Aufmerksamkeit nicht auf die Phänomene richten, weil ich Hannie überwachen mußte, die ebenso neugierig auf das, was geschehen würde, schien, wie ich. Sie war besonders amüsiert, wenn die Köchin in der Erfüllung ihrer Pflichten gestört wurde. Mittags, als die Erscheinungen für diesen Tag aufhörten, hatte ich zwei Porzellanschüsseln und eine Tasse als Opfer dieser interessanten Vorführungen zu beklagen. Am Nachmittag war eine Pause, für die meine Frau, ich selbst und die Köchin gleicherweise dankbar waren. Nur am Abend um 8 Uhr war die Köchin, die das Abendbrot bereitete, Zielscheibe kleinerer Angriffe. Ein Löffel und ein Schöpflöffel, welche die Köchin auf den oberen Teil des Herdes gelegt hatte, wurden in Töpfe, die auf dem Herd standen, hineingeworfen. Und dieses Werfen geschah mit absoluter Genauigkeit und verfehlte niemals das Ziel. Beide, Löffel und Schöpflöffel, flogen geradeswegs in die Soße hinein. Hannie war meines Wissens niemals in der Nähe; sie war immer in einiger Entfernung von dem Punkt, wo diese Ereignisse stattfanden, und manchmal auch außerhalb des Raumes. Die Köchin befand sich während dieser Zeit in einem angsterfüllten Zustand, und sie wäre fähig gewesen, Hannie hinauszuwerfen, wenn sie den geringsten Verdacht gehabt hätte, daß sie den Spuk förderte. Es war gerade, als ob ein dritter Dienstbote gegenwärtig wäre, den man weder kommandieren noch bestrafen konnte. Dies letztere bekümmerte sie vielleicht am meisten, denn die den Spuk verursachende geistige Potenz entfaltete eine außergewöhnliche Bosheit. Die Köchin legte einige Löffel und Gabeln an ihren gewöhnlichen Platz, worauf einer der Löffel sich an einen andern Platz begab, der ihm besser zu gefallen schien. Als man ihn zurücklegte, fing eine Gabel an, sich zu bewegen. Unter diesen Umständen machte natürlich das Interesse der Köchin an okkulten Erscheinungen einer starken Abneigung Platz, aber ihre schlechte Laune wirkte keineswegs günstig. Je ärgerlicher die Köchin war, desto boshafter zeigte sich der Spuk. Als die Köchin dies gewahrte, wich ihre Aufregung einer tiefen Resignation. Sie ging ihrer Arbeit in tiefem Schweigen nach und haschte geduldig wieder und wieder nach den Gegenständen, welche fortgesetzt von ihren Plätzen geworfen wurden.

Nach der Tagesarbeit zogen sich die Mädchen um 9 Uhr zurück, der „unsichtbare Dritte" mit ihnen. So herrschte für eine Weile Stillschweigen im Hause.

Episode mit einer Leiter

Plötzlich (spät abends) hörte man den schweren Schlag eines fallenden Gegenstandes unter dem Dach. Ich fühlte mich verpflichtet, sofort nachzusehen, was da geschehen sein könnte, obgleich ich keine angenehmen Gefühle in bezug auf das, was ich vielleicht sehen würde, hegte. Als ich die Treppe hinaufstürzte, konnte ich schon die Mädchen in ihren Zimmern schreien hören. Ihre Türen fand ich verschlossen. Eine schwere Leiter von ungefähr $2^1/_2$ m Länge, die immer gegen die Wand gelehnt stand, war umgefallen und lag auf dem Boden. Der Fall der Leiter hatte den lauten Krach, der uns aufgestört hatte, verursacht (siehe den Plan des Obergeschosses Abb. 3). Nur schwer konnte ich die furchtsamen Mädchen beruhigen, aber schließlich gelang es mir, ihnen einzureden, daß der „Poltergeist" ihnen nichts Übles tun würde, wenn sie sich nicht über ihn lustig machen würden. Sie versprachen treuherzig, daß sie meinem Rat folgen würden, aber wollten um keinen Preis die Nacht in getrennten Zimmern verbringen. So wurde Hannies Bett in das Zimmer der Köchin geschoben. Die Kammern der Mädchen sind gerade über Raum A, unserem Schlafzimmer, und das Haus ist sehr leicht gebaut. In der Nacht hörte ich mehrmals ein Geräusch, als ob etwas über mir über den Boden geschleift würde, aber hatte keine bestimmten Vorstellungen davon, was es sein könnte. Deswegen sagte ich am nächsten Morgen nichts davon. Später erzählte die Köchin meiner Frau, daß sie, nachdem Hannie und sie eingeschlafen waren, durch gewisse Bewegungen wieder geweckt wurde und daß sie, voll erwacht, mit dem größten Schrecken sah, wie ihr Bett sanft hin und her geschoben wurde, während Hannie die ganze Zeit tief schlief. Aber den Höhepunkt der Ereignisse hatten wir noch nicht erreicht!

Das geschah am Montag, dem 8. Mai 1922. Wir wurden von krachenden Geräuschen, die aus der Richtung der Küche kamen, aufgeweckt und fanden, daß Schüsseln, Deckel, Gabeln, Löffel, Tassen, Schaufeln – mit einem Wort alle beweglichen Gegenstände, fortgesetzt umherflogen. Ich hatte nun genug von dem Spuk, aber keine meiner Bemühungen, ihm sein Handwerk zu legen, war von irgendwelchem Erfolg; im Gegenteil. Zwei Messer wurden nach mir geworfen, weil ich Worte des Abscheus unvorsichtig äußerte.

Die Köchin mußte in den Keller gehen, um Holz und Kohlen zu besorgen; aber der Kellerschlüssel, der immer an dem in Abb. 2 bezeichneten Schlüsselbrett hing, war verschwunden und tauchte erst lange Zeit später wieder auf.

Sie ging, um ein anderes Paar Stiefel zu holen, in ihr Zimmer. Da sahen wir den Schlüssel vor unsern Augen wegfliegen, zu schnell, um ihn zu fangen. Die Versuche der Köchin, ihn zu finden, hatten eine weitere Enttäuschung zur Folge; denn, als sie in ihr Zimmer kam, waren ihre Schuhe verschwunden; die Vorliebe für das Wegwerfen von Schlüsseln war ihr sehr unbequem. Deswegen wurden nun alle Schlüssel, die in der Küche gebraucht wurden, zusammengebunden, und die Köchin trug den Bund an ihrem Hals.

Sie wollte nun eine Postkarte schreiben und legte dieselbe auf den Tisch (4, Abb. 2). Um einen Bleistift aus der Schublade hinter ihr zu nehmen, drehte sie sich für einen Moment herum. Sofort verschwand die Karte und wurde einige Zeit später auf der Kommode (5) vorgefunden. Dann schrieb sie die Karte und machte sie postfertig, aber in einem Augenblick der Unaufmerksamkeit gelang es, sie wieder wegzunehmen. Diesmal fand man sie nicht wieder. An demselben Nachmittag fehlte unser Teetopfdeckel. Als ich das entdeckte, sagte ich: „Nun, würdest du nicht so gut sein, einmal alles zurückzubringen, was du weggenommen hast?“ Nach einigen Minuten rollte der Deckel von der Diele aus ins Zimmer! In diesem Augenblick waren sowohl Hannie als auch die Köchin mit mir in der Küche. Beide hatte ich unter Augen. In Raum B befand sich meine Frau mit Frau R., und beide Damen waren Zeugen dieses sonderbaren Geschehnisses, da die Tür zwischen Raum B und der Küche offenstand. Keine sonstige Person befand sich zu dieser Zeit im Hause. Dies war der einzige Beweis einer mir freundlichen Haltung, seitdem die Phänomene ausgebrochen waren. Die Abneigung der Köchin wuchs immer mehr, und gegen Abend konnte sie nicht mehr an sich halten und verfluchte den geheimnisvollen Täter. Aber die schrecklichen Worte waren kaum gesprochen, als ein pfeifender Laut zu hören war, auf den ein Angstruf des Mädchens folgte, die mit beiden Händen an ihren Kopf griff. Obgleich wir dabei waren, hörten wir nichts fallen, und obgleich wir die Küche und die anschließenden Zimmer gründlich besichtigten, entdeckten wir nichts, was gegen den Kopf der Köchin

296

geworfen sein könnte, aber es muß ein schwerer und zugleich scharfer Gegenstand gewesen sein, denn ihr Kopf war an einer Stelle geschwollen und an anderer Stelle befand sich ein schmaler blutender Schnitt. Damit schlossen die okkulten Beobachtungen an unserer Köchin, denn sie verließ sofort das Haus, um zwei Paar Strümpfe, einen Mantel und ein Paar Schuhe ärmer, die man jedoch einige Tage später in verschiedenen Teilen des Hauses entdeckte. Als die Köchin gegangen war, weigerte sich Hannie, allein in ihrer Mansarde zu schlafen. So wurde ihr Bett in Raum B gebracht, aus dem alle zerbrechlichen Gegenstände entfernt worden waren. Sobald die Köchin weggegangen war, schienen die Phänomene aufzuhören. Offenbar war sie eine Hilfskraft gewesen. Ich erinnerte mich, daß meine Kärntner Freunde mir erzählt hatten, daß die Phänomene am stärksten in Lieserbrücke und an andern Stellen, wo das Mädchen später war, von geringerer Intensität gewesen seien. Damit zugleich fiel mir ein, daß in Lieserbrücke noch ein anderes Mädchen sich befand, mit der Hannie befreundet war.

Meine Frau nahm mit Hannie eine Inspektion des Obergeschosses vor, welches das Aussehen eines Schlachtfeldes hatte, da es mit Scherben aller Art und verschiedener Größe bestreut war. Gläser, Ziegel, Steine, zusammen mit Töpfen und Toiletteartikeln, die der Köchin oder Hannie gehörten, legten von der Tätigkeit des Spuks Zeugnis ab.

Erlebnis mit einem Tintenfaß

Seit vierzehn Tagen konnte ich mein Tintenfaß, das immer auf meinem Pult stand, nicht finden. Alles Suchen blieb vergeblich. Sämtliche Räume des Hauses wurden durchsucht, auch sogar die Dachstuben, da es möglich schien, daß eines der Mädchen es mitgenommen haben könnte. Es war dies allerdings nicht wahrscheinlich, weil es sehr groß war und sich außerdem eine ganze Anzahl kleinerer Tintenfässer im Hause befand. Aber während meine Frau sich im Dachgeschoß befand und Hannie bei ihr mit Aufwischen und Reinigen beschäftigt war, hörte man plötzlich ein Geräusch von dem entferntesten Ende des großen Raumes, in welchem niemand stand. Ein Krach – und das Tintenfaß fiel vor die Füße meiner Frau in Scherben zersplittert. Die Tinte darin floß über den Boden. Kurz nachher wurden Kohlenstücke geworfen; als meine Frau und Hannie das Reinigen fortsetzten, kam ein Blumentopf aus einer Ecke, wo er lange gestanden hatte, durch die Luft geflogen und verstreute die darin befindliche Erde über den eben gereinigten Teil des Fußbodens (siehe Plan, Abb. 3). Darauf wurde die Reinigungsarbeit aufgegeben. Weil meine Frau eine Axt plötzlich vor ihren Augen verschwinden sah, verließ sie sofort den

Raum. Dies trug sich zwischen 10 und 12 Uhr mittags zu. Das Licht war für genaue Beobachtungen hell genug.

Später war Hannie damit beschäftigt, die Treppe zu reinigen. Dort befanden sich zwei elektrische Lampen, die eine im ersten Stock gerade vor unserer Tür, die andere in der Diele unten vor der Eingangstür. Sie hingen beide in einer Höhe von über 3 m und konnten nur mit einer Leiter erreicht werden. Meine Frau hörte ein Geräusch auf der Treppe, als ob etwas zerbreche, und sah, als sie der Ursache nachforschte, einige der um die Lampe hängenden Glasprismen zerbrochen. An der andern Lampe geschah dasselbe (siehe Skizze, Abb. 1). An diesem Tag verlor Hannie ihr einziges Paar guter Schuhe. Wir durchsuchten das Haus nach ihnen. Hannie war sehr betrübt über diesen Verlust, weil sie am nächsten Morgen nach Berlin abfahren wollte, um dort Mr. und Mrs. McKenzie zu treffen. Die Schuhe waren endgültig verschwunden. Das war ein harter Schlag für ihre weibliche Eitelkeit. Sie war sehr unglücklich darüber, daß sie bis München ein Paar meiner Pantoffeln tragen mußte, woselbst der Schaden wieder gutgemacht wurde.

Am 10. Juli, also zwei Monate nach den berichteten Ereignissen, kam unsere frühere Köchin zu meiner Frau, um ihr zu sagen, daß es ihr vorkäme, als ob ihr an diesem Abend jemand gesagt habe, wo man Hannies Schuhe suchen solle. Sie bat meine Frau um die Schlüssel zu den Dachkammern, um nach den Schuhen zu sehen. Sie erhielt die Schlüssel und kehrte nach Abwesenheit von einigen Minuten mit den Schuhen in der Hand zurück. Sie hatten genau an dem Platz gestanden, wo man ihr nachzusehen befohlen hatte [4].

Schließlich füge ich noch den österreichischen Zeitungsbericht hinzu, der zuerst Mr. McKenzies Aufmerksamkeit auf diese Phänomene lenkte.

Das verwünschte Haus in Lieserbrücke
(Bericht aus dem „Kärntner Tagblatt", 15. Februar 1922)

Das erste Anzeichen der Phänomene im Wirtshaus von Lieserbrücke in Österreich fand am 24. November 1921 statt. Im ersten Stock des Hauses ist ein Mädchenzimmer, das von zwei Mädchen, J. P., die wir später mit Hannie bezeichnen (15 Jahre alt), und S. S. (20 Jahre alt), bewohnt wurde. Diese beiden Mädchen waren in dem Wirtshaus als Dienstboten angestellt. Neben diesem Zimmer sind zwei andere, rechts und links, welche von dem Sohn des Wirtes und seiner Schwester bewohnt werden. Während der Nacht vom 24.

---

4 Sonderbarerweise ereigneten sich an demselben Tage zahlreiche Phänomene in London, wo Hannie sich gegenwärtig befindet, obgleich den ganzen Juni hindurch keine Phänomene stattgefunden hatten.

zum 25. November 1921 hörten die Mädchen ein Schnaufen, wie das Atmen oder Blasen einer Kuh, die sich niederlegt. Am 25. November um 7.30 Uhr abends waren außer den beiden Mädchen mehrere andere Personen in dem Zimmer gegenwärtig. Der Raum war nicht erleuchtet. Alle hörten schwere Schläge, die anscheinend gegen die Tür und auf Stühle fielen; andere Gegenstände wurden bewegt. Dazu wieder das schnaufende Geräusch. Die Phänomene dauerten bis 5 Uhr morgens an. Am nächsten Morgen wurde der Schreiber dieses Artikels nach dem Wirtshaus gerufen und erlebte einzelne sonderbare Geschehnisse. Während des folgenden Tages vermehrten sich die Geräusche. Die Schläge, welche man bis dahin nur an der Tür der Mädchen wahrgenommen hatte, hörte man nun auch an andern Türen. Auch andere sonderbare Erscheinungen wurden beobachtet. Als Hannie sich dem Dreschboden näherte, begann die Windmühle sich plötzlich zu drehen, Glocken fingen in ihrer Nähe an zu läuten, das Vieh wurde aufgeregt, und die Pferde begannen zu wiehern. Die Hunde äußerten deutlich Furcht und liefen mit gesträubten Haaren umher. Manchmal sah man das Mädchen von einer weißen Wolke umgeben. Alle Bewohner waren von diesen Ereignissen sehr aufgeregt und betrachteten sie bald als einen Fluch.

Gegen Ende Dezember beschränkten sich die Phänomene auf kleinere Gegenstände und fingen an, eine zerstörende Tendenz zu zeigen. Haushaltungsgegenstände waren hauptsächlich Angriffsobjekte. Gläser, Tassen, Flaschen wurden umhergeworfen, Bierfässer umhergerollt. Holz, Kartoffeln und Seile wurden bewegt, als ob sie Federbälle wären. Von einem Topf wurde der Henkel abgebrochen. Gläserne Gegenstände und Lampen wurden zerbrochen. Ein eisernes Gewicht wurde einige Meter weit geworfen, und ein Versuch, es mit einer Kette zu befestigen, konnte nicht verhindern, daß es trotzdem bewegt wurde.

Der Wirt hoffte, daß die Störungen ebenso plötzlich aufhören würden wie sie gekommen waren, aber der Schaden nahm eine so beunruhigende Ausdehnung an, daß er Hannie nicht länger behalten konnte, und so kam sie am 31. Januar 1922 an einen andern Platz. Von diesem Tag an hörte der Hexenzauber in Lieserbrücke auf.

Die Vermutung eines Betruges kann in diesem Falle überhaupt nicht in Betracht gezogen werden. Die Mädchen schienen keinen Einfluß auf die Phänomene zu haben, welche sie im Gegenteil erschreckten und sie veranlaßten, bei andern Hilfe zu suchen. Manchmal fühlten sie ein Ziehen in den Gliedern, aber nicht immer. Die Phänomene fanden statt, gleichgültig, ob es hell oder dunkel war. Hunderte von Menschen haben entweder die eine oder andere Manifestation gesehen. Aber viele andere, die zu dem Wirtshaus hinreisten, wurden enttäuscht und sahen nichts. Die starke Aufmerksamkeit der Erwartung scheint das Zustandekommen der Phänomene oft zu vermindern.

Nachtrag: Herr McKenzie nahm im Frühjahr 1922 das Mädchen mit sich nach London, wo sie den Rest des Jahres 1922 verblieb. Laut einem Schreiben vom 19. November 1922 aus London ereignete sich dort in den letzten Monaten wenig, obwohl man wöchentlich eine Sitzung hielt.

Spukphänomene in London

Nach dem Bericht von Barbara McKenzie [5]

Allgemeines

Während des Londoner Aufenthalts wurde mit Hannie wöchentlich eine Sitzung von sechs Mitgliedern des College veranstaltet. Sie kam niemals in Autotrance, sondern mußte regelmäßig hypnotisiert werden. Phänomene zeigten sich indessen nicht.

Zwischen dem 29. Juni und 9. Juli 1922 traten in dem von Hannie bewohnten Hause, d. h. in demjenigen der Frau Barbara McKenzie, die ersten Spontanerscheinungen auf, und zwar von demselben Charakter, wie sie bereits beschrieben wurden. Die Hausmeisterin beobachtete die Erscheinungen mit großem Mißtrauen. Zerstörung von Gegenständen kam nicht zur Beobachtung. Pause bis 16. Juli. Am 16. Juli setzten die Vorgänge von neuem ein. Wiederum Pause bis 18. August. An diesem Tage einige unbedeutendere Spukerscheinungen. Weitere Daten, an denen neue Wirkungen konstatiert wurden, sind der 25. August, 29. und 30. September und 3. November 1922.

Auch in London begannen die Phänomene mit dem Neumond, nahmen mit dem Wachstum desselben bis zum Vollmond an Stärke zu. Ein Zusammenhang mit der Menstruation bestand nicht.

Sobald man anfing, auf die Phänomene seine Aufmerksamkeit zu lenken und ihnen sichtbar Beachtung zu schenken, hörten sie auf, so daß dieselben sich selten in Gegenwart zur Beobachtung anwesender Personen abspielten. Offenbar wird die für die telenergetischen Wirkungen erforderliche Sensibilität der Versuchsperson durch die Anwesenheit Fremder gestört. Der Zustand des Beobachtetseins übt eine hemmende Wirkung aus.

Außerdem wird das zur Hervorbringung des Spuks notwendige psychische

---

5 „Poltergeist-Phenomena at the British College", von Barbara McKenzie. „Psychic Science", Januar 1923, Bd. 1, Nr. 4, S. 306. *Zusatz:* Vgl. auch Ztschr. f. Parapsychologie, Nov. 1931, S. 539 ff., Dez. 1931, S. 574 ff. G. W.

Milieu durch Neulinge geändert, und Hannie braucht stets einige Zeit, bis sie sich an diese Bedingung angepaßt hat.

Das Dienstpersonal wurde durch das Eintreten der Phänomene in seiner Arbeit behindert, weswegen es die Anwesenheit der Hannie als lästige Störung empfand. Das im Hause angestellte Pförtnerehepaar war für die Beobachtungsaufgabe gründlich vorbereitet und kontrollierte die kleine Kärntnerin aufs genaueste, besonders im Hinblick auf die Möglichkeit schwindelhafter Inszenierung.

Im Laufe der Zeit schwächten die Phänomene sich ab, was das Ehepaar McKenzie auf die bessere Ernährung in England zurückführt, sowie auf die intellektuelle Entwicklung Hannies. Dieselbe lernte rasch Englisch und fand sich leicht in den neuen Verhältnissen zurecht.

Beobachtungsergebnisse

Neumond am 25. Juni, Vollmond am 9. Juli 1922.

Vier Tage nach Neumond, am *29. Juni 1922*, begannen die Spukerscheinungen. Bei fast allen Manifestationen war die manuelle Mithilfe von Hannie physikalisch unmöglich, da sie sich entweder in einer andern Richtung befand oder beide Hände irgendwie beschäftigt hatte.

An diesem Tage flogen verschiedene Gegenstände, z. B. ein Schlüssel, ein Fingerhut, ein Messer, durch die Luft. Es fanden sich plötzlich Gegenstände an Orten, wo sie nicht hingehörten, mannigfache Geräusche wurden gehört. Eine rohe Kartoffel flog durch die Luft, gerade als Hannie beim Aufwaschen war. Eine Glocke im Frühstückszimmer begann zu läuten, während sich das ganze Personal, einschließlich Hannie, in der Küche befand. Eigentümlich war, daß Hannie im Moment des Läutens eine andere Person anstieß, ohne das Läuten selbst als etwas Besonderes anzusehen. War das eine unbewußte Reaktion des Mediums?

Ein Tischtuch verschwand plötzlich vom Küchentisch und erschien über dem Abguß wieder, und zwar erst, als ein neues geholt worden war.

30. Juni 1922. Gerade als die Hausmeisterin in ihrem Zimmer Hannies Hände hielt, hörten beide etwas fallen, und im selben Moment wurde von einer dritten Person Hannies Bürste an der Hausmeistertür gefunden. Hannie selbst behauptete, in der Nacht jemand zu sehen und zu fühlen und war sehr ängstlich.

1. Juli. Das Dienstmädchen war mit Hannie allein in der Küche und wußte nachher eine Menge kleiner Ereignisse zu berichten. Dabei betonte sie, daß die

301

Gegenstände nie aus der Richtung, wo Hannie sich befand, geworfen würden, sondern im Gegenteil gegen sie. Man hörte Geld aus ihrer Tasche herausfallen und sah es plötzlich auf einem Stuhl in der Nähe liegen. Als die Mädchen es aufheben wollten, war es fort. Das Dienstmädchen gab Hannie den Rat, in ihrem Zimmer nachzusehen. Und tatsächlich fiel das Geld, als sie das Zimmer betraten, an verschiedenen Stellen zu Boden.

2. Juli. Die Hausmeisterin räumte den Frühstückstisch ab. Hannie stand dabei und betrachtete eine Schale mit Kuchen, als plötzlich eine Soßiere und eine Tasse von zwei verschiedenen Richtungen sich aufeinander zu bewegten und mit Geräusch aneinanderschlugen. Als wir, mein Dienstmädchen und ich, im Zimmer erregt sprechen hörten, traten wir ein und sahen im selben Moment meine Zigarettenschachtel so heftig vom Fensterbrett zu Boden fallen, daß sie aufging und alle Zigaretten zu Boden rollten.

3. Juli. Als Hannie und das Dienstmädchen nähten, verschwanden immer abwechselnd die Nadeln, Fingerhüte, Baumwoll- und Wollknäuel. Drei Knäuel fand man in verschiedenen Milchkrügen in der Milch schwimmen. Eins fand man, nachdem es gereinigt worden war, auf einer Zitronenpresse aufgespießt. Hannie war während der ganzen Zeit nicht vom Stuhl aufgestanden.

4. Juli. An diesem Tag fand außer einigen Spukerscheinungen eine Hellsehleistung statt. Eine Halskette von Hannie verschwand, und sie gab nach einer Sitzung an, daß sie sich im Zimmer der Hausmeisterin in der Puderbüchse befände, wo sie tatsächlich gefunden wurde. Hannie war inzwischen nicht in dem Raum gewesen.

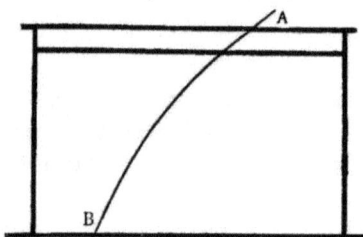

Abb. 4. Wurflinie.

Nachdem am *5. Juli* den ganzen Tag lang Störungen stattgefunden hatten, geschah am *6. Juli* das einzige Ereignis, das noch von andern Mitbewohnern des Hauses außer dem Küchenpersonal beobachtet wurde:

Wir saßen alle beim Lunch, Frau Silbert[6] zu meiner Linken, meine Tochter zu meiner Rechten. Gerade redeten wir darüber, daß niemand von uns Ge-

---

6 *Zusatz:* Maria Silbert (1866–1936), das berühmte Grazer Medium, war ebenfalls ins College eingeladen worden. S. oben S. 156, Anm. 4.

legenheit zur Beobachtung der Phänomene habe. In diesem Moment trat das Mädchen ein und servierte.

Sie stand mit vollen Händen hinter meiner Tochter, als wir zweimal kurz hintereinander etwas aufschlagen hörten und ein Käsemesser am Kamin auf dem Boden liegen sahen (Abb. 4). Auf dem Tisch fehlte keins. Nachfrage in der Küche ergab, daß dort ein Käsemesser fehlte. Hannie hatte inzwischen die Küche nicht verlassen.

Der erste Ton rührte vom Streifen an dem Kaminsims (A), der zweite vom Aufschlagen auf dem Boden (B) her.

Am 7. *Juli* beobachteten der Hausmeister, die Hausmeisterin und das Mädchen außer vielen kleineren Spukerscheinungen, daß ein Filzhut verschwand, der eine Woche später trotz eifrigen Suchens noch nicht wiedergefunden war.

Am 8. *Juli* flog der Hausmeisterin plötzlich, während man Hannie unten im Parterre gehen hörte und sie selbst vom zweiten in den ersten Stock hinunterging, ein silbernes Salzfaß und ein Kork ins Gesicht, welche Gegenstände seit dem 29. Juli vermißt waren.

Am 9. *Juli* wurden kleinere Spukerscheinungen, Seufzer und Geräusche konstatiert. Hannie hatte unter Berührungen zu leiden.

Dann Pause bis 16. *Juli*, als die Erscheinungen wieder begannen.

Am 19. *Juli* hatte Hannie einen Traum, in welchem sie eine unbekleidete Frau sah, die den seit dem 17. Juli verschwundenen Hut aufhatte und in dem großen Kessel stand, der das Haus mit heißem Wasser versorgte. Daraufhin holte der Hausmeister eine Leiter und fand zu seinem Erstaunen den Hut oben auf dem Kessel. Sonst fanden an diesem Tage noch einige kleinere Ereignisse statt.

Am 20. *Juli* verschwand z. B. eine schwere Handtasche, die ich Frau Silbert zum Geschenk gemacht hatte, aus deren Zimmer und wurde zwei Tage später im Kohlenkeller aufgefunden.

Am 24. *Juli* Neumond, am 7. *August* Vollmond.

Vom 24. bis 26. Juli ereigneten sich nur kleine Störungen des Nachts in dem Zimmer der beiden Mädchen. Sie erwachten mehrfach durch Geräusche und fanden Gegenstände an ungehörigen Stellen.

Neumond 22. *August*.

Am 19. *August* wurde das Dienstmädchen nachts durch ein Geräusch geweckt. Eine Kerze wurde gegen sie geworfen. Dann brach mit einem Krach ein Zierteller entzwei, den Hannie von ihrem eigenen Geld gekauft hatte und sehr liebte. Ebenso wurden die Mädchen am 25. August durch Geräusche geweckt, deren Ursache sich nicht feststellen ließ.

Neumond am 21. *September*, Vollmond am 6. *Oktober*.

Am 29. *September* befand ich mich im Vorflur, als man einen Krach hörte und Hannie aus der Küche herausstürzte, um zu fragen, was los sei. Wir fanden die Lampe, die über der Kohlenkellertür gehangen hatte, heruntergefallen und zerbrochen. Ähnliches geschah am 30. *September* mit einer der Küchenlampen. Sie fiel auf eine Stelle des Teppichs, die vom Lampengestell 4 bis 5 Fuß (1,20–1,50 m) seitlich entfernt war. Ich befragte einen Techniker darüber, der es als mechanische Unmöglichkeit bezeichnete, daß sie von selbst herunterfallen könne. Auch war in den 8 Monaten, die ich jetzt im College lebe, nichts Ähnliches passiert.

Neumond am 20. *Oktober*. Vollmond am 4. *November*.

Am 3. *November* fühlte sich ein neues Mädchen, als sie mit den andern Dienstboten bei Tische saß, im Rücken berührt und wandte sich sofort zu Hannie, die beide Hände mit Messer und Gabel beschäftigt hatte, mit der Frage, ob sie sie gestoßen habe, was nicht der Fall war.

Interessant ist, daß einige der Phänomene sich als Durchdringung der Materie denken lassen, z. B. die in der geschlossenen Puderbüchse vorgefundene Kette, der aus dem geschlossenen Schlüsselkasten herausgenommene Schlüssel. Ein zweiter interessanter Fall ist, daß die Gestalt der Frau mit dem Hut in Hannies Traumbewußtsein auftritt. Es muß also eine unterbewußte Aktivität bestehen. Dieses Phänomen stützt die Annahme eines dissoziierten Bewußtseinszustandes.

Schluß

Wie aus den vorstehenden Berichten hervorgeht, waren die telenergetischen Spontanphänomene an die Persönlichkeit des Mediums gebunden und folgten ihr bei Wohnungs- und Ortswechsel überall hin. Sie traten in den primitiven bäuerlichen Verhältnissen im Kärntnerlande ebenso auf, wie in Braunau am Inn und in London. Die Erscheinungen selbst sind immer gleichartig, bestehen in telekinetischen Vorgängen sowie im Auftreten und Verschwinden von Gegenständen. Zur Hervorrufung derselben scheint ein ganz bestimmter psychischer oder psychologischer, heute noch unbekannter Zustand erforderlich zu sein. Wie im Mediumismus überhaupt spielt das psychische Milieu beim Zustandekommen der Wirkungen eine große Rolle. Immer scheint es notwendig zu sein beim Übertritt in ein neues Haus, daß Hannie sich eine Zeitlang an die Verhältnisse gewöhnt, bis sie sich in denselben vollkommen vertraut fühlt. Fördernd wirken offenbar Personen, mit denen sie in einem engen dienstlichen oder familiären Kontakt steht. Dagegen können die Spukvorgänge durch die sichtbare Hinlenkung der Aufmerksamkeit, besonders beim Hinzukommen fremder Personen, sofort sistiert werden, da bei ihrem Eintritt der notwendige seelische Zustand der Unbefangenheit aufhört. Wir sehen hier bei den telenergetischen Spontanphänomenen dieselben Gesetzmäßigkeiten wie bei den physikalischen Phänomenen des Mediumismus. Besonders interessant erscheint der Zusammenhang dieser Wirkungen mit dem zunehmenden Monde, wie er ja auch bei andern Medien, z. B. bei Frau Silbert, konstatiert worden ist.

Der Spuk von Neuried in Oberbayern[1]

Seit Mitte Oktober (1925) sind in jenem Teil Oberbayerns, der südlich vom Starnberger See liegt, Gerüchte im Umlauf über Spukvorgänge, die sich auf einem Bauernhof in dem inmitten des Gebietes der Osterseen gelegenen Ort Neuried abgespielt haben sollen (Bezirksamt Weilheim). Als Urheberin der mysteriösen Vorgänge, welche in Klopfen, Kratzen, Ortsveränderung von Gegenständen, Verschwinden derselben bestanden, wird die 15jährige Tochter des Bergarbeiters Grönauer aus Peißenberg bezeichnet. Wenn dieselbe bei ihrer Tante, der Söldnerin Ledermann in Neuried, zu Besuch ist, steigern sich die angeblichen Phänomene derart, daß sie von den Mitbewohnern des Hauses als Belästigung empfunden werden. Eine solche Verstärkung der Vorgänge soll besonders dann stattfinden, wenn Anna Grönauer mit ihrer 23jährigen, etwas hysterisch veranlagten Cousine Käthe Ledermann, ebenfalls einer Nichte der Frau Ledermann, die als Hausgenossin bei der gemeinsamen Tante lebt, zusammen ist.

Meist setzen die Erscheinungen während der Dämmerung ein und sind besonders in der Küche und im Schlafzimmer, also in den Räumen, in welchen sich die jungen Mädchen zumeist aufhalten, zu bemerken.

Das Hauptphänomen besteht in einem Kratzen und einem zum Teil sehr starken Klopfen, welches jedoch an den Organismus Annas gebunden zu sein scheint, da es nur in ihrer Anwesenheit und in ihrer unmittelbaren Umgebung stattfindet.

Dieser angebliche Geisterspuk bildet seit Wochen das Tagesgespräch in der dortigen Gegend und wurde, wie in solchen Fällen üblich, durch die Fama phantastisch übertrieben dargestellt. Zahlreiche Wißbegierige und sensationslustige Personen wallfahrteten zu dem Hofe der Frau Ledermann. Einerseits wollten sie selbst den Spuk erleben, anderseits aber behandelte man das 15jährige Mädchen zum Teil wie eine Aussätzige, ging ihr aus dem Wege und rückte in der Kirche von ihr ab. Man erblickte in den unerklärlichen Manifestationen das Wirken böser Geister und brachte es in Zusammenhang mit Todesfällen. Nach der Staltach-Neurieder Version soll der Spuk unmittelbar mit dem Ableben eines Bauern zusammenhängen, der Frau Ledermann nahestand und durch Selbstmord Mitte Oktober geendet hatte. Die Peißenberger Lesart lautet

1 Erstmals erschienen in der „Zeitschrift für Parapsychologie", Januar 1926.

dahin, daß die Erscheinungen mit dem Tode des Mannes einsetzten, dem das Haus gehörte, in welchem Annas Eltern lebten. Hierbei ist jedoch zu bemerken, daß der Spuk schon acht Tage vor dem Tode des Hausbesitzers begann; allerdings war derselbe damals schon schwer krank.

Die behördlichen Organe sahen auch in diesem Fall nur groben Unfug und hysterischen Schabernack, ausgeübt von der oben bezeichneten Agentin, um die Hausbewohner zu ärgern. Obwohl noch keine Anzeige erfolgt war, erschien doch eines Abends die hohe Polizei in Uniform, vier Mann hoch, und ließ sich von Anna Grönauer in der Dunkelheit ein Klopfkonzert vorführen. Der Wachtmeister machte plötzlich Licht – konnte aber die Ursache der akustischen Vorgänge nicht feststellen.

Viel vernünftiger und klüger äußerte sich der dortige Pfarrherr, den Anna, da sie die eigenen Phänomene als eine ihr selbst unheimliche und quälende Tortur empfand, um das Lesen einer Messe bat. Der Geistliche tröstete sie mit dem Hinweis, es handle sich hier nicht um Geister und Verstorbene, sondern lediglich um Äußerungen noch unerforschter magnetischer Kräfte. Widerstrebend ließ er sich dazu herbei, die gewünschte Messe zu lesen, um die innere Ruhe des jungen Mädchens wiederherzustellen.

Tatsächlich setzte zu dieser Zeit auch der Spuk drei Tage aus, um dann aber von neuem sein beunruhigendes Spiel wieder aufzunehmen.

Somit blieb die ganze Situation ungeklärt, bis sich der in Staltach wohnende praktische Arzt Dr. med. Deichstätter, dessen Rat die Familie Ledermann in Anspruch genommen hatte, nach München an den Verfasser um Aufklärung und Untersuchung des Falles wandte.

Seiner Einladung folgend, begab sich die Spukkommission der Münchner Gesellschaft für metapsychische Forschung, bestehend aus Professor Gruber, Schriftsteller Hildebrandt und Verfasser, in das Ledermannsche Haus nach Neuried und examinierte zunächst die Beteiligten.

Anna Grönauer, Tochter des Bergarbeiters Xaver Grönauer in Peißenberg, 15 Jahre, nicht menstruiert, einziges Kind. Beide Eltern leben. Geistig normales Mädchen. Phänomene der Fernbewegung unberührter Gegenstände in An- und Abwesenheit desselben treten seit ungefähr fünf Wochen auf. Sie ist eine Nichte der Söldnerin Ledermann und kommt öfter zu dieser auf Besuch. Im Hause der Frau Ledermann entwickeln sich die Phänomene im Beisein einer zweiten Nichte der Frau Ledermann, der 23jährigen Käthe Ledermann, besonders stark.

Die mutmaßliche Agentin der mysteriösen Vorgänge, Anna Grönauer, sieht gesund, blühend aus, hat hübsches Gesicht, etwas italienischen Typ, gute, gepflegte Zähne, hellbraunes Haar, große, dunkle, etwas verträumte Augen und macht in Größe und Körperentwicklung eher den Eindruck einer Siebzehnjährigen. Trägt saubere Kleidung, gutes Schuhwerk. Auf Befragen antwortet sie im oberbayerischen Dialekt, zeigt begreiflicherweise eine gewisse Schüchternheit. Einziges Kind, in der Jugend keine besonderen Krankheiten. Soll aber nach Mitteilung der Frau Ledermann schon früher somnambule Zustände gehabt haben; einmal erwachte sie beim Nachtwandeln infolge Anstoßens an einen Schrank.

Die nachstehenden Angaben kamen durch gemeinschaftliche Mitteilungen der Familienangehörigen zustande. Anwesend bei der Besprechung waren: die Söldnerin Frau Ledermann, etwa 50jährig, die einen ungewöhnlich lebhaften und intelligenten Eindruck hervorruft; deren etwa 25jähriger Sohn, ein kräftiger, gesunder, hübscher Bauernbursche, sowie außer der Agentin Anna deren Cousine, die 23jährige Käthe Ledermann, mit sofort ins Auge fallendem nervösen Habitus. Aussagen einzelner Familienmitglieder werden durch die Angaben der übrigen ergänzt, zuweilen berichtigt oder bestätigt, so daß sich ein klares Bild der Situation ergibt.

Im Hause selbst herrscht größte Reinlichkeit und Ordnung. Nirgends liegen Sachen herum, nicht nur das große, helle und gut möblierte Wohnzimmer mit seinem Kachelofen und der dazu gehörigen Bank zeigt diese Eigenschaften, sondern dasselbe gilt von den Schlafzimmern mit den sorgfältig gemachten Betten und von der Küche, in der kein einziges ungereinigtes Geschirr zu sehen war.

Das Schlafzimmer liegt über einer Treppe, Küche und Wohnzimmer zu ebener Erde.

Die Einfachheit der zu beschreibenden Phänomene erübrigt die Anfertigung einer Planskizze.

Die ersten auffallenden Vorgänge traten im Peißenberger Elternhaus etwa Mitte Oktober ein und äußerten sich in Form von anhaltenden Klopf- und Kratzgeräuschen verschiedener Stärke, die das Mädchen begleiteten und in Abhängigkeit von deren Organismus zu stehen schienen.

Als Anna einige Zeit nach Einsetzen dieser Phänomene zu ihrer Tante nach Neuried kam, herrschte zuerst vier Tage Ruhe. Aber schon am fünften Abend begann der Spuk auch hier in verstärktem Maße.

Das Hauptphänomen war akustischer Natur und dauerte in Form von Kratz- und Klopferscheinungen manchmal die ganze Nacht hindurch mit kurzen Unterbrechungen. Dieses Phänomen trat hauptsächlich in der Dämmerung und Dunkelheit auf.

Anna teilt das Schlafzimmer mit ihrer Cousine, die für sie eine Art Hilfsmedium zu sein scheint, wenn die Phänomene auch an deren Anwesenheit nicht gebunden sind.

Auch verschiedene Ortsveränderungen von Gegenständen werden berichtet, z. B. der Transport von Steingutkrügen aus ihren Bolzen heraus, vom Rahmen herunter, auf den Boden und in die Betten. Merkwürdigerweise ist niemals einer der Krüge zerbrochen, was bei einem Fall aus etwa 2 m Höhe eigentlich zu erwarten wäre. Nur ein Teller, der aus einer Kredenz auf den Boden expediert worden war, ging in Scherben. Dies ist der einzige Schaden, den der Spuk in diesem Hause anrichtete.

Im Wohnzimmer wurden einige Photographietafeln in leichten Rahmen von ihren Nägeln heruntergenommen und auf die Fensterbank gelegt, daneben der Weihwasserkessel, der sich, wie auf dem Lande Brauch, neben der Eingangstüre befindet. Diese Erscheinungen sind sämtlich bei Tageslicht konstatiert und sollen angeblich in Abwesenheit Annas zustande gekommen sein. Näheres über diesen Punkt ließ sich nicht feststellen.

Vorgänge ähnlicher Art spielten sich in der Küche ab. Hier scheint es die mysteriöse Kraft besonders auf einen Blechhafen mit ungefähr einem Liter Fassungsvermögen abgesehen zu haben. Denn derselbe wurde mehrfach in Gegenwart der Hausbewohner und auch Fremder vom Tisch gehoben, auf den Herd oder den Boden gesetzt und flog in einem Falle, als Anna die Küche verließ, ihr nach, wie wenn sie jemand durch den Wurf von rückwärts treffen wollte.

Dieses Nachwerfen von Gegenständen auf die Agentin stellt ein typisches Phänomen dar, das erst kürzlich durch einwandfreie Zeugen auch bei zwei andern Spukmedien konstatiert werden konnte.

Der Verwalter des Malaiséschen Gutes in Neuried, Herr Horn, versuchte eines Abends in der Dunkelheit den Transport des erwähnten Blechhafens experimentell hervorzurufen, indem er Anna bei den Händen hielt. Der Hafen setzte sich tatsächlich in Bewegung und wurde auf den Herd transportiert.

Die Anwesenden berichten ferner über das Verschwinden und Wiederkommen von Schlüsseln und über sogenannte Apporterscheinungen. So soll ein Anzug des Sohnes aus einem verschlossenen Schrank im Nebenzimmer auf eines der Betten im Schlafzimmer befördert worden sein.

Als Frau Ledermann einmal in Peißenberg zu Besuch weilte, öffnete sich nach ihrer Angabe eine vom Medium 3 m entfernte Tür mehrfach leise und vorsichtig und schloß sich wieder.

Käthe Ledermann will eines Nachts von einer Hand am Kopf berührt worden sein. Gleichzeitig sei in Richtung der Hand ein starker Klopflaut erfolgt.

Nach dem Bericht von Dr. Deichstätter sind auch gewisse Phänomene (Wurf- und Klopferscheinungen) in einzelnen Fällen bei Tageslicht beobachtete worden.

Durch Besprechungen mit den Kommissionsmitgliedern gelang es allmählich, das Mißtrauen der Anna Grönauer zu beseitigen, so daß sie gerne einwilligte, bei Eintritt der Dunkelheit eine Tischsitzung zu veranstalten, und zwar in dem gut geheizten Wohnzimmer, an einem schweren Eichentisch, dessen Platte 64/76 cm groß ist.

Die Teilnehmer placieren sich auf der rings an den Fensterwänden laufenden Bank, und zwar sitzt Anna Grönauer zwischen Verfasser und Professor Gruber, neben letzterem Käthe Ledermann, dann folgt Hildebrandt. Neben diesem die Protokollführerin. Dr. Deichstätter setzt sich auf einen Stuhl vis-à-vis. Das Medium *Willy Schneider*, welcher uns aus Interesse für die Sache begleitet hatte, nimmt zunächst auf der Ofenbank Platz. Die beiden Mädchen werden an Händen und Füßen kontrolliert, der Tisch so weit abgeschoben, daß eine Berührung durch dieselben nicht möglich erschien. Dann Herstellung der Dunkelheit.

Wir warteten etwa 10 Minuten, als sich zunächst leise tickende Töne im Tisch vernehmen ließen, wie man sie etwa mittels eines großen Stecknadelkopfes auf der unteren Tischfläche erzeugen könnte. Allmählich verstärkten sich die Töne, das Ticken verwandelte sich in ein deutliches Klopfen und Pochen. Berichterstatter versuchte nun, mit jener unsichtbaren Kraft, die man als die Ursache der Vorgänge ansehen muß, in Rapport zu treten durch die Bitte, bestimmte vorgeklopfte Tempi in demselben Rhythmus zu wiederholen und außerdem Fragen zu beantworten, wobei zwei Töne Ja und ein Ton Nein bedeuten solle.

Das geschah, wenn auch zwischen Frage und Antwort mitunter eine Pause von 40 bis 60 Sekunden lag. Es wurden einfache Fragen gestellt, z. B. über die mediumistischen Anlagen der Anna, ob sie in der Lage sei, auch andere Phänomene als Klopftöne hervorzubringen usw.

Der Toncharakter änderte sich insofern, als das nadelkopfartige Ticken überhaupt aufhörte und ein Hämmern begann wie durch Fingerknöchel, und zwar von unten an die Tischplatte. Daneben ließ sich auch ein Wischen und Kratzen vernehmen und einzelne Male ein Trommeln wie von fünf Fingern. Ein in dieser Weise vorgetrommelter Wirbel wurde ganz präzise wiederholt. Die Töne klangen, als wären sie von Fingerballen erzeugt, ohne daß ein Geräusch von Nägeln dabei wahrgenommen wurde.

Diese akustischen Phänomene traten anfallweise auf, indem nach jeder Serie eine Pause von einigen Minuten einsetzte.

Käthe Ledermann mußte wegen plötzlichen Unwohlseins den Zirkel verlassen, aber auch in ihrer Abwesenheit setzten sich die Phänomene fort. Sie kam bald wieder ins Zimmer und nahm ihren alten Platz wieder ein.

Anna machte während dieser ganzen Phänomene einen apathischen Eindruck; der Kopf war vornüber gesunken, und es schien eine Art Dämmerzustand oder Halbtrance über sie gekommen zu sein; sie antwortete nur schwerfällig, empfand Steifigkeit im Nacken; später klagte sie über Übelkeit. Soweit sich auf den ersten Blick ein Urteil fällen läßt, zeigt sie deutliche Anzeichen von Benommenheit, ohne das Bewußtsein ganz zu verlieren. Ein unruhiges Verhalten, irgend eine synchrone Mitwirkung der Muskulatur oder etwa das Bestreben, mit den Gliedern den Tisch zu berühren, war nicht zu konstatieren, so daß sämtliche Kommissionsmitglieder ebenso wie Dr. Deichstätter zu der Überzeugung von dem genuinen Charakter der Klopferscheinungen bei Anna Grönauer kamen. Käthe Ledermann schien hauptsächlich von Furcht und Neugier bewegt zu sein. Auch bei ihr waren keinerlei Anzeichen einer bewußten oder unbewußten Nachhilfe zur Erzeugung der Phänomene zu konstatieren.

Wir glauben, das Verhalten des Mediums Willy Schneider während der akustischen Phänomene nicht verschweigen zu dürfen. Willy geriet noch auf der Ofenbank, gleich zu Beginn der Sitzung, in ängstliche Erregung, setzte sich dann neben Verfasser, klammerte sich wie schutzsuchend an dessen rechten Arm. Trotz der Dunkelheit war sein Blick unter den Tisch gerichtet. Ehe die einzelnen Klopfserien einsetzten, gab er mit geradezu auffallender Sicherheit an, er sehe am Boden eine bewegliche graue Nebelmasse, die schlangenartig zur inneren Tischplatte aufsteige. Er rief: „Sehen Sie denn nicht, Herr Baron, jetzt ist es bei Herrn Hildebrandt! Jetzt steigt es auf!" Unmittelbar darauf traten Klopftöne ein, und zwar an dem Platz Hildebrandts. Dann sagte Willy: „Jetzt kommt es auf uns zu! Jetzt ist es beim Herrn Baron! Jetzt steigt es wieder auf!" Von neuem Klopftöne – unmittelbar vor dem Verfasser. Darauf erklärte Willy: „Jetzt sehe ich nichts!" Seine Angaben stimmten genau überein mit den Pausen und dem Wiederauftreten der Phänomene. Er war also imstande, regelmäßig jede neue Klopfserie vorher richtig anzusagen, aber verwundert und ärgerlich, daß unsere Augen in der Dunkelheit nicht die gleichen Wahrnehmungen machen konnten. –

Nach ungefähr 45 Minuten wurden Licht und eine Pause eingeschaltet.

Wir wollten jetzt im ungeheizten, ziemlich kalten Schlafzimmer eine Probe machen, zogen unsere Mäntel an und begaben uns mit den beiden jungen Mädchen ins obere Stockwerk.

Beide Mädchen legten sich angekleidet in die Betten. Die Teilnehmer stellten sich im Halbkreis auf, hielten sich gegenseitig an den Händen. Es herrschte vollkommene Dunkelheit. Als nach viertelstündigem Warten keinerlei Phänomene eintraten, begaben wir uns wieder in das untere wohlgeheizte Wohnzimmer und setzten dort die Sitzung in der gleichen, oben geschilderten Weise fort.

Kaum 2 Minuten nach Herstellung der Dunkelheit ließen sich wieder Klopftöne hören; der Tisch wurde etwas gerückt und klopfte kräftig auf den Boden auf. Hierbei ist zu bemerken, daß der Tisch allerdings auf dem unebenen

Boden nicht ganz fest stand. Nach Verlauf von weiteren 25 Minuten und Konstatierung der gleichen Erscheinungen wie im ersten Teil wurde die Sitzung geschlossen.

Anna Grönauer befand sich nach dem Erwachen aus dem halb tranceartigen Zustand wohl und hatte volle Erinnerung an das Vorgefallene.

Wenn man sich ein Bild macht auf Grund der offenbar gutgläubig und aufrichtig angegebenen mündlichen Berichte sowie der eigenen Erfahrung, kommt man zu dem Schluß, daß Anna Grönauer die Fähigkeit zur Hervorbringung paraphysischer Erscheinungen besitzt. Denn es handelt sich hier nicht um einen lokalen Spuk, sondern um Vorgänge, wie sie typisch sind für Medien einer bestimmten Begabung, nämlich für akustische Manifestationen, Telekinese und Apport. Irgendwelche Äußerungen anderer Art physikalischer Mediumschaft, z. B. Lichterscheinungen, Materialisation, thermische und elektrische Phänomene, waren bis jetzt bei ihr nicht zu konstatieren. Man kann also hier das Wort „Spuk" nur in eingeschränktem Sinne anwenden, denn die Leistungen sind zweifellos mit ihrem Organismus verknüpft; sie finden meist in ihrer unmittelbaren körperlichen Umgebung statt oder an einem Ort, den sie soeben verlassen hat; sie sind abhängig von Licht und Dunkelheit und begleiten sie von Ort zu Ort. Sobald Anna Neuried verlassen hat, hört dort der Spuk auf, um dann, wenn sie ins Elternhaus zurückkehrt, sich in Peißenberg fortzusetzen.

Auch das psychische Verhalten Annas, ihr passiver Zustand, die leichte Bewußtseinsbenebelung während der Aktion sind ganz typisch für das Verhalten solcher Sensitiven. Dabei scheint das Mädchen auch psychisch weich und reizbar zu sein. Allerdings konnten genauere Untersuchungen über ihren Geisteszustand bei der Vorläufigkeit unserer Feststellungen und der Kürze der Zeit nicht gemacht werden.

Von wesentlicher Bedeutung erscheint ihr Lebensalter (15jährig) sowie das bisherige Ausbleiben der Menstruation. Auch bei den Brüdern Schneider traten im Alter von 15 bis 16 Jahren die ersten Anzeichen ihrer Begabung auf. Somit unterliegt es kaum einem Zweifel, daß Anna Grönauer eine ausgesprochene Disposition zur physikalischen Mediumschaft besitzt, die es verdient, im Interesse der Wissenschaft ausgebildet zu werden.

Der Spuk in der Augustenstraße zu München[1]

Einleitung

Die Anfang 1927 in einem Miethaus der Münchner Augustenstraße aufgetretenen Spukerscheinungen haben in der deutschen und ausländischen Tagespresse unverhältnismäßig viel Staub aufgewirbelt. Nicht nur die großen Tagesblätter erfüllten in diesem Falle die Pflicht der Berichterstattung, sondern auch die kleineren Lokal- und Provinzblätter nahmen von der Sache gebührend Notiz – wie wenn es sich um eine wichtige Staatsaktion gehandelt hätte.

Wie erklärt sich dieses große und auffallende Interesse, nachdem doch bekanntlich die herrschende rationalistische Weltanschauung das Vorkommen solcher Poltergeisterscheinungen überhaupt in das Reich der Fabel verweist, besonders nachdem nun auch in unserm Fall ausdrücklich durch die Behörde entschieden wurde, ein hysterisches, halbwüchsiges Dienstmädchen habe durch das Werfen harter Gegenstände in ihrer Wohnung Schabernack getrieben? Mit andern Worten, irgend eine pathologisch angelegte oder charakterlich defekte Person braucht nur zu ihrem Spaß die Mitbewohner durch allerlei Unfug (Zerschlagen von Geschirr, Pochen an die Türen, Läuten der Zimmer- und Hausglocke, Werfen von Gegenständen) zu erschrecken und übernormale Ursachen vorzutäuschen – ein solcher einfacher und minderwertiger Tatbestand genügt vollkommen, um einen Sturm im Blätterwald der deutschen Tagespresse hervorzurufen!?

Keine der angesehenen großen Zeitungen, wie „Berliner Tageblatt", „Frankfurter" und „Kölnische Zeitung", „Neue Freie Presse" usw. hielt es unter ihrer Würde, über den läppischen Unfug, welchen die Dienstmagd am 15. Januar 1927 in einer Münchner Privatwohnung anrichtete, ausführlich zu berichten. Wozu also dieser ungeheure Lärm, wenn es sich hier nur um hysterische Betrügereien eines 18jährigen Mädchens unter Ausschluß anderweitiger paranormaler Ursachen handelt?

Schon beim Spuk von Dietersheim war dasselbe Vorgehen zu konstatieren. In Anwesenheit eines 14jährigen Kindes kamen komplizierte Würfe von Kartoffeln, Holzscheiten usw. zustande, ohne daß man auf den ersten Blick die angebliche Schuld des Kindes erkannt hätte.

Vom Standpunkt der herrschenden öffentlichen Meinung ist dieses tiefgreifende Interesse für derartige, abergläubisch gedeutete Vorkommnisse schlechter-

---

1 Erstmals erschienen in der „Zeitschrift für Parapsychologie", Mai 1928.

dings nicht zu verstehen. Offenbar liegen hier für das Verhalten der Berichterstatter tiefere Gründe vor, so daß sie sich der eigentlichen Triebfedern ihres Handelns nicht bewußt werden. Eben, *weil* diese Vorgänge mit der rationalistischen Erklärung – trotz aller Polizeidekrete, gerichtlichen Urteile und psychiatrischen Gutachten – nicht abgetan sind, *weil* auch der Rationalist trotz seiner öffentlich geäußerten Überzeugung schließlich doch unbewußt eine dunkle Ahnung von einem beim Spuk wirksamen, bis jetzt unerklärlichen Naturgeschehen in sich trägt – eine Ahnung, die ihn beunruhigt und ihn zwingt, sich mit der Sache zu beschäftigen, *deswegen* dieses leidenschaftliche Interesse an einer Klasse von Geschehnissen, die sich in analoger Form zu allen Zeiten und bei allen Völkern nachweisen lassen, von der Antike bis zur Gegenwart. Im Volksbewußtsein ist der Glaube an solche rätselhafte, immer wieder auftretende Erscheinungen so tief eingewurzelt, daß er sich nicht erschüttern läßt, weder durch schablonenhafte Diktate der Behörden noch durch die Urteile einer kurzsichtigen Wissenschaftspolizei, denen zufolge ein solches Naturgeschehen nicht vorkommen darf, also offiziell verboten ist. Die Natursichtigkeit einer nicht durch a priorisches Wissen verbildeten menschlichen Psyche erfühlt hier instinkttiv und intuitiv ein rätselhaftes Walten unbekannter Kräfte hinter den sinnlich wahrnehmbaren Erscheinungen.

Tatbestand

Die Arztwitwe Frau Dr. Decker bewohnte in der Augustenstraße eine Wohnung, bestehend aus vier Zimmern, einer Küche und zwei Kammern, im zweiten Stockwerk eines alten Hauses. Elektrische Beleuchtung nicht vorhanden, dagegen Gas; Haus- und Zimmerglocke elektrisch. Näheres zu ersehen aus der beifolgenden Planskizze (Abb. 1). Ein Zimmer ist vermietet an den Studenten der Chemie Oskar Ludwig. Derselbe, 23 Jahre alt, macht einen sehr intelligenten Eindruck, obwohl mit parapsychologischen Fragen oberflächlich bekannt, stand er doch den nachstehend geschilderten Erscheinungen skeptisch gegenüber. Das Mädchenzimmer wurde von der am 24. August 1908 geborenen Therese Winklhofer am 10. Januar 1927 (Tag des Dienstantrittes) bezogen. Der zwischen den Gängen ausgesparte Raum der Wohnung ist in zwei Kammern eingeteilt, die durch zwei auf den Hauptkorridor gehende Fenster belichtet und als Vorratskammern verwendet werden.

Die mit Möbeln überfüllte Wohnung zeigte sich reichlich mit Etageren und Kredenzen ausgestattet, auf denen zahlreiche Nippsachen und eine ganze Sammlung medizinischer Glastöpfe standen. Außerdem sind an verschiedenen Stellen der Wohnung von unten bis oben mit Büchern überfüllte Stellagen.

7 m 5 m

Tisch m. Gläsern

Wohnschlafzimmer   Eßzimmer

2,80 m

Tür   Tür

Tisch m. Gläsern

1 m   Seiteneingang   1,25 m

Tür

3,50 m

Küche   Tür

Student

Korridor

6 m

4 m

Mädchen-zimmer   Tür

Tür

2,65 m

Tür

Klosett   Tür   Tür   Salon

Haustür   Seiteneingang   1,15 m

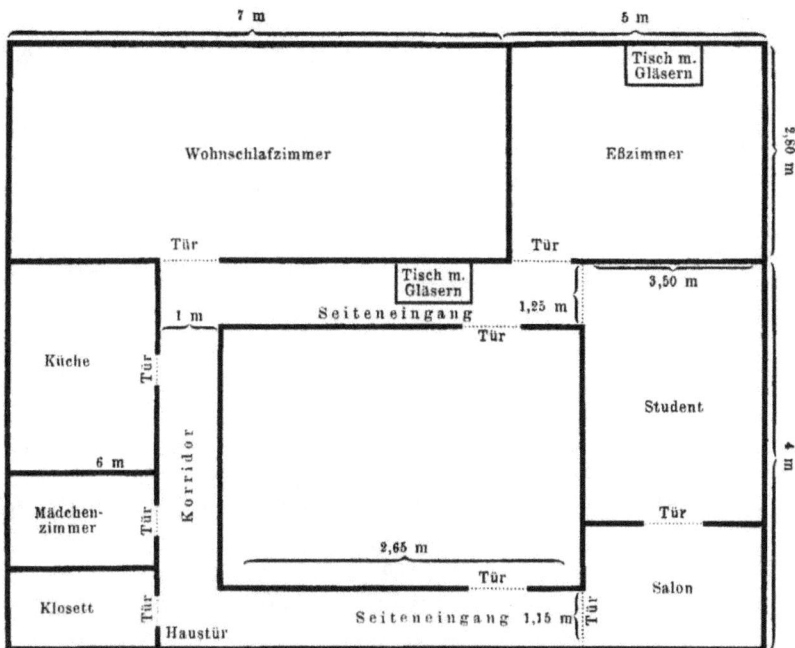

Abb. 1. Planskizze der Wohnung der Frau Dr. Decker.

In dem Seitengang, der zum Eßzimmer führt, steht ein Schrank, auf dem sich ebenso wie auf einem solchen im Eßzimmer eine Menge medizinischer Gläser befindet, die zum Teil das Aussehen von Einmachgläsern haben.

Die drei genannten Personen sind die einzigen Insassen der Wohnung.

Das Dienstmädchen *Therese Winklhofer,* Tochter eines Schneiders, bekam schon mit drei Jahren eine Stiefmutter, mit der sie sich auch heute noch gut verträgt. Aber sie zeigte von Kindheit auf Eigenheiten, die immer wieder Anlaß zu Strafen und Verweisen gaben. Nach Angaben der Stiefmutter wollte die kleine Therese in der Schule nicht lernen und wurde deshalb mit einem schlechten Zeugnis entlassen. Sie habe schon als Kind gerne Theater gespielt, vielfach gelogen und sich ganze Romane ausgedacht, die sie dann als Erlebnisse auftischte. So habe sie z. B. einmal eine Aufstellung ihrer Aussteuer aufgeschrieben, die wie für eine reiche Frau berechnet war. Es fehlte darin nicht ein Stück, jeder Topflappen sei einzeln notiert worden.

Ein andermal sei sie nach Hause gekommen und habe eine enthusiastische Beschreibung eines warmen Leberkäses gegeben, der in der Nachbarschaft zu

315

haben sei. Als ihr die Mutter Geld gab, um ein Stück zu holen, brachte sie gewöhnlichen und kalten Leberkäse nach Hause. Über die Enttäuschung der Eltern habe sie gelacht, worauf ihr der Vater eine kräftige Ohrfeige applizierte. In letzter Zeit wiesen ihre Phantastereien immer erotische Beziehungen auf. Sie erzählte von Herren, die sie ansprechen, die ihr Liebesanträge machen, sie einladen usw. Wenn man der Sache nachgeht, existieren die Männer entweder nicht, oder sie haben nie mit dem Mädchen geredet.

Die Stiefmutter gibt ferner an, daß die Resi keinen Trieb zur Arbeit zeige; wenn sie nicht hinter ihr her sei, tue sie entweder überhaupt nichts oder sie mache die Arbeit oberflächlich.

Die Winklhofer war schon in verschiedenen Stellen, mußte aber nach acht oder zehn Tagen immer wieder nach Hause geholt werden, weil sie überall „Unfug" mache.

Der Psychiater Prof. O. Bumke [2] bezeichnet die Heldin der zu beschreibenden Vorgänge als klein, körperlich und geistig zurückgeblieben. Ihre Phantasie nennt er ein etwas dürftiges Kino, da, wie schon erwähnt, Therese aus Prahlsucht von jeher ihre Mitmenschen belogen habe. Gleich zehn Paar weiße Schuhe wollte sie besitzen, und zentnerweise bekam sie Pakete ins Haus. In ihren Arbeitsstellen als Dienstmädchen wird ihr die Sache bald langweilig, sie läuft von einer Stelle zur andern, weil sie es bei fremden Leuten nicht aushalten kann.

Die Eltern „bringen sie schließlich für längere Zeit zu den guten Hirten, und da sie sich dort ordentlich geführt hat, wieder in eine Stelle zu einem Lehrer". Als dieser abends mit seiner Frau ins Theater gehen will, findet er neben dem Bett sein kleines Kind auf dem Boden liegend, ohne daß sich dasselbe Schaden getan hätte. Als sich dieser Vorgang wiederholt hatte, brachte man Therese zum ersten Male zu einem Psychiater. Aber nach zwei Wochen war sie wieder in Stellung. Die neue Herrin soll ihr von den Spukvorgängen in Dietersheim erzählt haben.

Therese besitzt mehrere Geschwister, mit denen sie sich gut verträgt; eine ausgesprochene Vorliebe zeigt sie für ihren Stiefbruder Hermann.

Nach übereinstimmender Aussage der Frau Decker und des Studenten Ludwig ist sie nicht unintelligent, besitzt ein gutes Gedächtnis, faßt rasch auf und geht den Dingen auf den Grund. Der Student behauptet, sie habe morgens beim Aufräumen ihn um dies und jenes befragt und nicht geruht, bis er ihr die Sache so erklärte, daß sie dieselbe begreifen konnte.

Einige Tage nach ihrem Dienstantritt, als sie bei ihren Eltern Besuch machte, erzählte sie denselben, ein Dienstmädchen habe ihrer Herrin Soda ins Mehl

2 Telekinese, Hysterie und Dummheit. „Münch. Neueste Nachrichten" 1927.

gemischt und alles mögliche darin versteckt: Nadeln, Messer usw. Das Mädchen sei in die Psychiatrische Klinik eingewiesen worden.

Kurz darauf machte sie ihre Herrin darauf aufmerksam, daß im Mehl alle möglichen Gegenstände: Nähnadeln, eine Stecknadel, eine Zahnbürste, Schere, Lichtschere, eine Kartoffel u. a. sich befänden, und daß das Mehl mit Soda gemischt sei. Außerdem fand sie von Zeit zu Zeit versteckte Zettel, die überall auftauchten: im Gang, in den Zimmern, in einem der zahlreichen Fächer und auch in den Briefkasten geworfen wurden. Dieselben enthielten zunächst Beschimpfungen ihrer Herrin und waren so geschrieben, als stammten sie von dem vorherigen Mädchen. Dann wechselte der Inhalt: nun stand der Student im Treffen, wurde der Liebelei mit dem vorherigen Mädchen bezichtigt, vor dem neuen „hübschen" Mädchen gewarnt usw. Immer war es Therese, welche die Zettel fand, und jeden gab sie ihrer Dame.

Am Samstag, dem 15. Januar 1927, fing der eigentliche Spuk an. Nachmittags, gegen 2 Uhr, läutete es an der Wohnungstür. Frau Doktor war abwesend. Therese öffnete und will *einen Mann* gesehen haben, etwa 2 m groß, mit dunkelblauem Hut und schwarzem Mantel, der sich nach dem früheren Mädchen erkundigte. Sobald er – der Bericht folgt der Erzählung des Mädchens – erfuhr, daß ihre Vorgängerin im Krankenhaus lag, machte er sofort Therese den Antrag, mit ihm ins Theater zu gehen. Sie lehnte ab.

Bald darauf klingelte es wieder mehrmals. Der Student öffnete diesmal, sah aber niemand. Therese ging hinunter, um nachzusehen, ob unten jemand geläutet habe. Unten will sie wieder den großen Herrn gesehen haben, der ihr auf den Knien einen Liebesantrag machte, und sie bat, bei dem schönen Wetter mit ihm spazieren zu gehen. Als sie ablehnte und wieder ins Haus ging, lief ihr der Mann nach, packte sie am Arm und am Rock, dabei will sie einen wie durch elektrischen Strom hervorgerufenen Schlag verspürt haben. Sie riß sich los. Trotz all dieser Attacken konnte sie dem Herrn nie ins Gesicht sehen, sprach immer nur von der Seite mit ihm und kann nicht angeben, ob er einen Bart hatte und wie die Farbe seiner Augen war.

Der Student[3] nahm an, der Mann sei ein Hysteriker gewesen, schloß die Wohnungstür und begab sich wieder auf sein Zimmer. Kurz darauf läutete es wieder in Abständen von zwei bis drei Minuten. Ludwig und das Mädchen öffneten nochmals, doch war im Treppenhaus niemand zu sehen. Da die Vermutung bestand, der Mann läute von der Straße aus, begaben sich beide zur Haustür – wieder mit negativem Erfolg. Inzwischen kam Frau Dr. Decker zurück und nahm Therese mit zum Einkauf in die Stadt. Sowie sich das Mäd-

---

3 Bericht des Studenten Oskar Ludwig in dritter Person (eigenhändige Niederschrift).

chen aus der Wohnung entfernt hatte, hörte das Läuten auf. Nach Rückkunft der Dame und des Mädchens begann das Klingeln von neuem. Ein an der Haustür postierter Schutzmann stellte fest, daß von der Straße aus nicht geläutet wurde. Da in den einzelnen Zimmern (Küche und Mädchenzimmer ausgenommen) Glockenanschlüsse vorhanden sind und Therese Winklhofer bis zu jenem Zeitpunkt nicht genau beobachtet wurde, so sind diese Vorkommnisse ohne Beweiskraft.

Nach Abstellung der Glocke herrschte für kurze Zeit Ruhe. Plötzlich wurden die Bewohner durch lautes Pochen an der Wohnungstür und Niederfallen von Gegenständen im Hauptgang aufgeschreckt. Da die Objekte (Fadenrolle, Holzstückchen) direkt hinter der Wohnungstür niedergefallen waren, nahm man an, sie seien durch den Briefeinwurf von außen hereingeworfen worden. Schon wieder neues Pochen (vier bis fünf heftige Faustschläge) an der Wohnungstür. Beim Öffnen war im Treppenhaus niemand zu sehen.

Dieses Pochen, das sich während der Nacht etwa dreißigmal wiederholte, konnte sehr genau geprüft werden. Hierbei standen die drei Bewohner Seite an Seite in ruhiger Haltung bei heller Beleuchtung hinter der Wohnungstür. Sowie es pochte, wurde sofort vom Studenten die Tür aufgerissen; durch ständiges Wiederholen konnten sich Frau Dr. Decker und der Student vollkommen überzeugen, daß von außen das Klopfen unmöglich mechanisch hervorgerufen werden konnte. Ludwig beobachtete nun Hände und Füße sowohl der Frau Dr. Decker als der Therese und konnte, während es immer wieder pochte, feststellen, daß die Glieder dieser beiden Personen hieran unbeteiligt waren. Therese schmiegte sich, wie eingeschüchtert, wiederholt an den Studenten, so daß er jede Bewegung ihres Körpers bemerken mußte.

Kurz nach 11 Uhr abends, während alle drei Inwohner an der Haustür standen, um immer wieder das Pochen zu kontrollieren, fielen plötzlich neben ihnen Gläser zu Boden und zerbrachen. Es waren dickwandige Deckel und Gläser für medizinische Zwecke, wie sie sich zu Hunderten auf Tischen im Eßzimmer und hinteren Seitengang befanden. Eine Richtung, aus der die Gegenstände geflogen kamen, konnte niemand feststellen, nur bemerkte der Student, daß einige Gläser von der Klosettüre zurückprallten; dies führte ihn zu der Annahme, daß die Gegenstände vom Salon her, dessen Türe offen stand, geflogen kamen. Therese konnte sie nicht geworfen haben, da sie neben den beiden Mitbewohnern stand, da außerdem ihr Kleid keine Tasche aufwies und ihre Hände vom Studenten kontrolliert waren.

Der Vorfall veranlaßte die drei, den Salon zu durchsuchen. Hier fanden sie hinter der Portiere, welche die Verbindungstür verdeckt, allerlei Nippes unzerbrochen und eingewickelt. Weil Therese tagsüber Zeit genug gehabt hatte, ein solches Arrangement selbst zu treffen (weder der Student noch Frau Dr. Decker hatten seit morgens dieses Zimmer betreten), scheidet dieses Vorkommnis als zweifelhaft aus.

Neugierig, ob in den andern Zimmern eine Veränderung stattgefunden, begaben sich die drei Bewohner in das Zimmer des Studenten. Hier lag die Bettdecke im Ofen, der Nachttopf im Bett, Aschenbecher, Schreibzeug usw. unter dem Kopfkissen, die Schuhe standen auf dem Tisch. Aber auch hierfür, ebenso wie für ähnliche Feststellungen im Eßzimmer, liegt kein zwingender Grund zur Annahme paranormaler Ursachen vor, obgleich der Student noch kurz vor 11 Uhr sein Zimmer in Ordnung vorgefunden hatte und eine Abwesenheit Theresens während dieser Zeit den beiden andern aufgefallen sein müßte.

Die drei Inwohner begaben sich eben wieder gemeinsam vom Eßzimmer auf den hinteren Seitengang, als von neuem Glasdosen geschleudert wurden. Das Werfen wiederholte sich, so daß bald der Boden mit Scherben besät war. Es handelte sich um Küchengeschirr, Medizingläser usw. Von den vorhandenen Glasdosen fehlten nicht weniger als 20 Stück. Auffallend war, daß bei dem fortwährenden Umhersausen von Gegenständen eine Beschädigung des im Gang befindlichen Spiegels oder der Gaslampe oder eine merkliche Verletzung eines der Zeugen nicht vorkam. Frau Dr. Decker wurde nur einmal am Hinterkopf, der Student über dem linken Auge getroffen. Für die Wucht, mit der die Sachen geschleudert wurden, spricht die Tatsache, daß die getroffenen Stellen noch nach einigen Tagen schmerzten! Wieder konnte niemand erkennen, aus welcher Richtung die Gegenstände geflogen kamen, trotzdem der Student auch die beiden Frauen zur genauen Beobachtung veranlaßte.

In der Küche und im Mädchenzimmer entstanden nasse Stellen. Im Zimmer der Dame hatte eine gefüllte Waschschüssel ihren Standort gewechselt und fand sich auf dem Boden vor; ein Glas Wasser hatte die Kopfkissen durchnäßt. Doch müssen auch diese Vorkommnisse zu den zweifelhaften gerechnet werden.

Den eben geschilderten Vorfällen reihen sich nun aber eine größere Zahl eindeutig telekinetischer Vorgänge an. Während das Mädchen unter Beobachtung durch den Studenten auf dem Korridor stand und Frau Dr. Decker in der Küche hantierte, flog letzterer ein Topf gegen die Kniekehle. Dieser kam von rückwärts (vgl. Zeichnung Abb. 2). Aus dem Schrank, der im hinteren Seitengang steht, floß Wasser. Während Frau Dr. Decker und das Mädchen den Schrank untersuchten und der Student dabei stand, flog plötzlich ein Teller an die offene Schranktür, fiel zu Boden und wurde von Therese unzerbrochen aufgehoben. Der Teller stammte aus der Küche. Er mußte, um an die Schranktür zu kommen, seine Flugbahn geändert oder die Mauer durchdrungen haben.

Da trotz wiederholten Schließens des Fensters und der Tür im Klosett diese immer von neuem geöffnet wurden, band der Student das Fenster mit einer starken Schnur zu und schloß die Tür. Therese stand bei Frau Dr. Decker und dem Studenten; alle drei wurden durch die herumfliegenden Gegenstände von der Beobachtung der Tür abgelenkt. Aber schon standen Tür und Fenster wieder

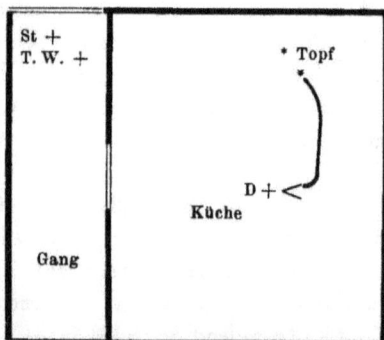

St +
T. W. +

* Topf

D +
Küche

Gang

* Gewöhnlicher Standpunkt des Topfes.

Abb. 2. Flugbahn des Topfes.

offen; die Schnur, mit der letzteres zugebunden wurde, war nicht zerschnitten, sondern zerrissen. Es mußte, da die Schnur dreimalig gebunden war, eine sehr starke Krafteinwirkung vorliegen. Von Therese konnte das Zerreißen der Schnur, während des Momentes des Wegschauens, nach übereinstimmender Aussage der beiden andern Zeugen nicht vorgenommen worden sein.

Während alle drei Personen im vorderen Seitengang waren, klirrte es plötzlich. Die 1,85 m über dem Fußboden im Hauptgang befindliche Scheibe des Kammerfensters war eingedrückt, und zwar vom Gang aus, ohne daß Therese, die außerdem nicht davor stand, die Höhe normalerweise erreichen konnte oder sich unbemerkt eines Gegenstandes zum Einwerfen hätte bedienen können. Die Scheiben flogen nach innen, in die Kammer, wo sie am Montag abend durch Dr. Tischner festgestellt wurden[4]. –

Die drei Personen begaben sich nun in das Wohnschlafzimmer, um den Rest der unruhigen Nacht dort beisammen zu bleiben. Sie saßen um den Tisch herum, alle abgespannt und müde.

Ein auf dem Tisch stehendes Wasserglas mit einer Zahnbürste flog plötzlich mit Krach gegen die Tür, zerbrach und blieb zunächst liegen. Die Zahnbürste war mit dem Glas geschleudert worden.

4 Hier endigt der Bericht über O. Ludwigs eigene Wahrnehmungen.

Keiner der drei hatte sich vom Platz erhoben; alle saßen im Halbschlummer auf den Stühlen. Plötzlich flogen die Scherben von der Tür in die entgegengesetzte Zimmerecke, ohne daß eine Flugbahn zu bemerken gewesen wäre. Die Phänomene nahmen die ganze Nacht hindurch ihren Fortgang.

Inzwischen war es Tag geworden. Der Student ging zur Polizei und holte Herrn Oberwachtmeister Kreutzer.

Als dieser um 9 Uhr die Wohnung betrat und sich im Korridor über die Anlage der Räume orientierte, klirrte es von neuem im rechten Seitengang (aus der Gegend des Salons), und schon kamen Glasscherben auf das neben ihm stehende Mädchen zu. Die beiden andern Bewohner standen ebenfalls im Gang und kommen als Urheber des Wurfes nicht in Betracht. Die Entfernung zwischen dem vermutlichen Ausgangspunkt des Klirrens und dem Fallpunkt (Gesicht und Figur des Mädchens) beträgt etwa 2 m.

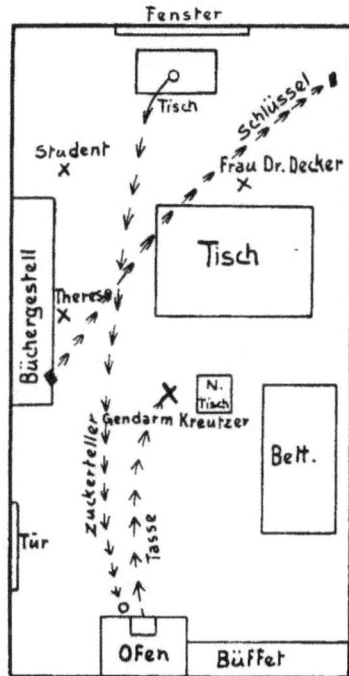

Abb. 3. Wohnschlafzimmer der Frau Dr. Decker.

Nach diesem Vorfall begab sich der Polizeibeamte in das Wohnschlafzimmer, setzte sich an das neben dem Bett stehende Nachtkästchen und fing an, seinen Bericht aufzunehmen. Therese stand 1,5 m von ihm entfernt an einem Bücherschrank, der Student befand sich neben dem Bücherschrank, Frau Decker saß am Tisch (vgl. Abb. 3). Herr Kreutzer konnte das Mädchen einwandfrei beobachten; es stand während der Vernehmung ruhig da und zupfte mit beiden Händen verlegen an seinem Jumper.

Zunächst flogen die Splitter im ganzen Zimmer herum. Dann kam eine Tasse aus der oberen Ofendurchsicht mit mäßiger Kraft gegen den Oberwachtmeister, fiel auf dessen Rücken und blieb zwischen Rücken und Stuhllehne liegen. Die Tasse fühlte sich so heiß an, daß ihre Herkunft aus dem Ofen, wo sie außerdem täglich steht, unzweifelhaft erwiesen ist. Die Flugbahn zwischen Ofenröhre und Auffallstelle beträgt 2,60 m (vgl. Abb. 4).

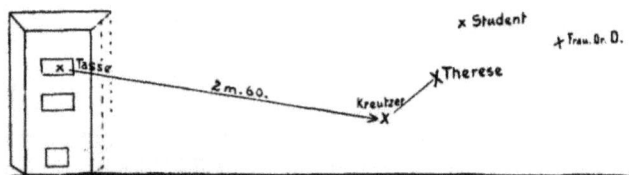

Abb. 4. Flugbahn der Tasse.

Ein auf dem Bücherschrank, an dem Therese steht, liegendes Messer, fällt plötzlich von oben her dem Polizeibeamten auf das Mützenschild. Entfernung zwischen Schrank und Beamten 1,65 m.

Auf dem Tisch vorn am Fenster steht ein kleiner Zuckerteller. Der Student macht scherzhaft die Bemerkung: „Der wird nun wohl auch gleich fliegen!" – und schon ist das Tellerchen durch die ganze Zimmerlänge zum Ofen geflogen. Flugbahn 6,95 m (Abb. 5).

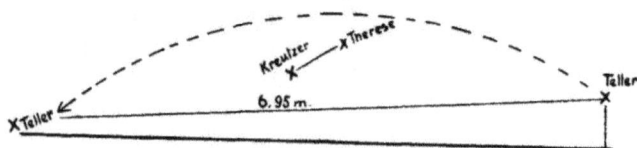

Abb. 5. Flugbahn des Tellers.

Ein Schlüssel, der gleichfalls auf dem Bücherschrank lag, flog in die entgegengesetzte Zimmerecke. Luftlinie 4,10 m (vgl. Abb. 3).

Herr Oberwachtmeister Kreutzer ist bereit, durch Eid zu bekräftigen, daß sich das Mädchen weder bückte, noch die Hände auf dem Rücken hielt, noch sich von seinem Platz während der Geschehnisse entfernte. Herr Kreutzer, ebenso wie Frau Decker und Herr Oskar Ludwig, treten für die Echtheit dieser Phänomene ein (durch eigene Unterschrift)[5].

Den Fortgang der Untersuchung unterbrach der Polizeikommissar Sedlmayr, welcher das Mädchen mit auf die Polizeiwache nahm.

Montag vormittag wurde Dr. v. Schrenck-Notzing gebeten, den Tatbestand seinerseits zu prüfen.

Derselbe fand sich im Spukhaus ein. Seine vorläufige Prüfung ergab drei Gruppen von Phänomenen:

1. Telekinesen;
2. zweifelhafte Vorgänge (Schwindel);
3. Phänomene mit schabernackartigem Charakter.

Am Abend desselben Tages begaben sich die Herren Dr. v. Schrenck-Notzing, Dr. med. Tischner und Schriftsteller Hildebrandt mit der Sekretärin des Dr. v. Schrenck nochmals in die Wohnung, um eine genauere Nachprüfung vorzunehmen. Dieselbe bestätigte die erste Feststellung.

Als die Kommission sich auf dem Korridor an der Salontür befand, um die Stelle, an der die eingewickelten Gegenstände gefunden worden waren, zu besichtigen, fühlte Herr Dr. Tischner plötzlich unterhalb der Herzgegend einen schwachen Stoß; unmittelbar darauf hörten alle ein Klirren. Herr Ludwig bückte sich und hob einen zerbrochenen Glasdeckel auf.

Therese stand während des Vorfalls neben der Sekretärin, die mit ihr plauderte und dabei bemerkte, wie Herr Dr. Tischner plötzlich mit der Hand an seine Herzgegend fuhr, wie jemand, der unwillkürlich nach einer von etwas getroffenen Körperstelle greift. Zwischen der Sekretärin und Herrn Dr. Tischner stand Herr Dr. v. Schrenck, der auf Befragen erklärte, Herrn Dr. Tischner nicht gestoßen zu haben. Von den Anwesenden kommt niemand als Urheber in Betracht; Therese hatte keinerlei verdächtige Bewegung gemacht, konnte weder in ihrem Kleid noch in ihren Händen etwas verborgen halten. Der Standort der Gläser ist um den Kammereinbau herum auf dem Tisch im Korridor bzw. im Eßzimmer.

Am Dienstag vormittag untersuchte Oberwachtmeister Korb den Fall und verhörte das Mädchen. Er hatte durch das Schlüsselloch bemerkt, daß Therese einen der bekannten Zettel schrieb und suchte sie zu einem Geständnis zu bringen.

Das Mädchen wurde noch am Dienstag von Frau Decker fristlos entlassen.

---

5 Die schriftliche Erklärung lautet: Wir halten die am 17. Januar 1927 gemachten Angaben in vollem Umfange aufrecht und stehen auf dem Standpunkt, daß Therese Winklhofer eine Reihe von Vorgängen nicht betrügerisch hervorgebracht hat. München, den 29. Januar 1927. gez. Elise Decker, Oskar Ludwig.

Sie verbrachte den Tag auf der Polizei, wo sie einer Intelligenzprüfung unterzogen wurde. Von zehn ihr vorgelegten einfachen Fragen konnte sie nur zwei beantworten. Sie wurde dann durch eine Polizeipflegerin zur Untersuchung ihres Geisteszustandes in die Psychiatrische Klinik überführt.

Am Donnerstag abend begab sich die Kommission der Metapsychischen Gesellschaft, bestehend aus den Herren Dr. v. Schrenck-Notzing, Dr. Tischner, Schriftsteller Hildebrandt, zur Polizeiwache in der Dachauer Straße, um Herrn Oberwachtmeister Kreutzer zu vernehmen. Dieser gab von den Vorfällen die in diesem Bericht verwendete Schilderung und erklärte, seine Aussage durch Eid bekräftigen zu können.

Gegen Therese Winklhofer wurde das Verfahren wegen groben Unfugs eingeleitet, jedoch begnügte man sich mit einer Polizeistrafe. Sie erhielt einen Strafbefehl, der auf 14 Tage Haft lautete, wegen groben Unfugs, ausgeübt durch Werfen harter Gegenstände.

Schlußbemerkungen

Was die Würdigung des von den Zeugen berichteten Tatbestandes angeht, so hat Professor Bumke vollkommen recht, wenn er (in der oben zitierten Arbeit) sagt: „Jede Wissenschaft fängt nun einmal mit der Feststellung der Tatsachen an; Tatsachen können aber nur dann festgestellt werden, wenn die Möglichkeit einer Täuschung nicht mehr besteht."

Dieser Satz trifft für einen Teil der Phänomene zu, die sich in der Wohnung der Frau Dr. Decker abspielten.

Wollte man dem widerrufenen Geständnis des Dienstmädchens, d. h. ihrer Behauptung, die sämtlichen in Frage kommenden Geschehnisse selbst mechanisch und betrügerisch zustande gebracht zu haben, trotz der hysterischen Verlogenheit Theresens irgend eine Bedeutung beimessen, so hätte man vor allen Dingen auch den Mechanismus des Zustandekommens dieser auffallenden Würfe untersuchen müssen, und zwar durch Rekonstruktion des Tatbestandes am Tatort. In diesem Falle wäre es Aufgabe der Untersuchungsbehörde, gleichgültig, ob dieselbe gerichtlicher oder psychiatrischer Natur war, die Rekonstruktion der Vorgänge am Tatort durch die beteiligten Personen in Gegenwart der Behörde zu veranlassen. Man hätte also die drei beteiligten Personen dieselben Plätze einnehmen lassen sollen wie am 15. Januar 1927 zwischen 9 und 10 Uhr. Der Oberwachtmeister müßte dabei wieder seinen Platz am Nachttisch eingenommen haben und Therese den ihrigen vor der Bücherstellage. Nun hätte man von der geständigen Täterin verlangen sollen, daß sie die Tasse aus dem Ofen auf den Stuhl des Gendarmen befördere, ferner den Zuckerteller vom

Fenstertisch durchs ganze Zimmer, und endlich den Schlüssel vom Bücherschrank in die entgegengesetzte Zimmerecke. Die Hände des Mädchens hätten dabei sichtbar in Ruhelage verharren müssen. Meines Erachtens war nach Maßgabe der Zeugenaussagen keine Möglichkeit denkbar, unter den gegebenen Bedingungen die Phänomene zu produzieren.

Zur Klarstellung dieses in der Presse falsch dargestellten Punktes wurde von der Untersuchungskommission der „Gesellschaft für metapsychische Forschung" nachstehende Notiz in den Tagesblättern veröffentlicht:

„Die bisherigen Presseberichte über die merkwürdigen Vorgänge in der Augustenstraße bedürfen einer richtigstellenden Ergänzung. Das Schuldgeständnis der Therese Winklhofer ist zweifellos zutreffend für eine Reihe von Handlungen, die schabernackartigen Charakter tragen, dagegen für eine Anzahl weiterer Vorgänge nicht. Denn dem Geständnis für diesen Teil der Geschehnisse steht das Zeugnis dreier geistesgesunder Personen gegenüber, nach welchen eine mechanische oder betrügerische Mitwirkung der Therese Winklhofer hierfür nicht in Betracht kommen kann – so besonders die Bekundung des Oberwachtmeisters Kreutzer, der die ersten Vernehmungen an dem Tatort vornahm.

Nach Aussage der drei Personen darf als festgestellt angenommen werden, daß das Werfen eines Zuckertellers, der Flug der Tasse sowie das Schleudern von Glasscherben nach Maßgabe der Umstände überhaupt nicht von dem Mädchen ausgeführt werden konnten, weil der Standort der Gegenstände sich zum Teil 4–6 m von demselben entfernt befand und weil dasselbe während der Vorfälle von dem Polizeibeamten und den zwei weiteren Zeugen in ruhiger stehender Stellung beobachtet wurde. Hierzu kommt die Bekundung der Arztwitwe, daß sie in der Küche von einem Topf am Bein getroffen wurde, während das Mädchen sich unter Beobachtung des Studenten auf dem Gang befand. Für diese und ähnliche bei hellem Tageslicht, vormittags zwischen 9 und 10 Uhr festgestellten Erscheinungen kann das Geständnis der eingeschüchterten, 18jährigen, pathologisch veranlagten Therese Winklhofer um so weniger in Betracht kommen, als das Mädchen zugegebenermaßen bei der amtlichen Vernehmung *aus Angst* die Schuld für den ganzen Komplex der Begebenheiten auf sich nahm und außerdem ihr Geständnis für die hier in Betracht kommenden Vorkommnisse am andern Tag widerrief.

Die von der Münchner Gesellschaft für Metapsychische Forschung eingesetzte Kommission zur Untersuchung sogenannter Spukfälle hat sich nach dem Erscheinen der letzten irreführenden Zeitungsnachrichten veranlaßt gesehen, den Tatbestand durch Augenscheinnahme sowie durch nochmalige eingehende Befragung der Zeugen nachzuprüfen. Dieselbe ist in neuerlicher Bestätigung der ersten Feststellungen zu dem Ergebnis gekommen, daß es sich bei dem oben erwähnten Teil der Vorgänge um sogenannte Spukphänomene handelt, wie sie vielfach, zu allen Zeiten und an verschiedenen Orten beobachtet und in der Literatur berichtet worden sind.

Die Kommission:

Dr. med. *A. v. Schrenck-Notzing*, prakt. Arzt,

Dr. med. *Rudolf Tischner*, Augenarzt,

Georg Hildebrandt, Schriftsteller."

Man könnte nun auch den Einwand erheben, die Zeugen seien unzuverlässig und unglaubwürdig, wozu allerdings keine Berechtigung besteht. Denn vor allem ist zu berücksichtigen die übereinstimmende Ergänzung des Gesamtbildes durch die einzelnen Aussagen. Der Oberwachtmeister Kreutzer kam durch unabhängige eigene Erfahrung zu demselben Resultat wie der Student Ludwig und Frau Dr. Decker. Hierbei handelt es sich um durchaus geistesklare, intelligente Menschen, die sich bis dato mit Fragen des Okkultismus überhaupt nicht beschäftigt hatten. Sie wurden sozusagen durch die Wucht der Tatsachen überrumpelt. Eine ganze lange Nacht hindurch hatte Studiosus Ludwig Zeit, bei den immer wieder auftretenden Phänomenen nachzuprüfen, wie weit dieselben im Zusammenhang standen mit der gleichzeitig mit ihm im Zimmer, d. h. in seiner Gewalt befindlichen Dienstmagd.

Soll man wirklich annehmen, daß Therese imstande war, fortlaufend unter den Augen der Mitbewohner raffinierte Täuschungen vorzunehmen, indem sie bald läutete, bald an der Tür pochte, bald Geschirr zerschlug und Gläser warf? Man würde doch die menschliche Urteilsfähigkeit bedeutend unterschätzen, wenn man dem Studenten in dieser Sachlage die Fähigkeit zu einer richtigen Beurteilung des Ganzen absprechen wollte.

Die Qualität von drei so einwandfreien Zeugnissen, wie sie hier vorliegen, würde, angewendet auf anderweitige kriminelle Handlungen (Diebstahl, Mord oder dgl.), in unserm heutigen Rechtsleben völlig ausreichen zur Verurteilung.

Sobald es sich aber um angeblichen Spuk, also um eine wissenschaftlich und rechtlich noch nicht abgestempelte paranormale Naturerscheinung handelt, wird das Urteil sonst nüchtern denkender Menschen gefühlsbetont und tendenziös, d. h. unrichtig und ungerecht, weil der einzelne sich von seinen a priorischen Denkgewohnheiten nicht freizumachen imstande ist und damit die Fähigkeit, unpersönlich, streng logisch und formal zu denken, verliert. Der Glaube an die Nichtexistenz solcher paranormaler Vorgänge wird für ihn – psychoanalytisch gesprochen – zu einer Art unbewußter Wunscherfüllung.

Für die Untersuchungsbehörden handelte es sich ja in erster Linie überhaupt nicht um Feststellung wissenschaftlich noch nicht anerkannter Probleme, sondern ihre Aufgabe bestand lediglich darin, für Ruhe und Ordnung zu sorgen, besonders, da durch die Nichtaufklärung des Falles Interessen dritter Personen nicht verletzt wurden. Die eindeutigen klaren Aussagen des Studenten Ludwig und des Oberwachtmeisters Kreutzer waren dem Untersuchungsrichter wie dem Psychiater wohl bekannt. In einer ordentlichen Gerichtsverhandlung hätten diese drei Zeugen ihre Wahrnehmungen eidlich erhärtet, während umgekehrt für die oben besprochene Klasse telekinetischer Vorgänge ein Täuschungsbeweis nicht zu erbringen war. Offenbar zog man es vor, zu beschwichtigen und zu vertuschen. Um dem aufklärenden Gerichtsverfahren zu entgehen, wählte man das bekannte System einer Polizeistrafe. Bei der geringfügigen Verurteilung zu 14 Tagen Haft, wobei dann noch die Möglichkeit der Gewährung einer Bewährungsfrist in Frage kam, wären die Gründe zu einem Einspruch belanglos gewesen. Man erreichte damit, was man wollte: das Mädchen erhielt für mancherlei Unfug eine leichte, aber verdiente Strafe, man vermied es, den Spukerscheinungen wirklich auf den Grund zu gehen, und der Sturm im Blätterwald der deutschen Presse beruhigte sich alsbald, so daß heute von dem Spuk kaum noch gesprochen wird.

Der Nachweis von Betrügereien und Handlungen mit boshafter und zerstörender Tendenz verführt leicht zu der Auffassung, daß der gesamte Komplex der Vorgänge schwindelhaft hervorgebracht sei. Nun zeigt aber sowohl die Geschichte der Medien wie auch das psychologische Studium der Spukagenten, daß Substitutionsakte neben der Realität paraphysischer Phänomene herlaufen können und nicht selten bedingt sind durch Charakterdefekte. Hierbei fragt es sich stets, wieweit diese betrügerischen Ersatzhandlungen unbewußt hervorgebracht wurden.

So beruht auch in der Feststellung der im Volksmund als „Spuk" bezeichneten paranormalen Vorgänge die Beweiskraft der Erscheinungen einzig und allein auf den Bedingungen, unter denen sie zustande gekommen sind. Dabei hat das paraphysische Spontanphänomen gegenüber dem physikalischen Mediumismus vielfach den Vorteil, daß es unter Beleuchtungsverhältnissen auftritt (mitunter sogar bei Tage), die eine ziemlich zuverlässige Kontrolle des Agenten ermöglichen. Selbstverständlich ist hierbei immer nur jene Klasse von Spukerscheinungen gemeint, die von der Anwesenheit bestimmter Personen abhängig ist. Der sogenannte örtliche Spuk, der an bestimmten Lokalitäten haftet, kommt nicht in Frage.

Immer wieder wird von den Behörden und von der Tagespresse der Fehler begangen, Geständnisse als hinreichenden Schuldbeweis anzunehmen. Unbegreiflich aber bleibt es, wenn auch psychiatrische Sachverständige in den Fehler verfallen, wie bei Therese Winklhofer, auf der einen Seite die Beklagte als den Typus einer lügenhaften Hysterischen hinzustellen, die kein wahres Wort spricht, und auf der andern Seite ihren Angaben über den Tatbestand Glauben beizumessen, wodurch sogar das richterliche Urteil beeinflußt werden kann.

Solche Selbstbezichtigungen können überhaupt nur dann von Bedeutung sein, wenn die übrige Tatbestandsaufnahme damit lückenlos übereinstimmt. Die Vorfälle in der Wohnung der Frau Dr. Decker zeigen aber das Gegenteil hiervon, wie im vorstehenden nachgewiesen wurde.

Aber nicht nur für den Kriminalisten und Psychiater, sondern auch für den Psychoanalytiker und Parapsychologen bietet der Spuk in der Augustenstraße manches Lehrreiche. Soweit sich nun über das vorliegende Material ein Urteil fällen läßt (persönliche Untersuchung des Mädchens durch den Verfasser wurde durch Überführung in die psychiatrische Klinik verhindert), traten offenbar bei der 18jährigen hysterischen Therese Winklhofer verdrängte Sexualempfindungen in Erscheinung. In ihrer Phantasie spielten unbewußt männliche Personen eine große Rolle. Die ihr von männlichen Besuchern des Hauses angeblich gemachten Liebesanträge sind erdichtet. Denn sie war nicht einmal imstande, das Gesicht eines Mannes zu beschreiben, der vor ihr in die Knie gesunken sein soll. Die von ihr beschriebenen Zettel enthielten versteckte Drohungen und erotische Anspielungen und sind wohl, nach der veränderten Schrift zu urteilen, zum Teil triebartig zustande gekommen. So fand z. B. der Student ein zusammengefaltetes Papier in seinem Bett, das folgende Worte enthielt: „Frau Doktor hat ein hübsches Mädchen, gib ihr keinen Kuß, gib ihn mir!" Hiernach dürfte es kaum einem Zweifel unterliegen, daß der junge, gutaussehende Oskar Ludwig in ihrer Phantasie mit den Funktionen eines Liebhabers ausgestattet wurde. Dieser im Unbewußten sich abspielende psychische Vorgang wird produktiv und führt zu allerlei Handlungen, mit welchen die Erregung abreagiert wird. Durch ihr ganzes Verhalten, besonders auch in dem ihrer Hausfrau zugefügten Schabernack, zeigt sich das deutliche Bestreben, die Aufmerksamkeit auf sich zu ziehen.

Für jeden in der okkultistischen Literatur bewanderten Leser bietet der Vorfall in der Augustenstraße nicht viel Neues. Denn es spielen sich hier dieselben Vorgänge ab wie in zahlreichen analogen Fällen aus der Vergangenheit und Gegenwart. Schon die Gleichartigkeit des Geschehens, trotz der Verschiedenartigkeit von Ort und Zeit, sollte zum Nachdenken anregen. Die Klasse der Phänomene, welche bei Therese Winklhofer als paranormal anzusprechen ist, beschränkt sich auf akustische Erscheinungen und Telekinesen. Das Geschleudertwerden von Gegenständen, ihre Fortbewegung ohne nachweisbare Ursache, sind sozusagen die am häufigsten vorkommenden typischen Programmnummern bei Geschehnissen dieser Art. Man erinnere sich an ähnliche Feststellungen aus neuerer Zeit, wie z. B. in den Fällen von Groß-Erlach, Dietersheim, Hopfgarten, Neuried, Kotterbach, Nikolsburg und Kosten, sowie bei Eleonore Zugun (in Rumänien wie in London, Berlin und München) und endlich bei Johanna P. (in Kärnten, Braunau und London).

Die „Psychischen Studien" bzw. die „Zeitschrift für Parapsychologie" enthalten in den letzten zehn Jahrgängen ausführliche Monographien über jeden dieser Fälle und brachten außerdem Berichte aus älterer Zeit, wie z. B. eine Beschreibung des gerichtlich festgestellten Spuks in Ylöjärvi.

Als auslösende Momente kommen bei Therese Winklhofer ihr jugendliches Alter, ihr offenbar noch nicht ganz entwickeltes Geschlechtsleben sowie besonders ihre Sympathie zu dem Studenten Ludwig in Betracht. Nur wenn die beiden jungen Leute in der Wohnung anwesend waren, ereigneten sich die beschriebenen Vorfälle, soweit sie als paranormal anzusprechen sind. Nach Trennung derselben, sobald einer von ihnen das Haus verließ, trat Ruhe ein, in Bestätigung der bereits in den Fällen von Kotterbach und Nikolsburg gemachten Beobachtungen. Persönlicher Kontakt scheint wie in mediumistischen Sitzungen so auch bei den Spukphänomenen mitunter für die Genese der paranormalen Vorgänge von Bedeutung zu sein. Unter diesen Umständen kann es nicht wundernehmen, daß der Spuk bei Therese Winklhofer sich in der psychiatrischen Klinik nicht mehr fortgesetzt hat.

Aber der vorliegende Fall zeigt auch von neuem eindringlich die Notwendigkeit, beim Auftreten paraphysischer Spontanphänomene auf dem Gebiet der Metapsychologie bewanderte Sachverständige beizuziehen, weil sonst die große Gefahr besteht, daß die behördlichen Organe diese jungen Agenten für Handlungen mit oft boshafter und schädlicher Tendenz verantwortlich machen und sie sogar für ein Naturgeschehen bestrafen, das von ihnen willkürlich nicht hervorgerufen werden kann, trotz seiner Abhängigkeit von ihrem Organismus. Im Interesse der Aufklärung des Publikums sowie der Behörden erscheint es deswegen außerordentlich wünschenswert, die immer wieder bald hier bald dort aufgetretenen Fälle von Spuk gewissenhaft zu studieren, zu sammeln und Berichte darüber zu veröffentlichen.

Richtlinien zur Beurteilung medialer Spukvorgänge [1]

Wenn man das Material der verschiedensten Autoren über an verschiedenen Orten, zu verschiedenen Zeiten zustande gekommene Beobachtungen, besonders aus den letzten Jahrzehnten, vergleicht, so ergeben sich als Resultat einer solchen Prüfung Gleichförmigkeiten des Geschehens, die auf eine Art Gesetzmäßigkeit desselben schließen lassen.

Wenn auch zu einer endgültigen Formulierung von bestimmten Regeln die bisherigen Berichte wohl kaum ausreichen, so bieten sie doch so viel Gemeinsames, daß man berechtigt ist, nach dem jetzigen Stand der Forschung gewisse vorläufige, für die weitere Untersuchung analoger Fälle maßgebende Richtlinien aufzustellen. Der Übersicht wegen sind die einzelnen in Betracht kommenden Punkte in Gruppen geordnet wie folgt:

Einteilung

Bei den sogenannten Spukerscheinungen kann man zwei Formen unterscheiden, und zwar:

. *a) den lokalen Spuk*, d. h. die fraglichen Phänomene sind an einen bestimmten Ort gebunden (alte Schlösser, einsame Wohnhäuser, außerdem Stätten, an denen sich einmal schwere Verbrechen, besonders solche gegen die Person, wie Mord, Totschlag, Folter, Vergewaltigung usw., ereignet haben). Nicht jedem Besucher offenbaren sich diese latent vorhandenen Kräfte, sondern auch hier scheint für die Auslösung derselben eine persönliche Veranlagung notwendig zu sein;

b) den medialen Spuk, d. h. die paranormalen Vorgänge treten nur bei Anwesenheit bestimmter Personen ins Leben, sind also gesetzmäßig gebunden an solche Vermittler. In dem Spuk selbst handelt es sich fast durchweg um Spontanphänomene aus dem Gebiet der Paraphysik. Die Agenten derselben lassen sich auch als „Medien" bezeichnen, da sich ihre Phänomene lediglich durch das spontane Auftreten von den experimentellen Leistungen der Medien oder Magier in ihren Sitzungen unterscheiden.

Allerdings werden Spukvorgänge häufiger bei vollem Tageslicht beobachtet,

1 Erstmals erschienen in der „Zeitschrift für Parapsychologie", September 1928.

als die Manifestationen der Sitzungsmedien, obwohl auch hier Ausnahmen vorkommen und obwohl auch bei den Sitzungsmedien Spontanphänomene im vollen Licht auftreten können.

Altersstufe und Pubertät

Wie die neuere Forschung zeigt, stehen die Vermittler der paraphysischen Spontonphänomene (= Spuk) meist in jugendlichem Alter[2].

Schon in einem der bestbeglaubigten, weil gerichtlich festgestellten Falle aus dem Jahre 1885, nämlich in dem *Spuk von Ylöjärvi (vgl.* „Psychische Studien" Aprilheft 1922; s. o. S. 264 ff.) steht ein 13jähriges Dienstmädchen *Emma Lindroos*, in engem Zusammenhang mit den ganzen Manifestationen. Sobald sie das Haus verlassen hatte, hörten die Telekinesen, Apporte und Handlungen feindseliger oder schabernackartiger Tendenz mit einem Schlage auf.

Auch für den in der Literatur bekanntgewordenen *Spuk von Resau* im Jahre 1888 wurde als vermeintlicher Täter ein 15jähriger Knabe, *Karl Wolter*, festgestellt. Es erfolgte Bestrafung wegen Unfug und Sachbeschädigung, obwohl ein wirklicher Schuldbeweis nicht geführt war und obwohl alle Zeugen für die Echtheit der Phänomene sprachen. Hier haben wir das Schulbeispiel für einen Justizirrtum aus Vorurteil und Ignoranz.

Bei dem bekannten Spuk in *Groß-Erlach* (Bericht von Illig in den „Psychischen Studien" 1916, S. 295 u. 348) war ebenfalls ein *14jähriger Knabe* beschuldigt worden, durch natürliche Kunstfertigkeit die Hexerei in Szene gesetzt zu haben. Nur ein einziger Zeuge wies damals auf die besonderen Fähigkeiten des Knaben hin.

Auch in dem *Spuk von Dietersheim* (berichtet von Dr. Böhm in „Psychische Studien" 1921, S. 72) waren die Phänomene an die *9jährige Tochter einer Dienstmagd* gebunden und folgten ihr in andere Häuser.

Johanna P., die Trägerin paranormaler Vorgänge, welche sie aus *Kärnten* nach *Braunau* und *London* begleiteten (berichtet vom Verfasser im Mai- und Juniheft der „Psychischen Studien" 1923; s. o. S. 284 ff.), war bei Beginn des Spuks im Jahre 1921 14 Jahre alt. Gegen 1922 schwächten sich ihre Erscheinungen ab und verschwanden vollständig, wahrscheinlich infolge einer besseren geistigen und körperlichen Entwicklung sowie einer freieren Entfaltung des Sexuallebens.

Eleonore Zugun, ein rumänisches Bauernmädchen, war 14 Jahre alt, als es

---

2 Erstmals wies wohl schon F. Podmore in seinem Aufsatz „Poltergeists", Proc. S.P.R., vol. XII, part. 30, London 1896 hierauf hin. G. W.

zur Gräfin Wassilko nach Wien kam und in *Wien, London, Berlin* und *München* Gegenstand der Forschung wurde (die hierauf bezüglichen Arbeiten von *Wassilko, Price* und *Kröner* sind in den Jahrgängen der „Zeitschrift für Parapsychologie" von 1926 und 1927 erschienen). Mit dem verspäteten Eintritt der Menses im 15. Lebensjahr sistierten ihre Leistungen. Eleonore kehrte nach Rumänien zurück und übt in ihrem Vaterland den Beruf einer Maniküre aus.

Dasselbe wiederholte sich bei *Anna Grönauer*, der 15jährigen Tochter eines Bergarbeiters in Peißenberg (Oberbayern). Mit dem verhältnismäßig späten Eintreten der Menstruation hörten die Phänomene auf. (Vgl. „*Der Spuk von Neuried* in Oberbayern", berichtet vom Verfasser, Zeitschrift für Parapsychologie, Januarheft 1926; s. o. S. 306 ff.). Eine bemerkenswerte Verstärkung der Erscheinungen kam zustande, sobald das Mädchen mit ihrer Cousine *Käthe Ledermann* zusammen war. Solange sich Anna allein befand, blieben die Leistungen schwach.

Vilma Molnar, ein Bauernmädchen aus dem Burgenland, wurde 1926 nach Schloß Schönau und nach Wien gebracht zur Beobachtung seiner Phänomene. Alter 14 Jahre (vgl. Ztschr. f. Parapsychol., Januar 1929).

Therese Winklhofer ist als Trägerin des im Januar 1927 in einem Hause der Münchner Augustenstraße ausgebrochenen Spuks anzusehen (Zeitschrift für Parapsychologie, Mai 1928; s. o. S. 313 ff.). Diese 17jährige Hysterika funktionierte nur in Anwesenheit des Studenten Ludwig.

Hierzu kommen der 13jährige *Knabe Tibor* als Agent für den Spuk in Kotterbach sowie die 14jährige *Hilda Zwieselbauer* für die Nikolsburger Fälle in Betracht (vgl. Ztschr. f. Parapsych., Januar, August, Oktober 1928).

Übersicht über die Altersstufen der vorerwähnten Spukmedien

Emma Lindroos (Spuk von Ylöjärvi), 13 Jahre alt.

Karl Wolter (Spuk von Resau), 15 Jahre alt.

Ein Knabe (Spuk von Großerlach), 14 Jahre alt.

Tochter einer Dienstmagd (Spuk von Dietersheim), 9 Jahre alt.

Johanna P. (Spuk in Kärnten, Braunau und London), 14 Jahre alt.

Eleonore Zugun (Spuk in Rumänien, London, Berlin und München), 14 Jahre alt.

Anna Grönauer (Spuk in Neuried), 15 Jahre alt.

Vilma Molnar (Spuk im Burgenland, in Schönau und Wien), 14 Jahre alt.

Therese Winklhofer (Spuk in der Münchner Augustenstraße), 17 Jahre alt.

Tibor (Spuk in Kotterbach), 13 Jahre alt.

Hilda Zwieselbauer (Spuk in Nikolsburg), 14 Jahre alt.

Wie aus dieser Zusammenstellung[3] hervorgeht, stehen sämtliche 11 Agenten im Alter von 9–17 Jahren, darunter befinden sich nur 3 Knaben. Leider wissen wir über die sexuelle Entwicklung bei der Mehrzahl dieser Kinder nichts. Bei *Anna Grönauer* und *Eleonore Zugun* hörten die Erscheinungen mit dem Eintritt der ungewöhnlich spät einsetzenden Menses auf. Bei andern Agenten sollen dieselben erst nach Beginn der Menstruation eingesetzt haben.

Meist beginnen die Spukerscheinungen eruptiv-anfallsartig, ohne eine vorausgehende längere Entwicklung, und sind im großen ganzen von einer fast monotonen Gleichartigkeit. In ihnen wiederholt sich die ganze Phänomenologie der physikalischen Medien in Form von Telekinesen, Apporten, Materialisationen und sonderbaren Handlungen von vielfach feindseligem, zerstörendem oder schabernackartigem Charakter.

Die sich trotz örtlicher und zeitlicher Verschiedenheit immer gleichbleibenden Tatbestände des sogenannten Spuks sollten auch einen hartnäckigen Zweifler stutzig machen.

Sympathisches Zusammenwirken mehrerer Agenten

Für jeden Spukfall der medialen Klasse existiert ein *Hauptmedium*, das als eigentlicher Träger der hier in Betracht kommenden Kräfte anzusehen ist und grundsätzlich auch ohne Mitwirkung anderer Personen die Spukleistungen erzeugen kann. Somit ist in der Mehrzahl der Fälle dieser Agent als alleiniger Produzent der Phänomene, die aber in ihrer Stärke durch den Kontakt mit sympathischen Personen erheblich gesteigert werden können, anzusehen.

Bei einer *besonderen Gruppe von Medien* hängt die Leistungsfähigkeit direkt von dem Zusammensein mit einer ihnen sympathischen Persönlichkeit ab. (So bei *Therese Winklhofer*, bei *Tibor*, *Anna Grönauer* und *Hilda Zwieselbauer*.) Allein bringen sie entweder nichts hervor oder nur schwache Wirkungen. Bei Auflösung dieses persönlichen Kontaktes oder auch bei Entfernung des Hauptmediums aus dem Milieu verschwinden die Phänomene.

Zwischen diesen beiden Möglichkeiten gibt es fließende Übergänge, z. B. in der Weise, daß die Kollektivwirkung nicht an eine einzige sympathische Person gebunden ist, sondern die Mitwirkenden können wechseln. So waren z. B. bei *Johanna P.* die Phänomene dann am stärksten, wenn sie in ihren wechselnden Dienststellen das Schlafzimmer mit einer ihr sympathischen Dienstmagd

---

3 Eine Ergänzung hierzu bringt in der Schilderung eines Spuks in Charlottenburg (Z. f. Paraps. 1929, H. 10, 1930, H. 1 u. 2, 1932, H. 4 u. 5) deren langjähriger Schriftleiter Dr. P. Sünner in der Z. f. Parapsychologie H. 5, 1932 S. 204 ff. G. W.

teilte. Auch bei *Vilma Molnar* hatte man den Eindruck, daß ihr Zusammensein mit der älteren Kollegin *Amalie* die Phänomene förderte.

An Stelle einer einzigen Person kann aber auch ein die Phänomene *begünstigendes Zusammenwirken mehrerer Menschen* treten. Hier wiederholt sich die traditionelle Methodik der mediumistischen Sitzungen.

Umgekehrt hat die Anwesenheit eines feindselig eingestellten oder auf das Medium antipathisch wirkenden Beobachters, sowie die mißtrauische Haltung eines solchen, auch selbst wenn diese Antipathie unbegründet sein mag, eine Leistungsunfähigkeit zur Folge. Wie ein Teilnehmer an meinen Sitzungen sich treffend ausdrückt: Die Mittelsperson wird durch einen auf diese Weise erzeugten psychischen Status verhindert „aus sich herauszugehen". In der psychischen Impotenz der Sexualneurastheniker und in der Examensangt betrachten wir denselben Prozeß einer psychogen entstandenen Funktionshemmung. Die außerordentlich subtilen und feinen Vorgänge der medialen schöpferischen Leistung sind solchen psychischen Hemmungen besonders ausgesetzt.

Da die paraphysischen Phänomene letzten Endes psychogen sind, d. h. durch unbekannte psychische Vorgänge im Unbewußten ausgelöst werden und weitgehend von denselben abhängen, so versteht es sich auch, daß eine zu intellektuelle, verstandesmäßige Einstellung der Anwesenden, eine konzentrische Denktätigkeit und hyperkritische Verfassung, einen für das Entstehen der Phänomene ungünstigen Spannungszustand erzeugen und in negativer Weise dieselben und ihre Realisierung beeinflussen, wie das umgekehrt in positiver Form seitens des Mediums geschieht. Somit hat der Zirkel, wofür jede Sitzung neue Beweise erbringt, die Steigerung und Abschwächung der paraphysischen Auswirkungen in der Hand. In einzelnen Fällen realisieren sich dann die Vorstellungsinhalte, Wünsche usw. entweder sofort oder nach einigen Stunden.

Aus diesem Grunde sind ableitende lebhafte Unterhaltung oder Chorgesang der Zirkelteilnehmer nützlich, ebenso wie die Inanspruchnahme der Aufmerksamkeit durch Musik.

Beim Auftreten der paraphysischen Spontanphänomene, also des „Spuks", wiederholt sich derselbe psychologische Prozeß. Mit gespannter Erwartung und Anglotzen des kindlichen Spukagenten erreicht man das Gegenteil des gewünschten Effekts. In Dietersheim und auch in Neuried waren die Bauernstuben mitunter von Neugierigen gefüllt, die stundenlang mit gespanntester Aufmerksamkeit jede Bewegung der kindlichen Medien beobachteten und dadurch eine dem intuitiven Schaffen schädliche Stimmung erzeugten. Durch ein solches Vorgehen ist niemals ein positives Resultat zustande gekommen.

In lehrreicher Form beweisen die Experimente der Gräfin Wassilko mit dem Spukmedium Eleonore Zugun die Richtigkeit dieser Regel; das zeigte sich besonders deutlich in dem auch von Professor Verweyen (Die Probleme des Mediumismus, S. 220, Enke 1928) beobachteten Zurückstoßen einiger kurz vorher in Reih und Glied geordneter Bücher auf einem Regal. Dieses Phänomen trat nur dann ein, wenn Eleonore dem Bücherständer ihren Rücken zukehrte und wenn die Anwesenden Blick und Aufmerksamkeit von der kritischen Stelle abgewendet hatten.

Die Bedeutung des Einzelteilnehmers für den mediumistischen Schöpfungsprozeß wird sehr illustriert durch die nachfolgend geschilderte Beobachtung eines Zirkelmitgliedes aus einer der letzten Sitzungen mit Rudi Schneider[4]. Er sagt: „Obwohl ich mich am 14. Februar 1928 überzeugt hatte, daß ein Eingriff des Rudi Schneider in die von Olga hervorgerufenen Phänomene nicht stattgefunden hatte, wurde ich plötzlich nach Beginn der Sitzung am 22. Februar von Zweifeln befallen. Ich beschäftigte mich mit dem Gedanken, ob es dem Medium möglich sein könnte, das erste Phänomen – das Wegreißen des schwarzen Tuches von der Zither – selbst hervorzurufen. Obwohl ich mir Gegeneinwände machte und mir sagte, wie töricht dieser Gedanke sei, da ich andere Phänomene gesehen hatte, bei denen eine Mitwirkung des Rudi völlig ausgeschlossen war, setzte sich bei mir die fixe Idee durch, mit aller Anspannung die vier Ziffern (des Kontrollapparates) zu beobachten, um zu sehen, ob während der Wegnahme des Tuches eine Veränderung eintrete. Während ich meine ganze Aufmerksamkeit auf diese Kontrolle richtete, verlangte das Medium spontan, ich solle mich von ihm wegbegeben und auf die Seite des Versuchsleiters gehen. Ich gestehe, daß ich mir in diesem Augenblick vorkam, als sei ich bei etwas Verbotenem ertappt worden. Ich fühlte sofort, daß ich es gewesen war, der das Medium an der Entwicklung seiner Kräfte durch meine mißtrauischen Gedanken gehindert hatte.

Ich habe auch durch diese persönliche Erfahrung eingesehen, warum die lebhafte Unterhaltung während der Vorbereitung der Phänomene durchaus nötig ist. Sie soll nicht, wie vielfach vorgeworfen wird, die Aufmerksamkeit ablenken, um dem Medium Gelegenheit zu Schwindeleien zu geben – in diesem Stadium erfolgt ja überhaupt noch nichts –, sondern sie ist die einzige Möglichkeit, um das Entstehen hemmender Gedanken bei den Teilnehmern der Kette zu verhindern. Ich glaube sogar, daß in diesem Vorbereitungsstadium jede Beschäftigung mit den zu erwartenden Phänomenen schädlich ist.

Wie ich nicht anders erwartet hatte, setzten nunmehr nach einer Pause die Phänomene ein. Ich wurde bei ihrem Auftreten in starke innere Anteilnahme versetzt, so daß ich nunmehr den lebhaften Wunsch empfand, mit allen meinen

4 Wohl Prof. Dr. K. Fajans. Vgl. Schrenck-Notzing „Die Phänomene des Mediums Rudi Schneider" (Berlin 1933), S. 111 ff. G. W.

Kräften dem Medium zu helfen, damit besonders schöne und klare Phänomene zustande kommen. Ich hatte kaum diesen Wunschgedanken gehabt, als das Medium mitteilte: ‚Ein Freund hilft mit'. Ich hatte wiederum das bestimmte Gefühl, daß zwischen meinen Gedanken und der sofort erfolgten Äußerung des Mediums ein Zusammenhang bestand. Für die Bezeichnung als ‚Freund' ist noch anzuführen, daß der Herr Versuchsleiter mich zu Beginn der Sitzung als Freund der Bewegung ihr vorgestellt hatte."

Gerade das vorstehende Beispiel zeigt sehr schön, wie dieselbe Person erst negativ und dann positiv auf das Medium einwirkt. Ferner läßt es sich sehr wohl vertreten, daß das vom Versuchsleiter gesprochene Wort „Freund" weiterwirkte und daß Rudi die sympathische Mitwirkung des Genannten während seines Zustandes in Form eines jenseitigen Freundes symbolisierte.

Die vorstehenden Notizen dürften genügen, um die große Wichtigkeit des Faktors der Sympathie und Antipathie für das Zustandekommen solcher Phänomene klarzumachen.

Psychoanalyse

Die Berührungspunkte der Psychoanalyse und der Parapsychologie im allgemeinen sind eingehend erörtert worden von Dr. Walter Kröner („Zeitschrift für Parapsychologie" 1926, S. 99), diejenigen mit dem Spuk im speziellen von dem (1958 verstorbenen G. W.) Dr. Alfred v. Winterstein („Zeitschrift für Parapsychologie" 1926, H. 9, 1930, H. 7)[5].

5 *Zusatz:* Schon 1925 wies *Joh. Illig,* „Ewiges Schweigen?" auf die Bedeutung psychoanalytischer Gesichtspunkte bei der Erforschung des Spuks. Im November 1929 traten in Eggenberg bei Graz Spukphänomene auf, die von einer *Frieda Weissl* (22jährig) als Agentin auszugehen schienen. (Vgl. Z. f. P. 1930, S. 262 ff.) Diese wurde dann in Wien kurze Zeit erforscht, auch psychoanalytisch, Dr. *v. Winterstein* berichtete darüber auf dem Parapsychologenkongreß in Athen 1930. (Vgl. auch Z. f. P. 1931, S. 107 ff.) Auch ein Spuk in Prag-Branik, der um einen gewissen „*Wolf*" zentrierte (Pseudonym), wurde von Dr. *Šimsa* psychoanalytisch behandelt, ins Experimentelle überführt (vgl. Z. f. P. 1931, S. 526 ff., 565 ff., 1932, S. 49 ff.) und gemeinsam mit Prof. *O. Fischer* (vgl. S. 58) und Dr. *K. Kuchynka* noch 1934/36, 1937/38 erforscht. Auch in Athen wurde durch Spuk ein Medium „*Cleio*" entdeckt und psychoanalytisch behandelt, Dr. *Tanagra* berichtete darüber ebenfalls auf dem Kongreß in Athen 1930 vgl. Z. f. P. 1930, S. 377, 1932, S. 195 ff.). Schon früher hatte der schwedische Psychotherapeut Dr. *P. Bjerre* mit dem von ihm behandelten Spuk im „Fall Karin" (1907, enthalten in erweiterter Fassung in „Spökerier", 1947) Aufsehen erregt. Wie oben erwähnt, hatte Grfn. Zoe *Wassilko-Serecki* die Spuk-Agentin *Eleonora Zugun* aus Talpa zu sich nach Wien genommen, psychoanalytisch behandelt und mit anderen (u. a. in München, Berlin, London) ihre Phänomene erforscht. (Vgl. „Der Spuk von Talpa", München 1926, „Observations on Eleonora Zugun", Psychic Research", Journ. der American SPR, New York 1926). *Harry Price* forderte auf

336

In einem konkreten Spukfall wurde diese Methode seelischer Zergliederung zum erstenmal von der Gräfin Wassilko angewendet und außerdem von Dr. Simsa im Falle des Nikolsburger Spuks.

Diese Theorie setzt eine Einteilung des psychischen Geschehens in Ober- und Unterbewußtsein voraus. Während das Oberbewußtsein die reinen Denkprozesse, also Logik und Begriffsbildung, Willen und Intellekt, in sich schließt, umfaßt das sogenannte Unterbewußtsein unbewußte Empfindungs- und Erinnerungsprozesse und wird von der Phantasie sowie vom Triebleben beherrscht. Durch den von Freud beschriebenen Verdrängungsprozeß gelangen psychische Inhalte, insbesondere aus der Sphäre des Affekts, teilweise durch Vergessen, ins Unterbewußtsein. Verdrängt werden nach Kröner „gefühlsbetonte, speziell unlustbetonte, mehr oder weniger gewaltsame Erlebnisse, Triebe, Affekte, häufig sexueller Natur und vielfach mit bösartiger, egoistischer, gesellschaftsfeindlicher Tendenz, die mit dem Oberbewußtsein kollidieren und ausgeschieden werden, um nicht den Zusammenhang der Persönlichkeit zu gefährden oder sie in Konflikt mit der Umwelt zu bringen".

In der frühesten Jugend, namentlich im Pubertätsalter, geraten solche affektmäßigen Einstellungen in Verdrängung. Wenn nun ein solcher verdrängter seelischer Komplex selbständig wird, so entsteht, wie Kröner sich treffend ausdrückt, „eine fremdartige Zweitpersönlichkeit". Der abgespaltene Komplex bildet ein zweites Ich.

Die unterbewußten Verdrängungsvorgänge führen zur Neurose. Nun sind

Grund der Londoner Beobachtungen die Beseitigung des „Draku-" (Teufels- bzw. Dämonen-)Komplexes. (Proc. of the National Laboratory of Psychic Research. London 1927/29, vol. I.) Er war einer der bekanntesten Spukforscher Englands (vgl. u. a. „Poltergeist over England", London 1945), Einen guten Überblick über die parapsychologischen Phänomene in psychoanalytischer Beleuchtung enthält G. *Devereux* „Psychoanalysis and the occult" (Sammelwerk), New York 1953. Dr. *Nandor Fodor*, geborener Ungar, einer der umfassendsten Kenner der Parapsychologie, Verfasser der „Encyclopaedia of Psychic Science" (1934), seinerzeit Direktor des „International Institute for Psychical Research", London, jetzt einer der aufgeklärtesten Psychoanalytiker in New York, Mitglied u. a. der dortigen „National Psychological Association for Psychoanalysis", der „American Psychological Association" und der „New York Academy of Sciences", ferner der Schriftleitung der „Psychoanalysis" und „Psychoanalytic Review", bemüht sich seit Jahren mit vielen anderen amerikanischen Forschern (darunter der verstorbene Hereward Carrington usw.) um eine Verbindung von Parapsychologie und Psychoanalyse. (Vgl. das „International Journal of Parapsychology" u. „Tomorrow Magazine" der Parapsychology Foundation, New York.) *Von Freud selbst 1939 ermutigt* (vgl. etwa die Schweizer „Neue Wissenschaft" 6. Jahrg. H. 13, 1957) befaßte er sich vor allem auch mit der psychoanalytischen Aufhellung von Spukfällen, etwa in seinen jüngsten Büchern „On the trail of the Poltergeist" (New York 1958), „The haunted mind" (New York 1959) und „Mind over Space" (New York 1962). G. W.

aber die okkulten und intuitiven Erscheinungen in die tiefste Schicht des Unterbewußtseins zu verlegen. Die autonom gewordenen, abgespaltenen Vorstellungskomplexe scheinen automatisch und zwangsartig in gewissen Fällen zur Abfuhr und Realisierung durch Spukerscheinungen zu drängen, wie Winterstein behauptet. Der sogenannte Spuk tritt also an Stelle einer Neurose. Schuldgefühle, sadistische Neigungen, Verfolgungsideen, antisoziale Antriebe, feindselige und boshafte Einstellung gegen die Umgebung, gelangen im Spuk, d. h. auf paranormale Weise unterbewußt zur Auswirkung. Nach Winterstein machen die Spukerscheinungen (d. h. zunächst diejenigen des medialen Spukes) den Eindruck, als ob nicht bewältigte psychische Inhalte oder unerledigte moralische Konflikte auf dem Wege der neurotischen Projektion abreagiert würden. Über die zugrunde liegenden psychischen Mechanismen, über ihre Einwirkung auf stoffliche Prozesse, über ihre Beherrschung biologischer und physikalischer Prinzipien, wie wir sie in der Paraphysik erleben, herrscht tiefes Dunkel.

Kröner und Šimsa nehmen ein kollektives kosmisches Bewußtsein an, d. h. eine direkte Verbindung solcher paraphysischen und parapsychischen Agenten mit kosmischen Kräften. Bemerkenswert und richtig ist auch die Behauptung Šimsas, daß die Art der mediumistischen Spukerscheinungen durchweg dem geistigen Niveau des Mediums entspricht. Das trifft auch für die Erscheinungen des physikalischen Mediumismus im ganzen zu. In den spielerischen, kindlichen, traumhaften, symbolhaften Äußerungen spiegelt sich die Wesensart des Agenten. Ob es richtig ist, Persönlichkeiten mit einer solchen Begabung geistig als völlig normal zu bezeichnen, daneben aber bei denselben eine neurotische Projektion in Form von Spukerscheinungen anzunehmen, wie es Šisma tut, das lasse ich dahingestellt[6].

Die Spukerscheinungen teilen auch mit den Sitzungsphänomenen den eruptiven, elementaren Charakter, das Überraschende und Plötzliche in ihrem Auftreten.

Für Beziehungen zwischen den Charaktereigenschaften der Spukagenten und der Art der zur Beobachtung gelangenden Phänomene bietet der schon oben erwähnte Fall von Ylöjärvi ein lehrreiches Beispiel. Als Medium ist die 13jährige Dienstmagd Emma Lindroos anzusehen. Die mit ihr zustande kommenden Handlungen sind kindisch, läppisch, vollziehen sich durchweg an Gegenständen des täglichen Bedarfs und der täglichen Umgebung. Ihr geistiger Wert entspricht der Mentalität des wenig begabten, ungebildeten Mädchens: Eine Reihe von Vorgängen zeigt die boshafte Absicht, den Bewohnern Schaden zuzufügen.

6 Eine Kritik der psychoanalytischen Spukdeutungen veröffentlichte Prof. E. Mattiessen in der Ztschr. f. Parapsychologie 1930, S. 615 ff., 680 ff., sowie in „Das persönliche Überleben des Todes" Bd. I, S. 113 ff. (Berlin 1936, Neuauflage 1962.) G. W.

Man könnte hier an unbewußte Antriebe in der hysterischen Psyche denken, Aufsehen zu erregen, sowie mutwillige Zerstörungen im Hause hervorzurufen. Die meisten Manifestationen waren einfacherer Natur, wie z. B. das Inbewegungsetzen von im Zimmer befindlichen Gegenständen, das Werfen von Holzstücken, Schuhen, Stühlen, Zündholzschachteln, Büchern, Löffeln, Messern, Kerzen, Leuchtern, Ziegelsteinen, Tabakpfeifen – das Aufeinanderschlagen von Tischplatten sowie das Aufrechtstellen einer an der Wand hängenden Elle. Zu der schwierigeren Klasse von Erscheinungen sind komplizierte Manifestationen zu rechnen, wie das Aufspringen einer wohlverschlossenen Tür sowie das Herausgelangen von Gegenständen aus gut verschlossenen Behältern, ferner der Apport größerer Quantitäten Tonerde, Birkenrinde, Ziegeln usw. in das Zimmer, das Umstülpen von Arzneiflaschen, das Umfüllen von Bier aus einem Faß in einen Zuber, die schwebende Bewegung eines Leuchters in aufrechter Stellung sowie das Herausziehen eines Schlüssels aus der Türe.

Als Handlungen mit schabernackartiger oder schädlicher Tendenz sind anzuführen: das Zerschneiden und Zerreißen eines Buches, das Verbrennen von Gebrauchsgegenständen im Ofen, das Zusammenbinden der Füße eines Schafes im Stall, das Umwickeln der im Bett liegenden Emma Lindroos mit einer Schnur.

Strafrechtlich würden, wenn man die paraphysikalische Art des Zustandekommens dieser Handlungen nicht berücksichtigt, dieselben dem groben Unfug zuzurechnen sein. Schon damals, im Jahre 1922, wies ich bei Gelegenheit der Besprechung dieses Spukes darauf hin, daß es der parapsychologischen Forschung nicht nur auf die Psychogenese der Spukphänomene ankomme, sondern ebensosehr auf die Art ihres Zustandekommens. Damit war schon ein Hinweis auf die Psychoanalyse gegeben.

Aber wenn uns der Versuch der Seelenzergliederung auf diesem Gebiet auch einen Schritt weiterführt, und zwar aus dem Aberglauben in das wissenschaftliche Denken, so darf man dabei doch nicht übersehen, daß die konsequente Durchführung einer solchen Theorie doch auf außerordentliche Schwierigkeiten stoßen würde. Immerhin bedeutet sie einen großen Fortschritt und verdient sicherlich den Vorzug vor der Geisterlehre.

Schwindel

Die Abhängigkeit des Auftretens paraphysischer Phänomene von der psychischen Verfassung der Teilnehmer, die Feststellung, daß die Sympathie des Mediums zu gewissen Personen ein förderndes Moment abgibt, wie umgekehrt die Antipathie ein hemmendes, liefern einen wichtigen Beitrag zum psychologischen Verständnis der betrügerischen Substitutionsakte. Denn es unterliegt keinem Zweifel, daß bei zahlreichen Medien neben echten Leistungen schwindelhaft erzeugte konstatiert werden konnten, sowohl bei den Sitzungsmedien als auch bei den Agenten für Spukphänomene. Die Vorspiegelung mediumistischer Vorgänge durch professionelle Taschenspieler übergehe ich hier, weil es sich dabei nicht um Personen mit einer spezifischen, in der Konstitution begründeten Begabung handelt.

Wie schon in der Einleitung meines Werkes „Materialisationsphänomene" (2. Aufl., Reinhardt 1923, S. 30) hervorgehoben wurde, üben Vorstellungsrichtung und Vorstellungsinhalt der an den Versuchen beteiligten Personen einen Einfluß in förderndem oder hemmendem Sinn auf die Psyche des Mediums sowie mitunter auf den Charakter der produzierten Vorgänge aus, was ja schon weiter oben an Beispielen klargemacht wurde. Die mediale Organisation scheint ein äußerst feines Reagenz darzustellen, das suggestiven Einflüssen ungemein zugänglich ist. So kann auch lebhaftes Denken an Taschenspielertricks und betrügerisches Zustandekommen der Manifestationen das Medium im Sinne der unbewußten mechanischen Nachhilfe und Betrügerei suggestiv beeinflussen und zur Realisierung solcher manueller Kunstgriffe animieren. Man muß sogar mit der Möglichkeit eines posthypnotischen Einflusses rechnen, der ein Medium veranlassen könnte, während scheinbaren Wachseins, aber im hypnotischen Dämmerzustand, Betrugsvorbereitungen für die nächste Sitzung zu treffen. Professionsentlarver und Mediophoben sind also möglichst von der Teilnahme an solchen Sitzungen fernzuhalten. Die hier geschilderte Art des Zustandekommens schwindelhafter Manifestationen betrifft zunächst nur die Sitzungsmedien, während dieser Punkt bei den Agenten für Spuk infolge eines Mangels an zuverlässigen Beobachtungen noch nicht aufgeklärt ist.

Unter den oben erwähnten Versuchspersonen für paraphysische Spontanvorgänge konnten Schwindeleien nachgewiesen werden bei: Eleonore Zugun, Therese Winklhofer und bei Vilma Molnar. So erzeugte Eleonore Zugun die bekannten mysteriösen Kratzeffekte auf ihrer Haut einige Male in unbeobachteten Augenblicken mechanisch. – Therese Winklhofer führte allerlei Schabernack auf, um Spuk vorzutäuschen und ihre Herrin zu ärgern. Sie wurde beim Schreiben von Zetteln beobachtet, die sie zu diesem Zweck zu verwenden pflegte. Vilma Molnar versteckte, als sie während ihres Wiener Aufenthaltes zur Beobachtung in die Privatwohnung des Professors Hahn gebracht wurde, Gegenstände in ihrem Bett, um mit denselben Spukphänomene vorzutäuschen. Sobald sie aus der ihr sympathischen Umgebung im Hause der Fürstin W. entfernt wurde, ließen ihre Leistungen nach.

Ist einmal irgendwo Spuk ausgebrochen, so liegt es sehr nahe, daß Agenten im Kindesalter spielerisch die erlebten Phänomene nachahmen. Das betrifft besonders Werfen von Gegenständen. Die Versuchung zu solchem Allotria liegt außerordentlich nahe. So gestand auch bei dem Spuk von Kosten (vgl. Januarheft 1928 der „Zeitschrift für Parapsychologie"), in welchem Steinregen konstatiert wurde, ein junger Bursche aus der Familie Werner, mit Steinen geworfen zu haben. Ebenso ahmte Emma Lindroos die Spukwürfe spielerisch nach.

Es wäre vollkommen falsch, in Fällen dieser Art das Kind mit dem Bade auszuschütten und mechanische, vielleicht triebartig zustandegekommene Nachhilfen sowie eine aktive Beteiligung am Spuk (aus Übermut) als die einzige Ursache für das Zustandekommen dieser rätselhaften Vorgänge anzusehen, wie das heute noch die Rechtsprechung zu tun beliebt, um diese unbequemen Tatsachen loszuwerden. Das positive, nicht mechanisch nachahmbare Material ist erdrückend in seiner Beweisqualität, wie das ja besonders die neuerlichen, in dieser Zeitschrift geschilderten Feststellungen in Nikolsburg, Kotterbach und Prag bei den Agenten Tibor und Hilda zeigen.

Irgendein Pseudophänomen, unbewußt, mechanisch vom Agenten hervorgerufen, ist nicht imstande, die hundertfach wiederholten und unter den denkbar strengsten Versuchsbedingungen beobachteten echten medialen Leistungen zu entwerten. Dazu kommt, daß in der Regel, sowohl bei den spontan als auch bei den experimentell erzeugten Phänomenen, ein gewisser Teil durch sich selbst beweisend ist und sich mit den bekannten Mitteln der Salonmagie überhaupt nicht nachmachen läßt, wie z. B. die Entwicklung von Händen oder handartigen Formen aus Nebelflecken vor den Augen des Beobachters, von Händen, welche oft nur halb so groß sind wie die des Mediums oder auch ein Riesenformat und sechs Finger aufweisen können. Dasselbe gilt von den Levitationen (freie Erhebungen des medialen Körpers in die Luft). So läßt sich auf dem Gebiet der Spontanphänomene der zwei Personen auf ihrem Heimgange übers Feld verfolgende Steinregen, der sich sogar ins Gastzimmer fortsetzte, nicht gut als das Produkt schwindelhafter Manipulationen vorstellen [7].

Schlußbemerkungen

Zweck vorstehender Ausführungen war, einige Richtlinien zum wissenschaftlichen Studium einer bestimmten Klasse von Spukerscheinungen zu bieten. Wir stehen bei Prüfung paraphysischer Spontanphänomene noch ganz im Anfang. Die Rückständigkeit in der Beurteilung derselben erscheint viel, viel größer als in andern Zweigen der Parapsychologie. Eine heute noch herrschende mittelalterliche Denkweise führt zu Justizirrtümern schwerwiegender Art, indem die

7 Vgl. das Steinwerfen in Kosten. (Ztsch. f. Paraps., Januar 1928). G. W.

Tatsächlichkeit dieses in sich abgeschlossenen Gebietes von Naturvorgängen aus eingewurzeltem Vorurteil und tiefer Unkenntnis einfach geleugnet wird, obwohl doch die grundsätzliche Identität aller Spukphänomene der Vergangenheit und Gegenwart für ihre Realität sprechen würde.

Zunächst bleibt es also die wichtigste Aufgabe der Forschung, ein kritisch geprüftes und gut gesichtetes Beobachtungsmaterial zu sammeln und zu vergleichen, damit mehr Licht auf diese dringend aufklärungsbedürftigen Erscheinungen geworfen wird [8].

8 Vgl. die Literaturhinweise S. 243, Anm. 3. G. W.

Vierter Teil

NEKROLOGE

Professor Liégeois †[1]

Am 14. August 1908 wurde als Greis von 74 Jahren im Vollbesitze geistiger und körperlicher Rüstigkeit *Jules Liégeois*, Professor der Rechte an der Universität Nancy, von einem Automobil getötet.

Der Name dieses Gelehrten ist eng verknüpft mit der Entwicklung der Suggestionslehre, wie sie von den Forschern in Nancy, Bernheim, Liébeault und Beaunis, zuerst aufgestellt und dann erfolgreich gegen die Angriffe der Pariser Schule (Charcot, Gilles de la Tourette usw.) verteidigt wurde.

Während Liébeault, der sein grundlegendes Werk „Über Schlaf und analoge Zustände" schon 1866 erscheinen ließ, sowie Beaunis und Bernheim mehr die medizinische und psychophysiologische Seite der jungen hypnotischen Wissenschaft studierten, waren die Arbeiten von Liégeois vom Jahre 1878 an der gerichtlich-medizinischen Bedeutung der Suggestion gewidmet.

1884 verlas der Verstorbene vor der Académie des Sciences morales et politiques seine aufsehenerregende Denkschrift über „Hypnotische Suggestion".

1889 erschien nach weiteren kleineren Publikationen das Hauptwerk des Gelehrten: „De la Suggestion et du somnambulisme dans leurs rapports avec la jurisprudence et la médecine légale" (Paris, Doin). Auf verschiedenen internationalen Kongressen für Psychologie, für Hypnotismus und für Kriminalpsychologie sowie in mehreren wissenschaftlichen Fachzeitschriften verfocht Liégeois seine Ansichten.

Sein letztes größeres Werk stammt aus dem Jahr 1898 und ist betitelt: „L'hypnotisme et les suggestions criminelles".

Nach der Anschauung des Verfassers ist im tiefen Somnambulismus weitgehender verbrecherischer Mißbrauch der Suggestion möglich, sowohl in Form von Delikten am Körper der Somnambulen (sexueller Mißbrauch), als auch durch suggestive Anleitung zur Ausführung von Strafhandlungen. 4–5 % aller Hypnotisierten geraten in einen entsprechend tiefen Zustand von Hypnose. In

1 Erstmals erschienen im „Archiv für Kriminalanthropologie und Kriminalistik", Bd. 32, 1909.

solchen Fällen ist der Urheber der Suggestion zur Rechenschaft zu ziehen, während sein Opfer nicht veranwortlich gemacht werden kann.

Durch eine größere Anzahl von Beispielen aus den Akten der Strafjustiz suchte Verfasser seinen Standpunkt zu stützen. Hier mögen Erwähnung finden: der Prozeß von la Roncière (1840). Eine suggestible Hysterische, angestiftet durch eine Person ihrer Umgebung, beschuldigte einen gewissen la Roncière, sie vergewaltigt zu haben. Der Angeklagte wurde zu 10 Jahren Zwangsarbeit verurteilt, die er verbüßte. Seine vollkommene Unschuld stellte sich erst später heraus.

Der Fall des Vagabunden *Castellan*, der 1865 mit Hilfe hypnotischer Machenschaften eine anständige junge Dame vollständig beherrschte und mißbrauchte, ist bekannt; ebenso derjenige des Zahnarztes *Levy*, welcher eine Patientin in der Hypnose vergewaltigte, sowie der Fall *Czyinski* in München.

Besonders merkwürdig erscheint der Giftmordversuch von *Ain Fezza*. Die in glücklicher Ehe lebende junge Frau des Artilleriehauptmanns Weiß wurde von einem Ingenieur Roque in dem Zustande des Somnambulismus überredet, ihren Gatten zu vergiften, da er sie alsdann zu heiraten gedachte. Bei der Ausführung ihres Verbrechens wurde Madame Weiß überrascht. Ohne vorherige Anhörung von Sachverständigen erfolgte ihre Verurteilung zu 20 Jahren Zwangsarbeit. Das unwissende Werkzeug dieses Verbrechens tötete sich unmittelbar nach der Gerichtsverhandlung. Roque entkam durch die Flucht und entleibte sich ebenfalls in dem Augenblick, in welchem er den Gendarmen in die Hände fiel.

In dem berühmten, 1889 in Paris verhandelten Prozeß Gabrièle Bompard, einer Halbweltdame, welche auf Anstiften ihres Liebhabers Eraud den Gerichtsvollzieher Gouffé erdrosselt hatte, gelang es Liégeois nicht, die Geschworenen davon zu überzeugen, daß die Bompard lediglich das Opfer einer Suggestion geworden sei. Sie wurde verurteilt, befindet sich jedoch nach Abbüßung ihrer Strafe heute wieder auf freiem Fuß.

Wenn die Anschauungen von Liégeois über die gerichtlich-medizinische Bedeutung der Suggestion auch gegenwärtig nicht mehr in vollem Umfange gültig sind und inzwischen teilweise sogar widerlegt wurden (namentlich von Delbœuf, Forel und dem Verfasser dieses Referates[2]), so schmälert doch dieser Umstand keineswegs das große Verdienst des Nancyer Gelehrten, daß er zuerst als unerschrockener Vorkämpfer mit großem Nachdruck die Aufmerksamkeit der Ärzte und Juristen auf die bis dahin unbekannt gebliebene Rolle der Sug-

---

2 Vgl. *v. Schrenck-Notzing*, „Die gerichtlich-medizinische Bedeutung der Suggestion". Arch. f. Kriminalanthropol. 1900, Bd. 3, sowie „Kriminalpsychologische Studien", Leipzig 1902, Barth.

gestion in der forensen Praxis lenkte, ein umfassendes Material aus der Rechtsprechung zur Bestätigung sammelte und durch die systematische, psychologische und juristische Bearbeitung des Gebietes eine kriminalpsychologische Spezialität schuf, die heute in keinem Handbuch der gerichtlichen Medizin mehr fehlt. Auch die ganze Würdigung des hysterischen Charakters – mit Rücksicht auf die Summe von Unheil, welches das Verhalten solcher Personen schon angerichtet hat –, die gesamte Aussagepsychologie (Schätzung der Zeugenaussagen) sind letzten Endes durch die Suggestionslehre angeregt worden und sogar teilweise aus ihr hervorgegangen, ganz abgesehen von dem sonstigen medizinischen und psychologischen Wert derselben.

Liégeois war es nicht vergönnt, die in den letzten 10 Jahren für ein neues Werk über denselben Gegenstand gesammelten Aufzeichnungen zu publizieren. Der Tod überraschte ihn und setzte seinem unermüdlichen Schaffen ein Ziel. Die bahnbrechenden Leistungen des Verblichenen werden unvergessen bleiben; sein Name lebt fort im Andenken an die für alle Zeit grundlegenden Arbeiten der Nancy-Schule.

Albert von Keller als Malerpsychologe und Metapsychiker[1]

Am 16. Juli 1920 entschlief im Alter von 75 Jahren Albert v. Keller, der große Romantiker, Psychologe und Sittenschilderer auf dem Gebiete der Malerei. Keinem andern Künstler der Gegenwart – auch nicht dem vor einigen Jahren verstorbenen, in seiner stilisierten Malweise sich stets gleichbleibenden Gabriel Max – ist es gelungen, so sehr in die dunklen Tiefen des Seelenlebens einzudringen und charakteristische Momente sowie komplizierte Themata aus dem Grenzgebiet des Psychischen und Metapsychischen, aus den Zuständen des visionären Somnambulismus und der Mystik überhaupt so meisterhaft im Bilde darzustellen, wie Albert v. Keller.

In der Biographie des Künstlers macht Hans Rosenhagen[2] darauf aufmerksam, daß dieser Wirkungskreis vor Keller von der Malerei kaum berührt wurde. Der Grund hierfür liegt einmal in seiner Anlage, aber hauptsächlich auch darin, daß unser Künstler, der seit 36 Jahren mit dem Verfasser dieses Nachrufs eng befreundet war, bei seinem leidenschaftlichen Interesse für alle Fragen des Okkultismus keine Gelegenheit zu Beobachtungen dieser Art versäumte und an allen wichtigeren Versuchsreihen teilnahm, die von mir in dieser langen Zeitperiode veranstaltet wurden. Daraus ergaben sich zahlreiche fruchtbare Anregungen für sein künstlerisches Schaffen. Es ist durchaus unrichtig, wenn Julius Elias[3] von Keller behauptet, er habe in diesen Sitzungen ausschließlich das malerische Moment gesucht oder etwa der okkultistischen Mode Konzessionen gemacht. Philosophische Probleme und Grenzfragen des Seelenlebens interessierten ihn seit der Studentenzeit; sein intuitives, grüblerisches, ja träumendes und visionäres Wesen führte unwillkürlich zu seelischer Vertiefung und zu dem Streben, eigenartige, schwierige psychologische Probleme zu bearbeiten.

Nicht zum geringsten hat dieser große Farbenzauberer seine Erfolge dem eisernen Fleiß zu verdanken, der ihn Tag für Tag, Stunde für Stunde an die Staffelei fesselte. Sehr treffend schildert Hugo v. Habermann in einem tief empfundenen Nachruf das Wesen seines Freundes wie folgt: „Dieser merkwürdige Mann mit dem gemessenen Äußern des Weltmannes und der glühenden Seele des Künstlers, oft sprunghaft infolge der Kompliziertheit seines We-

1 Erstmals erschienen in den „Psychischen Studien", April 1921.
2 Hans *Rosenhagen*, A. v. Keller. Velhagen & Klasing 1912.
3 „Tag" vom 24. Juli 1920, Nr. 162.

sens, für Fernstehende unnahbar und unergründlich, vereinigte mit der Schärfe des Verstandes das Innenleben des Träumers, mit universeller Bildung den Hang zu mystischer Versenkung, mit einer übergroßen Empfindlichkeit für die Schönheit seiner Umgebung die Fähigkeit, materielle Freuden durch kritisches Genießen zu vergeistigen und zugleich den Schmerz über herbe Schicksalsschläge hinter der glatten Maske des Lebemannes zu verbergen."

Für den Eintritt in das Kunstgebiet der psychologischen Malerei, welche in dieser Weise, wie bereits erwähnt, vor ihm nicht existierte, sind die Jahre 1885 und 1886 maßgebend.

1885 erschien Kellers Meisterwerk „Die Auferweckung der Toten", welches heute in der Neuen Pinakothek hängt. Die Idee zu diesem Gemälde war schon 1877 entstanden. Die umfassenden Vorarbeiten, Studien und Skizzen dazu fallen also in die Zeit 1877–1885. Rosenhagen sagt darüber: „Dieses Glanzstück der Malerei des 19. Jahrhunderts erscheint als eine ganz einzige Leistung; denn die Kunst keines andern Kulturlandes hat zu dieser Zeit auch nur Ähnliches an Größe der Auffassung und Schönheit der Malerei aufzuweisen. Als ernstes Kunstwerk läßt sie nicht die Mühen und Sorgen ahnen, die sie ihrem Schöpfer gekostet. – Man sieht förmlich die verschiedenartigsten Empfindungen über das Gesicht des jungen, wieder ins Leben zurückgerufenen Mädchens huschten. Was ist mit ihr vorgegangen? Hat sie geschlafen, geträumt? Warum starren die Menschen in halbem Grauen sie so an? – Ihre Seele weilt noch im dunklen Lande. Sie ist noch nicht bei sich selbst angelangt, sieht noch nicht die Leintücher, in die man ihren Körper gewickelt, hat keine Ahnung davon, daß ein fremder Mann (Christus) neben ihr steht, sie beim Aufrichten stützt und ihre Hand in der seinen hält. Der Gesamteindruck des Werkes zeugt von einem jeder Steigerung fähigen Farbensinn und von einer erstaunlichen Meisterschaft, mit der das riesige Bild breit gemalt ist und doch wieder intim wirkt."

Im Jahr 1886 ward die Psychologische Gesellschaft in München von dem Kunstgelehrten Dr. Adolf Bayersdorfer, Konservator der alten Pinakothek, welcher damals als „klügster Mann" Münchens galt, von den Philosophen Dr. Carl Freiherr du Prel, Dr. Hübbe-Schleiden, dem bekannten Mitbegründer deutscher Kolonialpolitik (Herausgeber der okkultistischen Zeitschrift „Sphinx"), ferner von dem nachmals so berühmt gewordenen Maler Wilhelm Trübner, dem noch lebenden Schriftsteller Freiherrn von Mensi-Klarbach sowie dem Verfasser und einigen andern Herren gegründet. Albert von Keller, ein eifriges Mitglied der Gesellschaft, trat in enge geistige Beziehung zu den Obengenannten. Das gemeinsame Interesse betraf psychologische, hypnotische und okkultistische Probleme und Experimente.

Aus dieser Periode stammt Kellers ausgezeichnetes Porträt des Dr. Carl

Freiherrn *du Prel*, das ganz auf den sprechenden Ausdruck der hellen, träumenden, vom Diesseits abgewendeten Augen des Philosophen abgestimmt ist und sich außerdem durch außerordentliche weiche Formbehandlung auszeichnet. Angeregt durch die klassischen Untersuchungen *Charcots* und *Richets* (Paris), welche in einem Rückblick auf die Geschichte der Kunst gezeigt haben, daß die großen Meister des Pinsels und Meißels, wie Andrea del Sarto, Philippino Lippi, Domenichino, Rubens, Jordaens, Bernini, Sodoma, Studien für ihre Bilder aus der Naturbeobachtung Hysterischer und Ekstatischer gewonnen, haben, ging Verfasser dazu über, in Verbindung mit Keller, Hypnotisierte im Stadium der Katalepsie zu photographieren. Mit Hilfe der Suggestion war man imstande, den seelischen Ausdruck im Mienenspiel und in der Körperhaltung zu regeln und auf diese Weise den jeweils erwünschten Affekt auf dem Negativ zu fixieren (Exposition bis zu 10 Sekunden). Mit Hilfe eines Versuchsobjektes „Lina" gelang es uns damals, mit dieser Methode eine Reihe sehr wertvoller physiognomischer Aufnahmen im Atelier Kellers zu gewinnen [4], welche dem Künstler Anregungen boten zu den Bildern „Die Somnambule", „Spiritistischer Apport eines Armbands", zum „Hexenschlaf" (1888), zur „Mystischen Krankenheilung", zu der „Märtyrerin im Mondschein" usw. [5].

Aufnahmen von Modell und Gemälde zeigen deutlich, wie stark Keller in seiner Malerei von den Naturstudien am hypnotisierten Medium beeinflußt war. Über die vornehme und vollendete Durchführung der Themata, die übrigens auf diesen Bildern in keiner Weise einen krankhaften Eindruck machen, sondern vielleicht nur auf Personen fremdartig zu wirken imstande sind, welche keine Gelegenheit zu derartigen Beobachtungen besitzen, ist kein Wort zu verlieren. Die angeführten Beispiele zeigen aber deutlich, in welcher Weise suggerierte Ausdrucksbewegungen im somnambul-hypnotischen Zustande künstlerisch verwertet werden können. Keller selbst sagte darüber, wie Ostini [6] berichtet: „Ich habe durch die bei solchen Versuchen hervorgerufenen Nerven- und Gemütszustände der Objekte und besonders durch deren ins Wunderbare gesteigerte Ausdrucksfähigkeit einen außerordentlichen Reichtum von Erfahrung über Erscheinung und Darstellung der Gemütsbewegungen des Menschen gesammelt."

James *Braid*, der Vater des modernen Hypnotismus, machte darauf aufmerksam, daß die Natürlichkeit und unübertroffene Schönheit griechischer Plastik

---

4 S. oben S. 12 u. 44 f. G. W.
5 Mehrere Abbildungen erschienen in der Biographie Kellers von Rosenhagen (Verlag Velhagen & Klasing 1912).
6 *Ostini*, Albert v. Keller. „Münch. Neueste Nachrichten" vom 17. u. 18. Juli 1920, Nr. 289.

wahrscheinlich zum Teil auf Verwendung kataleptischer Stellungen hypnotischer Bacchantinnen und anderer Modelle beruht. Jedenfalls läßt sich mit dieser von Keller und mir bereits 1886 erfolgreich angewendeten Methode der Affektausdruck in allen Momenten und Stadien kataleptisch fixieren und mit Ruhe beobachten. Selbstverständliche Voraussetzung dabei ist die dramatische Ausdrucksfähigkeit in der Versuchsperson selbst.

Durch Studien, wie die vorstehend geschilderten und ähnliche, vertiefte sich bei Keller die psychologische Auffassung der von ihm dargestellten Menschen.

Ein weiteres berühmt gewordenes Gemälde aus dieser Periode ist der „Hexenschlaf" (1888), zu welchem auch mehrere bis zum Bild vollendete Vorstudien bestehen, dessen Komposition an die Auferweckung der Tochter des Jairus erinnert. Eine junge, schöne, auf dem Scheiterhaufen gefesselte Hexe im ekstatischen Zustand wird ein Opfer der sie umzüngelnden Flammen, während das tobende Volk ihr Drohungen zuruft. Offenbar war es die Absicht des Künstlers, auf dem Antlitz des jungen, schönen Weibes die volle Empfindungslosigkeit gegen körperlichen Schmerz und ein ekstatisches Glücksgefühl zur Darstellung zu bringen. Die junge Hexe ist wieder nach Rosenhagen ein „Wunder der Malerei". Dieses Bild fand aber gegensätzliche Beurteilung, namentlich in den Kreisen der Okkultisten, die auf Grund der historischen Überlieferung mit Recht darauf hinweisen, daß ein somnambuler Wonneschlaf bei den Hexen nicht vorgekommen sei (trotz der künstlerischen Schönheit des Kellerschen Bildes). Wie Kiesewetter[7] in einer besonderen Arbeit ausführt, wäre eine alte, in wahnwitziger Ekstase gen Himmel starrende, vom johlenden Pöbel umringte Vettel naturgetreuer und vom kulturgeschichtlichen Standpunkt richtiger gewesen. Auch das Entblößtsein der rechten jugendlichen Brust, die weiße Gewandung entsprechen nicht den Schilderungen derartiger Exekutionen, bei denen graue Kleidung mit gelben Kreuzen (am Ende des 15. Jahrhunderts) getragen wurde.

Auch der geniale, außerordentlich gelehrte und in okkultistischen Dingen erfahrene *Bayersdorfer*, auf dessen Urteil Keller den größten Wert legte, war nicht mit dieser der Geschichte widersprechenden Darstellung zufrieden. Wie Ostini berichtet, eilte Keller in seiner Bestürzung ins Atelier und malte nun in zwei Wochen jenes prachtvolle Porträt seiner Frau in Weiß, das heute die Pinakothek ziert. Keller war nun vor Bayersdorfer rehabilitiert.

Das Interesse dieses großen Künstlers und Romantikers für die okkulten Probleme, an deren Realität in damaliger Zeit kein Mensch glaubte, war mindestens ebenso groß wie dasjenige für das Gebärdenspiel Ekstatischer und für

---

7 *Kiesewetter*, Der Hexenschlaf, eine kulturhistorische Studie zu Kellers gleichnamigem Bilde. „Sphinx" 1883, Dezemberheft S. 371.

sonstige, dem Künstlerauge sich darbietende malerische Momente bei solchen Versuchen. Mehrfach stellte Keller Atelier und Privatwohnung zur Verfügung, wenn es sich darum handelte, wissenschaftlichen Kommissionen und Koryphäen mediale und somnambule Leistungen vorzuführen, so z. B. bei dem Besuch der englischen Gelehrten *Frederik Myers* und Professor *Sidgwick* in München, sowie gelegentlich der Demonstration von Experimenten der Sinnesverlegung (Transposition der Aufnahmestelle sinnlicher Eindrücke) vor dem verstorbenen Augenarzt Herzog *Karl Theodor von Bayern*, dem Chirurgen Professor *Esmarch* und der *Königin von Neapel*.

In andern Fällen nahmen er und seine stark medial veranlagte Frau (geb. Irene v. Eichthal) an den Sitzungen teil, die Verfasser in seiner Privatwohnung veranstaltete. Überhaupt hat seine schöne, geistvolle und elegante Gattin, die ihm mehrere Jahrzehnte ein immer williges Modell gewesen war, bei ihrem feinen Verständnis für seine Kunst das ihrige dazu beigetragen, daß Keller nicht nur der beste Frauenmaler seiner Zeit wurde, sondern auch seinen okkultistischen Studien treu blieb. So bedeutet das 1893 entstandene große Werk „Die glückliche Schwester", eine seiner besten Schöpfungen, von neuem einen Abstecher in das Gebiet des Mystischen. Auf einem mit Wachsfackeln beleuchteten Katafalk einer halbdunklen Kirche liegt die tote „Schwester" aufgebahrt. Ein leises Lächeln umspielt ihre Glück aussprechenden Züge. Die Dahingeschiedene ist dem Leben entronnen, sie ist glücklich. Auch in der Farbenstimmung und Lichtwirkung dieses Werkes liegt, wie der Biograph Kellers hervorhebt, etwas Mystisches, Weihevolles.

1898 und 1903 nahm Keller wiederum an den von mir veranstalteten Sitzungen mit dem italienischen Medium Eusapia *Palladino* teil. Als Ergebnis dieser neuen Anregungen seines Interesses für mystische Vorgänge sind das Bild der „Stigmatisierten im Kloster" sowie das Porträt der Neapolitanerin mit ihren energischen Zügen anzusehen.

Wie er selbst sagt, betrachtete er sich vielfach als passives Instrument zur Vollziehung eines künstlerischen Schöpfungsaktes und machte seinem Biographen eine Reihe von Werken namhaft, die er ohne sein bewußtes Zutun in einem traumhaften Zustande meist in einer Sitzung oder doch an einem Tage anfertigte. Unter diesen Leistungen sind, wie Rosenhagen bemerkt, überraschenderweise so vollendete Schöpfungen wie das „Porträt der Frau von Lesuire", die „Übergabe der Leiche Latour d'Auvergnes", „Akt am Strande", „Lesende Dame" und viele andere, deren intime Durchbildung ein so schnelles Entstehen fast unglaublich erscheinen läßt.

Die Kompositionsidee zu seinem Meisterwerk „Die Auferweckung einer Toten" ist Keller, wie er erzählt, nach der Rückkehr von einer Studienreise aus

Italien im Jahre 1885 in einem Traum geoffenbart worden. Um die „künstlerische Bedeutung der Ausdrucksbewegungen in der Hysterie und Hypnose" den für diese Frage interessierten Psychologen und Künstlern Münchens einmal an einem besonders seltenen Fall zu demonstrieren, veranlaßte Verfasser die in Paris lebende Traumtänzerin *Magdeleine Guipet* zu einem mehrmonatlichen Besuch in München (Mitte Februar bis Mitte April 1904). Ihr erstaunlicher Reichtum an herrlichsten Ausdrucksbildern rief schon nach dem ersten Auftreten einen Sturm von Sensation und Aufregung in München hervor, so daß die Psychologische Gesellschaft, welche auf meine Veranlassung die Leitung der Vorführungen übernommen hatte, gegenüber dem leidenschaftlichen Ansturm aller möglichen Vereine und dem Verlangen der Presse, diese Kunstleistungen weiteren Kreisen zugänglich zu machen, die Demonstration in das Münchner Schauspielhaus zu verlegen sich veranlaßt sah. Die Darbietungen Magdeleines bedeuten nichts anderes als die Fortsetzung der 1886 zuerst von Keller und mir mit der Somnambulen „Lina", unternommenen Affektstudien im Zustande der Hypnose, nur mit dem Unterschied, daß die somnambule, choreographische und mimische Ausdrucksfähigkeit der Französin wohl als die höchste Leistung dieser Art anzusehen ist, die in den letzten Jahrzehnten der Gegenwart bekannt wurde. Zum erstenmal betrat eine hypnotisierte Künstlerin die öffentliche Schaubühne und faszinierte das Publikum durch ihre pantomimische Interpretation der deklamatorischen und musikalischen Vorträge, an denen die besten Künstler Münchens beteiligt waren. Der verstorbene Otto Julius *Bierbaum* [8] sah in diesen außerordentlichen Leistungen, in diesen Gestaltungen des Unbewußten eine Offenbarung von rätselhaften Kräften, die aus den Tiefen der Inspiration stammt.

Albert v. Keller war von der absoluten Schönheit in Ausdruck und Geste hingerissen, nannte das Schauspiel „göttlich schön" und gewährte dem Verfasser in Verbindung mit dem ebenfalls verstorbenen Architekten Gabriel v. Seidl auch praktisch seine wertvolle künstlerische Unterstützung bei den Vorbereitungen zu den öffentlichen Vorstellungen, was Ausstattung und Beleuchtung der Bühne, Aufstellung des Programms und die Auswahl der mitwirkenden Künstler betraf. Daß auch der äußere Rahmen für die öffentliche Vorführung dieser somnambulen „Gebärdenkunst" ein angemessener und würdiger war, ist großenteils das Verdienst Kellers.

Nachhaltige und bleibende Anregungen für das dramatische und bildnerische Kunstschaffen Münchens ergaben sich aus den wunderbaren Leistungen Magde-

---

8 Vgl. *v. Schrenck-Notzing*, Die Traumtänzerin Magdeleine G., Stuttgart 1894, S. 84, Enke.

leines, deren Körper ein ideoplastisches Instrument darstellte, in welchem jede seelische Regung ihren adäquaten Ausdruck fand.

So ist es erklärlich, daß Albert v. Keller – abgesehen von den zahlreichen unter seiner Beihilfe aufgenommenen Photographien – nicht weniger als 20 Bildnisse von der Traumtänzerin malte; außerdem existieren für das im Besitze der Pinakothek befindliche Gemälde „Kassandra" nicht weniger als 10 Skizzen.

Keller suchte in seinen Bildern hauptsächlich die Ausbrüche elementarer Empfindung, also das dramatische Element festzuhalten. Offenbar wirkte auf ihn der Ausdruck tiefster innerlicher Erschütterung am stärksten. Selten dürfte es einem Künstler gelungen sein, die schmerzvolle Gebärde mit ähnlicher lebendiger Realistik auf die Leinwand zu bannen, wie es bei Keller in dem Gemälde „Kassandra" geschehen ist.

„Wie unglaublich schwer muß es gewesen sein", sagt Rosenhagen hierüber, „aus dem bewegten Mienenspiel der Künstlerin diese Momente mit vollster Deutlichkeit, mit diesem Ausdruck des Lebens herauszuarbeiten! Nur ein Maler, der sich so inbrünstig vertieft hat in die Psychologie des Weibes wie Keller, vermochte solche Zustände bildlich zu fassen und ihnen durch die Farbe besondere Eindringlichkeit zu verleihen." Nun wurde allerdings die Aufgabe des Darstellers wesentlich durch den Umstand erleichtert, daß man jedweder Färbung im Gebärdenspiel Magdeleines während der Hypnose durch Hervorrufung des kataleptischen Zustandes augenblicklich in statuenhafte Starre verwandeln, also fixieren, alsdann in aller Ruhe beobachten und auf Wunsch mit willkürlich langer Exposition photographieren konnte; ähnlich wie es bei den Versuchen mit dem Medium „Lina" von uns 1886 ausgeführt wurde. Im Nachlaß Kellers dürften sich die photographischen Vorlagen für seine farbigen Studien dieser Art vorfinden. Allerdings wird die Bedeutung der Kellerschen Kunstwerke durch dieses Hilfsmittel keineswegs verkleinert.

Die aus der Gebärdenkunst der Traumtänzerin Magdeleine geschöpften Studien hat A. v. Keller auch noch bei späteren Werken, z. B. beim „Tod der Antigone" sowie in dem Gemälde „Mutter und Sohn" (Maria vor dem Gekreuzigten) verwertet. Die weiblichen schmerzerfüllten Figuren sind typische Magdeleine-Darstellungen mit offenbarer Benützung von photographierten Vorbildern kataleptischer Affektstellungen, wie sie von uns zahlreich angefertigt worden sind.

Zu den gelungensten Schöpfungen aus der Magdeleine-Periode gehören die dem Verfasser und der neuen Pinakothek gehörigen Studien.

Zum letztenmal nahm Keller im August 1912 an einigen erfolgreichen Sitzungen mit dem Medium *Eva C.* (Paris) und im Februar 1914 an Versuchen mit dem polnischen Medium *Stanislawa Tomczyk* in meiner Wohnung teil. Außerdem gab er, der Bitte des Verfassers folgend, ein sehr interessantes und ausführliches Gutachten über die künstlerische Bedeutung der Materialisationsprodukte ab, welches in dem Werk „Materialisationsphänomene" des Verfassers (München 1914, Reinhardt) auf S. 489–493 abgedruckt ist. Darin vertrat er den Standpunkt, daß eine künstlerische Inspiration oder Individualität von einheitlichem Typus diese Schöpfungen zustande gebracht haben müsse, besonders was die Kopfbilder betrifft. Er erblickte in dem Zustandekommen der teleplastischen Erzeugnisse einen mysteriösen Schöpfungsprozeß, der seinen eigenen Gesetzmäßigkeiten folgt und einen bestimmten Stil verrät. Endlich wies er darauf hin, daß die bizarren Formen mancher Produkte in ihrer Linienführung und Form an die Eigentümlichkeiten spontaner Schöpfungen des Naturreichs erinnerten. Nach seiner Auffassung sprechen schon der gleichbleibende elementare Charakter dieser Erzeugnisse, der fluktuierende Zustand der Grundsubstanz sowie die Originalität und mysteriöse Komposition zahlreicher Kopfbilder gegen die Möglichkeit einer betrügerischen Inszenierung und lassen sich mit den Werken menschlicher Technik nicht vergleichen, sondern scheinen elementare Zufallsgebilde zu sein.

Die durch den Weltkrieg jedermann aufgebürdeten Sorgen sowie die Beschwerden des hohen Alters ließen Keller in den letzten Jahren nicht mehr zu einer praktischen Beschäftigung mit metapsychischen Fragen kommen, während hingegen ein lebhaftes theoretisches Interesse für dieses Gebiet bis zu seinem Tode anhielt. 5 Tage vor seinem Ableben bat er den Verfasser zu sich in seine Wohnung. Der stark gealterte Künstler zeigte bereits erhebliche Beschwerden in den Beinen und mußte beim Gehen gestützt werden, war aber geistig vollkommen frisch und ließ sich von mir einen ausführlichen Bericht über die neueren Fortschritte auf dem Gebiete des Okkultismus geben. Am 16. Juli vorigen Jahres entschlief er infolge eines Schlaganfalles, ohne in den vorangehenden 48 Stunden das Bewußtsein wiedererlangt zu haben.

Kellers Hinneigung zum Transzendenten, die Vertiefung in komplizierte psychologische Probleme war jedoch nur eine Seite, ein kleiner Teil seines Wesens; es würde falsch sein, das gewaltige umfassende Kunstschaffen dieses Meisters nur von diesem Gesichtspunkt aus zu beurteilen. Er beschäftigte sich auch mit den allerrealsten Dingen und erhielt z. B. einmal in einer Bayreuther Industrieausstellung eine Medaille für Anfertigung einer eisernen Übersetzungsdrehbank.

Keller war vielleicht der beste Damenporträtmaler unserer Zeit, ein Sittenschilderer, der allerdings immer tief in das Leben und seine Erscheinungen einzudringen suchte; er liebte ungewöhnliche Kombinationen, aparte Nuancen, besaß einen ungewöhnlich fein entwickelten Farbensinn und beherrschte spielerisch die Form. Dieser Virtuose des Pinsels nahm seine Themata wo er sie fand, aus der Antike, aus dem Mittelalter, aus dem Salon, aus dem Pleinair; aber alle seine Bilder hatten den persönlichen Akzent und wirkten immer durch ihr Innenleben, ihren psychischen Ausdruck. Als Lebenskünstler war er kein Intellektualist, wie manche seiner Kritiker mißverständlich behaupten, hatte keine Richtung, keine Schablone, keine einseitige Technik, zeigte eine Scheu vor der Öffentlichkeit und liebte die Einsamkeit, um sich seiner zweiten Muse, der Musik, hingeben zu können; denn auch im Klavierspiel war er weit über den Dilettantismus hinausgelangt. Der eiserne Fleiß und die außerordentliche Fruchtbarkeit in Kellers Schaffen sind bekannt. Von gewissen Themen und Porträts sind mehrere hundert Skizzen vorhanden; so liegen von dem letzten weiblichen Modell, das ihm 5 Jahre lang bis zu seinem Tode zur Verfügung stand, nicht weniger als 203 verschiedene Studien vor.

Wenn Keller aber als Malerpsychologe in der Gegenwart in der ersten Reihe steht, wenn die im Vergleich zu seinem gesamten Lebenswerk verhältnismäßig geringe Zahl von Gemälden mit mystischer Tendenz eine so große Bedeutung in seinem Schaffen beanspruchten, so ist das erklärlich, weil gerade Werke dieser Richtung zu seinen Meisterschöpfungen gehören, wie z. B. die „Auferstehung der Toten", „Glückliche Schwester", die Magdeleine-Darstellungen usw., und weil die Werke dieser Richtung ohne jede Konkurrenz dastehen und weder inhaltlich noch darstellerisch irgendwie von anderen bedeutenden Künstlern überholt sind. Es ist nicht zu schwer, andere hervorragende Porträtisten wieder aufzufinden; man wird aber vergeblich suchen müssen nach einem Künstler, welcher psychologische und transzendente Probleme in ähnlicher Vollendung zu malen instande gewesen wäre wie Keller.

Aus diesem Grunde erschien es als eine Pflicht gegen den verstorbenen Freund, der nun Erfüllung seines Strebens nach dem Jenseitigen gefunden hat, diese außerordentlich charakteristische Seite seines Wesens im Zusammenhang mit den daraus entstandenen Kunstschöpfungen gesondert zu behandeln.

Schwere Schicksalsschläge sind unserem Künstler nicht erspart geblieben. Im Winter 1905 verfiel seine lebensfrohe und von ihm vergötterte Frau in eine tiefe melancholische Verstimmung. Sie lebte unter dem Druck einer bevorstehenden entsetzlichen Katastrophe. Leider erfüllte sich ihre Ahnung. Der einzige im Kadettenkorps erzogene Sohn fiel einer Fahrlässigkeit mit der Schußwaffe im Januar 1906 zum Opfer und starb nach vier Tagen. Nach einem Martyrium von 11 Monaten folgte ihm die seelisch vernichtete Mutter ins Grab nach, den schmerzgebeugten Gatten allein zurücklassend. Von dieser Zeit an war auch Keller, so sehr er es äußerlich zu verbergen wußte, ein gebrochener

Mann; er zog sich allmählich immer mehr und in den letzten Jahren gänzlich von jedem Verkehr zurück und lebte nur seinen Künsten, der Malerei und der Musik. Seine Abneigung, Menschen zu besuchen und zu empfangen, nahm derart zu, daß er schließlich alle Einladungen ausnahmslos absagte und von seinen alten Freunden nur wenige, darunter Hugo v. Habermann und den Verfasser, zeitweise bei sich sah. So kam es, daß außer mir niemand von seinen Freunden und Angehörigen im Augenblick seines Todes anwesend war, und daß der Aussegnung seiner Leiche beim Abschied seiner irdischen Hülle aus dem künstlerisch geschmückten Heim nur fünf Personen aus dem Freundeskreis beiwohnten.

Albert v. Keller wurde zu Lebzeiten zwar geschätzt, aber vielleicht doch nicht gebührend anerkannt. Was die Gegenwart versäumt hat, wird sicher noch die Zukunft nachholen. Denn mit Keller ist ein Meister ersten Ranges, eine stark ausgeprägte Individualität, ein unübertroffener Kolorist und ein mystisch visionär empfindender Romantiker aus dieser Welt geschieden.

Das tragische Ende des Dr. Gustave Geley (Paris)[1]

Der bekannte französische Gelehrte und Metapsychiker Dr. Gustave Geley und der Pilot Georges Clement sind einer bedauerlichen Katastrophe zum Opfer gefallen. Geley hatte sich zur Fortsetzung seiner parapsychologischen Studien mit polnischen Medien nach Warschau begeben und wollte am Dienstag, dem 15. Juli (1924), abends mit einem Passagierflugzeug der französisch-rumänischen Gesellschaft von Warschau nach Paris zurückkehren. Noch in der Nähe von Warschau stürzte das Flugzeug aus großer Höhe ab, und beide Insassen wurden sofort getötet. Man wollte ursprünglich der Nachricht keinen Glauben schenken, bis dieselbe durch eine offizielle Depesche der französischen Gesandtschaft in Warschau an das Pariser Außenministerium bestätigt wurde. Dr. Geley, im Jahre 1868 geboren, betätigte sich in der Jugend als praktischer Arzt. Im städtischen Spital in Lyon war er zunächst Chirurg. Während des Krieges tat er als Militärarzt in den französischen Kolonien Afrikas Dienst.

Nach seiner Rückkehr widmete er sich in Paris von neuem seinen bereits in früheren Jahren begonnenen okkultischen Studien. Die im 1. Weltkrieg eingegangenen „Annales des sciences psychiques" enthalten bereits mehrere Arbeiten dieses Gelehrten über die psychischen Probleme des Unbewußten, der Psychometrie und des Hellsehens. In den weiteren Kreisen der Öffentlichkeit wurde er aber erst bekannt durch seine zwei Jahre fortgesetzten Nachprüfungsversuche an dem bekannten Medium Eva C. Am 28. Januar 1918 hielt Geley in dem großen medizinischen Hörsaal des Collège de France über diese Forschungsresultate seinen berühmten Vortrag: „Die supranormale Physiologie und die Phänomene der Ideoplastie" (in deutscher Ausgabe herausgegeben vom Ref. im Verlag Mutze), welcher einen für dieses Studium begeisterten Mäzen, Jean Meyer, veranlaßte, das bekannte Pariser „Institut Métapsychique international" ins Leben zu rufen (April 1919). Der Direktion dieser wissenschaftlichen Forschungsanstalt gehören unter andern an: die Professoren Charles Richet (Paris), Professor Rocco Santoliquido (Rom), Oliver Lodge (Birmingham), Ernesto Bozzano (Italien), Léclainche und andere bekannte Gelehrte. Die Seele der ganzen Unternehmung und der eigentliche Leiter war Gustave Geley, welcher gleichzeitig als Organ desselben die heute bedeutendste Monatszeitschrift auf diesem Gebiet: „Revue métapsychique" herausgab und in derselben seine Un-

1 Erstmals erschienen in den „Psychischen Studien", September 1924.

tersuchungen mit den verschiedensten Versuchspersonen, wie Franek Kluski[2], Stanislawa P., Jean Guzik, Pasquale Erto, Stephan Ossowiecki usw., publizierte.

Von den in Buchform erschienenen Arbeiten Geleys sind bemerkenswert: „L'être subconscient" (Paris, Alcan, 4. Auflage, 1919), ferner: „De l'Inconscient au Conscient"[3] und endlich die Zusammenfassung seiner experimentellen Studien „L'ectoplasme et la clairvoyance"[4] (besprochen im Juliheft 1924 der Psychischen Studien).

Der verunglückte 56 Jahre alte Gelehrte – ein Schüler Richets – hinterläßt eine Witwe und zwei Töchter, deren eine mit dem Medizinprofessor Léclainche, Mitglied des Institut de France, verheiratet ist. Seine irdischen Überreste werden nach Paris überführt.

Die junge parapsychologische Wissenschaft verliert in Geley einen ihrer Hauptführer. In Frankreich nahm er als Metapsychiker, seit der greise Richet sich mehr von der Öffentlichkeit zurückgezogen hat, die führende Stellung ein. Aber auch im Auslande, besonders in Deutschland, war er durch die vom Ref. veranlaßten und herausgegebenen Übersetzungen seiner Arbeiten als vorzüglicher Experimentator, scharfer Denker und gewandter Schriftsteller sehr hoch geachtet. Verfasser lernte ihn auf den internationalen Kongressen in Kopenhagen und Warschau als einen warmherzigen Menschen mit hohen persönlichen Qualitäten schätzen.

Besonders hervorzuheben sind die strenge, mutige Wahrheitsliebe und Unparteilichkeit Geleys, seine Einfachheit und Bescheidenheit im äußeren Leben sowie sein hoher unumstößlicher Ehrgeiz. Ob diese hervorragende Arbeitskraft durch einen ähnlich tüchtigen Nachfolger in nächster Zukunft ersetzt wird, darf fraglich erscheinen[5]. Sein Name wird in der Geschichte der Parapsychologie als einer der bedeutendsten Bahnbrecher ehrenvoll fortleben.

In einem warm empfundenen Nachruf bezeichnet *William Mackenzie* den verunglückten Gelehrten als unvergleichlichen Freund, als Menschen mit goldenem Herzen, als genialen und unermüdlichen Forscher, der sein ganzes Leben einem wissenschaftlichen Ideal opferte, denn auch sein Tod war durch eine Studienreise verursacht. „Dr. Gustave Geley bedeutet für uns ein seltenes Vorbild hohen moralischen Mutes und wissenschaftlicher Ehrlichkeit. Sein Andenken und sein Beispiel mögen ihn lange Zeit überleben."

---

2 Deutsch: „Materialisations-Experimente mit Franek Kluski", Leipzig 1922. G. W.
3 „Vom Unbewußten zum Bewußten", Union, Stuttgart 1925.
4 „ Teleplastik und Hellsehen", Union, Stuttgart 1926.
5 Es geschah dies in der Tat durch einen so hervorragenden Forscher wie Dr. med. Eugène Osty. G. W.

Professor Dr. med. et phil. Karl Gruber[1]

(Gest. am 18. Juni 1927)

Sein Werdegang und Lebenswerk

Karl Gruber entstammte einer Gelehrtenfamilie und wurde am 8. Oktober 1881 als Sohn des Zoologieprofessors August Gruber in Freiburg (Breisgau) geboren. Der Anatom Wiedersheim, der Zoologe Wasmann, der Gynäkologe Hegar gehörten zu seinen nächsten Verwandten. Unter Naturforschern, in wohlhabenden bürgerlichen Verhältnissen aufgewachsen, zeigte er schon als Knabe Interesse für die Natur und ihre Gesetzmäßigkeit, so daß er nach Absolvierung des Gymnasiums sich für das Studium der Medizin entschied, um auf diese Weise sich eine allgemeine naturwissenschaftliche Bildung anzueignen.

1905 promovierte Gruber und bekleidete dann zwei Jahre hindurch unter Geheimrat Bollinger die Assistentenstelle am Pathologisch-anatomischen Institut in München. Damals erschienen als erste Früchte seiner wissenschaftlichen Tätigkeit einige kleinere Aufsätze aus seinem Arbeitsgebiet. Grubers Hang zur experimentellen induktiven Forschung und zum Studium der allgemeinen Zusammenhänge einerseits, und seine materielle Unabhängigkeit anderseits bestimmten ihn, unter Verzicht auf praktische ärztliche Tätigkeit, sich ganz der Biologie zu widmen. So finden wir ihn 1908–1912 als Schüler des Zoologen Geheimrat Hertwig in dessen Institut mit experimentellen Arbeiten über die Kleinlebewesen des Süßwassers beschäftigt, sowie über Vererbungserscheinungen. Die Früchte dieser Bestrebungen sind wiederum in einer Reihe von Spezialaufsätzen in Fachzeitschriften veröffentlicht. 1912 habilitierte sich Gruber als Dozent für Biologie und Zoologie am Polytechnikum in München und wurde 1921 zum außerordentlichen Professor ernannt. Seine Vorlesungen betrafen die allgemeine Biologie und Vererbungslehre und wurden in den letzten Jahren (seit 1923) ergänzt durch Kapitel aus der Parapsychologie.

Während des Weltkrieges verwertete unser Gelehrter seine medizinischen Kenntnisse als Truppenarzt und geriet, nachdem er schon neun Monate in Rußland als verschollen betrachtet worden war, gegen Ende des Feldzuges in Gefangenschaft, aus welcher er erst Sommer 1919 zurückkehrte.

Alsbald nahm er seine Vorlesungen wieder auf und ergänzte dieselben durch experimentelle Arbeiten in der biologischen Versuchsanstalt unter Professor Demoll.

Seine erste Berührung mit den paranormalen seelischen Erscheinungen er-

---

[1] Erstmals erschienen in der „Zeitschrift für Parapsychologie", Juli 1927.

folgte schon 1913 aus Anlaß eines Besuches in Elberfeld. Die außerordentlichen tierpsychologischen Leistungen der *Krall*schen Pferde sowie des ebenfalls von ihm beobachteten Hundes Rolf (der Frau Möckel in Mannheim) und endlich eigene kleinere Versuche machten ihn zum Anhänger der Lehre von den denkenden Tieren. Das Resultat seiner Studien erschien 1920 in den Stuttgarter „Mitteilungen der Gesellschaft für Tierpsychologie" unter dem Titel: „Tierunterricht und Unterbewußtsein". Sein Eintreten für eine in diesem Sinne bisher nicht bekannte psychische Funktion der Tiere zog ihm in der Folgezeit mancherlei Anfeindungen zu.

Stark beeinflußt durch die okkultischen Schriften von Flammarion, Maxwell und ganz besonders durch die 1914 erschienenen „Materialisationsphänomene" des Verfassers, trat er aus innerem Drang zur Wahrheitserforschung 1921 in die vom Münchner Ärztlichen Verein eingesetzte Kommission zur Untersuchung des Okkultismus ein und kam auf diese Weise in persönlichen Verkehr zuerst mit Dr. *Tischner* und bald darauf mit dem Verfasser dieser Biographie.

Eigene Versuche mit psychischem Automatismus während des Krieges enthüllten ihm schon die Tatsächlichkeit eines paranormalen seelischen Geschehens, die durch neue in Verbindung mit Dr. Tischner angestellte Experimente über psychischen Transfert ihm zur Gewißheit wurde. Unbeirrt durch die besonders in den Kreisen seiner Fachgenossen bestehende Voreingenommenheit und Abneigung gegen alles Okkulte, gab er seiner Überzeugung männlich und offen gelegentlich einer Diskussion im Ärztlichen Verein Ausdruck.

Die experimentelle und literarische Beschäftigung mit den Problemen des Okkultismus eröffnete ihm wachsende Einblicke in ein Neuland der Wissenschaft. Sein Gesichtskreis erweiterte sich aber noch mehr, als er Anfang 1922 vom Verfasser zu seinen Untersuchungen mit dem physikalischen Medium Willy Schneider zugezogen wurde. Schon bis zum November desselben Jahres wohnte er, großenteils das Medium selbst kontrollierend, 33 Sitzungen bei und erklärte in einem besonderen Gutachten („Experimente der Fernbewegung", S. 87), daß die Versuchsbedingungen jedwede Betrugsmöglichkeit ausschlössen, und daß er niemals den geringsten Täuschungsversuch Willys bemerkt hätte. Die Realität der in ihrem tieferen Wesen noch unbekannten medialen Kräfte sei durch die in meinem Laboratorium vorgenommenen Untersuchungen wissenschaftlich festgestellt. Das Zustandekommen der telekinetischen Phänomene erklärt er sich durch die schon in meinen früheren Werken vertretene Theorie der fluidalen Efflorescenzen. So entwickelte sich Gruber infolge seines zunehmenden Interesses für die metapsychischen Probleme zum fähigsten und fleißigsten Mitarbeiter des Verfassers. Auch in der im Oktober 1925 begonnenen zweiten Serie von Sitzungen mit Willy sowie bei den gelegentlichen Versuchen mit Willys Bruder Rudi[2] funktionierte er hauptsächlich als Kontrollperson, was ihn in die Lage versetzte, fortlaufend wertvolle Beobachtungen über die Psychologie des mediumistischen Trancezustandes und die Genese der telekinetischen Phänomene zu machen. Durch Beobachtungen an verschiedenen Versuchspersonen, ohne Anwesenheit des Verfassers, in seiner eigenen Wohnung, unter seinen eigenen Versuchsbedingungen, wurde Gruber in die Lage versetzt, die Richtigkeit der Feststellungen in meinem Laboratorium unabhängig nachzuprüfen.

Neben seiner praktischen Tätigkeit auf dem Gebiet der Paraphysik vernachlässigte unser Gelehrter keineswegs das Gebiet des psychischen Transferts und der Psychometrie. Er berichtete hierüber wiederholt in der Gesellschaft für metapsychische Forschung in München. Seine letzte größere Veröffentlichung erschien im August 1926 in der Zeitschrift für Parapsychologie mit der Aufschrift „Ein Beitrag zum Problem des Hellsehens", und betrifft kryptästhetische Experimente mit dem Architekten O. H. Strohmeyer. Auch die Zeitschrift „Erde" (Leipzig) brachte mehrfach wissenschaftliche Beiträge aus seiner Feder, so 1925 einen Aufsatz „Kosmobiologische Zusammenhänge" und 1926 eine Studie „Telepathie bei Mutter und Kind", die mehrfach nachgedruckt wurde[3].

Die Beschäftigung mit der Parapsychologie bedeutete für Gruber eine wesentliche Bereicherung seines Lebensinhaltes. Sein beweglicher Geist, sein aus Anlage und naturwissenschaftlicher Erziehung entstandener Trieb, die eindrucksvollen Erlebnisse auch begrifflich zu verarbeiten, d. h. Zusammenhänge und Beziehungen okkulter Phänomene, z. B. zu bekannten Tatsachen der Biologie zu finden, führten ihn dazu, in einem überschaulichen Gesamtbild seine persönlichen Erfahrungen zusammenzufassen.

So entstand 1925 das Werk „Parapsychologische Erkenntnisse" (Dreimaskenverlag, München). In der Einleitung hierzu lehnt Gruber es ab, um die Gunst der Schulwissenschaft zu buhlen, ihre Gnade zu erbetteln, sondern er will lediglich seinem Drang nach Wahrheit und Erkenntnis folgen, unbeirrt durch aktive Angriffe und passive Resistenz. Er will das Bestehen und Wirken eines in allen Menschen vorhandenen Naturgeschehens zeigen, das, sich nur sparsam nach außenhin zu erkennen gebend, die parapsychologische Erscheinungswelt hervorruft. Denn dieses Problem führt immer wieder zur Kardinalfrage der Menschheit: nach dem Ursprung und Wesen des Lebens.

---

2 Prof. Gruber nahm an 23 Sitzungen mit diesem teil. Vgl. Schrenck-Notzing, „Die Phänomene des Mediums Rudi Schneider", Berlin 1933, insbes. S. 16 ff., 35 f., 59 f., 82 f. G. W.

3 So in „Okkultismus und Biologie", München, Drei Maskenverlag 1930. G. W.

Nach einem geschichtlichen Überblick behandelt unser Autor die Grenzgebiete Unterbewußtsein, Suggestionslehre, die Automatismen und die Spaltung der Persönlichkeit. Dann folgt ein Abschnitt über die parapsychischen
und paraphysischen Erscheinungen. Der Schluß enthält Deutungen und Folgerungen, Zusammenhänge und Ausblicke. Bei Besprechung der spiritistischen
Hypothese gibt Gruber zu erkennen, daß er, seinem ganzen naturwissenschaft-
lichen Werdegang entsprechend, zur animistischen Auffassung neige. Die Tatsachen der parapsychologischen Erscheinungswelt lassen sich trotz etwa mög-
licher Fehlerquellen in der experimentellen Forschung und Beobachtung von
Spontanphänomenen nicht mehr zerstören. Seine Anschauung über die Genese
der Materialisationsphänomene, über die Rolle der Imagination und Ideoplastie, über die Beziehungen zwischen Mediumismus und Magie decken sich mit
denen des Referenten, so daß ein weiteres Eingehen darauf nicht notwendig
erscheint.

Die klare, leichtfaßliche, populäre und lebendige Schreibweise Grubers, seine
strenge Sachlichkeit und die Überzeugungskraft einer durch persönliche Erfahrung und inneren Kampf erworbenen Erkenntnis geben seinem Werk einen
besonderen Reiz. In der Vorahnung eines düsteren Schicksals übergab mir mein
treuer Mitarbeiter noch wenige Tage vor seiner ersten Operation das Manuskript einer gerade beendigten längeren Arbeit über seine Beobachtungen während der Kontrolltätigkeit bei Willy Schneider.

Als Naturforscher gehört Gruber dem romantischen Typus an. Seine tiefe
Liebe zur Natur, besonders zur Alpenwelt, hatte frühzeitig aus ihm einen hervorragenden Sportsmann gemacht, einen berühmten Skiläufer, der durch manche
gefahrvolle Sprünge sich erste Preise errang. Eiserne Energie stählten seine
Nerven und machte seinen Körper widerstandsfähig. Seine geschärften Sinne,
seine vertrauenerweckende Aufrichtigkeit, sein gütiges Wesen, sein unbestech-
liches Rechtlichkeitsgefühl und die Klarheit seines Denkens befähigten ihn in
hervorragender Weise zum psychoanalytischen Experiment und zu den komplizierten Aufgaben einer Kontrollperson für Medien.

Besonders charakteristisch für seinen Forschungsgeist sind die Neigung zur
induktiven Betätigung, zur experimentellen Beobachtung, eine starke Vitalität
und geistige Beweglichkeit, eine allerdings durch methodische wissenschaftliche
Erziehung geläuterte Phantasie – sowie sein Trieb zur Vertiefung und Verallgemeinerung der selbsterworbenen Erfahrungen – und endlich seine Hingabe
und Begeisterung für die zu lösenden Aufgaben.

In Wirklichkeit ist er ein Revolutionär, der seine Zeit zu beeinflussen und eine
neue Bewegung im Strome der Wissenschaft hervorzurufen suchte. Damit erklärt sich auch die intensive Wirkung seiner menschlich sympathischen und gei-

stig starken Persönlichkeit auf seine Mitwelt, die hohe Achtung, welche Gruber überall, selbst im gegnerischen Lager, genoß.

Auch während seiner achtmonatigen schweren Erkrankung (Darmkrebs mit zweimaliger Operation) offenbarte er eine heldenmütige Selbstbeherrschung und verfaßte sogar in dieser Zeit trotz seines leidenden Zustandes einige Spezialarbeiten zu dem Problem des Mediumismus.

In der Geschichte der Parapsychologie werden die Verdienste dieses lauteren Wahrheitsforschers unvergessen bleiben.

Fünfter Teil

CHRONOLOGISCHES VERZEICHNIS
DER VERÖFFENTLICHUNGEN DES
DR. MED. A. FREIHERRN V. SCHRENCK-NOTZING

Übersinnliche Willensübertragung mit und ohne Hypnose. „Sphinx", September 1886.

Unmittelbare Willensübertragung. Experimente, angestellt und mitgeteilt, „Sphinx", Januar 1887.

Warnende Wahrträume, mitgeteilt und besprochen. „Sphinx", März 1887.

Experimente übersinnlicher Eingebungen, hypnotisch und posthypnotisch. „Sphinx", Juni 1887.

Übersinnliche Eingebungen in der Hypnose. (Schriften der Münchener Psychologischen Gesellschaft 1887).

Telepathische Experimente des Sonderausschusses der Münchener Psychologischen Gesellschaft, „Sphinx", Dezember 1887.

Ein Beitrag zur therapeutischen Verwertung des Hypnotismus. (Dissertation.) Leipzig 1888, Hirschfeld.

Hypnotische Experimente. Komitee-Bericht der Psychologischen Gesellschaft, München. „Psych. Stud.", Januar 1888.

Die Gedankenübertragung, beurteilt durch deutsche Professoren. „Sphinx", Januar 1888.

Fortschritte des Hypnotismus. (Besprechung neuerer Publikationen.) „Sphinx", Mai, Juni, November, Dezember 1888, Januar 1889.

Besprechung von Dessoirs Bibliographie des modernen Hypnotismus. „Sphinx", Juli 1888.

Zur Einführung in den Hypnotismus. „Sphinx", Oktober 1888.

Hypnotismus und Suggestion, Teil I u. II. (Experimente und Demonstrationen.) Vortrag in der Münchener Psychologischen Gesellschaft 1889.

Zur Frage der Suggestionstherapie. „Kölnische Zeitung", 8. Juli 1889.

Zur Frage der Suggestionstherapie. „Sphinx", September 1889.

Ein Fall von konträrer Sexualempfindung gebessert durch hypnotische Suggestion. „Internat. klin. Rundschau", Wien, 6. Oktober 1889.

Zur Behandlung konträrer Sexualempfindungen durch hypnotische Suggestion. „Internat. klin. Rundschau", Wien 1889, Nr. 40. (Nachtrag zu dem vorangehenden Aufsatz).

Das hypnotische Verbrechen und seine Entdeckung. (Unter dem Pseudonym „Franz Imkoff".) „Sphinx", Dezember 1889.

Die gerichtliche Bedeutung und mißbräuchliche Anwendung des Hypnotismus. (Unter dem Pseudonym „Franz Imkoff".) „Sphinx", April/Mai 1890.

Das Magische im Leben der Seele. (Unter dem Pseudonym „Franz Imkoff".) „Sphinx", Dezember 1890.

Die Bedeutung narkotischer Mittel für den Hypnotismus. Schriften der Gesellschaft für psychologische Forschung. Leipzig 1891, Abel.

Hypnotismus und Suggestionstherapie. (Literaturübersicht.) „Internat. klin. Rundschau", Wien 1891.

Ein schwerer sensitiv-somnambuler Krankheitsfall. Von Reichenbach. Herausgegeben von Dr. v. Schrenck-Notzing, Leipzig 1891, Abel.

Über Suggestionstherapie bei konträrer Sexualempfindung. „Internat. klin. Rundschau", Wien 1891, Nr. 26.

Experimental Studies in Thought-transference. „Proceedings of the Soc. f. Psych. Research", vol. VII., part. 18, London 1891.

De la télépathie et de la clairvoyance d'après les travaux contemporains. „Annales des Sciences Psychiques", Paris, März/April 1891, Alcan.

Klinische Vorlesungen über Hypnotismus. (Unter dem Pseudonym „Franz Imkoff".) „Sphinx", August 1891.

Der Hypnotismus in seiner Handhabung. Mit besonderer Berücksichtigung des Mesmerismus und der Schulwissenschaft. (Unter dem Pseudonym „Franz Imkoff".) „Sphinx", November 1891.

Der Hypnotismus in der Landpraxis. (Unter dem Pseudonym „Franz Imkoff".) „Sphinx", Dezember 1891.

Suggestion und Psychotherapie, nach den Ausführungen des Professors Bernheim übersetzt. „Sphinx" 1891 und „Der ärztliche Praktiker" 1891, H. 15.

Experimentelle Studien auf dem Gebiete der Gedankenübertragung und des sogenannten Hellsehens von Charles Richet. Übersetzung. Leipzig 1891.

Ein sensitiv-somnambuler Krankheitsfall 1891.

Die Suggestionstherapie der krankhaften Erscheinungen des Geschlechtssinnes, Stuttgart 1892, Enke.

Kritische Streifzüge aus dem Gebiet der Hypnose und Suggestion. (Referate.) „Internat. klin. Rundschau", Wien 1892, Nr. 22.

Neuere Arbeiten auf dem Gebiet der Suggestionslehre. (Referate.) „Internat. klin. Rundschau", Wien 1892, Nr. 32.

Eine Geburt in der Hypnose. „Zeitschrift f. Hypnotismus usw." 1892, H. 11.

Über Suggestion und suggestive Zustände. München 1893, Lehmann. (Vortrag in der Anthropologischen Gesellschaft, München, 17. März 1893, und Beilage zur „Allgem. Zeitg." 1893, Nr. 93.

Die psychologische und suggestive Behandlung der Neurasthenie. Müllers Handbuch der Neurasthenie, Leipzig 1893.

Der Hypnotismus im Münchener Krankenhause links der Isar. Leipzig 1894, Abel. (Italienische Übersetzung, Milano 1894, Kantorowicz.)

Suggestion und Hypnose. Von Max Hirsch. (Referat.) „Zeitschr. f. Hypnotismus usw." 1894.

Gutachten (über Psychotherapie) aus „Die Bedeutung der hypnotischen Suggestion usw." 1894, Bong & Cie.

Zum Fall Czynski. (Entgegnung.) „Zeitschr. f. Hypnotismus usw." 1894/95.

Über den Yoga-Schlaf. „Zeitschr. f. Hypnotismus usw." 1894 und „Allgem. Zeitg.", München, 23. November 1894, Nr. 324.

Suggestion, Suggestivtherapie, psychische Behandlung. „Realenzyklopädie der gesamten Heilkunde" Bd. 5 u. 7, 2. Aufl., Wien 1894, Urban & Schwarzenberg.

Beitrag zur Ätiologie der konträren Sexualempfindung. 1895.

Der Prozeß Czynski, Tatbestand und Gutachten. (Mit Grashey, Hirt und Preyer.) Stuttgart 1895, Enke.

Zur Literatur des Spiritismus. „Allgem. Ztg.", München, 8. Januar 1895, Nr. 8.

Über Spaltung der Persönlichkeit (sogenanntes Doppel-Ich). „Wiener klin. Rundschau", Wien, 15. März 1896, Alf. Hödler Verl.

Über unwillkürliches Flüstern. (Referat.) „Zeitschr. f. Hypnotismus usw." 1896, H. 2.

Ein experimenteller und kritischer Beitrag zur Frage der suggestiven Hervorrufung zirkumskripter vasomotorischer Veränderungen der äußeren Haut. „Zeitschr. f. Hypnotismus usw." 1896, H. 4.

Über Suggestion und Erinnerungsfälschung im Berchtoldprozeß. 1897.

Homosexualität und Strafrecht. „Die Umschau", 10. Dezember 1898, Nr. 50.
Das angebliche Sittlichkeitsverbrechen des Dr. K. an einem hypnotisierten Kinde.
„Zeitschr. f. Hypnotismus usw." 1898, H. 4.
Psychotherapie (Suggestion, Suggestivtherapie). „Realenzyklopädie der gesamten Heilkunde", 3. Aufl., Wien 1898, Urban & Schwarzenberg.
Zur Frage der suggestiven Hauterscheinungen (gegen Forel). „Zeitschr. f. Hypnotismus usw." 1898, H. 4.
Zur Methodik bei mediumistischen Untersuchungen. „Der Okkultismus", Oktober/November 1898.
Beitrag zur forensischen Beurteilung von Sittlichkeitsvergehen mit besonderer Berücksichtigung der Pathenogenese psychosexueller Anomalien. „Arch. f. Kriminalanthropol. u. Kriminalistik" 1898, Teil I–III; 1899, Teil IV.
Literaturzusammenstellung über die Psychologie und Psychopathologie der Vita sexualis. „Zeitschr. f. Hypnotismus usw." 1898, Bd. 7, H. 1/2; 1898, Bd. 8, H. 1/5; 1899, Bd. 9, H. 2; 1900, Bd. 10, H. 5.
Zur suggestiven Behandlung des konträren Geschlechtstriebes und der Masturbation. „Zentralbl. f. Nervenheilk. usw.", Koblenz, Mai 1899.
Bemerkungen zur Beurteilung sogenannter degenerativer Anomalien des Geschlechtstriebes. (Erwiderung.) „Zentralbl. f. Nervenheilk. usw.", Koblenz, Juli 1899.
Die gerichtlich-medizinische Bedeutung der Suggestion. Vortrag auf dem 2. Internat. Kongr. f. exper. u. therap. Hypnotismus, August 1900. „Arch. f. Kriminalanthropol. u. Kriminalistik" 1900. („Some Remarks on Suggestion and Hypnotism in their Relation to Jurisprudence"; „Quelques Remarques sur la Suggestion et l'Hypnotisme dans leurs Rapports avec la Jurisprudence". Sonderdrucke, die auf dem Kongreß verteilt wurden.)
Der Fall Sauter. „Zeitschr. f. Hypnotismus usw." 1900. Bd. 9, H. 6.
L'instinct sexuel, évolution et dissolution, von Ch. Féré. (Referat.) „Zeitschr. f. Psychol. u. Physiol. d. Sinnesorgane", Leipzig 1901, Bd. 27.
Der Fall Mainone. „Arch. f. Kriminalanthropol. usw." 1901, Bd. 7.
Die Frage nach der verminderten Zurechnungsfähigkeit. „Arch. f. Kriminalanthropol. usw." 1902, Bd. 8.
Eine Freisprechung nach dem Tode.˙(Gutachten.) „Arch. f. Kriminalanthropol. usw." 1902, Bd. 8.
De la Suggestion en Medicine Légale. „Arch. d'Anthropologie criminelle usw." 15. November 1903, Nr. 119.
Die Mediumschaft der Frau Piper, von M. Sage, Vorrede dazu. Leipzig 1903.
Die psychische und suggestive Behandlung. „Der Frauenarzt" 1904, 19. Jahrg., H. 8–12.
Ein kasuistischer Beitrag zur forensischen Würdigung des Schwachsinns. „Arch. f. Kriminalanthropol. usw." 1904, Bd. 14.
Zu den Betrachtungen des Herrn Sage über die Schlaftänzerin. (Berichtigung.) „Psych. Stud." August 1904.
Schwachsinn. „Die Zeit", Wien, 26. Oktober 1904.
Einige Bemerkungen über die Schlaftänzerin und ihr Auftreten in München. „Münch. med. Wochenschr." 1904, Nr. 15.
Die Traumtänzerin Magdeleine G. Stuttgart 1904, Ferd. Enke.
Gutachten über den Geisteszustand des Herrn v. G. „Arch. f. Kriminalanthropol. usw." 1909, Bd. 32.
Professor Liégeois. (Nekrolog.) „Arch. f. Kriminalanthropol. usw." 1909, Bd. 32.
Der Prozeß der Bombastuswerke. „Arch. f. Kriminalanthropol. usw.". 1910, Bd. 40.
Über ein sexuelles Attentat auf eine Hypnotisierte. „Arch. f. Kriminalanthropol. usw." 1911, Bd. 43.
Das Käfigexperiment des Mediums Lucia Sordi. „Psych. Stud.", August 1911.

L'Expérience de la Cage du Médium Lucia Sordi. „Annales des Sciences Psychiques", 1. und 16. August 1911.

Über Mediumismus. „Psych. Stud.", Februar 1912.

Die Phänomene des Mediums Linda Gazerra. „Psych. Stud.", März 1912.

Un Clairvoyant. (Reese.) „Annales des Sciences Psychiques" 1913.

Räumliches Hellsehen. (Reese.) „Psych. Stud.", April 1913.

Sitzungen mit Eva C. im Mai und Juni 1914. „Psych. Stud.", August 1914.

Materialisationsphänomene, ein Beitrag zur Erforschung der mediumistischen Teleplastie. München 1914, E. Reinhardt Verlag, 2. stark vermehrte Aufl. 1923.

Der Kampf um die Materialisationsphänomene. München 1914, E. Reinhardt. (Wurde 1923 der 2. Auflage der „Materialisationsphänomene" einverleibt.)

La Querelle des Phénomènes des Matérialisation et quelques Documents s'y référant. (Illustiert.) Paris 1914.

Zum Streit über die Materialisationsphänomene. „Psych. Stud.", März 1914.

Sitzungen mit Eva C. „Psych. Stud.", September 1914.

Magisches Geistesleben. (Referat über K. Vogels „Unsterblichkeit".) „Psych. Stud.", Dezember 1917.

Prophezeiungen der Madame de Thèbes über den Weltkrieg. „Psych. Stud.", November 1918.

Zur Psychologie des Gebets und der religiösen Offenbarung. (Referat.) „Psych. Stud.", März 1919.

Über Telepathie und Hellsehen. (Referat der Schrift Tischners.) „Psych. Stud.", April 1920.

Die sogenannte supranormale Physiologie und die Phänomene der Ideoplastie. Von Dr. G. Geley. (Übersetzung.) „Psych. Stud." Mai 1920.

Die Wachsuggestion auf der öffentlichen Schaubühne. „Arch. f. Kriminalanthropol. usw." 1920, Bd. 72, H. 2.

Physikalische Phänomene des Mediumismus. München 1920, E. Reinhardt.

Physikalischer Mediumismus. (Besprechung von Grunewalds „Physikalisch-mediumistische Untersuchungen.) „Psych. Stud.", Februar 1921.

Zur Theorie und Praxis okkultistischer Beobachtungen. „Psych. Stud.", März 1921.

Über die Versuche mit dem Medium Stanislawa Tomczyk. „Psych. Stud.", März 1921.

Albert v. Keller als Malerpsychologe und Metapsychiker. (Nekrolog.) „Psych. Stud.", April 1921.

Zur Beurteilung sogenannter „Spukerscheinungen". „Psych. Stud.", April/Mai 1921.

Dr. Tischners „Einführung in den Okkultismus und Spiritismus". (Referat.) „Psych. Stud.", Juni 1921.

Das Materialisationsproblem nach den Untersuchungen W. J. Crawfords. „Psych. Stud.", Juli 1921.

Der Spuk in Hopfgarten, eine gerichtliche Feststellung telekinetischer Phänomene. „Psych. Stud.", Oktober 1921.

Handlesekunst und Wissenschaft. Pfullingen 1921, J. Baum Verlag.

Monismus und Okkultismus. Von Dr. R. Tischner. (Referat.) „Psych. Stud.", Januar 1922.

Der Spuk in Ylöjärvy (Finnland). „Psych. Stud.", April 1922.

Die neuere Okkultismusforschung im Lichte der Gegner. (Anhang zu „Materialisationsexperimente mit M. Franek Kluski" von Dr. G. Geley.) Leipzig 1922, Mutze.

Geleitwort zu Richet, „Grundriß der Parapsychologie und Parapsychophysik." Stuttgart 1923, Union.

Einige Worte an Herrn Dr. Meyer in Haarlem (betr. Eva C.). „Psych. Stud.", April und August 1923.

Spukphänomene bei Johanna P. „Psych. Stud.", Mai/Juni 1923.

Experimentelle Untersuchungen des Dr. med. F. Schwab über Teleplasma und Telekinese (bei Frau Vollhart). (Referat.) „Psych. Stud.", September 1923.
Der 2. Internat. Kongreß f. Psych. Forschung in Warschau. „Psych. Stud.", November 1923.
Die Ordnungslehre. Von Hans Driesch. (Referat.) „Psych. Stud.", Dezember 1923.
Materialisationsphänomene, ein Beitrag zur Erforschung der mediumistischen Teleplastie. 2., stark vermehrte Aufl. München 1923, E. Reinhardt.
Experimente der Fernbewegung. Stuttgart 1924, Union.
Ein Hellsehexperiment mit Stephan Ossowiecki. „Umschau", 12. Jan. 1924, und „Psych. Stud.", August 1924.
Zur Entlarvung des Mediums Laszlo. „Psych. Stud.", Februar 1924.
Österreich, Die deutsche Philosophie des 19. Jahrhunderts und die Gegenwart. (Referat.) „Psych. Stud.", Februar 1924.
Der Betrug des Mediums Ladislaus Laszlo. „Psych. Stud.", Mai 1924.
Das tragische Ende des Dr. G. Geley (Paris.) „Psych. Stud.", September 1924.
Professor Dr. Oskar Fischers Experimente mit Rafael Schermann. „Psych. Stud.", Februar 1925.
Österreich, Die philosophische Bedeutung der mediumistischen Phänomene. (Referat.) „Psych. Stud.", März 1925.
Über die Anwendung automatischer Registriermethoden bei paraphysischen Untersuchungen. „Psych. Stud.", Mai 1925.
Bemerkungen zu dem Aufsatz: Guziks Laufbahn und Entlarvungen von L. Szczepanski. „Psych. Stud.", Juni 1925.
Der Mediumismus im Abbau? „Neue Zürcher Zeitg.", 24. Mai 1925, und „Psych. Stud.", Juli 1925.
Der Okkultismus im Lichte gegnerischer Kritik. (Antwort auf Hellwig.) „Psych. Stud.", Juni 1925.
Der physikalische Mediumismus im Lichte der Gegner. „Psych. Stud.", November 1925.
Der Spuk von Neuried in Oberbayern. „Zeitschr. f. Parapsych.", Januar 1926.
Zur Antikritik des Grafen Klinckowstroem. „Zeitschr. f. Parapsych.", Februar 1926.
Neuere Untersuchungen über telekinetische Phänomene bei Willy Schneider. „Zeitschr. f. Parapsych.", Teil I–II, April 1926; Teil III, Mai 1926.
Driesch, Grundprobleme der Psychologie. (Referat.) „Zeitschr. f. Parapsych.", August 1926.
Ein elektrischer Apparat für Medienkontrolle. „Zeitschr. f. Parapsych.", September 1926.
Die physikalischen Phänomene der großen Medien. (Sammelwerk.) Stuttgart 1926, Union.
Un Cas de Phénomènes Paraphysiques Produits Volontairement à l'État de Veille. Rapport au IIIième Congrès Internat. des Recherches Psychiques à Paris 1927.
Zu den „Glossen des Grafen Klinckowstroem über den internationalen metapsychischen Kongreß in Paris". „Zeitschr. f. Parapsych.", Januar 1927 und „Umschau", März 1928.
Prof. Dr. phil. et med. K. Gruber. Sein Werdegang und Lebenswerk. „Zeitschr. f. Parapsych.", Juli 1927.
Die Beweisführung in der Paraphysik. „Zeitschr. f. Parapsych.", September 1927.
Vintons angebliche Entlarvung der Braunauer Medien. „Zeitschr. f. Parapsych.", Dezember 1927.
Die Spukerscheinungen in Kotterbach und Nikolsburg. „Zeitschr. f. Parapsych.", Januar 1928.
Der gegenwärtige Stand der „Margery"-Mediumschaft von M. Bird. Deutsche Bearbeitung. „Zeitschr. f. Parapsych.", März 1928.
Der Spuk in der Augustenstraße zu München. „Zeitschr. f. Parapsych.", Mai 1928.
Weiteres vom Spuk in Nikolsburg. „Zeitschr. f. Parapsych.", August 1928.

Richtlinien zur Beurteilung medialer Spukvorgänge. „Zeitschr. f. Parapsych.", September 1928.
Lesen durch unsichtbare Körper hindurch. „Zeitschr. f. Parapsych.", Oktober 1928.
Das Spukmedium Vilma Molnar. „Zeitschr. f. Parapsych.", Januar 1929.

Posthume Veröffentlichungen:

„Gesammelte Aufsätze zur Parapsychologie". (Mit einem Geleitwort von Prof. H. Driesch.) Stuttgart 1929, (Union, Deutsche Verlagsges.). Überarbeitete 2. Auflage Stuttgart 1962 (Kohlhammer) unter dem Titel „Grundfragen der Parapsychologie".
„Die Entwicklung des Okkultismus zur Parapsychologie in Deutschland". Leipzig 1932 O. Mutze.
„Die Phänomene des Mediums Rudi Schneider". (Mit einem Vorwort von Prof. E. Bleuler, zusammengestellt von Dr. Gerda Walther.) Berlin 1933. De Gruyter u. Co.